本书得到以下资助：

- 国家自然科学基金一般项目：基于纵向组织关系的西部地区农民专业合作经济组织营销渠道力研究（71163024）
- 被列入内蒙古自治区高等学校创新团队发展计划的“农产品流通学术创新团队”（NMGIRT1306）课题

文库

经济管理学术文库

农民专业合作经济组织营销渠道力

——基于纵向组织关系的西部地区研究

侯淑霞　钟　敏　姜海燕　王雪瑞　等著

Marketing channel power of farmer professional cooperativt organization

—for the western region based on vertical organizational relationship

经济管理出版社
ECONOMY & MANAGEMENT PUBLISHING HOUSE

图书在版编目（CIP）数据

农民专业合作经济组织营销渠道力：基于纵向组织关系的西部地区研究/侯淑霞著．—北京：经济管理出版社，2016．12
ISBN 978 - 7 - 5096 - 4793 - 6

Ⅰ．①农…　Ⅱ．①侯…　Ⅲ．①农业合作组织—营销—研究—中国　Ⅳ．①F321．42

中国版本图书馆 CIP 数据核字（2016）第 312033 号

组稿编辑：王光艳
责任编辑：许　兵
责任印制：黄章平
责任校对：赵天宇

出版发行：经济管理出版社
（北京市海淀区北蜂窝 8 号中雅大厦 A 座 11 层　100038）
网　　址：www. E - mp. com. cn
电　　话：（010）51915602
印　　刷：北京玺诚印务有限公司
经　　销：新华书店
开　　本：720mm × 1000mm/16
印　　张：20．5
字　　数：380 千字
版　　次：2017 年 6 月第 1 版　　2017 年 6 月第 1 次印刷
书　　号：ISBN 978 - 7 - 5096 - 4793 - 6
定　　价：78．00 元

目　录

第一章
导论

第一节　选题背景及意义

一、选题背景

从2004年起，中央连续以一号文件的形式确定了新时期“三农”问题在国家和社会发展中的重要地位，而其中农民问题又是解决“三农”问题的核心所在。2007年《中华人民共和国农业专业合作社法》颁布后，我国的农民专业合作经济组织得到了迅猛发展，目前合作组织的分布已覆盖了农业产业的各个领域，其生产经营活动也涉及农业生产的各个环节。2012年中央一号文件指出“支持农民专业合作社兴办农产品加工企业或参股龙头企业”，“扶持农产品收集、加工、包装、储藏等配套设施建设，重点对农民专业合作社建设初加工和储藏设施予以补助”；2014年中央一号文件提出“要落实和完善相关税收优惠政策，支持农民专业合作社发展农产品加工和流通”；2015年中央一号文件指出“引导农民以土地经营权入股合作社和龙头企业”，“全面深化供销合作社综合改革，坚持为农服务方向，着力推进基层社改造，创新联合社治理机制，拓展为农服务领域，把供销合作社打造成全国性为‘三农’提供综合服务的骨干力量”。以上中央一号文件均显示出政府提高农民组织化程度，鼓励农民走产供销纵向一体化道路的决心。

农民专业合作经济组织是实现农业、工业、第三产业相互连接、相互影响的特殊组织，是农产品产业链“纵向组织关系”的重要环节，也是农产品营销渠道的重要渠道成员。在我国西部地区，有农民专业合作经济组织介入的“新型渠道系统”已经开始形成。

营销渠道力是指一个特定渠道成员控制或影响另一个成员行为的能力。弗兰茨和兰文教授将其划分为报酬力、强制力、合约力、参照力、知识力；后来，兰文教授和克鲁格兰斯基教授又补充了信息力，合称“六力模型”。西部地区农民专业合作经济组织，在其产生和发展的过程中，面对主体意识、资源约束和制度环境等具有相对的独特性，形成了强烈的地域特色；而且，作为农业产业化的重要组织形式和发展农村经济的助推器，也为促进西部地区农业与农村社会经济发挥了重要作用。然而，西部地区农民专业合作经济组织大多数仅停留在为农户提供简单的市场信息和技术服务阶段，它虽然进入了农业产业化经营链条但仍处于价值链低端，在营销渠道力上表现为“六力”皆弱。西部地区农民专业合作经济组织营销渠道力的低下，阻碍了农产品增值和农产品渠道整体利益最大化的实现，其自身和农民都难以分享到农业产业化带来的利益，最终导致了农村进步艰难、农业发展缓慢和农民小康目标无法实现。

农民专业合作经济组织营销渠道力的提升既是农民专业合作经济组织市场地位的提升，也是农民市场地位的提升。同时，农业的特殊性决定了对农产品营销渠道的研究不能脱离其与第二产业、第三产业的相互依存。因此，有必要把西部地区农民专业合作经济组织纳入农产品营销渠道系统，并把农产品营销渠道系统纳入产业链之中，探讨有农民专业合作经济组织介入的新型农产品营销渠道系统的创建、维护和发展、创新；探讨基于优化强化纵向组织关系的西部地区农民专业合作经济组织营销渠道力评价与提升的动态体系；研究基于渠道升级、农产品增值、农民增收的营销渠道力利益分享机制；提出基于纵向组织关系优化强化的西部地区农民专业合作经济组织营销渠道力提升的对策建议：包括农户、农民专业合作经济组织、工商企业、政府的对策选择。本项目力图形成以农产品产业链纵向组织关系优化强化促进农民专业合作经济组织营销渠道力提升，以农民专业合作经济组织营销渠道力提升促进农产品产业链纵向组织关系优化强化的互动双赢良性循环。

二、研究意义

基于纵向组织关系的农民专业合作经济组织营销渠道力问题的研究涉及西部地区经济与社会发展的诸多方面，其研究内容和研究成果将会对西部地区社会经济发展，特别是对西部地区的农业和农村发展具有重要意义。

1. 有利于推进西部地区的农业产业化和三次产业的协调发展

农业是我国国民经济的基础，农业问题主要是农业产业化的问题，传统的小农经济和农业购销体制不畅是我国农业不能可持续发展的重要原因。本书将基于纵向组织关系的西部地区农民专业合作经济组织纳入农产品营销渠道系统，并把农产品营销渠道系统纳入整体产业链之中，最终会产生两种效果：一是实现规模经济；二是实现产供销一体化，这正是推进农业产业化的必要前提和保证。规模经济和产供销一体化的实现又有利于形成以区域主导产业和特色产业为核心的农业产业集群，进而促进农产品加工业的发展和以服务第一产业和第二产业为中心的第三产业的兴起；同时，农业的特殊性决定了提升农民专业合作经济组织营销渠道力不能脱离其与第二产业和第三产业的依存关系。目前，我国已经过渡到工业反哺农业的发展阶段，第三产业的迅猛发展为第一产业和第二产业的发展提供了便利和可能，农业产业化发展已具备了一定的基础和条件。只有三次产业协调发展，彼此促进，才能提高西部地区农产品的国际国内市场竞争力，实现农业产业的可持续发展。

2. 有利于改善西部地区农村社会关系和农村发展滞后的局面

在西部地区，农村户籍的人口约占总人口的2/3，户籍制度将我国经济分割为城乡对立的二元经济，城乡之间经济发展和文化水平差异呈现不断扩大的趋势。西部地区农村发展滞后，在国际和国内市场的双重挤压下，孕育着社会、经济甚至政治的危机。中央政府和地方政府都对西部地区农村发展非常重视，给予政策和资金上的巨大扶持。缩小城乡差距，改变西部地区农村落后的局面，一方面要大力发展城市劳务产业，推进农村劳动力转移；另一方面就是实现农业的产业化和农民的就地城镇化。提升西部地区农民专业合作经济组织的营销渠道力，目的就是立足于西部农村地区，提高西部地区农民的组织化程度，使农民分享农产品营销渠道整体优化所产生的收益，即农民能够在自己的土地上分享农业产业化和第二产业、第三产业发展带来的好处，实现增收的目标，这客观上缓解了城乡对立的矛盾，改善了农村的社会关系。农业产业化和三次产业的协调发展，最终会形成农村优势资源的集聚，出现以地区农业主导产业和特色产业产供销一体化经营为生存基础的小城镇，农民实现了就地城镇化，加上政府政策、资金和技术上的扶持，农村发展严重滞后的局面得以改变。

3. 有利于提高西部地区农民的素质和实现农民职业化

西部地区的农民问题，不仅是提高农民收入的问题，更重要的是提高农民的政治意识和法律意识，使农民能够主宰自己的命运，在政治和法律上成为农村的主人。被称为良心学者的李昌平2000年就发出了“农民真苦、农民真穷、农民真危险”的呼唤，农民问题是制约西部地区社会经济发展的重大问题，是“三农”问题的核心。农民专业合作经济组织是在农民自愿的基础上建立的以共同经营为手段的互利经济组织，其产生、发展、不断壮大和逐步成熟的历史就是我国农民成长和进步的历史。基于纵向组织关系的西部地区农民专业合作经济组织营销渠道力问题的实质就是，提升农民在市场中的地位，提高农民在营销渠道系统中的报酬力、强制力、合约力、参照力、知识力和信息力。“六力”的提升必然伴随着农民收入的增加、政治意识和法律意识的增强，农民科技文化等自身综合素质的提高，当家做主，成为农村的真正主人。三次产业的协调发展和农产品营销渠道的优化会促进农业发展的专业化和标准化，促进渠道成员的劳动分工，使农民“有其利、有其权、有其教”，根据自己的优势和特长分别从事农业生产、农产品加工和农产品销售产业链条中的某种职业，实现农民的职业化。农民的职业化是西部地区农产品应对国际国内激烈的农产品市场竞争的必然选择，也是西部地区农民国际化和城乡一体化的出路。

此外，本书本身是对农产品营销理论的丰富，也为中央政府和地方政府决策提供了现实依据，在理论研究与实践总结方面均具有创新性。

第二节　相关概念界定

一、纵向组织关系

关于纵向组织关系的研究一般是在产业链的基础上进行的。产业链的划分是一种纵向关联的划分，它是以某种或某系列的产品或服务为线索，寻找导致这些产品满足需求的，从原材料的提供到市场销售等前后关联的一系列经济活动。

本书认为：一个产品在经历多个阶段后成为最终产品，每一个参与企业（组织）的相互联系，则因为这个产品而连接起来呈现“纵向关系”，这种“纵向关系”可以通过契约、产权和网络连接起来。纵向组织关系主要包括纵向一体化、纵向约束和中间形式等。纵向一体化又包括后向一体化和前向一体化。

为方便起见，下文中将“纵向组织关系”简称为“纵向关系”。

二、西部地区

从地理区域上讲，我国西部地区主要由西南五省、市、自治区（重庆、四川、云南、贵州和西藏）、西北五省区（陕西、甘肃、青海、新疆、宁夏）、内蒙古、广西以及湖南的湘西和湖北的恩施两个土家族苗族自治州组成。其土地面积681万平方公里，占全国国土面积的71%；目前有人口约3.5亿人，占全国人口总数的28%。西部地区与12个国家接壤，陆地边境线长达1.8万余公里，约占全国陆地边境线的91%。历史上穿越西部地区的“丝绸之路”曾是中国对外交流的第一条通道。总体上，西部地区疆域辽阔，人口稀少，是我国少数民族聚集的地区，也是我国经济欠发达区域。改革开放后，经济得到了迅猛发展，但由于各种要素禀赋的约束和长期以来国家非均衡战略的实施，我国西部地区和中东部地区的差距呈现不断扩大的趋势，这不仅影响着西部地区人民生活条件的改善，也同样制约着国家和社会的协调发展，促进西部地区的改革与发展已成为摆在我们眼前的重大课题。

三、农民专业合作经济组织

“农民专业合作经济组织”是一个在我国特有的概念，基本对应于国际合作经济界的“合作社”概念。在国际合作经济界，有 Cooperatives，Farmer Cooperatives，Agricultural Cooperatives，Rural Cooperatives，Cooperative Organizations 等称谓，不过常见的为前三者，后两者极少见到。然而，合作社无疑是合作经济最典型的组织形式。国际社会关于合作社的定义、价值观、原则以及作用及如何发挥优势，形成了很多共识。1995年国际合作社联盟（ICA）代表大会通过了《国际合作社联盟关于合作社定义、价值和原则的详细说明》。国际合作社联盟关于合作社的定义是“合作社是自愿联合起来的人们，通过联合所有与民主控制的企业来满足他们共同的经济、社会、文化的需求与抱负的自治联合体，他们按企业资本公平出资，公正地分担风险、分享利益，并主动参与企业民主管理”。

显然，合作社的定义基本也可适用于我国人们平时称谓的“农民合作经济组织”“农民专业合作经济组织”“农业合作经济组织”或“农民专业合作组织”“农民合作组织”等，尽管这些称谓的外延更复杂。上述称谓的共同特点是：由农业从业者为了谋求、维护和改善其共同利益，按照自愿、公平、民主、互利等原则，通过共同经营活动建立起来的经济组织。就农民专业合作经济组织而言，类型多样，称谓颇多，如专业合作社、专业协会、专业技术协会、产业化协会、研究会、联合体等，并无具体统一的定义，只是相对强调组织成员的同业性。

我国很多学者提出了农民专业合作经济组织的概念。其中蒋桂珍提出的概念比较有代表性，赵晓峰在《农民专业合作社制度演变中的“会员制”困境及其超越》一文中提出：农民专业合作经济组织是由从事同类产品生产经营或有某种共同经济需要的农民，为了取得规模效应或抗衡经济领域中的垄断力量，降低交易、学习成本，增加借款机会，自愿组织起来，在技术、资金、信息、购销、加工、储运等环节自我管理、自我服务、自我发展，以提高市场竞争能力、增加成员收入为目的的专业性合作组织①。

本书认为，农民专业合作经济组织应该蕴含以下三个基本特征：一是参加合作经济组织的对象以农户为主；二是合作经济组织是围绕农民专业生产，提高同类产品生产的市场竞争力；三是采取合作与联合的方式，开展生产经营活动。发展农民专业合作经济组织，主要是围绕农产品的专业化生产，开展产前、产中、产后的经营活动，为其成员专业生产谋求最大的经济效益。参与农民专业合作经济组织成员单元是农户，考核一个农民专业合作经济组织带动能力强弱，或一个地区农民专业生产组织化程度高低，主要考核参与农民专业合作经济组织的农户数量，或农民专业合作经济组织在一个区域所覆盖的农户比例。

为方便起见，下文中将“农民专业合作经济组织”简称为“农合组织”。

四、营销渠道

营销渠道的概念容易混淆，有时被认为是商品从生产商到消费者或其他最终用户的通路，有时是通过各种不同代理商品的名称来定义的，还有其他以贸易为目的而联合在一起的松散企业联盟构成的。

大多数概念的混淆可能来自不同的观点：①制造商也许会集中于所需的不同的经销商，将其产品送达客户，所以它是以产品通过这些不同的中间商来定义渠道的；②人们期望中间商，如批发商、零售商能从各个制造商那里承担更多库存，承担与它们功能相适应的风险，也就将营销渠道看作是商品的产权流动的描述；③消费者也许会将营销渠道简单地看作是他们与产品生产商之间大量的中间商。研究人员还观察到经济体系中营运的营销渠道会在结构方面和营运效率上加以描述。

根据这些不同的现象，营销渠道就有了不同的定义。

美国著名的市场营销专家斯特恩（2001）认为，营销渠道是使产品或服务顺利地被使用或消费而相互配合起来的一系列独立组织。

美国学者伯特（2004）认为，营销渠道是与公司外部关联的、达到公司分销目的的经营组织。在此基础上，他提出了多渠道系统理论。

① 赵晓峰．农民专业合作社制度演变中的“会员制”困境及其超越［J］．农业经济问题，2015（2）：25－29.

卡夫兰（2004）认为，营销渠道由相互依赖的机构组成，他们致力于促使一项产品或服务能够被使用或消费这一过程。

诺森步鲁姆（1999）则认为，营销渠道由外部契约组织构成，这些组织通过渠道的管理运作来实现分销目标。在生产者与消费者之间，有营销能力的独立机构若与生产者或独立机构相互之间达成一份能将产品销往预定市场顾客的合约，则可以说某一营销渠道被建立起来。

本书认为，尽管上述关于营销渠道的定义有所差别，但一致认为营销渠道必须具备以下三个特征：

其一，营销渠道由一系列相互依赖的独立组织组成，按照巴瑞·倍尔曼的说法，这些独立组织包括顾客、制造商、批发商与零售商，以及营销研究企业、仓储公司、运输公司、保险公司、银行、广告公司和咨询公司。营销渠道中多个主体的并存，决定了营销渠道的效率并不决定于渠道中某一个组织或机构，而是依赖于所有成员的相互配合。

其二，营销渠道的运作是一个过程而不是一个事件，这一过程包括从产品、服务提供商到最终顾客之间的所有活动、这些活动的多样性、继起性，意味着渠道中一个销售活动完成后，与最终顾客之间的关系尚未完成。

其三，营销渠道中相互独立的成员通过契约连接在一起来共同运作一个过程的目的，是促使一个产品或服务能够被使用和消费，被最终顾客或企业顾客所使用和消费。

五、营销渠道力

1. 营销渠道力概念

营销渠道力是指一个特定渠道成员控制或影响另一个成员行为的能力。弗兰茨和兰文教授将其划分为报酬力、强制力、合约力、参照力、知识力，后来，兰文教授和克鲁格兰斯基教授又补充了信息力，合称“六力模型”，如图 1－1 所示。

（1）报酬力。报酬力是指渠道成员 A 服从 B 影响时，B 回报 A 的能力。回报通常以很实际的经济效益形式出现，作为一方成员服从另一方成员意愿的酬劳。

（2）强制力。强制力也可以说是惩罚的权力，是指制造商可以在渠道不服从自己时对其进行制裁的能力。

（3）合约力。合约力来自渠道成员自身的行为准则，该准则规定一个成员可依法对其他成员施加影响，其他成员有义务接受这种影响。

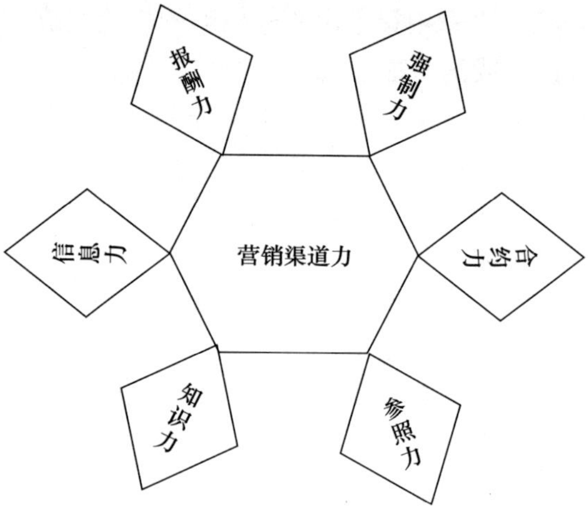

图 1－1 营销渠道“六力模型”

资料来源：笔者整理。

（4）知识力。知识力是指渠道成员在特定领域赋予另一个渠道成员的知识或对知识的感知。是渠道成员通过自己所掌握的专业知识对其他渠道成员产生影响的行为。

（5）参照力。参照力即追随力，渠道成员一方认为另一方影响自己行为的企图有利于自己目标的实现，产生随从行为。

（6）信息力。是由于一个渠道成员能得到真实信息资料而产生的，反映渠道成员市场信息收集、分析与判定的能力。

2. 西部地区农合组织营销渠道力的组成结构

在市场体系中，渠道直接关系着营销组织的市场服务能力和市场覆盖面。而市场服务能力的保证决定于该组织的渠道力。渠道力强的营销组织，可以有效整合整个渠道资源，通过对各成员进行协调、组织和控制，保证市场服务能力。农合组织作为农产品营销过程中的重要成员，其渠道力的强弱，直接影响着农产品从生产地向市场推送的能力和质量，也决定着其市场竞争能力。因此，识别自身的渠道力，并提升渠道力，是每个农合组织应加以重视的问题。影响农民专业合作经济组织渠道力的因素很多，量化难度较大。杨振环（2008），鑫颖（2013）沿用“六力模型”，结合西部特征提出了西部农民合作经济组织的渠道力评价指标体系，程艳霞（2008）依据企业渠道力的内涵，提出关系力、控制力、整合力和创新力组成的渠道力评价指标体系。

目前，西部地区农产品仍然以单个家庭单位进行生产为主，农合组织的发展大部分都处于初创期，还没有达到规模化和品牌化，农民对农合组织的了解不够深入。因此，农合组织对各成员的作用力的大小主要取决于该组织给各成员带来的利益的大小，主要体现在报酬、知识服务、信息的共享和提供，以及合约保障性等方面。

因此，本书仍然沿用兰文教授和克鲁格兰斯基教授提出的“六力模型”，即报酬力、强制力、参照力、知识力、合约力和信息力。

第三节 理论综述与研究现状

一、纵向组织关系理论综述与研究现状

1. 国外相关研究

（1）纵向关系的含义。纵向关系本身有两层意义：第一，表示组织结构的现状，即单个经营主体向某个产品多个阶段延展的程度；第二，指企业的策略行为，即企业通过兼并建立新的生产或销售设施进入加工或销售阶段的行为（克拉克，1990）。产业的纵向关系是指一个产品形成的全部过程中，各个企业在原材料采购、生产、销售以及相关的产品支持，如信息、技术、人事、服务中的产业地位与市场行为的结合，它可以通过产权或契约连接起来。威廉姆森（1977）认为纵向关系也是一种经济组织，是组织经济学关注的核心问题，是要解释经济活动在企业、市场和一些混合经济组织方式之间的配置问题。

（2）分工理论与纵向关系。亚当·斯密（1776）所著《国富论》关于劳动分工的著名论断指出市场发育程度和市场规模制约着分工和专业化生产程度，即“斯密定理”①。亚当·斯密分析了分工的原因、程度和结果，为纵向关系理论提供了研究对象。斯密定理阐述了专业化的原因，理论研究的重点不同，形成了不同的研究分支。亚当·斯密认为分工和专业化必然导致产生规模经济，技术要素使劳动分工进一步深化，产生规模报酬递增，导致企业边界逐步扩大。斯密时代之后的一段时间内，经济学者研究一直致力于提高专业化程度，并把它视同于提高效率和节约资源。穆勒（1869）从节约生产成本和管理成本角度阐述规模生

① 亚当·斯密．国民财富的性质和原因的研究［M］．北京：商务印书馆，1972：16－20.

产，探讨规模生产的优势。马克思政治经济学对分工协作、工场手工业及机器大工业做了深刻地描述，阐述了产业内的分工关系。他认为，协作与单个劳动之间是一种 1 +1 >2 的关系，技术条件与资本的累积程度是企业规模的决定因素①。

从古典经济学到新古典经济学，主要研究的都是分工与专业化（也是早期的纵向关系形式）的形成原因问题。但这些研究，仅限于从分工与专业化的角度分析经济组织和市场结构的形成和深化规律，没有从现实中存在的企业之间与企业内部纵向关系方面分析产业和企业的演化规律，这显然是不全面的。

（3）产业组织理论视野下的纵向关系研究。纵向一体化是企业典型的市场行为，它由一定的市场结构所决定，反之又直接影响着市场结构，并形成一定的市场绩效。纵向一体化属于产业组织理论的研究范畴。

1）垄断动机。“二战”结束后，早期的有关产业组织的理论研究，从垄断方面来分析企业纵向一体化行为的较多，研究认为纵向一体化可以增强企业的垄断势力，增加更多的垄断利润。具体表现为以下几个方面：

第一，双边垄断。假若销售商和生产商都是垄断厂商之时，都会增加一次垄断加成，消费者将面临两次加成，形成所谓的“双边垄断”。通过构建简单的模型可以证明②，双边垄断将产生高价格、低产出的结果，不仅是消费者，厂商也因双边垄断而遭受损失。

第二，排挤行为与进入壁垒。肯尼斯·W. 克拉克森等学者认为，在某些情况下，一个强有力的纵向一体化企业能把未纵向一体化的企业挤出去③。

贝恩（1968）也有过类似的研究，他认为通过纵向一体化可以使非一体化的竞争者们处于不利的地位，被削弱、被消灭或被排除。

纵向一体化行为不仅排挤已存在的市场竞争者，还可以增加进入壁垒，阻止潜在的竞争者进入，形成垄断。贝恩对进入壁垒做过深入的研究，斯蒂格勒（1955）也注意到，一体化“成为排除新竞争者的一种可用的武器，具体作用是使得进入那些已联合成一体化的资本需要量提高了”。

第三，价格歧视。价格歧视是由芝加哥学派研究并提出的对纵向一体化行为的主要诠释。通过纵向一体化，垄断者利用价格歧视，赚取更多的消费者剩余，在没有一体化的情况下这种可能性要小得多。

2）产业生命周期。产业生命周期理论是由斯蒂格勒（1951）研究并提出

---

① 吴易风. 马克思主义经济学和西方经济学［M］. 北京：经济科学出版社，2001：56 –59.

② 丹尼斯·卡尔顿，杰弗里·佩罗夫. 现代产业组织［M］. 上海：上海人民出版社，1998：764 –768.

③ 肯尼斯·W. 克拉克森，罗杰·勒鲁瓦·米勒. 产业组织：理论、证据和公共政策［M］. 上海：上海三联书店，1989：523 –524.

的。斯蒂格勒从“斯密定理”出发，诠释了纵向一体化。斯蒂格勒的研究观点集中在特定产业存在成本—规模关系的差异上，他认为，一个产业的纵向一体化程度应该随着该产业的生命周期变化而变化。新兴产业由于市场规模的限制，存在大量的纵向一体化，与斯密的观点是一致的。

3）不确定性。纵向一体化能够获得比较确定的投入要素供给，比较确定的产品市场，避免原材料和产品市场的不确定性带来的损失。肯尼斯·阿罗研究了上游产品供给的不确定性和下游企业未来需求信息的不确定性对纵向一体化的激励问题①。他提出前一生产阶段的企业和后一生产阶段的企业获得的信息不同时，纵向一体化可以改进两个生产阶段的资源配置。

（4）交易费用理论中企业纵向关系的由来和演绎。交易费用理论提出了交易费用的概念，该观点被大家广泛接受，逐渐成为现代经济学发展的主流。因为“说明了纵向一体化的存在问题，也就说明了企业的存在；理解了纵向一体化的程度，也就理解了企业和市场的边界问题”②。

1）纵向一体化的产生源于科斯对企业边界的考察和研究。科斯在《企业的性质》（1937）一文中指出，市场和企业是“两种可相互替代的协调生产的手段”。他认为既然价格机制那么完美，企业就没有存在的理由。因此，“企业的本质特征是对价格机制的取代”。

科斯的《企业的性质》被后来的经济学家们公认为是现代企业理论的奠基之作。科斯在开启“企业黑箱”的同时，也将纵向一体化问题纳入了这一框架之中。尽管科斯研究的是企业存在问题，纵向一体化作为一种企业的组织形式可以由此推广，企业既然是替代市场的形式，一体化企业自然也是替代市场的组织形式之一。纵向一体化和交易成本概念都是在科斯理论体系中被归纳和总结出来的。

2）奥利弗·威廉姆森对纵向一体化研究的理论支持。在科斯思想的基础上，奥利弗·威廉姆森（1971）摒弃了科斯对交易成本产生原因的分析，在交易成本理论基础上进一步发展了企业边界理论，形成科斯—威廉姆森模式。科斯—威廉姆森模式指出由于人的有限理性和机会主义倾向的存在，使得维持市场中交易主体之间的契约关系的成本高于企业内部的组织成本，企业对交易双方的契约越难控制则越倾向于一体化，相反可能选择非一体化。应该承认，科斯—威廉姆森模式及其发展具有很强的解释力，可是缺乏实证分析。

斯密定理给出了专业化的产生原因，科斯—威廉姆森学说则说明了一体化的

① 肯尼斯·阿罗．信息经济学［M］．北京：北京经济学院出版社，1989：216－228.

② 陈郁．企业制度和市场组织——交易费用经济学文选［M］．上海：上海人民出版社，1996：3.

原因。两者互为补充，形成了纵向关系问题的基本理论框架。

3）克莱因等学者从可占用性准租角度对纵向一体化的阐述。克莱因、克劳福德等学者认为，纵向一体化是避免机会主义者占有专有性资产准租的好方法。他们得出的结论是："可占用性专用准租越低，交易者依靠契约关系而不是共同所有的可能性越大。反之，由共同或联合所有的一体化的可能性越大，资产所包含的可占用性专用准租就越高"①。

4）其他学者从不同角度对纵向一体化的考察和研究。在科斯—威廉姆森学说的基础上，德姆塞茨、哈特、阿尔钦、张五常等经济学家，共同研究构建了新制度经济学的企业理论，他们分别从不完全契约理论、代理理论、团队学说、企业能力理论、剩余索取权等方面对企业的纵向一体化动因进行了分析和演绎。概括起来，主要形成了三个研究领域：

第一，以产权关系理论为研究工具，研究企业的纵向一体化形成的主要原因和后果。格罗斯曼（1981）、哈特（1983）等认为，对交易成本起决定性作用的是合约的不完整性②。完整的合约可以消除机会主义行为，但现实经济中存在不确定性，并且实现明晰所有权益的成本很高，客观上讲合约是不可能完备的。弗鲁博顿、苗切特（2006）认为交易费用可分为市场型交易费用、政治型交易费用和管理型交易费用。市场型交易费用有搜寻信息费用、讨价还价和决策费用、监督和执行费用等。管理型费用有建立组织的费用和组织决策、监督等运行费用。

第二，将企业之间的纵向关系认为是契约关系，用现代契约理论主要观点分析企业纵向关系的形成和变化规律，这一理论的代表人物主要是张五常（1983）。他认为，市场与企业并无本质差别，只是契约安排的两种不同形式。企业不仅是节约交易费用的产物，而且也是一种市场关系，企业并非为取代"市场"而设立，而仅仅是用"要素市场"取代"产品市场"，意味着"一种合约取代另一种合约"③。

第三，以德姆塞茨（1972）为代表的基于能力、知识的企业理论。该理论不强调交易费用，从企业的"生产"属性出发，把企业看作一个知识产品库。企业能力理论认为，企业的纵向一体化边界不仅取决于组织成员个体所拥有的知识和能力，而且取决于企业作为一个整体所拥有的知识和能力。可见，企业的合理

---

① 本杰明·克莱因，罗伯特·克劳福德，阿尔曼·阿尔奇安．纵向一体化、可占用性租金与竞争性缔约过程，企业制度与市场组织——交易经济学文选［M］．上海：上海人民出版社，1996：110－153.

② 桑福德·格罗斯曼，奥利弗·哈特．所有权的成本和收益：纵向一体化和横向一体化的理论[J]．政治经济学杂志，1986（4）：691－719.

③ 张五常．企业的契约性质，企业制度与市场组织［M］．上海：上海三联出版社，1995：241－164.

边界存在于知识利用效率的最大化。

以上三个方面的研究是相互独立的，没有把产权、契约放在统一的分析框架下研究，所以对部分问题的解释缺乏统一规范的结论。

（5）企业纵向关系行为与市场圈定。市场圈定问题是20世纪80年代以来纵向关系讨论的一个重要问题。市场圈定形式包括纵向一体化和纵向约束。市场圈定指的是一种商业行为，该行为限制若干买者与一个卖者接触的通道，或者限制若干卖者与一个买者接触的通道①。

埃文和布莱特（2000）认为，纵向市场圈定可以看作一个技术选择的过程。它们把技术分为两类：标准技术和非标准技术。上游企业生产中间产品，在面对竞争对手时选择技术，可以选择三种策略，即分离、纵向一体化标准化技术和纵向一体化非标准化技术。如果纵向一体化非标准技术，带来对下游市场的绝对圈定，这样，竞争对手将无法进入被圈定的下游市场，因此，这样的策略是最优的。

2. 国内相关研究

20世纪90年代初期，我国学者关注企业纵向关系的研究。早期主要是对国外的文献进行分类，介绍国外与纵向关系相关的研究成果。随着现代产业组织理论的发展和国内市场条件的变化和新经济思想的冲击，国内学者开始将纵向关系理论与中国的具体问题相结合，研究成果丰硕。主要包括以下几个方面：

（1）纵向一体化成因及影响研究。主要从产业组织理论引入开始的。国内学者中，金培（1998）和刘志彪（1996）等系统地将产业组织理论引入中国，同时也对纵向一体化问题做了描述；孙经纬（1997）对企业理论和纵向一体化做了全面的综述；李元旭（2000）对资产专业化与纵向一体化的成因理论进行分析；胡雅君（2006）对企业纵向一体化选择问题做了实证研究；唐建新、李青原（2010）首次系统地实证检验了处于新兴与转轨经济时期的中国企业纵向一体化程度的决定因素，及其改善企业生产效率分析。但以上分析仅是对国外现有理论的综合，虽然提出在中国应用的可能性，但没有做出规范性分析。

（2）纵向一体化和纵向约束的分析研究。中国许多学者对纵向一体化和纵向约束等问题开展规范分析，如企业纵向兼并的原因（程桂秋等，1999）、垄断的纵向控制和一体化（唐小鹅等，1999）以及销售阶段的激励控制问题（郭文新等，1999），基于零售商垄断势力的纵向约束（张赞，2006）②、制造商与零售

① ［法］泰勒尔．产业组织理论［M］．张维迎译．北京：中国人民大学出版社，1997：109－113.

② 张赞．基于零售商垄断势力的纵向约束．［J］．财经问题研究，2006（3）：17－18.

商的纵向约束效应研究及反垄断法适用分析（张锡杰，2014）[①]。目前上述研究基本符合经济学的范畴，但基本假设和推论与中国实际相差较大，基本分析的方法和研究也没有超越外国研究水平。

郭桂霞（2005）在硕士学位论文中，将 VI[②] 和 ED[③] 这两种竞争策略作为分析的对象，纳入同一个研究问题，对纵向一体化、排他性销售与双寡头竞争中的非对称均衡进行了研究。

艾青（2005）在博士学位论文《纵向一体化的并购效应研究》中，对于纵向一体化的并购动因和并购效应进行了实证研究，探讨了横向扩张与纵向一体化之间的相关性。

（3）产业的纵向关系研究。周勤（2003）在纵向关系的产业组织研究中认为，产业的纵向关系是一个最终产品形成的过程，各个企业在原料采购、生产和销售与此相关的产品支持，如信息、人事、技术、服务中的产业地位与市场行为的结合。这种关系可以通过契约和产权的不同组合连接起来。企业纵向关系包括企业纵向结构关系和企业纵向行为关系两个层次。纵向结构关系包含纵向一体化、渐变一体化、纵向约束三个范畴。周勤构建了一个新古典经济学的研究模式，将纵向一体化和纵向约束纳入统一框架中，是这一理论研究的重要进展。

侯淑霞（2007）依据产业组织理论和制度经济学理论，研究了世界乳业和我国乳业发展现状，进一步分析世界乳业典型国家乳品产业链纵向组织关系，对中国乳品产业链纵向组织关系和现状进行系统分析与总结，对中国乳品产业链主要的纵向组织关系类型——纵向约束下的关系行为开展深入研究，提出了中国乳品产业链纵向组织关系的演变原因，进而指出了中国乳品产业链纵向组织关系的目标模式和优化整合的路径。

侯淑霞（2008）研究政府在乳品产业链纵向组织关系整合过程中的关键作用，并构建了中国乳品产业链纵向组织关系的保障体系。

侯淑霞、郝娟娟、姜海燕（2008）以“公司+奶站+农户”为例，系统分析乳业产业链纵向组织关系的经济学实质，提出目前在中国占主导地位的纵向约束的乳业产业链的联结方式的不完备性。即出现了制度的不均衡，因而产生了新的制度需求。研究出新的乳业产业化经营的组织模式以形成新的纵向组织关系。

侯淑霞、王雪瑞（2010），依据强制性因素和诱致性因素对我国乳业产业链

① 张锡杰．制造商与零售商的纵向约束效应研究及反垄断法适用分析．［D］．东北财经大学，2014.

② VI 指下游企业向上游企业的整合。

③ ED 指下游企业向零售环节的整合。

纵向组织关系演变的影响，结合乳品产业在国民经济中的地位、作用及其自身发展规律，建立了乳品产业链纵向组织关系的演变模型，对我国乳品产业链纵向组织关系进行了实证分析。

侯淑霞、钟敏（2010），从纵向组织关系演变的市场前提与需求诱因及其供给动因分析了中国乳品产业链纵向组织关系演变的原因。中国乳品产业链纵向组织关系的发展是政府主导的强制性制度变迁和外部经济机会主导的诱致性变迁共同作用的结果，其中政府主导的强制性制度变迁是主因。

张学会、王礼力（2014）根据陕西省果蔬类合作社的调研数据，利用层次分析法测量反映合作社纵向一体化水平的各项指标，得出蔬菜合作社总体一体化水平较高，水果合作社产后一体化水平较低的结论。

胡求光、李平龙（2015）基于渔业企业实行纵向一体化的动因及其对企业绩效影响的框架，选取 13 家 A 股上市的渔业企业为研究对象，计算出水产品加工企业纵向一体化的指数，并建立面板数据模型进行了验证。渔业企业纵向一体化程度呈上升趋势，企业规模和市场集中度与企业绩效呈正相关关系，企业资产负债率与企业绩效呈负相关关系①。

（4）纵向一体化理论在中国的应用研究。主要包括以下几个方面：

第一，对纵向一体化的产业分析，如电信、电力、石油等公共事业部门（叶泽芳，1999；于良春等，1999；付雅观，2005），认为这些产业具有纵向一体化的特征。对某些运用一体化理论可以取得市场地位的策略问题的分析，例如在零售业中的纵向一体化（李军等，1999），医疗保险与医疗费用控制纵向一体化研究（张亚东，2003），汽车业纵向一体化提高企业绩效的研究（朱美华，2012），行政垄断对中国石油产业纵向一体化影响分析（宋靖，2013）②，中国草原畜牧业后向纵向一体化动因初探（龚彦如，2015）。研究指出目前在一些竞争激烈的行业，比较适合采用纵向一体化战略，有利于稳定和扩大市场。周勤（2003）从理论上检验了使纵向一体化存在的最优条件，并将这一理论框架应用于实际经济问题的分析中。邹奎（2004）的硕士学位论文，从棉种产业纵向一体化的角度研究中国棉种产业的发展，指出中国棉种产业纵向协调仍处于初级发展阶段。

第二，是在中国经济开放条件下，跨国公司的一体化对中国企业和市场结构的影响（李太勇，1999），可能引起产业分工等问题对宏观经济的影响（胡春力，1999），中国企业跨国并购绩效影响因素的实证分析（陈雯，2007；刘帅，

① 胡求光．纵向一体化对中国渔业企业绩效的影响研究．［J］．农业经济问题，2015（4）：87－89.

② 宋靖．行政垄断对中国石油产业纵向一体化影响分析．［D］．东华大学，2013：33－36.

2013)，中国企业的跨国并购战略、国内市场的多元化行为与并购绩效的关系研究（徐明霞，2014)①。

二、农民专业合作组织理论综述与研究现状

1. 国外相关研究

国外合作经济理论是随着资本主义市场经济的产生和发展而推进的。由于人们对西方合作社的观点不同，出发点和归宿点各异，可分为两大派系：改革派和进化派。

（1）改革派。改革派认为合作是对资本主义经济体系的改革，作为一种重新分配收入与财富，消除或协调劳动与经营、生产者与消费者之间利益冲突的手段，最终目标是改造资本主义，以另一种制度取而代之。他们往往对资本主义制度持不妥协的批判态度。改革派的观点主要包括合作联邦学派和社会主义学派。

合作联邦学派认为合作是一种在社会中起支配作用的经济体制。德国的汉堡学派及法国的尼姆学派，从主要理论观点看，都应属于这一派别。该理论在西欧及北欧有一定的影响。

社会主义学派观点认为合作运动的最终目标是社会主义，合作仅是达到目标的手段。该派的理论主要流行于西欧一些国家（如芬兰、比利时和西德等）与社会党关系集团的合作组织之中。

（2）进化派。进化派认为合作是资本主义体系的一个有机组成部分，合作是资本主义内部的一种进化和发展的方式，该派的最终目标是完善资本主义制度。该派理论影响的合作组织往往更注重于合作的经济方面，对社会目标不予重视。主要学派有以下几种：

其一，竞争尺度学派。该派以美国的艾德温·诺斯等为代表，他们把合作作为尺度来衡量资本主义体系的功效，合作运动视为牵制资本主义阴暗面的手段。

其二，萨皮罗学派。在西方合作运动中，只有独萨皮罗学派的思想是来源于农业实践活动，又指导农业经济活动。

其三，美国学派。他们是以合作学者埃米里扬若夫的合作经济理论为思想基础。认为合作是一种市场现象表现，合作社是独立的经济主体间的不完全联合，合作仅合并了各个企业的一个或多个功能。

关于合作社的投资理论和产权界定方面的研究。Chaddad（2005）认为合作

---

① 徐明霞．中国企业的跨国并购战略、国内市场的多元化行为与并购绩效的关系研究．[D]．华南理工大学，2014（6）：43－49.

社中的模糊产权界定引发“搭便车”、投资组合、水平拓展等问题，认为投资要对将来收益存在预见性，资本的边际收益对合作社投资都具有正向、显著影响，得出所有合作社在进行投资决策时都会面临资本被套牢问题的结论。拥有大量的永久资产和低信贷风险的小规模合作社较拥有较少永久资产和高信贷风险的大规模合作社被资本限制会更少。新型合作社对剩余索取权的限制更少，但合作社仍然要依靠使用控制制度创新来维持组织效率。Rey 和 Tirole（2007）提出一个有关进入政策投资和合作社成长的动态投资理论基础，揭示出合作社区别性政策会影响合作社的生存能力和社会效率，研究在大多数情况下，即使当合作社能在一个“单干模式”基础上独立存活，在与其他组织形式的竞争中，也是一个弱者，强调了进入政策包括在静态效率和创新之间标准的社会协调。

2. 国内相关研究

我国农村股份合作企业兴起于20世纪80年代中后期，1990年农业部颁布了《农民股份合作企业暂行规定》以后，农村股份合作企业参与到农村改革的大潮之中，经济学界对这方面的理论研究也日益增多。1991～1992年，有关股份合作企业产权问题的研究讨论较多，研究的热点是股份合作企业的性质以及股份合作企业是不是一种独立的企业组织形式。这一时期的理论讨论基本是在农经学界展开的，提出的观点较多。1992年底，农业部又出台了《关于推行和完善乡镇企业股份合作制的通知》，加快了乡镇企业股份合作制改革的步伐。农村股份合作企业的改革实践活动，有力地推动了理论界对其企业制度和产权构成的研究。学者更多地关注股份合作企业的基本制度。研究特点：争论焦点相对集中，围绕着政府关于股份合作企业制度安排而进行的，参加讨论的学者范围也逐步扩展到整个经济学界，其中不少著名的经济学家加入了研究行列。

近年来，学术界关注农合组织的发展，理论和实证研究成果斐然。具体包括以下内容：对农民合作的必然性和变革趋势分析（陈吉元，2001）；通过案例分析，研究改革开放后各类农合组织的发育历程和影响发展因素分析、合作经济组织的作用和国家与合作经济组织的关系（苑鹏，2001）；揭示农合组织产生的原因及作用等（张晓山，2002）；将影响农合组织发展的因素归结为产品特征、生产集群、合作成员和制度环境因素等，在制度环境因素方面又包括宏观体制、法律法规、行政介入以及文化影响等（黄祖辉，2002）；对江苏农合组织的发展调查研究，对政策措施，评价和总结，运用新制度经济学的基本理论，对我国农业合作社的创新成本探讨，分析较高的创新成本对我国农合组织创新的约束作用等（孙亚范，2003、2004）；对农合组织的制度创新及形成模式研究，并对影响各种模式的新型合作经济组织形成因素分析（黄珺，2005）；以23省176个农业合作组织的问卷调查为基础，分析我国农合组织的负责人、登记注册、组织和管理制度、服务范围、利润分配方式以及政府作用等方面的影响（孔祥智，2006）；通过实践调研发现制约农合经济发展的主要因素是产权问题，从农合组织的股份结构、成员结构和公共积累等问题，对目前我国农合组织的产权特征进行了深入研究（聂仲秋、孙浩杰，2008）；通过对四川省乐山市两种类型的农合组织的调研，利用熵权模糊评价方法，分析农民工流动对当地农合组织各方面发展的影响（王健、杨锦秀，2010）。对农合组织融资功能的影响因素实证研究，农合组织融资难，融资的约束条件较多，获得投资的主要来源仍然是非正规渠道，同时固定资产规模影响获得借贷资金的规模，并提出了融资功能的具体建议（贾健等，2011）。针对当前我国农民专业合作组织的专业化程度低，产权不清晰，利益分配机制不完善，政府扶持效率不高，合作组织产品市场竞争力弱等问题，从动力因子作用机理出发，提出激发合作组织发展活力的主要因素及相应对策（李彦普，2013）①；以交易费用经济学理论为基础，使用实证研究方法，研究环境状态因素对中国农民专业合作社纵向一体化的影响，并对中国农民专业合作社纵向一体化经营的影响因素以及纵向一体化对中国农民专业合作社经济绩效的影响进行了实证研究（黄祖辉，2014）；依据社会属性、文化属性和经济属性对农民专业合作经济组织进行了重新分类，并对农合组织主体间（政府、农户和龙头企业）的关系进行了博弈分析（赵爽，2016）②。

上述研究中，对农合组织的产生、发展的动因以及面临的“瓶颈”问题都进行了系统研究，对农合组织中的纵向组织关系也进行了深入探讨，并对合作组织经营的经济绩效也进行了实证研究。但总体上都是从农合组织整体生存和发展的角度上进行研究的，很少就其中的某一方面，比如说从基于纵向关系的农合组织营销渠道力的研究成果很少。

三、营销渠道理论综述与研究现状

1. 营销渠道研究现状

国内外关于营销渠道方面的研究成果较多，涉及渠道理论、渠道策略、渠道设计、渠道建设、渠道创新、渠道冲突和渠道分析等诸多方面，主要观点归纳如下：

国外关于渠道理论的研究主要集中在渠道结构和渠道行为两方面。渠道结构即渠道是如何构成的，包括渠道的级数、宽度和广度；渠道行为探讨渠道成员如何建设和处理渠道关系，如何处理渠道冲突，获得持久的合作竞争优势。Etgar

① 李彦普．农业专业合作组织动力机制研究．[J]．中国农业资源与区划，2013（6）：209－211.

② 赵爽．农业专业合作组织主体研究．[J]．管理世界，2016（1）：60－62.

(1976), Skinner (1983) 和 Gassen Heimer (1994) 认为渠道成员之间存在着合作和冲突的关系，依赖和合作之间是正相关关系，依赖和冲突之间存在负相关关系，一个渠道成员对另一个渠道成员的依赖程度越大，他与这个渠道成员的合作意识就越强，所能感受到的渠道冲突也就越弱。渠道冲突可分为潜在冲突和现实冲突、建设性冲突和病态冲突。斯特恩（2001）指出了渠道关系的实质，认为渠道联盟的实质是信任和承诺，为保持持续竞争优势和超额利润上游和下游企业将努力建设和增进渠道内成员之间的联盟关系。Reard（2008）提出现代连锁超市的发展加速了中国现代渠道的本土化增长。

国内关于营销渠道方面的研究成果颇多，先就主要观点进行归纳。孙剑、李崇光（2002）指出了在中国以农产品加工企业为中心的垂直一体化营销渠道能保证农业生产的稳定性、发展规模经济和降低生产成本以及减少农户的市场风险。庄贵军和庄闯（2004）厘清了渠道控制和关系的影响，认为渠道控制是一个渠道成员对另一个渠道成员行为和决策变量的成功影响，而渠道权力只是一种潜在的影响能力。刘军棋（2014）指出我国农产品营销渠道中存在营销主体组织化程度低、标准化程度低、销售模式落后、缺乏品牌意识、渠道过长和绩效较低等问题，并提出了壮大营销主体、推进农产品营销渠道模式创新等具体措施。朱信凯（2014）认为，一般的市场营销理论根植于西方的工业经济，在中国农产品市场中的适用性受到了限制，农业生产和流通领域长期以来都是以小和分散为主要特点。农产品营销渠道中成员关系直接影响农民的收入、农业企业的绩效以及终端消费者的根本福利。农产品营销渠道冲突已经成为影响农村农业发展的重大问题。

2. 营销渠道利益分配问题研究现状

从国内外文献来看，关于营销渠道利益分配的研究分为以下两部分内容：渠道成员的利润分配和具体行业营销渠道利益分配。

（1）渠道成员的利润分配。渠道利益分配更多地体现为渠道成员的利润分配，主要有以下三种方法：

第一，基于渠道整体表现最优的渠道成员利润分配。这一方法以渠道整体表现达到最优为约束条件构建渠道成员的利润分配函数，进而确定渠道成员的利润分配所得。渠道整体达到最优有不同的表现方式，如渠道总利润的最大或者渠道成员间的协调程度最佳等。Machlup（1960）以使分销渠道总利润达到最大来构建渠道成员的利润函数。他从定价问题入手构建制造商利润函数和中间商利润函数，得出分销渠道的利润函数，通过取分销渠道利润函数极值的方法确定中间商价格，从而确定了分销渠道的总利润以及中间商和制造商的利润所得份额。国内学者王效俐、安宁（2003）认为制造商与零售商之间是一种博弈关系，并且伴随外部环境变化而日益复杂。基于此，从定价问题入手，在追求流通渠道利润最大化的前提下，建立了制造商和零售商之间的联盟定价模型。基于该模型，讨论了他们之间的利润分配策略。

该分配方法的有效实施要求制造商对中间商具有较强的控制力，也就是说在渠道体系中要求制造商拥有足够的权力可以约束或影响中间商的单纯自身利润最大化行为。但是分销体系的发展使得中间商拥有更多的渠道权力，制造商的核心地位在逐渐地削弱，中间商（尤其是零售商）取而代之成为渠道体系中的核心成员。其中一个表现就是中间商在定价上具有更大的弹性空间，制造商对于中间商的最终定价往往只有建议权，而没有控制权。

第二，基于渠道成员绩效表现的渠道成员利润分配。在现实中，更多的是基于中间商的渠道工作绩效进行的中间商渠道利润分配，而制造商的渠道利润则是事先确定好的。以前的研究者分别从两个方面对中间商的渠道工作进行评价：一是从中间商的工作结果上；二是从中间商的行为表现及其素质特征上。Malina（2004）提到了一个绩效测量模型（PMM），运用它可以评价分销渠道中各项工作的绩效水平，并对渠道成员的工作绩效进行评定。朱振兴等（2011）采用静态分析和动态分析的方法，通过研究非合作博弈和合作博弈模型下的渠道利益，进一步研究在演化博弈下渠道成员的初始投资、利益再分配对合作路径的影响，并分析交易成本对渠道双方收益的影响，提出基于贡献的利益再分配模式以及讨价还价模型下的分配模式。

该分配方法虽然有利于促进中间商的渠道工作表现，具有利润分配的激励作用，但是却未能实现分配的公平原则。由于中间商的渠道工作的隐性特质，工作结果并不能全面地反映实际的工作量，因此存在有中间商付出的部分有价值劳动没有得到相应报酬补偿的情况。或者某一中间商付出成本，而另一中间商却收获由这一成本所带来的收益，即“搭便车”行为。此外，这一渠道利润分配方法仅是对渠道中间商的利润分配，无法实现制造商和中间商整体的渠道利润分配。这与分配的公平原则所要体现的分配主体平等和同一分配标准是相违背的。

第三，基于渠道成员渠道职能的渠道成员利润分配。依据渠道成员所承担的渠道职能进行的渠道成员间利润分配是由 Cough Lan 等首先提出的。这种分配方法所界定的渠道利润分配成员不仅包括制造商和中间商，而且还包括消费者，也就是说将消费者也作为渠道利润分配的主体之一。通过衡量制造商、中间商和消费者的渠道职能确定他们的利润分配。

该方法是完全从分配的公平原则出发的利润分配。不仅选取了较为合理的利润分配基准——渠道职能，而且确定了同一的利润分配尺度，并将所有的渠道利润创造者都作为利润分配的主体，即渠道利润分配成员不仅有中间商，而且还有制造商和消费者，从而弥补了前两种方法在分配主体界定上的不足。但是依据这一分配方法所确定的渠道成员利润分配没有体现分配中的效率原则，欠缺对渠道成员的激励作用。按照这一分配思想，只要渠道成员承担了渠道职能，他就能得到渠道利润，而且承担这些职能的结果如何并不影响最终的利润所得。

（2）具体行业营销渠道利益分配的研究。现有相关研究成果主要集中于种子、机票、乘用车等方面，并以博弈论作为主要研究工具。

朱星辉等（2012）基于直销将逐步成为航空公司机票销售的主要渠道这一背景，引入航空公司直销渠道竞争与合作静态一次博弈模型，分析了博弈的结果，从而得到航空公司直销渠道合作与竞争的纳什均衡策略。航空公司之间的博弈是一种长期博弈，因此在静态一次性博弈基础上，建立航空公司直销渠道竞争与合作的动态重复博弈模型，博弈结果是要求航空公司应该采取长期合作策略。最后，分析航空公司之间利益分配问题以及长期合作可能存在的问题和解决建议。高洁（2014）针对种子企业占主导的种子分销渠道利益分配这一问题，构建了Stackelberg利润分配博弈模型，分析了利益分配系数与种子批发价、种子销售量、渠道、总利润等相关变量的关系，并详细探讨了利益分配系数的经济含义。

此外，营销渠道利益再分配问题也被少数国内学者所关注。当合作的复杂性和不确定性使制造商或中间商感知利益发生变化时，则有可能会进行新的利益分配（即利益再分配）。韩亮、孙莺纯（2013）综合考虑了经销商对渠道的贡献（统一用投入成本来衡量）、承担的风险和绩效三个方面，建立数学模型对渠道利益进行合理的再分配。李宝库、刘丹（2014）从演化博弈论角度出发，研究了当渠道利益空间发生变化时制造商与中间商的行为，并对其进行分析，提出了改变原利益分配策略、实现整个渠道最优状态时的建议：当必须改变原渠道利益分配策略时，此时制造商对渠道的贡献比例达到最大，中间商对渠道的贡献比例最小。

四、营销渠道力理论综述与研究现状

渠道力是营销渠道研究的关键问题，是渠道运行状态的集中体现，我国对于渠道力的研究更多地集中在渠道力的定性分析上，缺乏对渠道力系统的研究，特别是针对西部地区农民专业合作经济组织渠道力的研究则更少。

1. 渠道力的内涵

渠道力的内涵，以弗兰茨教授与兰文教授研究的营销渠道“六力模型”为基础，冯飞、霍学喜（2006）提出渠道力是一个特定渠道成员控制或影响另一个成员行为的能力，并从报酬力、合法权利、强制力、参照力、专业知识力以及信息力六个方面对农合组织渠道力定性评价；王庆金（2005）以轿车营销渠道力为研究对象，研究认为从生产领域到消费领域所经过的途径或通道优化整合能力就是渠道力，主要包括战略定位力、渠道的组织力、合作力、合约力、监督力、激励力、调整力以及渠道协调控制力等；程艳霞、王慧梅（2008）提出，企业渠道力是企业对整个渠道资源的有效整合运用能力和对渠道的控制能力，并运用层次分析法将渠道力分为关系力、整合力、控制力与创新力评价等；黄艳蓉（2009）则认为渠道力是企业营销力的组成部分，主要包括针对渠道终端的控制力、对营销渠道运作和管理的整合力、代表渠道成员间关系紧密程度的关系力。杨振环（2011）同样根据“六力模型”，应用德尔菲法对西部地区农合组织营销渠道力定量分析；本文旨在建立西部地区农合组织渠道力评价体系，从微观视角研究其渠道力，把渠道力定义为组织影响或控制其他成员行为的能力。

2. 围绕“六力模型”的相关研究

营销渠道的“六力”包括报酬力、强制力、知识力、合约力、参照力与信息力。报酬力是以经济效益来表示，是渠道成员服从另一个成员时得到的酬劳；强制力是成员对其他成员惩罚的权力；知识力是渠道成员运用专业知识对其他成员施加影响的能力；合约力认为成员可依法对其他成员施加影响，其他成员则有义务接受影响；参照力是追随认为对自己有利的其他成员的行为的能力；信息力反映了渠道成员收集、分析并判定市场信息的能力。

（1）国外研究。Hunt 和 Nevin 从渠道力的强制力入手，把权力基础分成强制性和非强制性两类，描述二者跟渠道力的变量关系；Frazier 和 Sheth 通过研究渠道成员在态度与行为可能存在的差异性对渠道关系的影响，提出渠道力应用过程的态度——行为模型；Wilkinson（1973）从渠道效益角度出发研究认为强制性渠道力与满意之间的变量关系不太明确，还指出渠道力与满意之间存在曲线关系。

（2）国内研究。庄贵军（2007）从渠道冲突方面，研究渠道力与渠道冲突之间的关系，构建了基于渠道力的渠道结构整合模型；唐鸿（2009）采用实证研究方法探讨了渠道力对渠道关系质量的影响；张涛（2011）基于渠道力与柔性管理的理论，研究表明渠道力失衡的主要原因是资源在营销渠道中各成员之间分布不均衡，渠道成员资源运用与转化能力不同，导致渠道力失衡会引发渠道冲突、交易成本提高以及价值链断裂，降低渠道运行效率。鑫颖（2013）基于“六力模型”，运用层次分析方法评价了西部地区农民专业合作经济组织营销渠道力，并提出了提升营销渠道力的建议。

（3）研究述评。国内外学者围绕渠道力研究，为渠道力的深入研究奠定了基础，特别是对于农产品营销渠道力的研究重点都集中在企业层面，对农民专业合作经济组织渠道力的研究很少，在研究方法上以定性分析为主。

3. 营销渠道力评价问题研究现状

现有国内相关研究主要集中在农民专业合作经济组织渠道力的评价上，具体包括评价体系的构建和建立评价模型。杨振环（2011）系统研究了西部地区农民专业合作经济组织渠道力，运用德尔菲法和模糊理论获得、处理数据，建立了西部地区农民专业合作经济组织营销渠道力指数评价模型及指标体系。鑫颖（2013）研究了西部地区农民专业合作经济组织渠道力评价体系，采用层次分析方法与模糊评价方法构造西部地区农民专业合作经济组织营销渠道力评价模型及评价体系，提出了渠道力提升的“钻石模型”。宝斯琴塔娜、侯淑霞（2015）以利益相关者理论和“六力模型”为基础，构建了农民专业合作经济组织渠道力评价指标体系。该评价指标体系由目标层、准则层、因子层组成，其中准则层6个影响因子，因子层21个影响因子。姜海燕（2015）在构建了农民专业合作经济组织渠道力评价指标体系的基础上，采用AHP－FCEM分析方法对农民专业合作经济组织的营销渠道力进行评价，并结合呼和浩特市百岁果蔬种植专业合作社营销渠道力的定性分析对评价结果进行检验，试图为农户专业合作经济组织营销渠道力的正确评价和有效提升奠定基础。

总体来说，国内外关于营销渠道力的研究，一方面是研究重点以“六力模型”为基础确定营销渠道力的概念，另一方面就是基于博弈论等经济分析手段基础上的营销渠道利益分配问题的研究。以纵向组织关系为基础，又针对农业合作经济组织系统内的营销渠道力的研究，目前尚属少见。

第四节 技术路线与主要创新点

一、技术路线

本书采取“提出问题—理论分析—应用分析—政策建议”的技术路线。

第一，广泛收集国内外文献资料，全面系统回顾有关研究成果，为本书提供理论参考。

第二，设计研究方案，明确研究目标和创新点。

第三，调查研究，以获得第一手资料。

第四，系统分析，得出结论。

第五，对策建议。

本项目的技术路线如图1－2所示。

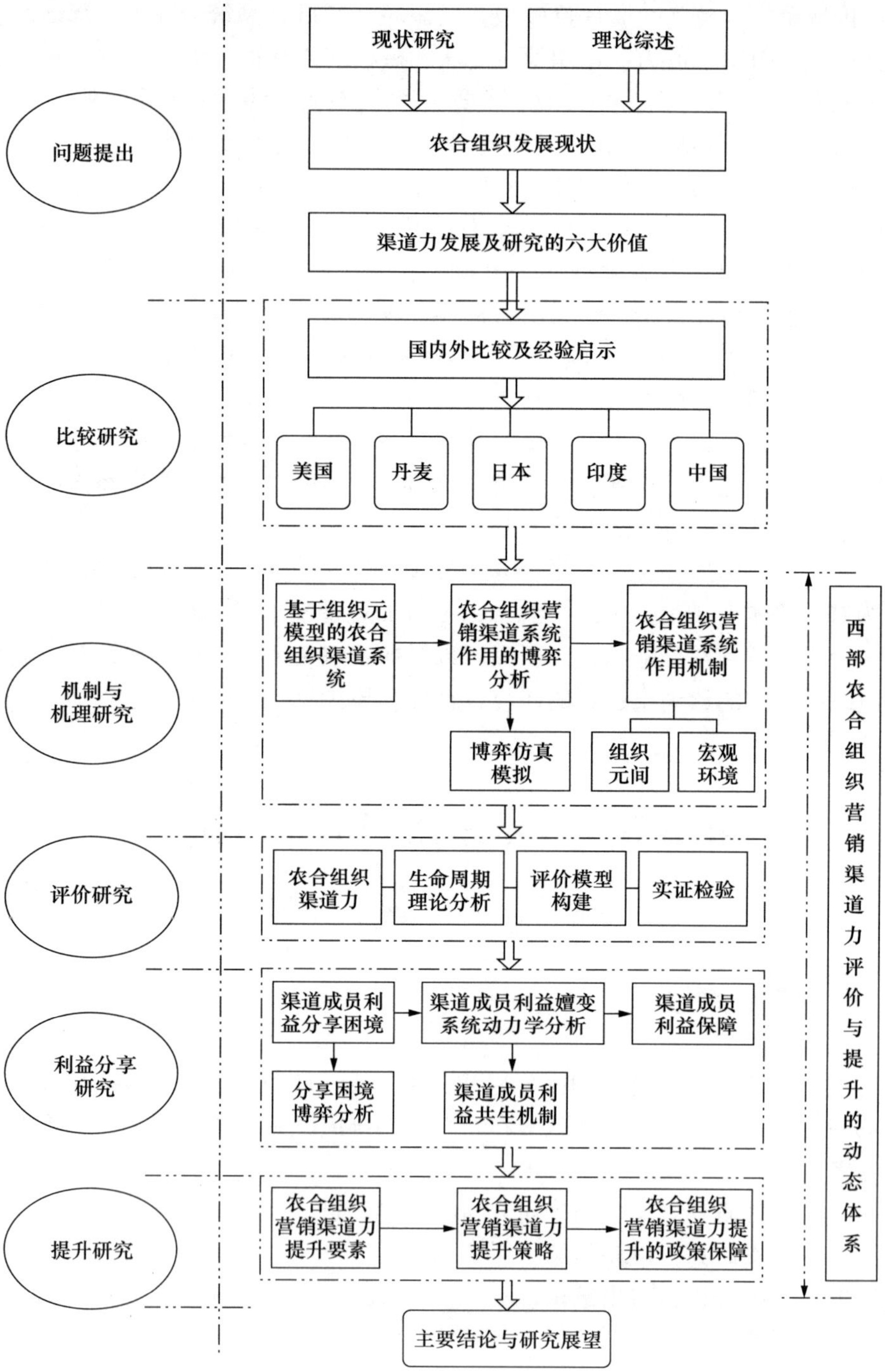
现状研究
理论综述
问题提出
农合组织发展现状
渠道力发展及研究的六大价值
国内外比较及经验启示
比较研究
美国
丹麦
日本
印度
中国
机制与机理研究
基于组织元模型的农合组织渠道系统
农合组织营销渠道系统作用的博弈分析
农合组织营销渠道系统作用机制
博弈仿真模拟
组织元间
宏观环境
西部农合组织营销渠道力评价与提升的动态体系
评价研究
农合组织渠道力
生命周期理论分析
评价模型构建
实证检验
利益分享研究
渠道成员利益分享困境
渠道成员利益嬗变系统动力学分析
渠道成员利益保障
分享困境博弈分析
渠道成员利益共生机制
提升研究
农合组织营销渠道力提升要素
农合组织营销渠道力提升策略
农合组织营销渠道力提升的政策保障
主要结论与研究展望

图1-2　研究技术路线

本书主要内容如下：

第一章，导论。提出本书的主题，概括介绍了本书研究的背景和意义，对文中出现的主要概念进行了界定，并对基于农合组织的营销渠道力的国内外文献进行了梳理和述评，在此基础上，提出了本课题研究的主要内容和技术路线以及创新之处。

第二章，西部地区农合组织及其营销渠道力发展分析。在系统梳理西部地区农合组织及其营销渠道发展演进的基础上，深入考察西部地区农合组织营销渠道力现状及存在的问题，力求寻找营销渠道力对西部地区农合组织发展的价值所在。

第三章，基于纵向关系的国内外农合组织营销渠道力比较。对欧美发达国家、亚洲典型国家以及我国的农合组织营销渠道力进行全面分析与总结，并进行了不同时期的横向与纵向比较，探讨趋同性与差异性，提出对我国农合组织营销渠道力发展的经验与启示。

第四章，基于纵向关系的西部地区农合组织营销渠道力作用机制研究。将农合组织引入营销渠道系统，建立了农合组织营销渠道多组织元系统，对农合组织在西部地区营销渠道系统中的地位和作用进行博弈分析并做出明确判断，基于系统内部和外部两个层面，提出提升西部地区农合组织营销渠道力的作用机制。

第五章，基于纵向关系的西部地区农合组织营销渠道力评价研究。对西部地区农合组织在不同生命周期阶段的营销渠道力特征进行分析，构建农合组织营销渠道力的评价指标体系，并对不同生命周期阶段的农合组织进行了定性和定量评价。

第六章，基于纵向关系的西部地区农合组织营销渠道力提升的渠道成员利益分享机制研究。以农合组织为核心成员，探讨营销渠道上各主体的利益分享困境，对利益诉求嬗变进行分析，提出提升西部地区农合组织营销渠道力的利益分享机制和保障机制。

第七章，基于纵向关系的西部地区农合组织营销渠道力动态提升策略。对不同生命周期阶段农合组织营销渠道力提升的关键要素，进行分析与凝练，营销渠道力的培育、整合与提升策略。

第八章，主要结论与研究展望。对整个研究进行总结，得出主要结论，并在结论性评述的基础上，提出研究展望。

二、主要创新点

本书的主要创新点如下：

第一，把西部地区农合组织纳入农产品营销渠道系统，把农产品营销渠道系统纳入产业链研究体系之中，并通过大量的实际调研形成经典案例，理论和实践相结合，探讨基于优化、强化产业链纵向组织关系的农合组织营销渠道力问题，这在研究方法上是一种创新。

第二，对欧美发达国家、亚洲典型国家以及我国的农合组织营销渠道力，进行了不同时期的横向与纵向比较，研究发现：欧美发达国家农合组织营销渠道与产业链实现了纵向集成，规模优势明显，法律法规完善，营销渠道力强大；亚洲典型国家农合组织形成农工商一体化经营模式，组织内部规范、保障体系完善，营销渠道力较强。

第三，以利益相关者理论和“六力模型”为基础，构建了农合组织营销渠道系统 MAS 模型，并在此基础上运用博弈和仿真的方法对农合组织在营销渠道中的地位和作用进行分析。结果表明：农合组织是西部地区农产品营销渠道系统中的一个重要的组织元；农户在加入农户组织后，博弈达到收益最大值，即西部地区农产品营销渠道整体利益和农产品价值实现了最大化。

第四，以利益相关者理论和“六力模型”为基础，构建了农合组织渠道力评价指标体系，并得出以下结论：①农合组织的渠道力取决于利益相关者利益诉求的满足情况，利益诉求满足率高，其合作意愿越强，即农合组织渠道力越强；②报酬力、强制力、参照力、合约力、知识力和信息力对于农合组织渠道力的提升具有重要意义。

第五，应用农合组织营销渠道力评价指标，采用层次分析和模糊综合评价（AHP－FCEM）分析方法，选取三个分别于在不同生命周期阶段的西部地区农合组织作为评价对象，结合定性分析，对农合组织营销渠道力评价指标体系的可行性和有效性进行了验证，最终定性分析与定量分析的结果基本一致。

第六，构建了系统动力学模型，模拟西部地区农合组织与周围环境中影响该组织的各个因素之间的互动关系，对利益诉求嬗变进行了分析研究。结果显示：西部地区农合经济组织利益分享诉求系统中各要素之间的影响是多元的、复杂的，它们相互之间的正负反馈机制也是多重结构，一方的变化往往带来各要素以及利益分享模式之间的复杂变化，这也是利益分享模式呈现复杂多样性的关键原因。

第二章 西部地区农合组织及其营销渠道力发展分析

本书着眼于分析西部农合组织营销渠道发展现状，由西部地区农合组织发展演进入手，进而分析其发展的动因；在对西部地区农合组织营销渠道力发展分析中，首先对其渠道发展演进进行分析，其次对西部地区农合组织营销渠道现状及渠道力存在的问题进行论述后，力求寻找营销渠道力对西部地区农合组织发展的价值所在。

第一节　我国合作经济现状[①]

近几年，随着全国各级政府对农合组织的扶持力度的不断加大，我国的农合组织得到了快速发展。本书根据全国30个省、市、区（不含西藏）农村经营管理情况统计数据的汇总对我国东西部地区农合组织的渠道力展开分析，分析2013年合作社发展情况如下。

一、基本情况

1. 数量与成员

截至2013年底，全国农民专业合作社总数达88.4万个，比2012年底增加25万个，增长39.5%；合作社数量大幅度增加，质量稳步提高。到2013年底农合组织的实有成员已经达到4776.0万个（户），与2012年底相比，数量上增长了340

① 为了保证统计口径的一致，农合组织的统计数据用合作社的数据来代替。

万户，同比增长7.7%，平均每个合作社拥有的成员数已近54个。除此之外，合作社能够带动的非成员农户数量也有了很大幅度的提高，数量上来说已达6130万户，同比增长8.6%，每个合作社带动的非成员农户数量的平均值为69户①。

表2－1　我国合作社基本情况

年份	合作社数量（万家）	工商登记成员数（万户）	出资额（亿元）	实有成员数量（万户）
2007年底	2.64	35	311.66	210
2008年底	11.09	141.71	880.16	1200
2009年底	24.64	391.74	2461.36	2100
2010年底	37.91	715.57	4545.77	2900
2012年底	63.4	2373	—	4436.0
2013年底	88.4	—	—	4476.0

资料来源：根据国家工商总局、农业部发布数据整理。

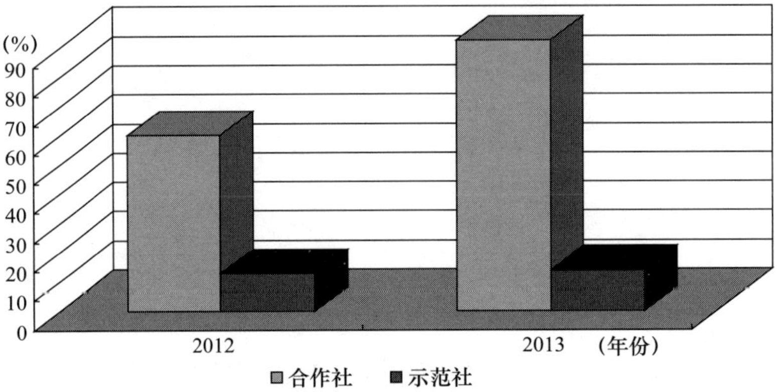

图2－1　2012年、2013年我国合作社增长情况

资料来源：根据国家工商总局、农业部发布数据整理。

2. 业务范围

从业务范围来看，截至2013年底，种植业拥有的合作社数为44.8万个，同比增长46.5%，占合作社总数的比重为50.68%；畜牧业拥有22.7万个，同比增长28.4%，占比为25.68%；服务业拥有7.7万个，同比增长33.2%，占比为8.71%；林业拥有5.1万个，同比增长48.2%，占比为5.77%；渔业拥有3.3万

① 资料来源：《全国农村经营管理统计资料2013年（内部资料）》。

个，同比增长33.4%，占比为3.73%。

从不同行业合作社数量的增长情况来看，种植业合作社的数量增长最快。在种植业合作社中，粮食合作社共有14.2万个，同比增长87.1%，占整个种植业合作社的比重达到31.8%。在整个畜牧业合作社中，生猪合作社的数量有8.0万个、肉牛羊合作社为3.4万个、奶业合作社有1.27万个，它们分别占整个畜牧业合作社的比重为35.2%、15.0%、5.6%，生猪合作社和奶业合作社分别比2012年增长29.6%和3.0%。而在服务业合作社中，农机合作社4.5万个，同比增长38.3%，占服务业合作社的比重为58.4%，植保合作社1.0万个，同比增长28.9%，占服务业合作社的比重为13.0%，土肥合作社0.3万个，同比增长37.3%，占服务业合作社的比重3.9%。从总体上而言，种植业、畜牧业合作社占近九成，粮食生产合作社增长迅速，其他合作社增长较快。

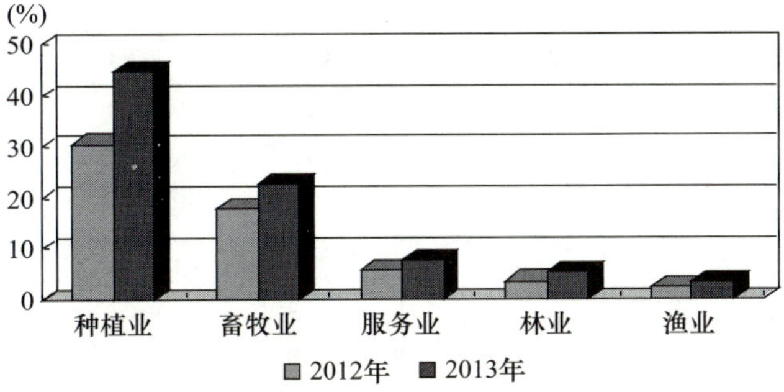

图2-2　2012年、2013年各行业合作社增长情况

资料来源：根据国家工商总局、农业部发布数据整理。

3. 合作社牵头领办人

通过对合作社牵头领办人的统计分析来看，目前牵头领办人主要有农村“能人”、企业、基层农技服务组织、其他主体等。截至2013年底，农村“能人”牵头领办的合作社80.2万个，占全部合作社的比重为90.7%，其中，由村组干部牵头领办的合作社13.6万个，农村“能人”牵头领办的合作社是目前最主要的合作社形式。另外企业、基层农技服务组织、其他主体领办的合作社分别为2.4万个、1.5万个、4.3万个，占全部合作社的比重分别为3.0%、1.9%、5.4%。

4. 地域分布

2013年，山东、江苏、河南等七省的合作社数量均超过了4万个，这七个省合作社数量总和占全国合作社数量的48%。其中山东省就有合作社9万多个，达到全国的10.6%。

表 2-2　全国各地区合作社基本情况（2013 年底）

地区	合作社数量（个）	成员数（户）	地区	合作社数量（个）	成员数（户）
全国	884089.0	47760390.0	河南	62891.0	3144550.0
北京	5666.0	286484.0	湖北	36255.0	2236073.0
天津	5136.0	151660.0	湖南	23069.0	1976251.0
河北	57971.0	2696707.0	广东	23751.0	524696.0
山西	62309.0	1114137.0	广西	13860.0	529780.0
内蒙古	32990.0	614354.0	海南	10480.0	244100.0
辽宁	27789.0	1247436.0	重庆	18617.0	2957383.0
吉林	42101.0	855754.0	四川	35603.0	2489915.0
黑龙江	31199.0	1245104.0	贵州	13351.0	649140.0
上海	3200.0	69900.0	云南	20423.0	1141233.0
江苏	63888.0	10990790.0	陕西	24260.0	1456909.0
浙江	37369.0	1077974.0	甘肃	29357.0	788326.0
安徽	41801.0	2497365.0	青海	5800.0	376338.0
福建	19836.0	542766.0	宁夏	3410.0	221930.0
江西	26084.0	1248583.0	新疆	12071.0	436606.0
山东	93522.0	3948146.0			

资料来源：根据国家工商总局发布资料整理。

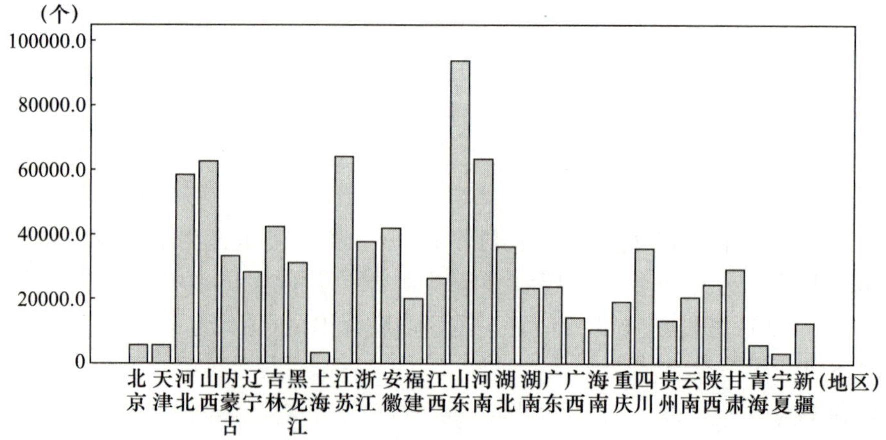

图 2-3　各地区合作社数量

资料来源：《全国农村经营管理统计资料 2013 年》。

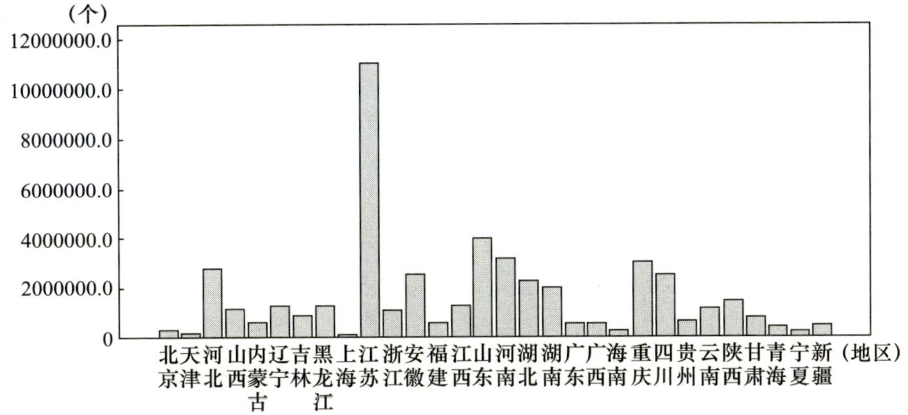

图2－4　各地区合作社成员数

资料来源：《全国农村经营管理统计资料2013年》。

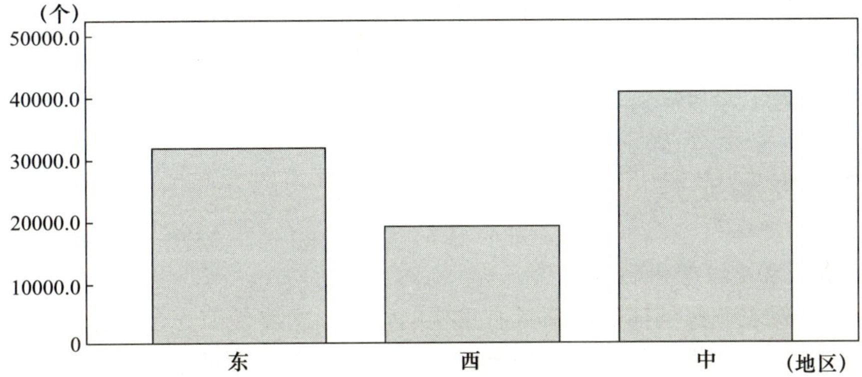

图2－5　2013年各地区合作社数量

资料来源：《全国农村经营管理统计资料2013年》。

5. 经营情况

2013年，上述全部类型的合作社当年可分配盈余839.6亿元，同比增长45.9%，平均到每个合作社后得到的当年可分配盈余为9.50万元。全部可分配盈余中，按交易量返还的金额为435.1亿元，分配股金的数额为181.5亿元。按交易量返还的合作社有21.2万个，其中依据法律返还比例超过可分配盈余60%的合作社数量将近16.0万个。

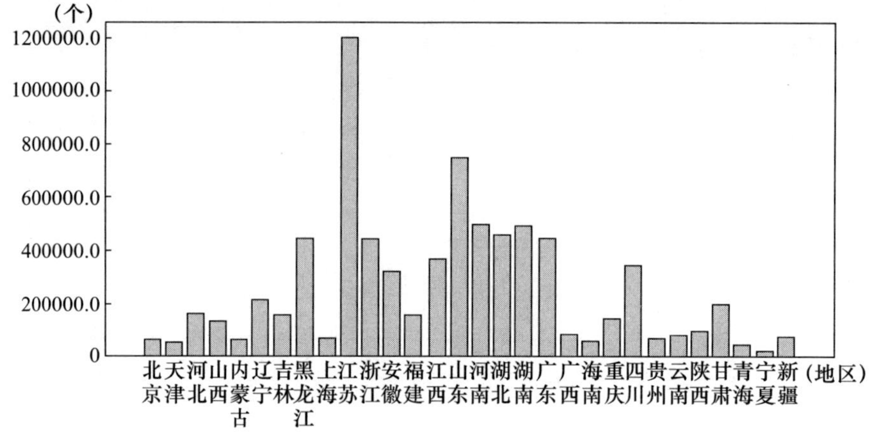

图 2－6　各地区合作社可分配盈余

资料来源：《全国农村经营管理统计资料 2013 年》。

与此同时，我国的财政资金也越来越支持合作社的发展。2013 年，各级财政扶持资金扶持合作社 3.4 万个（同比增长 5.9%），扶持的总金额达到了 54.97 亿元（同比增长 0.4%），平均每个合作社获得扶持资金 16.2 万元。

二、发展成效

1. 创新农业经营体制

合作社对农业经营体制创新具有重要的作用，主要是因为合作社的存在促进了农户间的联合和合作，使信息交流的渠道更加畅通，进而能够提高农户的组织化程度。截至 2013 年底，农合组织实有成员达 4776.0 万个（户），占全国农户比例的 20%。产业化的规模扩大，产业链条延伸，从生产向加工领域转变实现纵向一体化。2013 年，创办加工实体的合作社有 2.0 万个（户）。其中江苏、陕西、浙江和湖南比重较高，如表 2－3 所示。

表 2－3　不同地区各类型合作社占全国的比重　　单位：%

地区＼指标	合作社占比	示范合作社占比	标准化生产合作社占比	有注册商标合作社占比	有农产品质量认证合作社	加工实体合作社占比
山西	7.05	10.49	—	—	—	—
上海	0.36	—	—	—	2.36	—
江苏	7.23	9.36	9.87	12.75	16.45	17.36

续表

指标 地区	合作社占比	示范合作社占比	标准化生产合作社占比	有注册商标合作社占比	有农产品质量认证合作社	加工实体合作社占比
浙江	4.23	9.40	9.04	9.21	11.18	6.89
江西	2.95	—	5.16	—	—	—
河南	7.11	8.6	9.25	—	—	—
湖南	2.61	—	—	4.25	4.96	5.03
广东	2.69	4.26	—	—	—	—
重庆	2.11	—	11.38	—	—	—
四川	4.03	—	—	5.67	7.90	—
陕西	2.74	—	—	—	—	11.03

资料来源：根据国家工商总局资料整理。

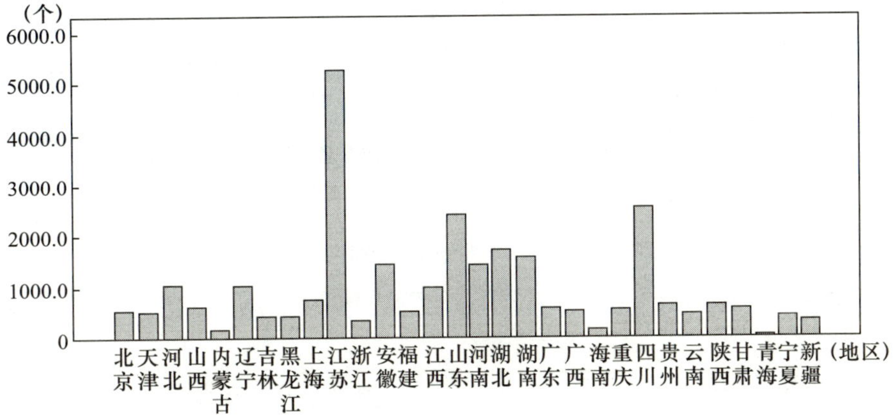

图 2－7　各地区合作社质量认证情况

资料来源：《全国农村经营管理统计资料 2013 年》。

2. 发展现代农业

合作社经过多年的发展，已经成为现代农业的中间力量，其作用已经越来越突出。在推进农业专业化、标准化生产方面对合作社具有很好的带头作用，而对于规模化、品牌化经营和农产品的流通，合作社在以下方面也有很好的促进作用：

第一，带动标准化生产。2013 年实施标准化生产的合作社有 5.5 万个，通过农产品质量认证的合作社有 3.2 万个，江苏省、浙江省、四川省、湖南省和上海市较高。其中，河北省合作社生产的无公害产品已占全省的70%以上，江苏省、湖南省通过质量认证的分别占30%和23%①。

第二，推进农业品牌化经营。2013年被农业主管部门认定为示范社的有9.0万个，比2012年底增加2.0万个，增长29.3%，示范社占合作社总数的10.2%；其中浙江省、山西省、江苏省、广东省和河南省较高。2013年拥有注册商标的合作社有近6.0万个，其中江苏省、浙江省、四川省和湖南省较高，多家合作社与企业和超市建立了产销对接关系。

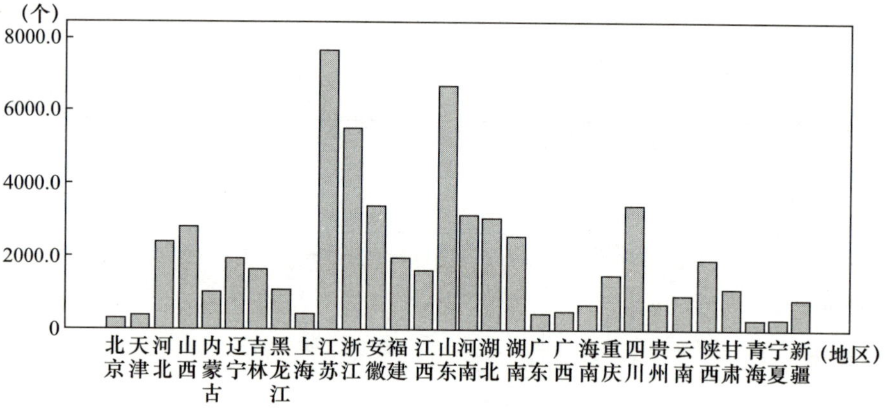

图2-8　2013年各地区合作社注册商标

资料来源：《全国农村经济管理统计资料2013年（内部资料）》。

第三，有效地推动了农产品流通。合作社通过延长产业链条，节省了流通费用，有效地促进了农产品流通。广西壮族自治区合作社带动当地水果市场销售，占到了市场份额的70%以上。截至2013年底，实行产加销一体化服务的合作社有46.3万个，比2012年增长40.1%，占合作社总数的52.4%；以生产服务为主的合作社有24.6万个，比2012年增长45.3%，占合作社总数的27.8%；另外，以购买、仓储、运销、加工和其他服务为主的合作社分别比2012年增长41.7%、31.4%、29.9%、30.2%、27%，所占比重分别为4.0%、0.8%、2.9%、2.2%、9.9%。

3. 增加农民收入

合作社的发展能够带给农民更多的收入，这主要是因为合作社能够提高农民

① 资料来源：《全国农村经营管理统计资料2013年（内部资料）》。

在市场交易中的谈判地位，并且能够延长整个产业链条，进而使得农民具有更多的话语权。合作社通过为其成员提供统一服务，减少生产环节的成本，使各成员获得更多农产品的附加值以增加收益。通过对2013年农产品市场的统计分析发现，通过合作社进行统一销售的农产品总值达6729.6亿元，这一数据比2012年增长27.2%，合作社每个成员销售农产品的均值为1.41万元，同比增长18.4%；通过合作社进行统一购买生产投入品的总值为2405.2亿元，同比增长24.1%，合作社为每个成员购买生产投入品的均值为0.50万元，同比增长13.6%。合作社培训成员数3534万户，比2012年增长11.2%。据调查，合作社成员农户的收入比非合作社成员农户高出20%以上①。

第二节　西部地区农合组织发展分析

新中国成立后西部地区农合组织经历了缓慢发展时期，直到改革开放后才进入快速发展阶段，目前按照组织效率和组织民主程度的高低分为四种类型，通过对西部地区农合组织发展历程的研究，力图找出西部地区农合组织的发展动因。

一、西部地区农合组织发展演进

西部地区农合组织的发展演进从大的阶段划分经历了传统农合组织阶段与新兴农合组织阶段。传统阶段自“土改”开始至20世纪70年代后期结束，经历了互助组、初级社、高级社三个时期。传统阶段总体历时较短，效果欠佳，在后期制约了农户生产积极性，给农业发展带来了负面影响。新兴农合组织发展阶段自改革开放发展至今，经历了起步阶段、发展时期与发展的新时期，新兴农合组织对提高农民生产积极性、提高农业生产效率起到了积极的促进作用。

1. 传统农合组织发展历程

（1）互助组。新中国成立后我国施行了土地制度改革，但改革后由于生产资料匮乏以及刚经历过战争，生产力水平低下，每百个贫雇农只拥有7部水车、41部犁以及不足50头的生产性牲畜，生产资料无法使多数农户以个体为单位完成基本生产任务，因此农合自发组织成立了共用生产资料、共同生产的互助组、高级互助组等形式，通过变工、换工进行生产。通过互助组实现“耕者有其

① 资料来源：《全国农村经营管理统计资料2013年（内部资料）》。

田”，使3亿无地及少地农民能够有田可耕。到1953年底，互助组这一形式在全国盛行，约占全国农户总数43%的农民加入了临时或常年互助组，总数达到4763.7万户。作为农合组织最早的组织形式，互助组促进了农业生产，发挥了一定的积极作用。

（2）初级社。随着农业生产活动的发展，农户对提高农业生产率，改善生活水平的要求也日益高涨，因此农户自发组织形成了比互助组规模更大，农户之间关系也更加密切的合作形式——初级社。而此时在农村两极分化的倾向逐渐显现，为了避免形成新的中农群体，避免资本主义道路的出现，党中央开始以行政手段引导农户迅速走向合作。因此诞生了初级社，它比高级互助组更高级，在互助组的基础上把所有生产资料（包括农耕牲畜、生产工具等）作价，农户以作价加入初级社，分给每家每户的土地也都入股，由初级社来统一计划管理。初级社几乎聚集了加入社员的所有生产资料及土地，加入其中的社员按统一计划集体劳动，最终产品的分配原则上想要实现按劳分配与按资分配相结合，同时还要兼顾公平。由于中央行政手段的推行，从1951年底至1953年，初级社就迅速在全国普及，到1953年，全国初级社数量就已经达到14000个，1955年数量更急剧增加至6.5万个。

（3）高级社。新中国成立伊始农户合作化运动的最后一种形式为高级社，高级社由于在初级社基础之上发展而来，因此规模较初级社更为庞大，形式上比初级社更为完备，农户的所有土地实质上都被视为公有，并且取消土地报酬，农户的生产资料也都归集体所有，分配原则实行“各尽所能，按劳分配”。在1956年召开的第一届全国人民代表大会第三次会议上，还通过了《高级农业生产合作社示范章程》，章程中明确指出：“高级社改变了生产资料所有制的性质，由农民个体所有改变为集体所有。”

高级社从出现到在全国普及只用了3年的时间，到1957年全国高级社的数量占到所有农合组织的95.44%，在行政命令的推动下许多地区没有经过互助组、初级社，直接组织农民成立高级社。由于高级社的过快发展，严重挫伤了农民的生产积极性，与当时的生产力也不相匹配，因此高级社的出现反而降低了我国农业的生产率，给刚刚起步的新中国农业带来了较大的负面影响。

2. 新型农合组织发展历程

经过“文革”时期，自家庭联产承包责任制实施以来，随着农村生产力的不断发展，各地涌现出许多形式不一的农合组织，形式从专业协会到股份制合作社都有出现，这些农合组织与之前的互助组、初级社、高级社有了本质区别，同时为了将这些农合组织与供销社、信用社加以区别，这些农合组织被学者们统一称为新型农民专业合作经济组织——即“新型农合组织”。这些组织均产生于家庭联产承包责任制之后，农村人民公社取消，农村经济体制开始转向市场经济体制，农户又回到了以家庭为单位的生产主体状态，在这一前提下，按照国际上合作组织成立原则组建的新型农合组织应运而生。新型农合组织的发展大致经历了以下三个阶段：

（1）第一阶段——新型农合组织起步时期（1979 年至 20 世纪 90 年代初期）。20 世纪 70 年代末党中央在全国农村进行了两项重大改革：一是家庭联产承包责任制的颁布；二是将农副产品的供给推向市场，进行市场化改革。家庭联产承包责任制的改革使得以家庭为单位的农户经营成为农业生产中的主要形式，重新确立了一家一户的农户在农业生产中的基础地位，使农业合作生产成为可能；农副产品市场化使得农产品价格增长明显，农户获得了较为显著的收益，有了一定的财富积累，为农合组织的产生创造了一定的物质基础。同时一家一户单独生产的农户进入市场中直接参与市场竞争，农户分散、信息闭塞、实力弱小的缺陷也使农户产生了互助合作的需求，农合组织的出现有了广泛的现实需求。

在多年发展之后，许多市场经济发展较快、农业专业化程度发展较高的地方出现了形式不同的农合组织，这些农合组织从形式上看既有农民自发组织产生的，也有政府扶持创建、由农户加入的等。起步阶段的农合组织大致具有以下特征：首先这一阶段的农合组织从产生过程看，大多是农户自发组成的民间互助和自救合作组织，产生原因大多是由于一家一户的生产模式难以应对大市场以及信息获取不足造成；其次，该阶段的农合组织从产业分布看大多集中于种植业和养殖业，与供应链条上下游的生产活动关联较小，因此这一阶段的合作组织仅仅处于起步阶段，不具备后期农合组织的特征；最后，从组织形式看，该阶段的农合组织规模较小，形式单一，组织程度较为松散，运行也缺乏有效机制。

但从这一阶段开始，国家对于农合组织的支持态度已明确，1983 年中央一号文件中指出地区性合作经济组织应发挥积极作用，由此开始既明确了国家对于发展农合组织的支持态度，也为引导农合组织发展提供了基础。1987 年国务院颁布的 55 号文件明确指出“在自愿原则下，组织生产者建立不同产品的生产专业协会，或按照农合组织的组织原则，建立专业农合组织”。

（2）第二阶段——新型农合组织发展时期（20 世纪 90 年代初至 2006 年底）。进入 20 世纪 90 年代后，伴随着国内经济市场化程度的加深，农村经济向市场化经济的转化也更加深入，因此个体农户与大市场需求之间的供需矛盾也凸显出来，这一矛盾也从客观上催生了建立与完善农民与市场连接机制的需求。在农业行业内部，市场的纵深发展也使行业分工更加细化，农业产业化快速发展，行业细分后各个细分行业也出现了衔接和协调的需求，这些需求均促进了农合组织的快速发展。1994 年中央四号文件敦促“要抓紧制定《农民专业协会章程》，引导农民专业协会真正成为民办、民管、民受益的新型经济组织”。不久，农业部与中国科协联合下发《关于加强对农民专业技术协会指导和扶持工作的通知》，财政部等部门也出台了相关扶持政策。1995 年中央《关于深化供销合作社改革的决定》中把大力发展农合组织作为供销合作社改革的重要措施和主要方式。

农合组织的发展阶段时间较长，具有以下特征：首先，这一阶段的农合组织从生产过程来看，组织形式更加多样，既有完全由农户发起其他农户自愿参与的，也有政府创建扶持与农户联合兴办的，还有在对传统农合组织进行改造基础上兴建发展的，合作形式较为多样，并开始寻求与企业或其他社会经济组织的合作；其次，从产业布局看，这一阶段的农合组织开始突破原有生产边界，逐渐向农产品生产的上下游延伸，将农产品的前期生产、中期加工、后期销售进行有效衔接；最后，组织形式上这一阶段更加多样化，企业、协会等主体带动产生的农合组织逐渐增多，甚至在后期成为主流。因此这一阶段的农合组织与上一阶段相比数量增加，规模扩大，形式更为多样，合作程度较之前更加紧密，组织链条运作也更加规范，农合组织在这一阶段得以繁荣发展，在农业生产中产生了不可替代的作用。

当然这一阶段的农合组织在发展过程中依然存在许多问题，包括发展不平衡，农合组织发展状况不一致，组织管理机制不健全等。例如许多合作社利益分配机制并不完善，关系较为松散，未形成紧密的利益共同体；一些政府主导的农合组织存在产权不清的现象；农合组织的独立性和民主性不尽如人意等。因此农合组织的发展还需要更进一步完善。

2005 年党的十六届五中全会上“十一五规划”中指出：“建设社会主义新农村是我国现代化进程中的重大历史任务”，新农村建设的迈进，伴随着农村经济体制的进一步市场化，使得农合组织有了又一次飞跃式发展。2006 年初中央一号文件提出：“要着力培育一批竞争力、带动力强的龙头企业和企业集群示范基地，推广龙头企业、合作组织与农户有机结合的组织形式，让农民从产业化经营中得到更多的实惠……积极引导和支持农民发展各类专业合作经济组织，加快立法进程，加大扶持力度，建立有利于农民合作经济组织发展的信贷、财税和登记等制度。”农合组织的建立发挥了农户的自主性与积极性，对于加速农村体制改革，加快农村经济发展越来越显现出重大的意义。

（3）第三阶段——新型农合组织发展的新时期（2007 年至今）。农合组织在我国农业历史上产生的时间虽然比较久远，但国家对于农合组织的经济、法律主体身份认定却一直缺失，只把其作为一种民间自发组织，甚至有时作为一种政策推行工具进行对待，因此农合组织的发展一直有悖于国际上农合组织发展的原则以及现状。改革开放后农合组织经历了快速发展，但自发性的组织性质使得农合组织一直游离于法律边缘，没有专门的法律法规对其加以规范和保护，直到2006年10月31日中华人民共和国第十届全国人民代表大会常务委员会第二十四次会议通过颁布了《中华人民共和国农民专业合作组织法》，彻底结束了农合组织法律地位不明确的状态。紧接着2007年中央一号文件强调提出要“大力发展农民专业合作组织。认真贯彻农民专业农合组织法，支持农民专业合作组织加快发展。各地要加快制定推动农民专业合作组织发展的实施细则，有关部门要抓紧出台具体登记办法、财务会计制度和配套支持措施。要采取有利于农民专业合作组织发展的税收和金融政策，增大农民专业合作组织建设示范项目资金规模，着力支持农民专业合作组织开展市场营销、信息服务、技术培训、农产品加工储藏和农资采购经营。”2007年5月28日国务院又颁布了《农民专业合作组织登记管理条例》《中华人民共和国农民专业合作组织法》和《农民专业合作组织登记管理条例》，标志着农合组织的发展进入了一个新阶段，在这一阶段农合组织的市场主体地位得以明确，其组织与行为活动也有了规范准则，因此农合组织在深化农村改革、促进农村经济发展、增加农民收入等方面发挥了巨大的积极作用。

2008年中央一号文件提出要“积极发展农民专业合作组织和农村服务组织。全面贯彻落实农民专业合作组织法，抓紧出台配套法规政策，尽快制定税收优惠办法，清理取消不合理收费。各级财政要继续加大对农民专业合作组织的扶持，农民专业合作组织可以申请承担国家的有关涉农项目。支持发展农业生产经营服务组织，为农民提供代耕代种、用水管理和仓储运输等服务。鼓励发展农村综合服务组织，具备条件的地方可建立便民利民的农村社区服务中心和公益服务站。”党的十七届三中全会又通过了《中共中央关于推进农村改革发展若干重大问题的决定》，决定中指出要“按照服务农民、进退自由、权利平等、管理民主的要求，扶持农民专业合作组织加快发展，使之成为引导农民参与国内外市场竞争的现代农业经营组织”，“有条件的地方，可以发展专业大户、家庭农场、农民专业合作组织等规模经营主体”，“允许有条件的农民专业合作组织开展信用合作”，至此为农村信用合作扫清了障碍，为农民发展金融业提供了依据，使得农合组织融资成为可能。

2010年之后，新型农合组织在促进农村经济发展、深化农村体制改革中的作用日益凸显，农合组织的规模也日益发展，截至2013年底我国入社农户达3480万户，占全国农户总数的14%，各类型农合组织达到140万个，其中规范化的新型农合组织数量为15万个。新型农合组织入户数占中西部地区农户数量的28.1%，总体来看西部各地区建设新型农合组织的热情高涨，大多集中在畜牧业[①]。

3. 目前西部地区农合组织的类型

根据目前西部地区农合组织发展的实际状况，我们将农合组织的发展模式概括为四种类型："能人"带头型、龙头企业拉动型、科技部门带动型和政府推动型。因各种发展模式所依赖的主导力量不同，存在的条件差异也较大，因此组织模式、绩效、发展前景也各有不同。

（1）"能人"带头型。"能人"带头型农合组织一般由某一地区一个或多个"能人""大户"牵头，联合从事同类农业生产的散户农民自发组建，"能人"负责从事农产品生产前期新品种的引进，农业技术的学习开发，并开展对其他组织内农户的培训、示范、信息提供，加入农户在农产品生产完成后由"能人"负责将其农产品收集或联系卖方市场，由此带动周边农户发展当地优势产业，形成"专业村"或"专业生产基地"。这种模式属于初级阶段的农合组织，农户只需缴纳少量会费或免费进入该组织，依靠"能人"投资开展各项活动，组织关系较为松散，"能人"是组织的核心，决定整个组织的生存和发展方向，该模式具有以下特征：

其一，覆盖范围最广。由于各地农村中专业"大户""能人"、技术能手普遍存在，因此在许多地区这种形式的农合组织都非常容易出现，"能人"带动型农合组织覆盖范围最广，农民参与程度也最高，因此该形式可以有效提高农户的参合率。

其二，民主性较强。由于"大户""能人"均来自农民群体，这些组织者在当地具有较高的威望和声誉，因此他们牵头的农合组织在农民中被接受程度很高，组织者自身的农民身份也使该类型的合作组织在民主性和独立性上最为优越，农户更愿意接纳。另外，由于该模式合作组织的资金来源主要由农民投资形成，决策也由农民来做，因此组织的独立性、自主性较强，凝聚力很高，最容易为农民所接受。

其三，对"能人"依赖性强。该形式的农合组织想要运行发展壮大，对组织者即"能人"依赖性很强，需要组织者具有较高的组织能力，能够热心为农户服务，有领导意识同时要具备开拓精神，一旦"能人"离开会导致整个组织无法运转甚至解散。

其四，经济实力不强，规模有限。该种模式农合组织发展伊始通常经济实力非常有限，依靠一个或几个"能人""大户"的投资无法完成大规模经济组织的需求，因此该类组织普遍规模较小，在之后与产业链下游大型正规企业的谈判中

① 崔倩倩．完善我国新型农民专业合作经济组织的对策研究［D］．山东理工大学，2014：15 – 16.

很难占有优势。

（2）龙头企业拉动型。随着农业体制改革，在整个农业产业中最早涌现出的大型企业一般为进行农产品加工流通的企业，这些企业为保证原材料供应数量、品质的稳定性，主动引导某一地区农户组建或直接参与到龙头企业所组建的农合组织之中，形成“企业—农合组织—农户”的产业经营模式。这种经营模式中农户负责提供一定数量与质量的农产品，农合组织负责提供服务与协调农户与龙头企业间的联系，而龙头企业负责后续加工或营销。在这一模式中，龙头企业与农合组织间一般通过合同或股份关系进行连接，农合组织与农户间也是通过合同或股份关系加以连接，这种模式的基本做法可细分为两种：一种由龙头企业引导农户组织成立新型农合组织，鼓励原材料生产农户积极加入，农合组织与农户间通过合同关系加以约束，农户按照合同为龙头企业提供生产原材料，龙头企业通过农合组织为农户提供生产用原材料、技术、化肥农药等生产资料，农户生产完成后由农合组织出面进行收购，一般合同中会规定收购保护价，按保护价进行的收购使农户收益更为稳定；另一种由龙头企业与农户按照股份合作结成利益共同体，按照股份进行分红或按交易量分配最后收益，该模式中龙头企业与农户间建立了紧密的利益关系，农户可按照股份或销售量获得农产品加工、销售环节的利润，是农业产业化组织中较高级的形式。

上述两种龙头企业拉动型的模式具有以下特点：

其一，带动能力强。龙头企业一般都具有较强的经济实力，因此能够吸引大量农户参与农合组织，可以有效提高农户的参合率，同时龙头企业普遍规模大、产值高，可以快速提升龙头企业所参与农合组织的产值覆盖率，因此龙头企业拉动型具有较强的带动能力与产值覆盖率。

其二，企业与农户共赢。龙头企业鼓励带动农户建立农合组织，引导农户与农合组织以合同为规范形成稳定的合作关系，这其中的实质也形成了农户与龙头企业间的稳定关系，龙头企业以尽可能低的交易费用取得可靠的原材料供应，农户减少了供给风险，将农户组织成一个主体，也提高了农户的市场谈判地位，保障了农户的正常收益。

其三，农合组织作用显著。农合组织在该组织模式中发挥着重要的中介作用，龙头企业可以通过农合组织推广其农业技术、管理理念，甚至可以按照龙头企业要求为农户提供种子、化肥等生产资料，龙头企业的原材料质量得以保障；农户可以通过农合组织免费获得技术、降低市场信息不对称带来的销售风险，同时可以借助龙头企业和农合组织分担资金投入，提高生产水平。

其四，对龙头企业要求较高。该模式中龙头企业一方面要有较强的资金实力，能够为组建农合组织和激励农户加入农合组织提供物质保障；另一方面企业要有较强的带动能力，农户有意愿加入到农合组织之中，龙头企业还要具有很强的风险承担能力。龙头企业拉动型农合组织中农户生产经营风险大大降低，而这一风险几乎都转嫁于企业，因此需要龙头企业具有较高的风险承担能力。

从目前农合组织发展的前景看，龙头企业拉动型是农合组织各种模式中最具发展潜力的模式，因此政府应在政策制定中给予优惠鼓励，为培育龙头企业创造良好的外部条件。

（3）科技部门带动型。各级乡镇的农业部门一般会有针对农村农户推广和普及农业实用技术和信息的部门，这些部门大多以农技站的形式出现，他们根据农户生产经营的实际需求，利用其在技术、信息、设备等方面的优势组织农户，牵头组织建立农合组织。这些科技部门大多以技术服务参与农合组织，也有少数会以资金、劳务等形式参与农合组织，参与农业生产，与农户结成利益共同体。科技部门带动型农合组织大多以农技站为核心，具体包括“农技站+农户”“农技站+经纪人+农户”“农技站+企业+农户”“农技站+其他机构+农户”等形式。在这些形式中，农技站通常为农合组织的创始核心，农技站在组织周边地区农户的基础上，按照“自愿、协作、互利”的原则吸纳农户与其他经济主体，如经济人、企业或其他机构，统一组织生产和销售活动，在农技部门发达的地区这一形式也较为常见，该模式具有以下特点：

首先，技术优势突出。通常县、乡级的农业技术推广部门都聚集着该地区农业生产活动中最庞大的科技人才队伍，科技力量雄厚，相应的农技设备配套也较为齐备，而且在多年的农技推广中也具备了完善的服务网络，与个体农户关系密切，对农户情况最为了解，而且在农户中具有很高的口碑评价。因此农技站最了解农户需求，由其牵头组建农合组织，可以最大限度地发挥农技部门的技术、信息和设备优势，在农业生产中能发挥良好的示范带头作用。另外这种模式的农合组织十分有利于新型农业技术在农户中推广，而这一推广不仅为农户提供了高质量的技术服务，也增加了农技部门的收入，这一模式的农合组织对于在农村推广新技术最为有效。

其次，有利于政府对行业进行管理。农技部门牵头成立的农合组织一方面对于农业新技术、新品种、新设备的推广使用起到显著作用；另一方面，由于农技部门自身的属性，为政府管理农合组织行业也提供了重要平台，有利于政府对农合组织行业的管理。

（4）政府推动型。这一模式是政府直接参与农业生产的产物，各级政府为了农业规模化发展以行政之力自上而下成立农合组织，由政府工作人员担任主要负责人，吸收当地“能人”“大户”以及普通农户组建的新型官民合办的农合组织。该类型的农合组织成立本身就具有行政因素，政府和相应职能部门介入参与市场化运作使得关系较为复杂，因政府推动的农合组织主要目的为发展地方经济带动农户生产，因此组织本身的公益性质较为明显，成员与非成员界限并不清晰，非成员的“搭便车”现象常有发生，因此削弱了农户加入农合组织的积极性。

此类农合组织模式具有以下特点：

第一，发展迅速。由于政府的行政命令自上而下推动组建的农合组织通常会发展迅速，从组织成立到运作经营比其他模式的农合组织快很多，政府支持资金到位，组织高效的特征十分明显。

第二，民主性差。由于该类农合组织的“出身”特殊，政府工作人员介入其中并担任重要管理岗位，因此此类组织民主性较低，很难实现组织的自我管理与自我经营，多是体现政府意愿，对政府的依赖性很强，在政府逐步退出组织后此类组织较难存续与发展。

上述四种农合组织的发展模式各具特色，产生于不同的状况下，也分别适宜于不同时间、不同地区、不同阶段和不同的农业生产领域，每种模式都有其自身的优缺点以及适宜的地区与行业。针对发展模式，我们需要探究每种模式发展速度如何、普及率如何，就农合组织本身而言，我们想考察组织自身的运行效率高低，成员是否能够民主的参与其中，参与组织的重大决策，因此，此处选取两个指标对这四种发展模式作综合绩效评价。一个是反映合作经济组织制度创新的效率即组织建立和发展的速度的指标——组织效率，另一个是反映合作组织内部运行民主性的指标——组织的民主性，如图 2 -9 所示。

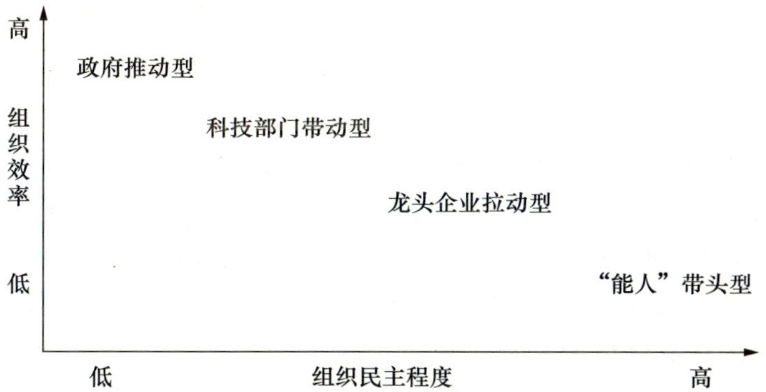

图 2 -9 西部地区农合组织发展模式绩效评价模型

政府推动型的发展模式具有最大的组织效率，同时这种模式发展的合作组织内部运行的民主性最低，与农合组织成员民主管理的本质背离较大。对于这种发展模式，政府的角色定位至关重要。政府既不能全管，也不能不管，关键在于准确而合理的职能划分，而且在合作组织发展运行走上正轨之后，政府要及时退出。

二、西部地区农合组织发展动因

20 世纪 90 年代以来，随着农业生产力水平的提高和剩余农产品的增加，农产品供求关系已经转变为供给大于需求，结构性供给过剩明显，一家一户的农民生产与日益扩大的农产品市场需求之间的矛盾也成为阻碍我国农业发展的主要矛盾。从我国农产品流通的历史沿革看，我国的农产品流通中，最主要的流通渠道有三种，一是国营的农产品流通体系，包括庞大的国营粮食系统和国营副食系统，这些系统在后来的发展中逐渐缩减、淡化其功能；二是供销合作社，这一流通渠道也在逐步转型演变；三是龙头企业。国营和供销合作社在农产品市场放开后垄断地位逐步被打破，环节众多、经营成本过高、效率低下等弊病日益凸显，逐渐失去市场优势，淡出农产品流通渠道。在这样的情况下，农合组织的出现，将广大农户组织起来，提高农户在农产品纵向组织关系链条中的地位，以合力面向市场，降低交易成本，应对市场竞争，有效分散经营风险显得更加重要。

从农合组织形成演变的内在机理看，决定了农合组织产生的深层次因素主要有三个：分工、交易费用与市场竞争。西部地区农合组织的发展也离不开以上三个要素的原因，具体可归结为以下三方面。

1. 市场竞争动因

西部地区农合组织的发展首先是加速农业市场化发展的需要。我国农村教育总体水平较低，西部地区状况尤为突出。农户自身缺乏知识，靠自身努力难以以科学的方式实现种植养殖，导致西部地区农产品质量较差，市场竞争力不足。农合组织可以为农户提供农产品生产过程中的各项服务，帮助农户采购优质农业种子、化肥，掌握科学的农业生产技术，运用先进的管理经验，及时了解农产品市场信息，寻找销售渠道，从而加速我国西部地区农业市场化、国际化发展的步伐，提高西部地区农业整体发展水平。

农合组织的产生缘于市场经济，农合组织是农业生产者提高其生产的组织化水平以参与市场竞争的结果，在激烈的市场竞争中，拥有资本越多的一方越容易利用资本在竞争中取得更多的优势，获利更多。一家一户的农户为了抵御大企业的资本压榨降低市场风险，在激烈的市场竞争中保护自己，需要组建农合组织或参与其中，以农合组织较大的规模和经济实力，在农产品贸易中争取主动权与话语权，争取自己的利益。

同时农合组织可以增强农户的市场开拓能力。高效的农合组织可以借助分布在各地的组织内农民经济人及时掌握各地区农产品的价格及销售情况，获取有利商机将组织内的农产品销售出去并获得较高的价格，另外以农合组织整体同农贸市场、超市等大型零售企业进行谈判，可以拓展农产品销售渠道，解决农产品销售的困难。

另外，加入WTO对我国农业带来的冲击极为明显，发展新型农合组织也是西部地区农民应对国际农产品涌入的迫切需求。国际农产品进入带来的竞争压力迫使农户通过农合组织化零为整，将过于分散的农户组织起来，推进我国农业产业化、标准化和现代化的发展，推动农业产业结构调整，通过农合组织提高农产品生产质量，应对国际竞争，把我国的农产品打入国际市场。

2. 分工动因

西部地区农合组织的发展是深化农村经济体制改革的需要。西部地区的大部分农民在过去都经历了自给自足的自然经济模式，一家一户的生产方式带来的是生产单位以家庭为基础，造成生产成本过高，随着中国加入WTO，国外成本低廉的农产品对我国农业行业产生了极大的冲击。这些因素都驱动着农户转变生产方式，加入到农合组织当中。专业的农合组织通过统一的生产资料采购、提供统一的农业生产技术、进行统一收购销售实现专门化和规模化生产，降低单个农户的生产经营成本，使其获得规模化收益。同时通过二次返利可以分享农产品生产之后所带来的利润。农民通过资金、土地、农产品等多种方式入股，可以以股东身份参与农合组织的利润分配，抵御农业生产中的自然风险以及销售中的市场风险。

综观当今全球农业发达国家，无一不是通过土地改革使农户获得土地所有权后又通过土地流转，组织产业化生产，通过发展农合组织推进适度规模经营，以达到促进农业发展，实现农业产业飞跃的目标。

目前农业产业结构调整的目标是以高新农业科技为支撑、以名优新产品为主导、合理布局区域性优势农业产业带。在这一过程中，只有农户自己联合组织起来，才能实现农业产业结构调整的终极目标，实现农业的良性发展。农合组织按照市场需求信息，统筹组织内所有资源，统一规划、专业化生产、企业化经营，形成该农合组织的产品和产业优势，提高本组织产品的市场竞争力，以专业产品促进本地区特殊经济产业的形成与发展。

3. 交易费用动因

西部地区农合组织的发展是构建农民利益保护机制的需要。农户上游要面对种子、化肥、技术供给等企业，下游要面对流通、零售、加工等企业，由于农产品流通环节有较大的利润空间，中间商在整个农产品的交易过程中获得了高额利润，但供应链的两头销售价格极高，而农户收益却很低。农合组织的出现，主要作用在于将外部交易内部化，降低交易费用。在龙头企业带动下，龙头企业把单个农户之间与企业的市场交易关系变成了一个合作经济组织与企业之间的关系，减少了交易次数，形成了规模交易；同时，市场交易关系变成了一个企业内部不同部门之间的关系，合作取代了竞争，市场信息传递更为有效，也节省了交易成本，农户能更多的得到利益，农产品的最终价格也可以降低，从而增加产品竞争力。

发展新型农合组织首先可以有效保障农户的基本利益。组织按照合同组织生产经营与销售，降低单个农户与市场进行交易时每次交易均要承担的交易费用，同时降低农户应对需求市场变化的风险，保证农户收益大于独自经营时收益。其次发展新型农合组织，能够保障农民的平均利益。农合组织以统一经营主体出面参与农产品生产上下游的活动，改变农户的弱势群体地位，保证农户在激烈的市场竞争中享有获取评价市场利润的权力。最后发展新型农合组织，可以有效保障农民的超额利益。

第三节　西部地区农合组织营销渠道力发展分析

西部地区农合组织从产生之时即对农产品营销渠道产生了巨大的影响，本节通过对农合组织营销渠道发展演进的总结来分析渠道力对农合组织的重要价值，同时本节还对目前西部地区农合组织渠道力的现状进行了梳理。

一、西部地区农合组织渠道发展演进

西部地区农合组织是20世纪80年代农村变革以来由农民自己创建的一种合作组织。经过30多年的蓬勃发展，农合组织由小到大、由弱到强，不断在组织形式和产权制度上进行改革与创新。

西部地区农产品营销渠道模式，是以农合组织为连接纽带，通过契约来增强农民与企业之间的长期合作关系，以此在保障农民收益的同时，实现渠道成员关系的稳定与农业产业化。在西部地区农产品营销渠道模式构建过程中，农合组织作为交易中介，起到连接农民与企业的纽带作用，通过合同对交易双方进行双向约束，在增加渠道成员双方违约成本的同时，降低双方的交易成本，从而提高农

业产业效率。但农合组织主要处于农产品生产、加工的初级阶段，因此农产品附加值低，制约农民增收和农合组织的发展。具体考察西部地区农合组织营销渠道的发展历程，大致可分为以下三个阶段：

1. 西部地区农合组织初创阶段的渠道模式

20 世纪 80 年代以来，随着家庭联产承包责任制和商品经济的逐步发展，分散经营的农民面临着生产技术落后、市场信息闭塞、市场进入成本高昂等问题。为了克服这些问题，由技术能手带头组建了专业协会，其目的是通过技术组合互助，带动农民进行技术交流，满足农民对生产经营技术和信息的需要。这一阶段的农合组织是建立在技术组合的基础上，资金组合处于次要地位，农民之间的关系比较松散，组织管理不规范，合作组织制度不健全，通常采取自我监督和自我管理的方式。由于专业协会是建立在技术组合的基础上的，很少有利润分配。在很长一段时间内，西部地区大多数农合组织属此类型，组织结合较为松散，农合组织对参与者不具有很强的约束力，因此这种建立在技术组合的专业协会难以实现农业规模经济和适应现代农业的发展，合作组织内在的不稳定性决定其在一定条件下会被其他的组织形式所取代。

在这一阶段中，农合组织参与下的农产品营销渠道中并不能真正体现农合组织的作用，农合组织只是在技术上给予农户支持，不参与与中间商、零售商的协商与合作，是农户间自发组织的服务性团体，这一阶段的西部地区农产品营销渠道，如图 2－10 所示。

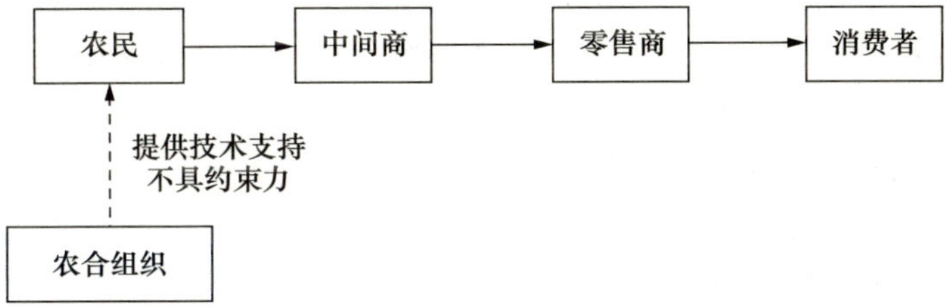

图 2－10　西部地区农合组织起步阶段的营销渠道模式

2. 西部地区农合组织成长阶段的渠道模式

20 世纪 90 年代中期以后随着农产品供求格局的改变，农业的发展越来越受到市场的约束。在西部地区农合组织的发展演变过程中，逐渐形成了一些具有较多资金组合互助的组织形态。这些农合组织共同筹资统一购买生产资料，对农民产前、产中提供服务，共同销售农产品。这一阶段的农合组织是建立在技术、经济合作的基础上，农合组织通过技术组合和经济组合对其成员进行帮助，农民之间的关系逐渐紧密，组织内部的运行机制逐步完善，在管理决策上实行“一人一票制”。由于农合组织是建立在技术经济的基础上，在盈余分配上实行按劳分配为主，多倾向于将资金分给成员，农合组织留有少量资金。这种建立在经济技术合作基础上的农合组织的产权制度决定了其不适合从事需要大规模初始资金投入的农户。

在这一阶段中，农合组织开始参与到农产品营销渠道之中，参与农合组织的农户会共同销售农产品，农合组织负责与渠道下游主体的连接，但农合组织与农民间的关系依然相对松散。同样，农合组织与下游企业的关系也较为松散，对下游企业约束力较差，但可以十分明显地看出，这一阶段中农合组织作为独立组织开始出现在农产品营销渠道之中，具体渠道模式如图 2－11 所示。

图 2－11　西部地区农合组织发展阶段的营销渠道模式

3. 西部地区农合组织快速发展阶段的渠道模式

随着农产品对外贸易的发展和我国加入世界贸易组织，农产品质量安全和农业标准化等问题引起全社会的广泛关注，农合组织开始转化为技术经济实体。农合组织成员共同出资，不断扩展服务范围，拓宽服务方式，完善产业链条。农合组织在为其成员提供技术、信息、供销等基本服务的同时，还向产供销一体化方向发展，主要从事农产品深加工和农产品流通。

这一阶段的农合组织建立在资金组合的基础上，成员之间的联系较之前更为紧密，农合组织遵守国际农合组织的基本原则，实行按交易额分配为主和民主管理制度。在其发展过程中，农合组织逐渐向股份制方向发展，采取农民自愿入股的方式参与到农合组织的生产经营中来，通过合同契约约束双方的行为，实行“一人一票”的民主管理制度和股金分红与按劳分配相结合的分配制度，严格按照《农民专业合作组织法》进行内部管理和规范。

这一阶段，以农合组织为中心的农产品营销渠道开始出现，农合组织或以组织形式上连农户，下对生产商，或者由农合组织组织深加工，产品直接面向中间商或消费者，在整个农产品的营销渠道中农合组织成为渠道核心，一方面更有利于农民利益的维护；另一方面也使大规模农业生产成为可能。这一阶段的渠道模式中农合组织与农户间以合同作为约束订立契约关系，与下游企业也以合同为约束，对于农民和下游企业都具有较强的约束力，农户与农合组织间关系更为紧密、正规。该阶段农产品渠道模式如图 2－12 所示。

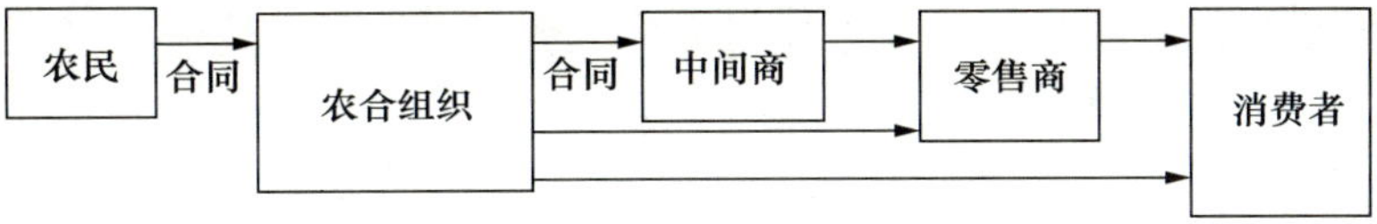

图 2－12　西部地区农合组织完善阶段的营销渠道模式

二、西部地区农合组织营销渠道力现状分析

我国西部地区包括内蒙古、广西、西藏、新疆、宁夏、重庆、贵州、云南、四川、陕西、青海、甘肃 12 个省、市、自治区，土地面积为 686.7 万平方公里，占全国面积的 71.5%，人口 36523 万人，占全国人口的 27.5%。西部地区人均耕地面约 2 亩，是全国平均水平的 1.3 倍，人均林地、草地以及未利用土地面积也均高于全国平均水平①。另外，西部地区多数地区具备特殊的气候、资源条件，有利于发展特色农业。如陕西的果业、内蒙古的牛羊肉产业、贵州的花果业等，西部农合组织的存在可以以当地优势农业产业为依托，服务于特色农业。但长期以来，西部属于我国欠发达地区，其农合组织的发展远远滞后于东部、中部地区，亟待进一步提高。目前，西部地区农合组织发展多数处于起步阶段，组织发展滞后、规模偏小、农户覆盖率较低，与我国东部、中部地区相比，仍处于落后地位。②

全球化、信息化和知识化为特征的新的经济发展趋势对西部地区农合组织营销渠道力提出了更高、更新的要求，当前以及未来西部地区农合组织营销渠道力必将面临一个全新的营销环境。西部地区农合组织营销渠道力是指组织对农户、企业、中间商、消费者等渠道除农合组织外成员的控制能力和影响能力。农合组织对渠道其他成员的控制和影响程度即为目前渠道力的发展现状，本文在对西部地区农合组织所组建的营销渠道进行研究后，从目前渠道中的契约关系、渠道运行效率、渠道成员的受教育程度、信息获取能力以及产品品牌转化率等方面加以分析，具体探究其渠道力的发展现状。

1. 渠道成员主体间关系较为松散

通过之前的分析，我们发现在西部地区农合组织的发展过程中，每个地区根据本地区具体的区域特征、生产特点发展出了不同形式的农合组织，把第二节中

① 资料来源：《2011 中国合作经济发展研究报告》，《中国合作经济》2012（5）.

② 冯飞．西部地区农民专业合作经济组织发展研究，［D］．西北农林科技大学，2007：30－57.

的四种模式进行进一步总结，科技部门带动型和政府推动型从本质上讲均属于政府部门为主体进行干预，因此可以总结出以下三种模式：“能人”“大户”主导的“农合组织＋农户”模式，生产加工企业主导的“企业＋农合组织＋农户”模式，行政主管部门或科技部门主导的“行政部门＋农合组织＋农户”模式，这三种模式几乎涵盖了西部地区农合组织的所有模式，三种模式中无论哪种，农合组织都是整个渠道的核心成员，尽量通过契约的形式增加其他主体与核心成员的联系，以增强农合组织对其他渠道成员的控制力。在西部地区的农合组织发展历程中我们发现，目前农合组织的发展多处于发展前期，又由于西部地区整体经济发展水平相对较低，市场化程度有限，因此政府推动型和科技部门带动型农合组织所占比重较大，但这些农合组织在执行过程中对渠道成员的约束能力有限，如前文所述，政府主导的农合组织外部性较强，因此，非渠道成员“搭便车”现象严重，渠道成员间关系松散，契约关系没有起到应有的积极作用。

2. 营销渠道运行效率较低

与我国东部地区的农合组织相比，西部地区农合组织的管理水平较低，现代化程度不够，营销渠道的运行效率、组织化程度比较低，具体表现在以下三个方面：

首先，从流通模式来看，目前“农超对接”“网络快销”等理念在农产品营销渠道中应用已十分广泛，连锁店、超市等农产品零售终端的市场占有率越来越高，而这些形式的最大特点是从农产品生产到到达最终消费者手中的渠道链条尽量短，但在西部地区，我们调查发现传统的农贸市场在农产品零售终端中依然占有很大比重，而农产品批发也依然是西部地区农产品流通的主要渠道，整个农产品营销渠道运行效率不高。

其次，从利益分配上看，农产品价格中的大部分依然被中间商占有，生产者和消费者依然难以获利。出现这一问题的原因依然归结于以上所述流通链条太长，中间涉及的批发零售主体众多，因此农产品价格中的绝大多数利润被中间商占有，农户不能获得满意的生产收益，消费者却要支付不低的零售价格，交易成本太高。究其根源是农户组织在营销渠道的组织中对渠道的控制能力不强，造成渠道中各主体利益分配不均，农户与消费者的利益都难以得到保障。

最后，从农产品运输方式来看，西部地区农产品的运输主要采用公路运输方式，缘于农产品自身价值不高，生产主体规模又较小，无法组织大规模的快速运输以降低物流成本；另外由于许多农产品本身具有易腐烂的产品特征，常规的物流模式造成产品货损严重，因此物流成本较高。

3. 渠道成员知识文化水平较低

营销渠道中成员的知识文化水平越高，对市场信息的把握越准确，整个渠道的渠道力也越强。在农合组织组建的营销渠道中，农合组织中成员的知识文化水平越高，对农业先进技术的学习也越强，对市场信息的把握越敏锐，与渠道其他成员的议价能力也越强，因此渠道力也就越强。而目前西部地区渠道成员的实际情况却不尽如人意，成员知识文化水平不足，具体表现在以下两个方面。

首先，西部地区农民的整体文化水平不高，1990～2011年的22年间西部地区农民小学文化程度占比不升反降，每百个农村劳动力中小学文化劳动力人数下降7.1%，初中和高中文化程度劳动力虽然有所上升，但幅度并不明显，初中文化劳动力人数上升6.3%，高中及中专文化程度劳动力人数仅上升2.6%，大专及以上文化程度人数占比上升1.86%①。因此，虽然整体看，我国西部地区农村农民知识文化程度有所提高，但高学历人才占比依旧太低，大专以上人才截至2011年仅占农村总人口的1.9%。高学历人才的匮乏使得农村劳动力结构性过剩，虽然总体看目前农村劳动力人口富余，但普遍知识水平不足，对于科学种植、养殖无法实施，导致农产品质量较差，西部地区农产品在全国市场的竞争力也由于质量原因而相对低下。同时受教育程度的不足也阻碍西部地区农民获得农业专业知识的能力，间接影响农合组织渠道力的提升。

其次，从对农户的后期再教育和培训看，目前主要功能由政府承担，如前所述，西部地区许多农合组织属政府推动型，政府在对农户进行涉农知识的培训普及时大部分是用什么培训什么，培训目的对于农民全面素质的提升没有实质性帮助，培训目标十分单一，仅针对当时农户所需的某项技能进行普及培训，农民获得的知识十分有限，对于相配套的其他知识，如市场需求的判断、营销方法等并不关心，因此对整个组织渠道力的提升也起不到积极作用。

4. 渠道产品品牌化差，市场转化率不高

从渠道产品品牌开发程度看，由于西部地区农户知识文化水平的因素，农合组织成员对于自己生产产品树立品牌意识、名牌意识的理念并不强，参与农合组织的农户在生产中经常会出现为了自身利益降低成本，不按生产标准进行生产的行为，农户生产的不规范经常导致农合组织产品质量不达标或农药残留超标等情况出现。此外，农合组织的专业人才缺乏导致对产品品牌管理意识不强，对农产品的深加工、包装、品牌营销等问题并不重视，因此许多农合组织很难形成自己的产品品牌，农产品价格相对较低，在产业链的博弈中农合组织与其他渠道成员的谈判能力相对较弱，组织对渠道的掌控能力较差。

从农合组织生产产品的市场转化率看，农户在生产环节生产效率的低下使得其所生产的产品无法完全实现商品化，许多产品因质量问题或者不符合市场需求而难

① 资料来源：1990年、2012年《中国农村统计年鉴》。

以销售，农民生产利益不能得到充分保障，生产积极性也易受到打击。从市场需求来看，农户的生产无法满足消费者高品质、多样性的需求，因此参与农合组织的农户在小农生产与大市场之间的矛盾依然难以从根源处得以解决，西部地区农合组织的发展受到限制，农业产业结构调整、深化农村改革的目标也无法快速完成。

5. 农合组织信息获取能力不强

农合组织作为其组建的营销渠道中的核心成员肩负着获取社会服务信息的责任，其获取信息能力的高低受到自身因素和社会环境的共同影响。农合组织只有及时、准确地捕获来自生产、流通、销售等各方面的信息，才能为所有成员提供正向影响，促进渠道生产能力的提高。目前西部地区农合组织的信息获取能力总体情况如下：

首先，西部农合组织从以往信息知识储备来看并不具有优势。如果信息储备量不足，所有的发展和其他能力的建设都没有根基。根据以往学者研究显示，接受教育程度越高，主体获取信息知识、吸收消化信息知识、运用信息知识和创新信息知识的能力就会越强（赵静、王玉萍，2010）①。从目前西部地区农合组织发展的现状看，多数农合组织信息知识储备不足，信息数量与质量均无法满足其发展需要，因而信息知识匮乏无法支持农合组织利用现代的先进信息工具和技术，为农合组织发展提供有效支撑。现代农业对生产提出了更高效、更及时、更精准响应消费者的要求，要实现以上要求，精准快速的信息获取至关重要，而西部农合组织信息知识储备的匮乏也影响了其对现代农业要求的响应，对于农合组织渠道力的持续发展十分不利。

其次，西部农合组织运用信息网络提升信息知识能力不强。国家在最近十几年加大对农业现代化的投入力度，多渠道多角度的给予农业更多优惠政策，给予更多的财政补贴与扶持，同时也加大了对农村信息基础设施建设的投入力度，同时为农产品交易、信息发布搭建许多服务平台，用以发布农业新闻，提供农产品信息，同时通过信息平台提供更多的农业技术专家支持，积极开展各种培训。但由于西部地区农合组织中参合农户信息知识储备有限，接受新信息的能力不高，对信息的分析加工能力更是不足，很大程度上阻碍了西部地区农业产业现代化的步伐，有待农合组织发挥其功效，改善这一局面。

最后，由于西部地区农合组织获取信息能力不足，导致农产品市场供求信息与组织内农户的连接不畅。目前西部地区农业和农村基础网络建设与中东部地区相比还有一定差距，与发达国家相比更是相去甚远，这导致市场对农产品的需求

---

① 赵静，王玉平．西部农村群体信息能力培育及区域信息共享机制研究［M］．北京：科学出版社，2010.

信息不能很快被农户所知晓，农户生产后的销售信息在很多时候又不能被市场所获知，供求信息有时十分不对称，导致农产品生产无目的，销售无市场。另外西部地区农合组织的参合农户信息化意识也相对不强，正因为西部地区信息化程度不高，农户更加不重视信息的重要性，并不致力于提高自身获取信息的能力，无法快速适应农产品市场变化，农合组织的营销渠道运行效率低下。

综上所述，一方面农合组织是我国西部地区农业结构调整实现现代化的必要方式之一；但另一方面也应看到，目前西部地区农合组织在营销渠道力存在着各种问题，只有在农合组织的发展中努力提高参合农户的生产效率，调整农业产业结构，增加农户收入，改善农合组织在营销渠道中的地位，提高参合农户知识文化水平，才能从根本上提升西部地区农合组织的营销渠道力。

三、西部地区农合组织营销渠道力存在的问题

1. 农合组织报酬力低

社会上习惯把农产品物流形容为“两头叫，中间笑”，意思是说对于农产品价格而言，农产品生产者和消费者都不满意，生产者嫌收购价太低，消费者嫌零售价太高，而农产品流通环节利润空间很大，利益分配极不平衡，中间商在整个农副产品的交易过程中获得高额利润。目前，西部地区农产品进入本地市场典型的渠道环节是生产者—产地市场—零售商—消费者；进入外地市场则是生产者—产地市场—运销批发商—销地市场—零售商—消费者。这样，渠道环节一般三四道，多的五六道，造成流通和交易成本高。

2. 农合组织强制力差

农合组织与中间商不能形成力量均衡的强强对抗，目前在西部地区农合组织是弱者，还不能挺起腰杆说“不”，在出现卖难与价格低迷时，只能接受这一现实。强制力往往是中间商对农合组织使用的手段：其一是中间商通过收取通路费的方式“剥削”农合组织正成为商品流通行业的“潜规则”，成为一种普遍的趋势；其二是很多中间商将获利的基础放在农合组织给予的返利上。这些现象的出现损害了西部地区农合组织的利益，恶化了双方的渠道关系。

3. 农合组织参照力弱

参照力是一种综合形象力，拥有产品优质、品牌声誉的组织参照力极高，使渠道成员产生追随行为，但西部地区农产品生产在这两方面都存在问题，影响着农合组织参照力。目前西部地区农产品注册品牌少，名牌产品更少，农产品品牌效益没有发挥出来。其原因：其一，西部地区农产品进入市场手段简单，不注重品牌与市场接轨，使品牌很难成为名牌；其二，西部地区品牌农产品规模小，产品数量和质

量都不能形成地区优势。已有品牌多数为一个乡镇或几个村的特产，没有形成几个乡镇、几个县域或更大区域性共同的特产；其三，在西部地区本已形成地域优势的产品，政府部门却各自为政，分别注册不同的商标，使地域优势弱化。

4. 农合组织知识力有限

我国西部地区农村教育总体水平低，据“北京林业大学 2012 年西部地区农村劳动力项目调查”数据资料显示，西部农村劳动者的平均受教育年限为 5.56 年，仅为小学毕业水平。其中，大部分劳动者没有接受完九年义务教育，学历在初中及初中以下的劳动者占总劳动者比例为 78%，仅有 22% 的劳动者接受过高中教育或中等职业教育。而参与非农就业的劳动者的平均受教育年限更长，为 7.73 年，约为初中三年级水平。受教育程度为初中及初中以下的劳动者占 65%，而高中教育程度和中专教育程度的劳动者分别占 16% 和 19%①。以上数据表明，在我国西部地区农村自然人力资源大量过剩，而知识型、专业型、高质量教育严重短缺的局面。在农业生产中，农民由于科技、文化水平较低，难以及时掌握现代农业科技知识，生产技术水平基础差、不全面，制约着产量的提高，以及优良品种的更新换代。随着农业产业化发展，农合组织对知识的要求将越来越高，不但要求组织掌握农业生产技术知识，还要掌握丰富的农产品知识（如农产品营养、质量安全），以及农产品市场供求、市场营销等知识。作为农合组织领导者要求掌握农业经济与管理方面的知识要求更广更深。但是目前，西部地区农合组织对这些知识掌握十分缺乏，专业知识力很低，不能对分销商做出理论与技术指导，不足以对渠道成员产生知识魅力，对中间商经营产生深远影响。

5. 农合组织缺乏信息力

信息力反映一个组织信息收集、分析与判断能力。西部地区农合组织对信息化的意识还比较淡薄，农村信息服务发展比较滞后，广大农民获取信息的渠道有限、成本较高，不能及时掌握科技、政策、市场、劳务等各类信息，生产经营的盲目性很大；不能及时根据市场需求调整生产、品种和品质结构；不能全面了解市场营销渠道层次多少、渠道成员的性质与规模；不能全面了解中间渠道各环节差价，以及到达各主要市场的运输手段、线路与仓储方式，以至于不能准确比较分析各渠道的成本收益，易受到当地客商虚假信息的干扰，不能对渠道做出正确选择，直接导致产品销路不畅、利润的流失。

6. 农合组织合约力不足

农合组织除了运用其自身政治权力，还需要通过标准化生产、及时注册商

① 栾江．中国西部地区农村居民受教育程度对收入水平的影响研究［D］．北京林业大学，2014：30.

标、产品质量认证等方法不断提高其自身合约力，带动农产品营销渠道有序发展。但是目前，我国西部地区农合组织在发展过程中，存在政府职能定位不准，政策干预不适当等情况，影响了农合组织健康发展；加之，农合组织自身发展过程中的缺陷和不足，导致其对农产品品牌意识较淡薄，缺乏品牌保护力度，造成合作流于形式，合约力没有得到有效应用和发挥作用。

四、西部地区农合组织发展营销渠道力的价值分析

新型农合组织作为现代农产品营销渠道的重要成员，上连接生产主体——农户，下连接农产品加工企业、中间商，甚至直接连接产品的最终消费者，是农产品纵向组织关系中的重要一环，农合组织如果能够有效发挥其作用，可以带动农户提高农业生产率，提高整个渠道运营效率，能够有效解决一家一户的小农生产与农产品需求大市场之间的矛盾。综观西部地区农合组织从产生发展至今，形式虽已出现，但发展却不够成熟完善。农合组织营销渠道力是指农合组织对其组建的营销渠道中的其他成员，包括农户、加工企业、中间商直到消费者行为的影响和控制能力。提高西部地区农合组织的营销渠道力，不仅可以使渠道成员农户、加工企业、中间商、消费者之间的联系更加紧密，从而使农产品营销渠道具有更高的效率，促进西部地区的农合组织营销渠道更加持续健康发展；而且对于越来越多的加入农合组织的参合农户而言可以提高农业生产效率，更有效地满足市场需求，对于提高农民收入，促进农村发展，深化农业体制改革起到重要、积极的作用。

从渠道力“六力模型”的角度分析，营销渠道力的提升对西部地区农合组织的发展具有以下价值：

1. 增强“报酬力”以提高农合组织凝聚力

报酬力是指渠道中一方成员服从另一方成员影响时，施加影响方回报被影响方的能力。回报通常会以经济效益形式得以体现，作为被影响方服从施加影响方意愿的酬劳。通过渠道“报酬力”的增强，营销渠道中的农户对农合组织更加信任，进而使农合组织在自身主导的营销渠道中树立绝对主导地位，提高农合组织凝聚力，使农合组织的意愿在渠道中贯彻得更加畅通，有利于农合组织对整个渠道的管理。

农合组织在渠道运营过程中通过经济效益的形式赋予农户一定收益，农户与农户组织结合成紧密的合作关系，甚至以一个主体的形式出现在营销渠道中，作为一个整体增强在渠道中的话语权，也可以增强对中间商的谈判能力，从而在整个链条的利益分配中得到更为合理的报酬，吸引更多的农户加入到该农合组织所构建的营销渠道之中，提高西部地区农合组织在该地区的凝聚力。

2. 增加“强制力”以提高农合组织控制渠道的能力

强制力是指农合组织可以在渠道成员不服从自己时对其进行制裁的能力。农合组织在渠道运营过程中大多会与农户签订合同来保证农户按合作组织要求生产农产品，但农产品销售市场具有一定的不可预测性，当市场某产品因自然灾害等因素供不应求时，农户出于个体利益最大化的要求会将农产品销售给农户组织之外的高价收购者，或者为降低生产成本而拒绝按照农合组织要求进行生产。在这样的情况下，西部地区农合组织使用强制力来纠正农户行为就必不可少，只有农合组织的强制力提升才能减少直到杜绝农户损害农户组织利益的行为，保障西部地区农合组织控制渠道的能力。

另外，随着市场经济的发展，中间商在营销渠道上逐渐取得了控制权。市场态势由卖方市场转变为买方市场，流通部门的职能得以强化，中间商对渠道的控制权越来越大；此外大型农产品流通企业凭借雄厚的资金实力在与农合组织的直接对话中更容易取得主动权，更容易巩固中间商在营销渠道中的控制权。因此想要提高西部地区农合组织的渠道控制力更需要增强其在渠道中的“强制力”。农产品能否及时出售以及售价高低等直接影响收益的因素无不被营销渠道所左右，强制力的提升可以改变产销两个部门之间在利益分配上的相互关系。西部地区农合组织通过强制力的实施控制营销渠道才能实现对农产品的监控，因此对农合组织“强制力”的加强能够切实提高西部地区农合组织中对整个营销渠道的控制能力。

3. 增强“合约力”以保障渠道成员规范生产经营行为

合约力是来自农合组织的行为准则，如农合组织规定渠道成员中农户、中间商在加入渠道时需要遵循的规章制度，农户需要按照农合组织要求生产农产品，中间商也需要按农合组织要求进行营销。该准则规定一个成员可依法对其他成员施加影响，其他成员有义务接受这种影响。在西部农合组织构建的农产品营销渠道中，农合组织可以依法对其他渠道成员，如农户、中间商等施加影响，使其遵照农合组织的规章制度进行生产经营，农户、中间商等其他渠道成员也有义务接受这种影响。农合组织依靠“合约力”可以要求农户按规范生产要求进行生产，按照农合组织所提供的生产资料、技术生产市场需求产品；要求中间商按照之前约定的营销计划进行销售，如果有渠道成员为短期利益不遵守约定合同，农合组织可以按照之前约定的惩处条例进行处罚，以其“强制力”保证渠道成员的生产规范。因此西部地区农合组织的“合约力”避免了渠道成员由于短期利益而产生的违约行为，提高了其优化整合渠道成员生产的能力。

4. 增强“知识力”以提高渠道成员生产能力

农合组织渠道中的“知识力”是指农合组织在特定领域赋予农户或中间商

的知识或对知识的感知，是农合组织通过自己所掌握的知识、信息对农户等渠道成员产生影响的行为。

首先西部地区农合组织作为渠道核心成员容易比其他核心成员掌握更先进的生产技术及知识，因此在渠道运营中增强其“知识力”可以使其他渠道成员（尤其是农户）获得单个个体较难获得的农业技术，通过免费培训、讲座等形式使农合掌握较为先进的生产技术，以提高其生产能力。西部地区农合组织在通过自身的信息获取渠道和谈判能力来确定市场需求后，可以运用“知识力”指导农户按新型农业技术进行生产以满足细分的市场需求，例如，在尽力保障低成本的前提下消费者日益提高对农产品绿色、有机、无公害的需要，这些技术若以个体农户获取难度很大且不易得，农合组织可以通过对加入组织农户的培训使农户较为便捷地掌握农技知识并加以应用；另外在农户的生产过程中，农合组织根据市场需求指导农户生产更能够满足消费者需求的产品，使农户掌握更多的生产技术与营销知识，进一步提高渠道其他成员的生产能力。

其次通过西部地区农合组织的影响也可以使其他渠道成员对于之前较为淡漠的法律意识、契约精神得以强化，由此保证整个农合组织所构建的农产品渠道能够更加顺畅高效的运作，提高整个渠道生产能力。

5. 提升“参照力”以增加各渠道成员的美誉度

参照力即追随力，在农合组织构建的营销渠道中是指农户或中间商认为农合组织影响自己行为的企图有利于自己目标的实现，产生效仿行为。在农合组织吸引农户、中间商等其他渠道成员加入到组织内部的过程中，农合组织力求使整个渠道利益最大化，从而使每一个渠道参与者都能够获得比自己经营更大的利润，这一共同目标最大化结果会使每个渠道成员都认可，以渠道利益最大化为目标进行生产经营活动，因此都会效仿农合组织的行为，也都更愿意听从渠道核心成员——农合组织的意见，渠道成员以共同利益最大化所生产的产品应该是最符合市场需求的产品。在这一过程中，西部地区农合组织为提高自身品牌的美誉度会发挥其“参照力”的作用，以身作则完善其经营行为，各渠道成员在效仿的过程中也会逐渐向农合组织靠拢，以更完善的生产行为进行生产，渠道成员的美誉度也会逐步增加，最终打造出以该农合组织为核心所生产产品的巨大品牌效应。

6. 增强“信息力”以提高农户及时应对市场需求的能力

这里所论述的“信息力”是由于农合组织能够更有效地得到真实信息资料而产生的，反映渠道成员市场信息收集、分析与判定的能力。

随着我国农产品市场化进程的深入，过去的农产品总量短缺状况已经从根本上得以改变，现阶段农产品供需的主要矛盾为结构矛盾。如何生产出消费市场需求的产品，尤其是在目前消费市场细分越来越精细的前提下，如何寻找细分市场，引导农户按细分市场需求进行生产，让中间商以最快的速度把细分市场需求产品输送到消费者手中都需要西部地区农合组织在渠道运营中“信息力”的提升。

西部地区农合组织作为一种现代组织比起分散农户和其他渠道成员能够更有效、更快速地收集市场信息。尤其在互联网、移动互联网日益发展的今天，基于网络的电子商务已经成为现实并以非常迅猛的发展速度得以普及，农产品电子商务也不例外。西部地区农合组织依靠自身规模可以组建或参与产品电子商务平台，在第一时间对消费者需求进行观测与汇总，并使消费者需求与农户生产进行对接，把农户所生产产品以最快速便捷的方式传递到消费者手中，这一过程中农合组织也需要协调产品从农户手中离开到到达消费者手中的过程，协调中间商或物流商来得以实现。上述过程一家一户的农户生产难以实现，而依靠农合组织，从消费者需求的快速捕获，农产品生产后的迅速流通、对中间商、物流商的协调都可以得到完美实现，大大提高了农户及时应对市场需求的能力，尤其对于生鲜农产品，西部地区农合组织的“信息力”对生产农户及时反映市场需求至关重要。

第四节 本章小结

西部地区农合组织及其营销渠道力发展分析主要对我国合作经济现状、西部地区农合组织的发展状况以及农合组织营销渠道力的发展状况进行了研究。

第一部分着重分析我国合作经济的发展现状。目前我国的合作经济数量与参合农户数量都在快速增长；服务范围涵盖了种植业、畜牧养殖业、渔业以及相关服务行业和农产品加工行业等农产品纵向产业链的几乎所有环节；合作经济的带头人主要以农村“大户”“能人”为主；合作组织分布于全国所有省、市、区，其中中部地区所占比重最高，西部地区最低；随着财政资金对合作经济扶持的逐年递增，合作经济本身的盈利能力也越来越强。通过合作经济的发展，不仅创新了我国的农业经营体制，加速了现代农业发展，而且切实提高了农民收入。

第二部分对西部地区农合组织发展的分析中，本书从西部地区农合组织的发展演进入手，分析了农合组织从传统农合组织的互助组、初级社、高级社到新型农合组织的起步时期、发展时期直到发展新时期的全过程，在新时期西部农合组织主要分为“能人”带动型、龙头企业拉动型、科技部门带动型和政府推动型四种模式；具体分析了西部地区农合组织演进的内在机理，研究发现决定农合组织参数的深层次因素主要有分工、交易费用与市场竞争。

第三部分对西部地区农合组织营销渠道力发展状况进行了分析。本书研究发现，西部地区农合组织的营销渠道从初创阶段到成长阶段再到成熟阶段的渠道模式各不相同，农合组织在营销渠道中的地位从辅助角色到渠道成员，最后成为渠道的核心成员，这一过程也体现了农合组织改变营销渠道的变革之路。通过对西部地区农合组织营销渠道力现状的考察发现，目前西部地区农合组织营销渠道力整体状况不佳，渠道中的契约关系、渠道运行效率、渠道成员的受教育程度、信息获取能力以及产品品牌转化率等方面都存在不足，结合渠道力理论的“六力模型”研究发现西部地区农合组织营销渠道力存在农合组织报酬力低、强制力差、参照力弱、知识力有限、信息力缺乏、合约力不足等问题。针对目前西部地区农合组织营销渠道力发展现状及其在农业发展中的作用，本章最后对西部地区农合组织发展的价值进行了具体研究，发现营销渠道力对西部地区农合组织的发展至关重要：增强“报酬力”可以提高西部地区农合组织凝聚力；增加“强制力”可以提高西部地区农合组织控制渠道的能力；增强“合约力”可以保障渠道成员规范生产经营行为；增强“知识力”可以提高渠道成员生产能力；提升“参照力”可以增加各渠道成员的美誉度；增强“信息力”可以提高农户及时应对市场需求的能力。

第三章 基于纵向关系的国内外农合组织营销渠道力比较

中国农业是世界农业的重要组成部分，分析中国农合组织的营销渠道力发展状况、存在问题及未来变革，必须与西方发达国家农合组织的营销渠道发展联系起来，后者在农合组织以及农产品流通方面走过的道路和轨迹对于我国有借鉴意义。因此，本章重点对欧美发达国家、亚洲典型国家以及我国的农合组织营销渠道力进行了不同时期的横向与纵向比较，探讨趋同性与差异性，旨在为我国农合组织营销渠道力的发展提供经验借鉴。

第一节　欧美发达国家农合组织的营销渠道力

一、北美跨区域农合组织营销渠道力分析——美国

1. 美国的合作经济发展现状

（1）美国农业合作社的发展规模。美国的农业组织主要以农业合作社为主，1810 年在康涅狄格州高琛成立的乳品合作社和在新泽西州南特瑞敦成立的专营奶酪的合作社是美国农业合作社最早的典型代表。到 19 世纪中期，美国一些州通过了有关农业合作社的早期立法。1913 年，美国农业部成立了“市场局”，专门负责合作社购销业务。美国在 1922 年通过了“卡珀—沃尔斯台德法案”，该法案给予了农业合作社不同于其他私营公司的地位，对农业合作社的规模没有设置限制，在很大程度上把农业合作社从反托拉斯法中解脱出来。在机构和法律上得到重视后，美国的农业合作社发展得很快，其发展情况如表 3－1 所示。

表 3-1 美国农业合作社基本情况

项目 \ 年份	2005	2006	2007	2008	2009	2010	2011
农合组织数量（个）	2896	2675	2594	2473	2390	2314	2285
会员数量（百万人）	2. 6	2. 6	2. 5	2. 4	2. 2	2. 2	2. 3
总营业收入（十亿美元）	121. 7	126. 5	147. 0	191. 9	169. 3	171. 8	213. 4
净营业收入（十亿美元）	106. 5	110. 5	127. 8	165. 3	146. 9	147. 8	183. 6
税前收入（十亿美元）	2. 5	3. 2	3. 8	4. 8	4. 1	4. 3	5. 4
总资产（十亿美元）	46. 6	47. 9	57. 1	69. 1	60. 8	65. 0	78. 5
净资产（十亿美元）	19. 5	19. 9	20. 9	23. 0	23. 8	26. 0	27. 9
专职雇员（千人）	125. 4	123. 4	125. 2	124. 4	122. 2	129. 0	130. 9
兼职雇员（千人）	54. 4	57. 3	56. 2	53. 8	57. 6	54. 4	52. 8

资料来源：美国农业部网站，《农业合作社统计》（2013）。

据美国农业部统计，2011 年共有农业合作社 2285 个，社员 230 万人，交易量 2134 亿美元。主要从事农产品销售、农业生产物资供应、提供与购销有关的各种服务等。美国农业合作社 2011 年税前净收入达 54 亿美元，比 2010 年增加了 25%以上，达到历史最高水平。同时，2011 年美国 2285 家农业合作社营业收入达 2130 亿美元，比 2010 年增加 400 多亿美元，也是历史最高水平。数据还显示，美国前 100 家农业合作社在 2011 年营业收入达 1480 亿美元，比 2010 年增加近 30%，实现利润 31. 7 亿美元，比 2010 年增加 34. 9%，二者均刷新历史纪录①。通过对近年来的数据进行对比分析发现，美国的农业合作社无论是组织数量还是社员数量都在不断减少，但其交易量却连年上升，说明农业合作社正在向规范化、规模化发展。

（2）组织类型。2005 年农业合作社数目、社员人数、交易量分别为 2896 个、260 万人、1217 亿美元，到 2011 年分别为 2285 个、230 万人、2134 亿美元。这说明美国的农业人口减少，但规模经营却不断增大。2011 年，从销售额最大的角度来讲，美国农业合作社最发达的三个州依次为 Minnesota、Iowa 和 California，销售额分别为 14. 9 百万美元、12. 2 百万美元和 9. 8 百万美元。② 美国农业合作社属盈利性质，利润按出资人每年所做业务量比例分成。

①② 数据来源：美国农业部网站 http：//www. usda. gov/wps/portal/usda/usdahome.

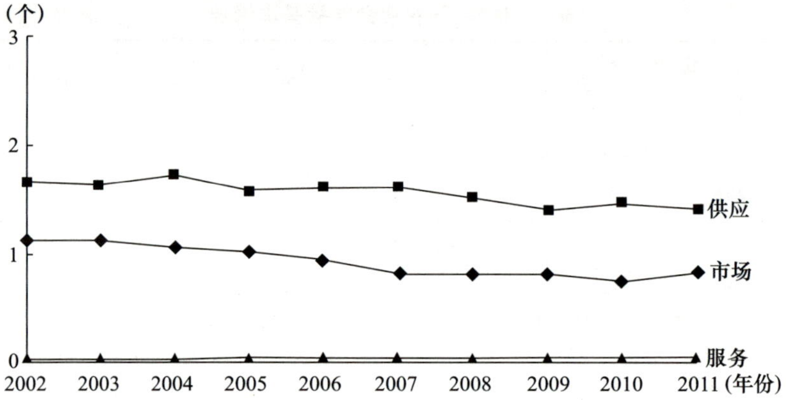

图 3－1　主要功能农业合作社的数量变动趋势

资料来源：美国农业部网站，《农业合作社统计》(2013)。

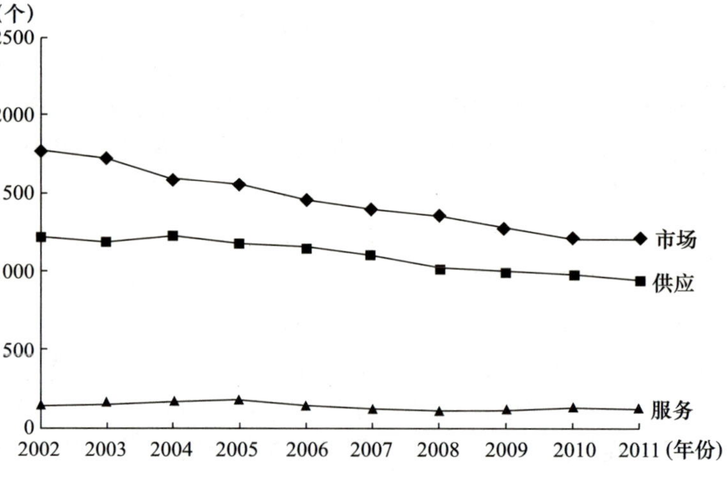

图 3－2　按功能划分农业合作社会员数量变动趋势

资料来源：美国农业部网站，《农业合作社统计》(2013)。

美国的农业合作社由全体社员（股东）选举产生董事会，是农业合作社的常设权力机构并履行如下职责：制定和修改章程；制定重大经营方针和政策并督导执行；聘用“专家管理型人才”作为理事会经理；研究评估经营效果、编写年度审计报告并及时向社员通报。

农业合作社的管理层包括四个部分：理事会、监事会、（雇佣）经理及若干名（雇佣）委员。该管理层向董事会负责。通常，理事会指导农业合作社的商务活动及其运作；监事会负责经理、副经理及委员的雇佣，并出台农业合作社的若干运行政策；被雇佣的经理、副经理及委员负责执行各项政策，并在市场上进行各项日常商务活动。整个管理层需要履行如下职责：密切配合董事会完成重大经营方针、政策的制定、修改，并以健全的商业原则进行经营实施；根据收入制订预算计划并维持必要的会计账户；代表本农业合作社进行合作社间的交流，并协调与其他农业合作社、公司企业等之间的协作关系；对内为社员提供各种技术服务、收集社员农产品进行深加工；对外代表社员向全球市场推销产品。

（3）运行机制。美国农业合作社内部经营和管理，基本上采取的是股份公司形式，但又不同于一般的股份公司的管理。这种区别体现在股权设置、决策机制和生产经营机制三个方面。

第一，股权设置机制。申请入社的成员必须是农民，其应具有一定的经济实力，并能达到一定的生产规模和生产能力，且在个人信誉方面无瑕疵。除此之外，入社的农民还应购买与其交易量相对应的股金（通常在5000～15000美元）。社员可以根据自己的意愿提出退社和终止社员资格，但其与农业合作社的合约可以通过转让和买卖解决，而其实际缴纳的股金将于经济年度底如实退还。

第二，决策机制。社员一般通过投票的方式间接管理农业合作社，尤其是对重大问题的决策，章程规定社员可以根据其业务交易量和投资额的情况实施其表决权，由此新一代的农业合作社不再完全遵从一人一票制。通过这样的方式，用表决权的数量来体现社员维护整体声誉的主动性和参与管理的积极性程度，即每个社员的表决权与其业务交易量和投资额具有相关性。

第三，生产经营机制。农业合作社经营的业务以农产品加工增值为主，同时向农产品深、精加工、物流配送体系构建和零售环节延伸。在产、加、销的过程中普遍采用严格的成本核算原则，根据农业合作社所签订的订单和市场预测来统筹安排，统一向全球推销其产品，与其成员的交易关系趋于商业化。农业合作社派代表常年驻守在世界各地，将各地的价格行情广泛收集并及时反馈给农业合作社，以便可以制定统一的价格，从而能有效地避免恶性价格竞争。

第四，利润分配机制。农业合作社会根据每年发生的业务量，将盈余留下部分积累，其余均以各种形式按股、按劳分配返还给农业合作社成员。农业合作社在领导农民统一组织生产的同时，进一步加工原始产品，并安排销售渠道；将出售产品收入（扣除加工成本）的绝大部分付给农民，其余的待财政年度结束后再行分配。一般规定公积金和农民个人账户这两项资金主要用于下年度的再发展和生产周转金，余下的60%作为利润分红还给农民。从运行效果来看，其对农民收入的影响非常显著。

2. 美国农合组织渠道关系

(1) 美国农产品营销渠道的历史演变。

第一阶段：农产品运销阶段。19 世纪末 20 世纪初，农产品营销的产生阶段，也是市场营销学产生的阶段。在该阶段，农产品营销渠道主要形式为生产者—消费者的直接销售渠道。由于在该时期美国农产品生产的规模化和机械化程度提高，加上工业发展需要大量劳动力，使大批剩余劳动力涌入城市，客观上造成了城市劳动力相对过剩，使对农产品的购买能力下降，农产品市场价格相对提高。解决该问题的主要方法是如何选择经济、便捷的运输方式，以降低运输成本和销售价格。因此，许多学者将这个时期的农产品营销学表达为“The Marketing of Farm Products”，即译为“农产品运销学”①。

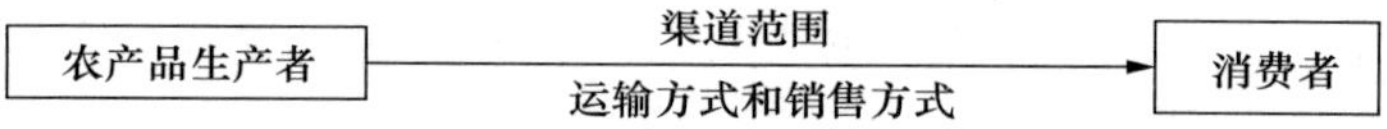

图 3-3　19 世纪末 20 世纪初农产品运销渠道的主要形式和范围

第二阶段：以中间商销售为主阶段。20 世纪 20~40 年代，由于美国农产品机械化和规模化水平进一步提高，农产品出现了过剩问题，形成了农产品买方市场。农产品营销已不是如何降低渠道成本和提高营销效率问题，主要问题是如何使过剩的农产品实现市场交换。而以前的农产品运销方式，显然带有生产主导性，生产者缺乏市场驾驭能力，这样出现了对中间商的选择和培养，通过中间商的市场能力优势把农产品推向市场，完成农产品在流通领域中的所有权转移。因此，在该时期许多人把农产品营销等同于农产品推销学。

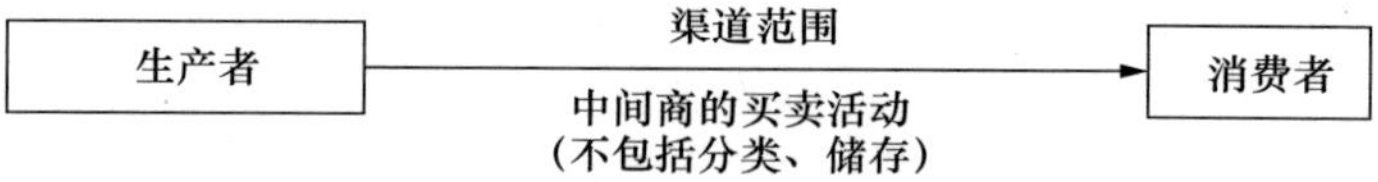

图 3-4　20 世纪 20~40 年代农产品营销主要形式和范围

第三阶段：垂直一体化渠道阶段。20 世纪 50 年代，由于中间商在农产品市场交换中占有主导地位，传统的营销渠道系统中的中间商（渠道成员）处于一种完全竞争，相互排斥状态。农产品在流通过程中所有权转移环节多，各渠道成

① 孙剑，李崇光. 美国和日本主要农产品营销渠道比较 [J]. 世界农业，2003 (3).

员为自身利益，往往以追求最大利润为目的，农产品在市场中的交换利润绝大部分被中间商掠取，生产者往往得不到农产品在市场交换中的平均利润，受到中间商的盘剥。为了抵制这种盘剥，农民纷纷组织各种形式的生产者联合体，实行农工贸一体化经营，形成了以生产为中心的垂直一体化渠道系统。主要形成了以农产品加工工业（Agro－industry）和农商综合体（Agribusiness）为中心的垂直渠道系统的形式。使农产品营销渠道延伸到生产领域。

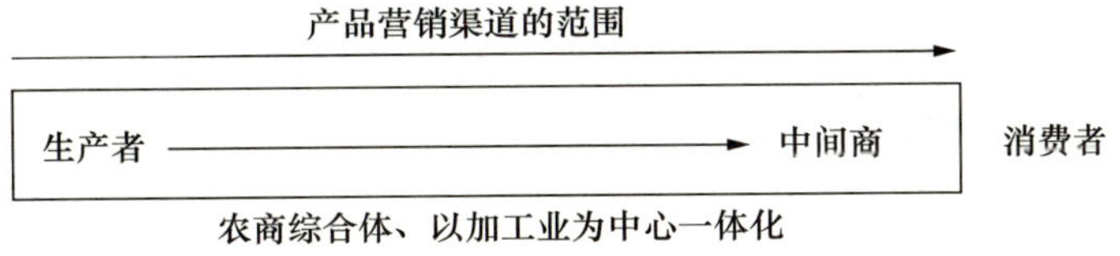

图3－5　20世纪50年代农产品营销渠道的主要形式和范围

第四阶段：以顾客为中心的渠道发展阶段。20世纪60～70年代，随着经济的发展，消费者的消费越来越个性化，农产品营销渠道活动从消费领域开始，形成了以顾客导向为特征的营销观念。农产品渠道的设计以便利顾客和服务顾客为中心，使渠道设计从以生产为中心转变为以顾客需求为中心，使农产品营销渠道延伸到消费领域。

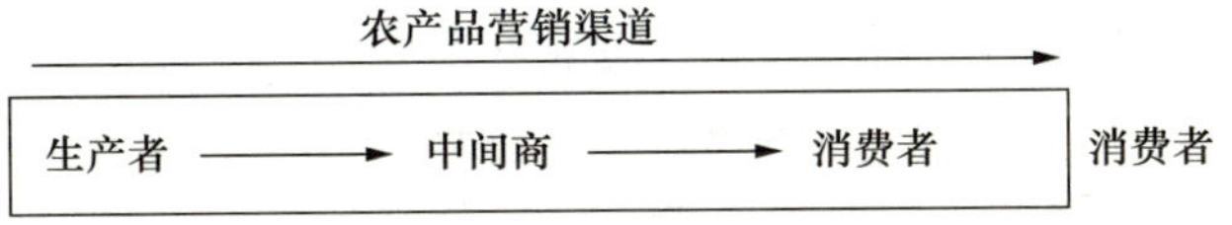

图3－6　20世纪60～70年代农产品营销主要形式和范围

第五阶段：渠道整合阶段。20世纪80年代至20世纪末，农产品营销渠道从过去传统的营销渠道系统发展到整合的营销系统。渠道成员间的关系由原来各自追求最大利润为目的的竞争关系整合为农产品生产、流通、消费等全过程的服务目标统一的合作关系。在此基础上建立起渠道成员间的各种合作关系。在西方农业发达国家，特别是美国，农业合作社逐渐成为农产品营销的主体。农业现代化的发展要求农业中许多部门（如产前、产中、产后的服务机构和加工机构）从农业中分离出来，成为以农产品生产、流通和消费为中心的综合服务体系。这种综合服务使农产品营销渠道延伸到农产品生产前的服务领域和其他辅助的服务领域（如银行、保险、运输、咨询等）。

农产品营销

产前原材料供应技术的支持 ——→ 产中的生产（包括加工服务） ——→ 流通 ——→ 消费者

图3－7　20世纪80年代至20世纪末农产品营销渠道的主要形式和范围

可以看出，美国农产品营销渠道发展的五个阶段是伴随农产品营销理论的发展而变化。同时农产品营销渠道的演变也是农业经济发展的演进轨迹。前三个阶段属于以生产为导向型的农产品营销阶段，其主要目的是如何通过降低成本、提高渠道效率，使生产者的农产品传递到消费者手中。采用以农产品为中心的农产品运销，农产品推销和产销一体化的营销活动方式。这些营销方式实质上是生产—市场的模式。它适应卖方市场下的农产品营销活动。第四阶段、第五阶段，由于经济和技术的快速发展，农产品生产已不再是营销活动中的主要问题，顾客的需求，尤其是顾客需求的个性化，使农产品营销活动必须以顾客需求为出发点和终点。农产品营销渠道的设计形成了市场—生产的模式。该模式不仅体现买方农产品市场的需要，也满足在卖方市场下生活水平日益提高的顾客差异需求。

（2）合作经济下美国农产品营销渠道模式及优势。美国农产品营销渠道纵向关系特征明显。美国农业稳定、优质、高效、快速发展，有赖于美国得天独厚的农业资源，更是与经历百年的历史演化和市场竞争所形成的农业及相关产业的组织结构和经营机制构成的、有竞争力的生产方式密切相关。其中一个重要的因素就是美国拥有一个通畅、高效的复合型农产品营销渠道体系。

美国对于农产品的流通管理体现在经营过程中的各个环节。农产品从生产环节到达流通环节，一般要经过收购、检验、分级、加工、包装、储运、销售等诸多步骤，农产品主要通过5种渠道到达消费者手中：生产者直接把产品送到批发市场、产品集配市场、按合同销售给中间商、农贸市场直销、出口。具体渠道结构如图3－8所示。

美国农业生产主要是以大规模、专业化的家庭农场为经营单位，因此注重实行“增值农业”的发展模式，延长农业的产业链。“增值农业”模式的方式包括发展农产品深精加工，改进有关技术、工艺与设备，提高农产品科技含量，重视发展机械化和自动化，运用高科技技术提高农产品的质量，鼓励农民投资农产品运输、仓储或通过参股加工企业以及农业合作社直接营销农产品等。美国农业网站、信息咨询公司等信息服务机构的信息化程度高，农业电子商务占总电子商务的8%。因此，美国农产品营销渠道较短、环节少、产地集中，农产品的加工和流通业发达。

美国的农产品生产以专业农场为主，产品通过市场自由流通，流通的原则是"资源买卖""市场定价""公平竞争"，具体流通途径如图 3－9 所示。

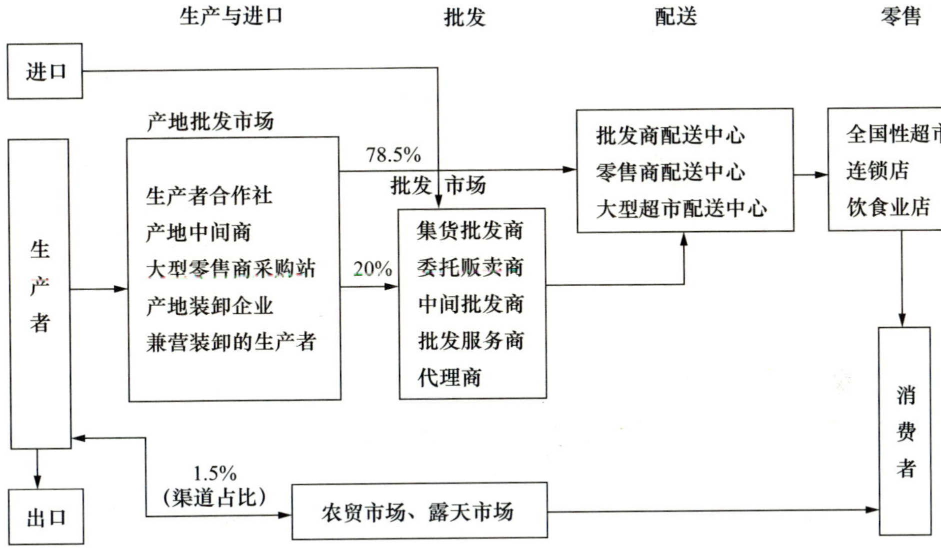

图 3－8 美国农产品营销渠道主要结构形式

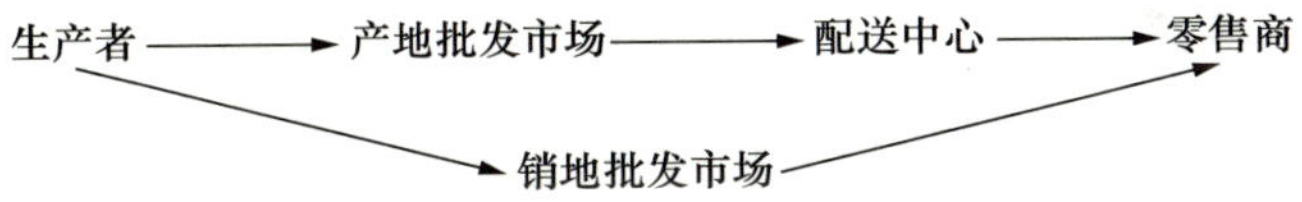

图 3－9 美国农产品的流通途径①

农产品生产者把自己生产的农产品直接送往批发市场或产地集贸市场，产品的加工度、季节性和易腐性也造成了农产品的品种和流通份额各不相同。在美国，农产品通过批发市场进入零售环节的占 50% 左右，而在超市零售的农产品占 56% 以上。②

① 资料来源：孙剑，李崇光．美国和日本主要农产品营销渠道比较［J］，世界农业，2003（3）：33－35.

② 杨福．我国农产品营销渠道创新策略［J］．山东纺织经济，2011（3）：84－85.

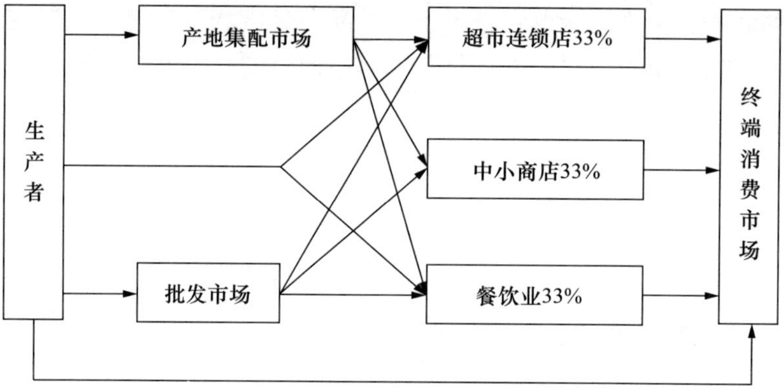

图 3－10　美国农产品营销渠道

从图 3－10 可以总结出，美国农产品营销渠道主要的流通环节就是生产者—中间商—消费者，其优势主要表现在以下几个方面。

第一，产地市场集中。由于美国农产品生产区域化程度高，形成了玉米、小麦、大豆、蔬菜、水果等生产区域，因而农产品产地市场比较集中，华盛顿州、密歇根州和纽约州产量几乎占全国产量的 70%。在整个渠道系统中，产地批发市场与零售商的交易量占 98.5% 左右。相比其他国家“集中生产，分散供给”的农产品产销模式，美国建立起一套有别于其他经济发达国家的农产品产销模式，即首先通过仔细地分析研究，其次选择可以达到集约化、规模化的地方进行统一生产，最后集中销往全国各地的大型批发市场。因此，美国产地市场的相对集中，大大提高了农产品生产的区域化程度。

第二，销地批发市场分布在大城市。美国销售批发市场又称车站批发市场，主要是因为美国公路、铁路发达，农产品常常能够迅速运往大城市车站，形成城市农产品集散市场。美国大城市农产品供应并非集中在大城市郊区，而是在遥远的生产区域，因而美国的城市批发市场比较发达。虽然销地批发市场仅占农产品总交易量约 20%，但对农产品价格形成却具有主导作用。

第三，环节少、渠道短、效率高。调查表明，在美国从产地通过配送中心直接到零售商占农产品总额的 78.5%，而通过销地批发商的仅占 20% 左右。在渠道环节大大降低了成本，加快了流通的速度，因而大大提高了渠道效率。美国为配合农产品高效流通，运输公司、装卸公司、加工和分类配送中心等许多专门为农产品交易服务的渠道组织已悄然出现，这些组织的存在一方面可以疏通农产品营销渠道；另一方面也大大提高了渠道效率。

第四，服务性渠道组织齐全。为配合农产品高效流通，产生了许多专门为农产品交易服务的渠道组织，如装卸公司、运输公司、加工和分类配送中心以及银行等。

第五，批发市场内部交易方式主要以拍卖、代理销售为主。以批发市场为基础，形成了农产品期货市场，如芝加哥期货市场等。由于采用公开拍卖、代理销售（或购买）和期货交易，使农产品市场价格充分反映市场的供求变化，使批发市场主导农产品市场的价格形成和信息传播机制①。

第六，在营销渠道中，中间商密切衔接农产品的生产者与消费者。在美国，70%以上的农产品上市量是经由中间组织流通的，农产品的产销关系就是被这些中间组织密切牵引，从而促进了农产品生产和流通，农产品在巨大空间范围内的商流与物流也得以畅通。农产品产销信息的收集与传递变得方便和快捷的最主要原因是中间组织都设有自己的信息系统网络，这一庞大的信息网络在美国农产品产销中发挥着至关重要的作用。

第七，拥有发达的农产品加工业和流通业。据美国统计，在就业量体系中，农业体系占全国就业总量的17%，其中农业生产占2%，农业前期的投入品生产占3%、农产品加工流通部门占12%。在美国，全年食品支出在3000亿~4000亿美元，而用来支付农业生产者收入的只有1000亿美元左右，余下的2000亿~3000亿美元几乎全部注入了食品加工流通机构。由于美国较高的生活水准对农产品提出了更多、更高的服务需求，目前其农产品产业还存在流通份额加大的现象。

3. 基于纵向关系的美国农合组织营销渠道力

农业合作社遍布美国农村地区，为农场主提供农产品生产、储运、加工、销售以及信贷、农资供应、生活服务、咨询等服务，是农业生产经营和农村社会生活不可或缺的组织载体，在美国社会经济中发挥了重要作用。就整体而言，农业特有的产业特性和分散经营的特点，既决定了农场主生产的家庭经营制是必然的长期的制度选择，同时也决定了农业和农场主必然需要通过提高组织化程度来克服先天劣势，提高竞争能力，增加利益所得。这在发达国家如此，在发展中国家也如此。农业合作社对整个渠道营销力的推动作用不可小觑，以下分析美国农业合作社对营销渠道力的推动作用。

（1）报酬力。报酬力对营销渠道力的作用表现在对整个渠道经济效益贡献率。美国农业合作社在渠道中的报酬力是吸引农民参加的关键因素。农民参与合作经营后，农业合作社领导进行统一生产，然后将生产出来的原始产品进一步加工组织销售；农业合作社将产品出售收入的一大部分返还给农民，其余部分待财

① 孙剑，李崇光. 美国和日本主要农产品营销渠道比较［J］. 世界农业，2003（3）：17.

政年度结束后再进行分配。报酬力通过经济效益刺激和吸引农民加入农业合作社，对营销渠道力起促进作用。

新一代农业合作社进行盈余分配时，按社员与农业合作社的农产品交易量进行。由于交易量与社员的出资额相联系，而按交易量分配盈余也就是按社员的股份分配。这种交易份额制使盈余分配与投入资本相结合，实现了按劳分配与按资分配相结合。美国新一代农业合作社多数采用按与社员的交易额大小来分配剩余利润和按出资比例进行分红和两种结合的方式，实现了按劳分配和按资分配的结合，能够有效地调动农民出资、出力的积极性。因此，美国农民参与农业合作社的积极性高，社员数量甚至超过了美国农民人口数量。例如，在美国明尼苏达州农民因地制宜组建加工厂，延长农产品产业链，使农户参与分配下游环节的利润分红。1992 年以后，美国出现了以明尼苏达州北部精菜合作社为代表的北美新一代合作社，新一代合作社的利润及时以现金形式返还给社员，社内不做或少做留成。合作社若要发展新项目，需要注入新资金，则再向社员发行股份或向外借贷。

（2）强制力。在农产品流通领域，农业发展专业化的结果必然导致协作化、一体化需求的普遍增强，而各种类型农业合作社的出现与成功运作，将渠道中各成员联结起来，使农业一体化机制的建立与运行成为可能。并且农业合作社与一体化农业相互促进，共同发展壮大起来。这种由农工商各行业或产供销各部门联成一体的经营运作模式，也就是美国现代大农业的模型。

客观地说，在现代大农业形成过程中，随着农业合作社的规模扩大，组织规范和完善，其竞争力与讨价还价的能力不断增强，从而形成对工商业资本对于农民垄断性侵害的制衡，对农业一体化发展，功不可没。农业合作社的兴起和壮大，使它不仅在经济上“有资格”同农产品加工商对话，进而以农民自己组织起来的相关服务系统与之展开竞争，争夺地盘；而且可以对政府决策施加影响，迫使国会通过限制垄断公司，保护农场主权益的法案。在这类问题上，农业合作社不仅显示出它日渐增强的经济实力，而且显示了作为一个利益集团的社会政治影响力。

（3）合约力。美国早在 1922 年颁布的《卡帕·沃尔斯太德法》作为《合作社大宪章》，对农业合作社的集体性质、运作机制和经营原则做出规定，承认农业生产者在自愿基础上为共同利益结成协会的权利，并为他们提供有限的反托拉斯豁免。1926 年《合作社销售法》进一步为农业合作社提供了反托拉斯豁免条款，允许农户和联邦农户合作社体系的不同层级之间交换价格和其他市场信息；1937 年《农业营销协定法》批准了农民通过合作社协会组织起来，通过集体行动，增强行业自律；《农业公平交易法》承认了农民自愿共同加入农业合作社的需要，并宣称对于此权利的干预是违反公共利益的。除此之外，美国根据变化的农业形势和国内外情况及时修改完善农业法，众多的法律、法规为美国农业合作社发展提供了完备、可靠的法律保障。

（4）知识力。美国农业合作社的发展与社员的高素质是分不开的，而这又是美国对农业合作社成立后提供范围广泛的技术服务分不开。通过培训，帮助社员掌握种养殖技术，了解相关法律法规，及时掌握市场行情，增加其社员综合实力。美国政府为农业合作社提供包括农业合作社运营状况或财务状况分析、农产品加工增加业务领域的可行性分析、国家法律条款的解读等免费的咨询服务。美国政府认为如果不坚持长久持续的培训，农业合作社只能是失败的。美国政府还开设农业合作社股份交易市场，为农业合作社提供良好的市场化环境。

在美国，农业合作社成为政府和农场主之间沟通的桥梁，政府机构和涉农科研教学机构负责对农业技术进行科研、推广，通过农业合作社向农场主普及，形成公共的农业服务系统。这是促使美国农业的科技水平和农机装备水平始终走在世界前列的一个决定性因素。如果没有农业合作社这座桥梁，个体农户要愉快接受新的农业技术，添置大型现代化农业机械设备都将是十分困难的。

（5）参照力。美国农业合作社间的协作与交流。通过举行各种形式的研讨会、交流会和参观访问活动，农业合作社之间经常进行信息交流，及时交换在生产技术、行业立法、产业政策、市场变化、进出口、贸易谈判等方面的信息。农业合作社之间还会共同携手解决一些本领域内的共性问题，如开发新品种、测试动植物的生长特点、药物测试、价格补贴、进出口贸易磋商、联邦立法和行业标准的制定等。这种相互交流与协作促进了美国农业合作社的发展，是农业合作社成功的一项重要原因。

【案例】

美国新奇士桔农协会

美国新奇士桔农协会是美国10个最大非营利性购销农业合作社之一，主要经营柑桔销售，已有100多年的发展历史。1893年以前，美国加利福尼亚州的柑桔由代理商收购和销售，由于信息不对称，代理商通过压低柑桔价格获取尽量多的利润空间，有的还以寄售方式将市场风险转嫁到桔农身上，结果代理商获得了大部分利润，桔农却承担了所有风险，常常面临亏损。为了抵御市场风险，南加利福尼亚州的桔农联合起来成立了几个小的柑桔销售协会，1893年8月29日，由100多名桔农代表发起，在洛杉矶成立南加利福尼亚州水果销售协会（Southern California Fruit Exchange)。

新奇士桔农协会是一个非营利性的农业合作社，财产由成员共同拥有，在市场运作上采取公司管理模式，实行职业化和专业化经营管理，聘用专职总经理。协会组织结构由社员大会、董事会、总经理、员工4个层次组成。协会使用统一的种植标准、统一的商标Sunkist（中文商标“新奇士”），全球统一价格，避免成员之间的价格竞争。协会运作资金主要来自政府对果农的退税和对农业的预算补贴以及会员缴纳的会费。

新奇士桔农协会的运作模式之一是“合同制”，果农、园管理公司、包装厂等自愿加入成为股东之一，将产前、产中和产后各环节形成合同制的利益分配机制。

协会实行完善的信息化、数字化产销管理。除了建立起区域性乃至全球性的销售网络信息体系及客户管理系统外，还建立起果树信息档案管理系统，对每1株果树的品种、品质特性及成熟期都有记录，其中成熟期能够精确到周，大大提高了果品收购速度，从接到订单到装箱运输只需2~3天。

为了适应市场的需求，协会通过新技术的应用与推广、品种改良等手段，调节果实成熟期，使果品分期上市，形成了4~10月成熟的夏橙和10月至翌年4月成熟脐橙的品种系列，使果实成熟期分布至全年，在不同时期均有果品上市。同时为确保质量，果实采用全套流水线全自动选果及包装，使果品大小、色泽一致，按72个、88个、100个三种规格包装，每箱果实都打上包装厂及责任人标记，一旦发现问题，可迅速追查到经办责任人，绝无投机取巧现象。①

二、欧洲专业型农合组织渠道力分析——丹麦

1. 丹麦农合组织的发展现状

（1）丹麦农合组织的发展规模。丹麦素有“农合组织的摇篮”之称，98%的农民都是农合组织成员。丹麦的农合组织主要以农业合作社为主。传统的农业合作社最早可追溯到约150年前。1871年丹麦第一个中央批发合作社成立，随后，不同类型合作社相继成立。例如，1882年的首家乳制品合作工厂，1887年的首家咸肉加工厂成立等。之后，丹麦合作社逐渐合并整合，开始规模化发展，其中，部分合作社建设成为全国范围内最大的企业，并成为全球最大的安全优质食品出口商之一。丹麦合作社销售数额较多。2011年，合作社的销售总额占整

① 上海农业网，http：//www.shac.gov.cn/.

个国家 GDP 的近 10%，以合作社为主要载体的农产品和食品出口占全国出口总额的 20%。合作社主要农产品的市场份额是：猪牛肉 98%、乳制品 92%、谷物 57%、油菜籽 53%，合作社成为贯彻国家农业安全、食品安全政策的核心实施者。[①] 2011 年合作社营业额如表 3－2 所示。

表 3－2　2011 年丹麦合作社营业额　单位：百万丹麦克朗

合作社	营业额
乳制品行业	—
Arla Foods	49030
Thise	501
肉类行业	—
Danish Crown	45211
Tican	4001
DAT Schaub	2530
Daka	966
农资供应行业	—
DLG	39364
DLA Group	19000
其他行业	—
Kopenhagen Fur Center	7117
DLF Trifolium	2001
Danæg	963
KMC / AKV Langholt	788

资料来源：Company balance sheets。

（2）丹麦合作社的结构变迁。丹麦农业的范畴明确地涉足于第一产业、第二产业、第三产业的概念范围。丹麦农业产业链的延长，在农业产业内部创造了大量脱离土地的就业机会，反之又促使土地经营的集中和农业生产规模逐步扩大。20 世纪 90 年代以来，合作社数量急剧下降，超过农场减少幅度。全国农业

① 孙中华，王维友．关于德国、荷兰、丹麦农业合作社的考察报告［J］．中国农民合作社，2012（11）．

合作社从1992年的112家减少到2009年的22家。下降幅度最大的是农资供应合作社，在成员数量不变的情况下，从83家骤降到8家。合作社成为大型经济组织，业务规模快速提升。如丹麦DLG集团拥有2.8万丹麦农民，饲料销售收入居全球饲料公司第16位，2011年销售收入达到55亿欧元，如表3－3所示。

表3－3　近100年丹麦农民合作社的结构变迁　　单位：个

年份	农场数量	奶制品合作社		猪屠宰合作社		蛋类销售合作社		农资供应合作社	
		数量	会员	数量	会员	数量	会员	数量	会员
1903	260000	1046	148000	27	65824	475	33000	—	30000
1939	210000	1399	189800	61	194065	800	42600	1505	95306
1964	175000	904	135600	62	133088	1400	60000	1605	107100
1992	75000	23	17739	5	36020	1	170	83	47000
2000	55000	14	9300	3	25375	1	100	29	48000
2009	47382	11	4126	2	11100	1	75	8	48000

资料来源：丹麦农业和食品委员会2012。

（3）丹麦合作社的运行方式。丹麦合作社是丹麦农民在从事同类产业的基础上，自愿结合组成的经济组织，通过合作形成了竞争优势，合作社会员从中获益。合作社运作方式如下：

第一，合作社收购、加工、销售（包括出口）会员生产的初级农产品。农产品价格由市场决定，即合作社不承担产品价格风险。

第二，利润留成和分红比例每年由董事会确定。合作社为会员提供政策、信息、经营管理、技术方面的咨询、教育、培训、指导、生产资料供销等全方位的服务。

2. 丹麦农合组织渠道关系

（1）丹麦农合组织与农产品产业链纵向协调。丹麦农业经过长期发展，形成了以养殖、种植和加工为重点的现代化农业产业链，有其独特的产业优势和特色。丹麦模式的农业产业化实质是农场主与市场的连接，其特点是农业合作社与农业经济上、中、下游完整的“纵向集成”。丹麦农业合作社与产业链的纵向关系如图3－12所示。

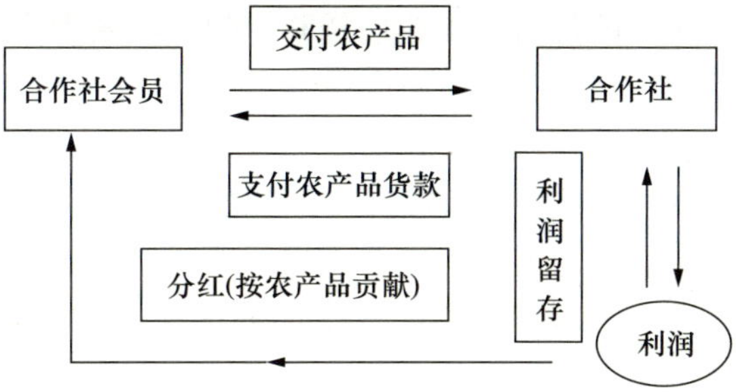

图 3－11 丹麦合作社会员和合作社的经济上互动关系

资料来源：笔者整理。

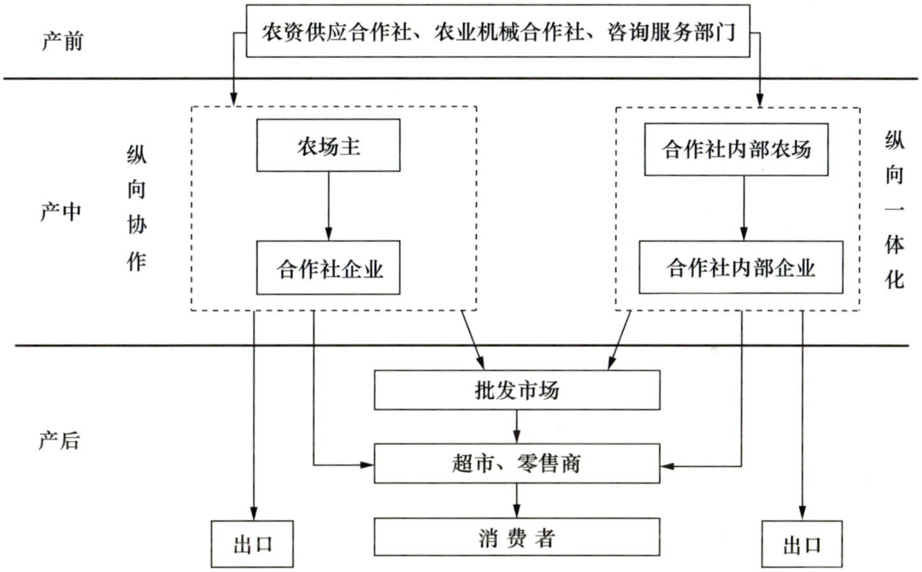

图 3－12 丹麦合作社与产业链的纵向关系

资料来源：笔者整理。

在丹麦农业产业化体系中，农业合作社嵌入到整个农产品产业链中，对农产品实现从田间到餐桌的全程控制，发展合作社纵向一体化，通过对供应链的前向整合、后向整合、延长产业链、缩短流通环节，从而能够提高农民的市场地位和谈判力量，节约交易费用和改善市场失灵①。合作社为丹麦农民提供诸如农业生

① 黄祖辉，徐旭初，冯冠胜. 农民专业合作组织发展的影响因素分析——对浙江省农民专业合作组织发展现状的探讨［J］. 中国农村经济，2002（3）：15－21.

产资料供应、农产品加工销售乃至农业信贷和保险等一系列产前、前中和产后的服务，通过对生产要素的优化配置和产业组合，实现了大规模的专业化分工生产。

（2）基于产业链纵向协作的丹麦农产品营销渠道关系。丹麦的农业体系是包括初级农产品生产、食品加工和行销乃至出口业务在内的大农业观念。在这种现代食物观念下，丹麦农产品营销体系突破个别企业单个环节的限制，形成了按农产品价值增值和价值实现为主线的、覆盖面广泛的垂直营销系统。农产品营销渠道结构如图 3－13 所示。

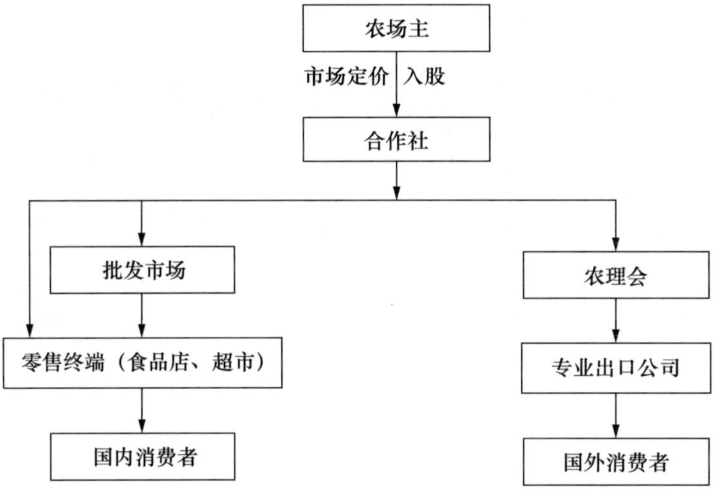

图 3－13　丹麦农产品营销关系渠道模式

第一，丹麦农产品营销渠道中的重要环节——合作社企业。合作社是丹麦农工商协作体的主要组织形式，几乎所有的丹麦农民都在自愿的基础上参加了一个或几个股份制合作社。通过参加不同的合作社，丹麦农民不仅涉足与农业相关的加工工业和流通领域，分享应得利润，而且还成为一些食品行业大型企业的拥有者。如丹麦最大的屠宰合作社——“丹麦皇冠”合作社。屠宰合作社规定，社员必须把自己的全部产品卖到合作社，合作社有义务收购社员生产的产品，进行加工、销售，但坚持市场定价，不为社员承担价格风险。在丹麦，加入屠宰合作社不需要缴纳股金，只要拥有生猪产品并接受合作社的交易合约，都可以成为合作社的成员。社员占有股份多少，取决于向合作社交售产品的数量。丹麦皇冠合作社的屠宰场，有一套 KC 体系，主要用来检测猪肉以及猪肉脂肪含量，根据检测结果来确定猪肉等级，确保达到客户所期望的标准。作为一个集屠宰、加工于一体的国际化公司，皇冠合作社还根据市场和客户的需要对猪肉进行分割加工，以满足不同国别的需求。合作社还有自己的运输部门，与丹麦及欧洲大运输公司有紧密的合作，通过精确和高效率的仓储运输，及时保证客户需要。

第二，丹麦农产品出口贸易的门户——农理会。农产品和食品出口是丹麦国民经济的重要收入来源，农产品出口额占丹麦出口总额的20%以上，主要出口产品有奶制品和猪肉等。丹麦还是貂皮出口大国，每年出口约1400万张貂皮，出口创汇约5亿欧元（约合6.5亿美元）。① 丹麦的农产品流通主要通过合作社进行，各类合作社组成不同的专业协会，如农民协会、小麦协会等。据统计，农产品出口有3个主要渠道：合作销售协会，销售占50%；合作公司，销售占25%；私人出口占25%②。

"丹麦农业理事会"是丹麦农业主要行业协会的伞形组织，丹麦三大农民协会——农场主联合会、家庭农场主联合会、合作企业联合会是农理会的主要支柱。它在丹麦和世界农业组织之间就贸易政策起着协调作用，并在出口促销、信息交流、职业培训、资产管理、资金调配等方面向农民提供各种服务。农理会下设9个专业出口公司，控制全国农产品的出口。

第三，批发市场和零售终端。农场主生产的初级农产品通过合作社进入到批发市场和终端，合作社负责谈判成交条件和价格。20世纪90年代，丹麦的食品超市已经发展到相当高的水平，在生鲜农产品流通中占主导地位，前5大食品超市占有生鲜农产品零售的多数市场份额已达到64%③。在食品超市的强大竞争冲击下，传统的专业食品店在丹麦全面萎缩，门店数量大幅减少，市场份额也有很大程度的下降。如表3－4所示。

从表3－4可以看出，从1970～2000年，丹麦的食品超市和专业食品店的门店数量都呈下降趋势，但食品超市门店数量减少是因为集中度提高的缘故，而专业食品店数量减少则应归因于该业态与食品超市在竞争中的失利。而且，普通超市已经向折扣店或大卖场等更高级的业态发展。由此可以看出，生鲜农产品流通超市化是农产品流通的发展趋势，农产品流通终端通过超市进入消费环节，有利

---

① 杨敬忠，宣敏．丹麦何以成全球食品最安全国家［EB/OL］．经济参考报，http：//finance.sina.com.cn/nongye/nyqyjj/20121225/090914106972.shtml.

② 贺峰．世界农产品物流的比较分析［EB/OL］山东农业信息网，http：//www.sdny.gov.cn/art/2006/7/3/art_621_32960.shtml.

③ C FLaviάn，A Haberberg，YPolo. Food retailing strategies in the European Union. A Comparative analysis in the uk and Spain［J］. Journal of Retailing and Consumer Sevices，2002，9（3）：125－138［J］. Journal of Retailing and Consumer Services，2002（9）：126.

于促进农产品的包装化、标准化，建立食品追溯制度，切实保障消费者食品消费安全。

表3－4　丹麦生鲜零售主要业态变化情况

年份	1970	1980	1990	2000
食品超市门店数（个）	12400	7800	6000	4300
专业食品店数（个）	21000	11000	6600	5700
超市生鲜食品销售总额（109 丹麦克朗）	8	28	47	69
专业食品店生鲜销售总额（109 丹麦克朗）	6	8	10	11
生鲜总销售额中食品店所占比例（%）	42.9	22.2	17.5	13.8
超市单店生鲜平均销售额（103 丹麦克朗）	645	3589	7833	16046
专业食品店生鲜平均销售额（103 丹麦克朗）	286	727	1515	1930
食品超市毛利率（%）	—	16*	18	19**
专业食品店毛利率（%）	—	29*	29	33**

注：*为1982年数据，**为1997年数据。

资料来源：Journal of Retailing and Consumer Services，2003（10）：38.

3. 基于纵向关系的丹麦农合组织渠道力

在丹麦的整个农产品营销渠道体系中，合作社既可以充当中介，为农场主提供产前、产中、产后服务；也可以接受农产品加工、销售企业的委托，为其提供农产品收购，减少农场主与加工企业之间的交易费用；合作社还可以向农产品加工和销售等高附加值环节延伸，提高农产品生产经营的比较收益。丹麦农业合作社的营销渠道力，具体体现为报酬力、强制力、合约力、参照力、知识力和信息力六个方面，这“六力”各具特色，具体如下。

（1）报酬力。合作社是丹麦农工商协作体的主要组织形式，几乎所有的丹麦农民都在自愿的基础上参加了一个或几个股份制合作社。通过参加不同的农合组织，丹麦农民不仅涉足与农业相关的加工业和流通领域，分享应得利润，而且还成为一些食品行业大型企业的拥有者，形成利益共同体。丹麦农业合作社的利益分配和股权分配如下。

第一，农业合作社的利益分配。丹麦的大农业观念使丹麦农业产业内部得以有效协同，它既兼顾了以家庭农场为主体的初级农产品生产方式，又能保障加工流通领域的社会化、专业化和大规模经营，形成利益共同体。合作社收购会员的产品，但其价格由市场决定，会员根据向合作社提交农产品数量取得收入，在合作社提取一定比例盈利用于合作社发展的公积金后，按缴纳农产品数量的比例为会员分红，利润留成和分红比例每年由董事会确定。

第二，农业合作社的股权分配。丹麦合作社的股权分配主要采取两种方式：一是合作社通过自我投资实现纵向一体化。即合作社利用盈余积累和银行贷款投资建设食品加工企业，由合作社成员100%的拥有企业股份。丹麦早期屠宰厂、肉类加工厂和牛奶加工厂都是由这种形式发展而来的。二是开放式一体化方式。合作社吸纳外部社会资本开展合作，联合建立公司，双方按股分红，但合作社保持控股地位，获得的红利按照社员与农合组织的交易额再进行分配。合作社与种植、养殖农户签订生产合同，以确保原料的稳定供应。通常，丹麦合作社对外来投资实行严格限制，以便保持农民社员对合作社的绝对控制。

（2）强制力。丹麦农业包括初级农产品生产、食品加工和行销乃至出口业务在内的大农业。丹麦的农产品营销渠道体系由不同的利益主体构成，农业合作社牵头，把农业产前、产中、产后协调起来，纵向集成，渠道强制力体现在产业链纵向整合、食品质量监管以及跨国并购等方面。

首先，产业链的纵向整合。合作社牵头，把农业产前、产中、产后的专业化组织与相应的农民在地区发展空间上紧密结合起来，垂直发展，使农产品收购、加工、储运、销售系统通过合作社控制在农民手中，形成农工商一体化产业链条。丹麦农业产业链的延长，不仅在农业产业内部创造了大量脱离土地的就业机会，并促进了土地经营集中和农业生产规模的逐步扩大。以养猪产业为例，丹麦是世界猪肉出口第三大国，丹麦养猪业采取农合组织制度，整个产业链分为种猪养殖、仔猪养殖、成猪养殖和生猪屠宰四个部分，既分工协作，又有统一的行业协会。

其次，食品质量的监管。丹麦一些农产品在国际市场上知名度很高，有很强的竞争力。根据《经济学人》杂志发布的2012年《全球食品安全指数报告》，丹麦、美国、挪威和法国的食品是世界上最安全的。丹麦上榜的关键原因在于其拥有严格的食品安全保障体制和完善、有效的食品安全监管体系，严格限制农药和化肥的使用。在食品安全监管方面，丹麦食品安全监管体系由三部分组成：负责政策制定和全面管理的家庭与消费者事务部、负责具体监管工作的兽医与食品管理局及其下属的10个地区分局以及负责技术支持的丹麦食品兽医研究所。丹麦农理会所属的各个行业协会是行业性技术规范和标准宣贯、推行的主体。

最后，合作社的跨国合并。丹麦地理规模较小，尤其是在竞争性法案规定非常严格的情况下，合作社已占据了国内市场的巨大份额，同时国内市场对食品的消费增长空间有限，这些环境变化使农业合作社在减少农产品成本和开拓产品销售市场方面面临更大的压力，开拓国际市场成为农业合作社提高市场竞争力的战略选择。[①] 丹麦的合作社修改章程也是为了便于其他国家的成员进入[②]。2001 年底，丹麦皇冠合作社与瑞典拉奥合作社之间实现了跨国合并。2003 年 Aria Foods，是由来自丹麦的 MD Foods 与瑞典最大的奶产品合作社 Aria 通过合并建立起来的。这可以解释合并整合达到的合作与联盟、发展高附加值产品、改进市场地位和立足整体战略等因素共同作用的结果。通过重组并购其他企业，行业之间竞争可能会减少，这也潜在地为这些合作社提供了提高市场销售价格和利益的机会。丹麦合作社的跨国合作已被视为克服由于市场公平竞争环境缺失而产生的种种困难、发展规模经济的一种有效手段，起到很好的示范效应。

（3）合约力。丹麦合作社的规模大，在农产品渠道系统中起到纵向统领作用，与渠道上下游成员间的合作通过合约来进行，约束渠道成员的交易条件、责任和权利，与社员对于重大事宜的协商通过大会来表决，具体如下。

首先，进行农产品收购。丹麦大多数合作社的业务都是围绕畜牧业产品的收购、加工及销售等环节，通过合约来展开。以牛肉为例，全国半数以上的肉牛是通过牛市场出售的，通常牛市场是由农场主的牛销售协会组织的。肉牛一般是由国家屠宰场屠宰，1/3 由腌肉合作工厂屠宰，其余由私人企业屠宰。

其次，注重农产品加工。农产品加工企业通常与农场主签订合同，按合同取得原料，在这种情况下，农产品加工企业为保证产品质量，雇用了技术顾问，对农作物的耕作、施肥、用药等进行技术指导。有的农产品加工企业还负责提供种子；有的加工企业还担负作物的收割任务。从事农产品加工的合作社主要经营品种是蔬菜罐头、制糖和马铃薯粉的生产。

最后，完善合作社管理。丹麦的农业合作社每年召开会员大会对重大事项进行表决；对农业合作社进行商业化运作和管理，并委任管理人员对合作社进行市场运作和日常管理；参加国内、国际相关组织，代表会员利益对外协商。

（4）参照力。渠道参照力是该组织在营销渠道中所处的地位和领导力。丹麦农业合作社为丹麦农民提供诸如农业生产资料供应、农产品加工销售乃至农业信贷和保险等一系列产前、前中和产后的服务，通过对生产要素的优化配置和产业组合，实现了大规模的专业化分工生产，把分散的家庭农场经营融入了“一条龙”的生产经营体系，从而最大限度地发挥了整体效应和规模效应；合作社的参照力体现为提供服务、质量追溯等方面，具体如下。

---

① Jean – Mari Peltier. Farmer Cooperative Responses to the Changing Market Structures [J]. Agricultural Outlook Forum, 2004 (2): 1 – 7.

② Erker Nilsson, Kyriakos Kyriakopoulos, Gertvan Dijk. Agricultural Cooperatives in the European Union Current Challenges and Trends [J]. Paper Presented at the Conference on Rural Cooperatives In the Perspective of the Integration With the European Union, 1997 (9): 1 – 19.

第一，农业合作社的服务提供。丹麦农业的机械化水平颇高，农场主还普遍组织了共同使用农业机械的合作社，一般的中小农场通过这种组织满足自己对各种农业机械的需要。农场主使用的肥料大约有一半是通过农资供应合作社和1000多个销售点来供应的。

第二，合作社的质量追溯。按照欧盟和丹麦法律，合作社企业必须实施自我检查计划，确保遵守有关动物福利、动物安全和家畜健康等规定。例如，阿拉福兹公司的质量保证计划，确保公司牛奶加工厂得到优质的原奶供应，消费者从奶源上对乳品企业建立了信任。丹麦通过建立完整、可靠的食品“家谱”，即食品生产可追溯链条系统，确保农产品质量。以丹麦的皇冠合作社为例，合作社企业制定了严格的食品卫生标准和管理制度，所有畜禽在各个环节例如交易、屠宰加工贸易都必须附带相应单据，确保食品可追溯。就猪而言，其基因历史可以追溯至少四代祖宗。

（5）知识力与信息力。渠道知识力是农业合作社以自身的专业知识及对知识的感知，影响成员的能力。渠道信息力是农合组织对市场信息进行收集、加工、处理、判断及共享，影响各渠道成员的能力。丹麦农业合作社的知识力和信息力主要体现在培训和咨询方面。丹麦农业合作社拥有健全的咨询培训体系。咨询服务部门由丹麦农场主协会和小农协会联合组成，以全国农业咨询中心作为核心部门，由专门的国家咨询人员为地方协会提供各种所需农业咨询服务。地方农场主协会和小农协会负责向其成员提供相应的农业咨询服务。丹麦的农业咨询和培训体系已成为丹麦农业合作社的最大特点，咨询和培训种类多样，包括作物栽培、畜牧生产、防御、农场建设、经营、管理以及农场建筑和机械等多个方面。

第二节　亚洲综合性农合组织的营销渠道力分析

一、亚洲综合性农合组织营销渠道力分析——日本

1. 日本合作经济发展历史

（1）“二战”前——萌芽时期。日本合作经济发展由来已久。早在1843年，由二宫尊德的人创立了“小田原报德社”的民间组织，它类似于我国民间资金互助会，会员自愿出资，形成“资金池”，当农户出现资金困难时，可以申请无息贷款。当借款人摆脱困境后，作为感谢，往往会返还比原来所借金额要多的钱，而这部分余钱被用来维持组织的运营。

在明治时期，日本的生丝和茶叶出口规模不断扩大，但由于缺乏统一管理，出口产品品质良莠不齐，影响了日本农产品在国际市场中的声誉。为了改变这一局面，日本一些地方开始成立生丝销售组合和茶叶销售组合。这些由农民和手工业者自发组成的"同业组合"在发展过程中除了销售业务之外，还包括生产资料的购买、生产资金的融通等，被认为是现代日本农协的雏形。在明治 33 年，即 1900 年，日本通过效仿德国"信用组合"，颁布了日本第一部渗透着合作经济思想的《产业组合法》，标志着以富裕农民为主要成员、开展信用（金融）事业的自发性组织开始出现。

（2）"二战"后——快速发展期。"二战"结束后，为了解决战争对日本农业造成的严重影响，在驻日盟军的指导下，日本对农业实施了"土地改革""土壤改良""农协组建"三项整改措施。1947 年，日本政府制定颁布了《农业协同组合法》，拥有了土地的广大农民积极加入各类农协组织。法案颁布 1 年后，全日本的农民基本都成了农业协同组合的会员，普遍成立基层农协、县级联合会和中央联合会。但此时的农协，特别是基层农协，规模大小差距悬殊、具体运行状况参差不齐。这一时期，除了成立农协之外，日本陆续成立了另外六类合作社，包括消费生活协同组合、水产业协同组、中小企业协同组合、森林组合、信用金库和劳动金库等。但其他合作组织不论是从规模还是从影响力都远远不及农协。

从 1953 年起，日本政府依法对町村进行了合并，农协也随之进行了合并。1961 年，日本政府颁布了《农业基本法》，同时为了更好地促进农协的合并与发展，同年出台了《农协合并助成法》。《农协合并助成法》规定政府对农协合并中的必要费用将给予补助，并且明确了农协的规模标准，即正组合员 1000 户以上，职员在 20 人以上。在此之后，农协合并速度加快，规模则随着扩大。1961 年，日本基层综合农协有 12050 个，专业农协 16846 个，到 1965 年，综合农协为 9135 个，专业农协 14711 个，1970 年，两类农协数目分别为 6185 个、11420 个。①

（3）近 30 年——调整期。20 世纪 70 年之后，日本经济进入快速发展期，同时国内农业环境也发生了一系列新的变化：农业专业化程度、机械化水平提高；电子计算机技术在流通领域运用；市场竞争日趋激烈。为了更好地适应市场环境的变化，日本农协一方面继续加快合并与规模化；另一方面，农协的经营逐渐向企业化经营发展；此外，通过扩大业务范围，突出综合化优势。

20 世纪 90 年代特别是进入 21 世纪以后，日本农产品市场开放程度逐渐扩

① 资料来源：日本农林水产省网站，http：//www. maff. go. jp/j/study/other/keiei/noukyo_ study/pdf/1s4. pdf.

大，市场竞争更为激烈。2013 年 3 月 15 日，安倍政府宣布日本将开始加入泛太平洋伙伴关系协定（TPP）协商。这意味着，未来日本本土农产品将面对来自海外农产品更严峻的竞争压力。并且，新一代日本人的饮食习惯也发生了明显变化，例如，过去作为主要主食的大米，现在的消费量只是 30 年前的一半。另外，和中国类似的是，大多数农村的年轻人都不愿意种地，而是到城市中打工，因此日本农村的劳动力主要以老人为主，农产品产量下降。由于日本土地流转制度非常严格，导致在一些地方由于土地所有者不再务农而土地又不能转包出现了无人耕种的现象。这些新变化，给农协未来的生存和发展带来了新的挑战。

通过战后几十年的发展，农协在促进日本农业发展，甚至在日本经济发展中都发挥了举足轻重的作用，它是按农村行政区域建立综合型农业合作社的典型代表。目前，农协下属的农林中央金库已经成为日本最大的金融机构之一，农协受理的保险额在全日本所有保险机构排名中也名列前茅。同时，农协也是建立在政府与普通农户间的桥梁，政府在制定、执行与农业相关的产业政策时都离不开农协的参与，因此农协的影响力不仅在日本经济方面，在政治方面同样巨大。

2. 日本农协发展现状

（1）日本农协的组织结构。农协是日本农业协同组合的简称，英文缩写为 JA（Japan Agricultural Cooperatives），在日本通常叫作 JA 集团（JA Group）。

由于日本行政区域划分为三级：市町村一级—都道府县一级—全国一级，因此农协的组织结构也是三级：基层组织—都道府县组织—全国组织。在发展中，日本各级农协均在进行着合并或取消，从总趋势上来看，日本农协正在向两级组织结构转变。

其一，基层农协。基层农协是由市、町、村农协组成的，是整个日本农协系统的基础。按照业务对象和经营范围，基层农协分为“综合农协”和“专业农协”。综合农协主要是为本区农民服务，开展的事业项目涵盖农户的生产和生活两方面，包括购买生产、生活资料，储蓄贷款，农业指导，农产品加工销售、医疗保健、保险等。综合农协是日本农协的一大特色。专业农协通常是为区内生产同一作物或品种的农民服务，如奶业、畜牧、养鸡、园艺等。业务范围主要涉及生产领域，一般不从事金融及保险业务。

此外，基层农协又分为出资和非出资两类，以组员是否出资入股为区别。综合农协均为出资农协，专业农协既有出资类的也有非出资类的。例如仙台农协，农协的资金来源是成员的会费，通常每户 1 年要缴 20 万日元，农协每年返利 2%。

表 3－5　近 60 年日本农协发展数量　　　单位：万日元

年份	基层农协			
	综合农协	专业农协		合计
		出资	非出资	
1950	13314	3628	16159	33101
1960	12221	5400	12282	29903
1970	6185	4736	6684	17605
1980	4546	2529	2785	9860
1990	3688	2173	1924	7785
2000	1618	1716	1531	4865
2001	1347	1671	1507	4525
2002	1181	1635	1477	4293
2003	1039	1548	1362	3949
2004	952	1512	1202	3666
2005	929	1365	1140	3434
2006	901	1325	1120	3346
2007	867	1272	1100	3239
2008	839	1217	1081	3137
2009	779	1163	1068	3010
2010	754	1126	1017	2897
2011	745	1095	990	2830
2012	741	1059	952	2752

注：日本“综合农协统计表”的统计周期为上年的 4 月至下年的 3 月。例如，2008 年，实际指统计数据是截至 2008 年 3 月。

资料来源：日本农林水产省“综合农协统计表”。

从表 3－5 可以看出，基层农协发展的总趋势是规模缩减，60 年间，从 1950 年 34131 个，锐减到 2012 年 3 月的 2752 个，其中，综合农协数量下降速度快于专业农协，专业农协中非出资农协减少速度快于出资农协。在数量减少的状况下，是农协之间的合并，单个农协规模的扩大。

构成基层农协的成员，分为正社员和准社员。正社员是指符合日本法律和农协章程所规定的农民及从事农业经营的农事合作社法人，而准社员是指住在当地的其他非农业人口。因为越来越多的农户“脱农化”，所以正社员数量在逐年减少，其中大部分转变为了准社员。并且，大批非农家庭搬迁至农村居住，为享受农协各种事业之便而加入了农协。综合两方面原因，准社员数量表现出递增态势。

从图3－14可以看出，1985年，在日本农协中，正社员为554万人，占全部会员比例为68.6%；准社员253万人，占比31.3%。2010年，正社员为472万人，比例降至48.7%；准社员497万人，占比升至51.3%。

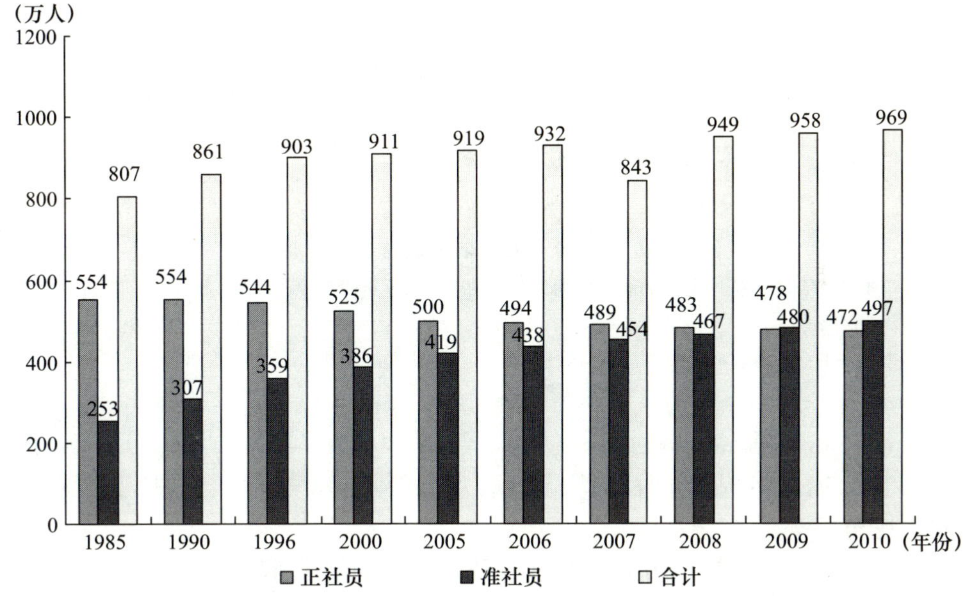

图3－14　1985～2010年，日本基层农协会员结构变化

资料来源：根据日本农协协同组合（农协）网站数据整理得出。

其二，都道府县组织。都道府县级组织，以基层农协为团体会员，分为主要从事指导业务的都道府县“农协中央会”和主要从事经济事业的都道府县“农协联合会”，其中“农协联合会”主要从事销售、采购、信用、共济、开拓、厚生等事业。从图3－15可以看出，联合会的发展趋势与基层农协相同，数量在过去几十年间不断减少，1950年有1121个联合会，2000年为416个，而到了2012已减少到207个，近几年减速放缓。

其三，全国组织。在日本农协中处于最高层次的是全国性的农协组织，包括两大系统，即主要负责对社员进行生产、生活指导的“全国农协中央会”（简称JA全中）和主要负责其他经济事业的联合会，包括为社员提供农产品生产和销售提供服务的农业协作联合会（JA全农）、为社员提供储蓄、贷款业务的农林中金库、为社员提供人寿和财产保险业务的共济联合会（JA共济联）、为社员提供

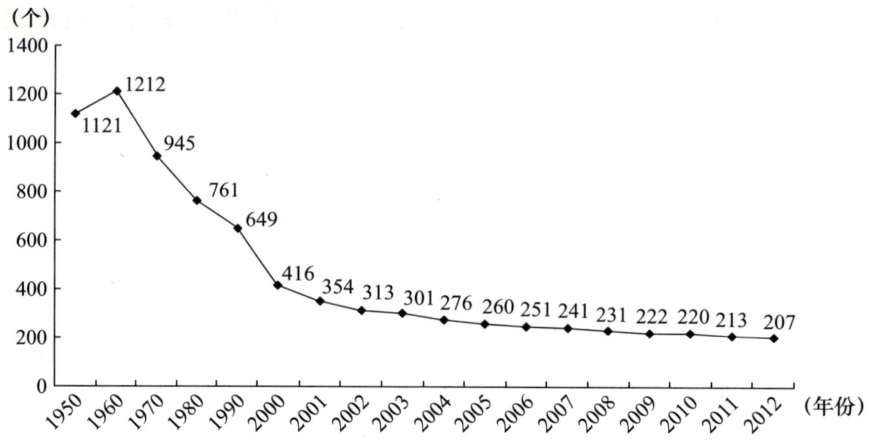

图3－15　近60年日本农业联合会发展趋势

注：日本“综合农协统计表”的统计周期为上年的4月至下年的3月。例如，2008年，实际指统计数据是截至2008年3月。

资料来源：根据日本农林水产省“综合农协统计表”数据整理得出。

医疗及老年人福利服务的厚生农业协同联合会（JA全厚联）。此外，还有从事报刊信息事业的日本农业新闻社、从事出版文化事业的家之光协会和从事旅游事业的农协观光社等。

（2）日本农协的运作方式。日本农协的最大特色是服务对象的广泛性和业务的综合性，凡是愿意加入的任何个人和法人均可成为农协会员。农协的事业范围从与农业有关的生产资料采购、产成品销售、农业技术指导、市场信息传递等，到为社员提供金融、保险、医疗、看护服务，甚至婚丧嫁娶等事业项目，涵盖了社员生活的方方面面。在运营过程中，其运行机制如下。

农协与农民之间不是买卖关系，而是合作关系。例如，农协在为农民集中采购生产资料和推销农产品时，只收取手续费，而并不是通过低买高卖赚取差价，手续费率由社员代表大会讨论决定。

农协在运营中的资金来源分为自有资金和外部资金。自有资金主要包括社员所交的股金、农协在为社员提供服务中收取的手续费和向农户征收的各种事业性费用（日语称为“赋课金”）。外部资金主要包括农协从其他金融机构取得贷款、负债性准备金（如退休准备金）等。此外，日本政府为了维持农业的稳定，也给予农协和农民各类资金补助。在农协运营资金来源中，以内部自有资金为主，其中农协经营的金融和保险业务是其主要的创收源泉。

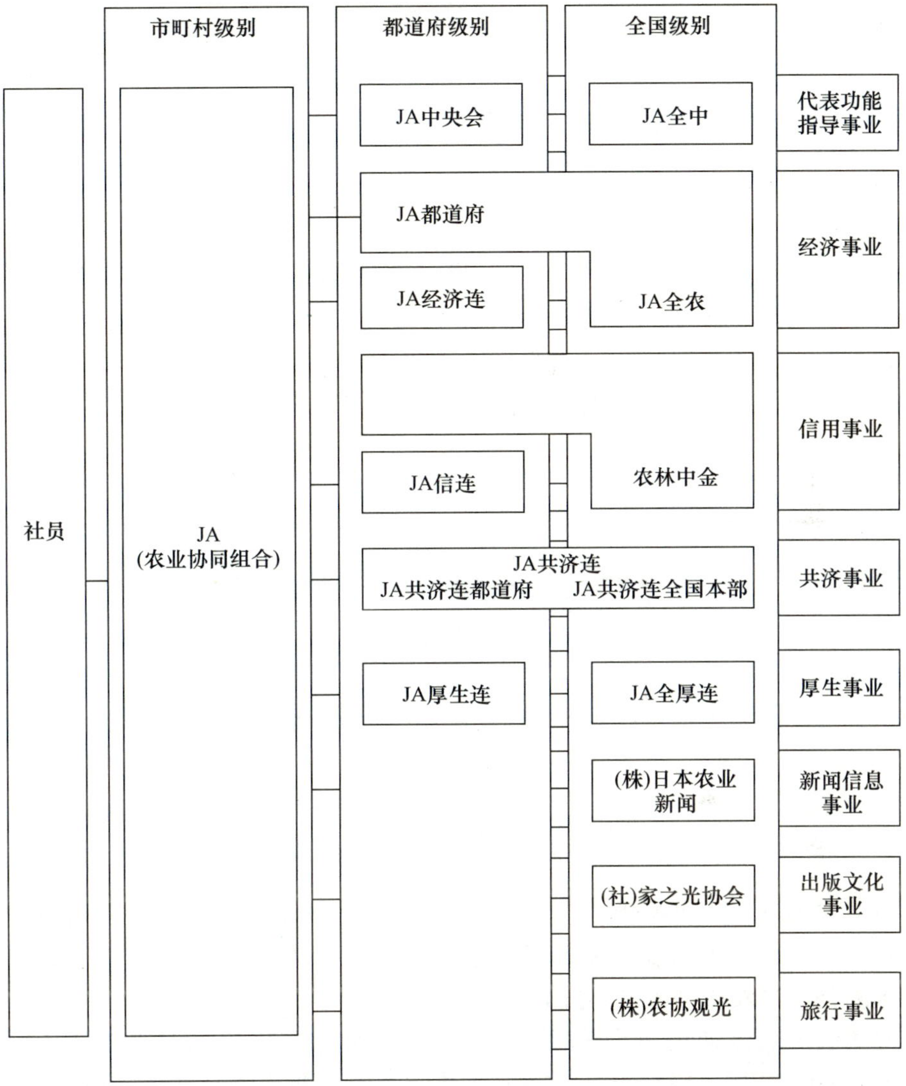

图3－16　日本JA集团结构

资料来源：日本农协协同组合（农协）网站。

正社员大会是日本农协的最高权力机构，决定农协各种重大事项。正社员大会通过无记名投票方式选举理事和理事会、监事和监事会。理事和理事会主要负责贯彻和实施正社员大会的各项决议；监事和监事会主要职责是对农协的各项工作进行监督和检查。农协的日常事务由参事管理，综合农协的各类业务部门由各课（室）长负责。参事和业务部长及部门内的一般职员均为农协职员，而不算农协干部。

3. 日本农合组织渠道关系

（1）基于产业链纵向协作的日本农产品营销渠道。日本农产品进入市场的模式分为传统的市场内模式和新型的市场外模式。市场内模式是指农户—农协/产地批发商—批发市场/加工企业—各级批发商—零售商—消费者；市场外模式是指不经过批发商，由农户或者农协将农产品进行包装处理后，交由较大规模的零售业者销售给消费者或者直接在早市及直销所销售农产品。根据日本法律，禁止中间商从事批发业务，即在批发市场内不允许存在零售行为，由此造成大多数农产品要经过至少两级以上的批发商，最终才能到达消费终端。由于渠道环节多，造成了流通成本高，因此，日本农产品价格普遍偏高。

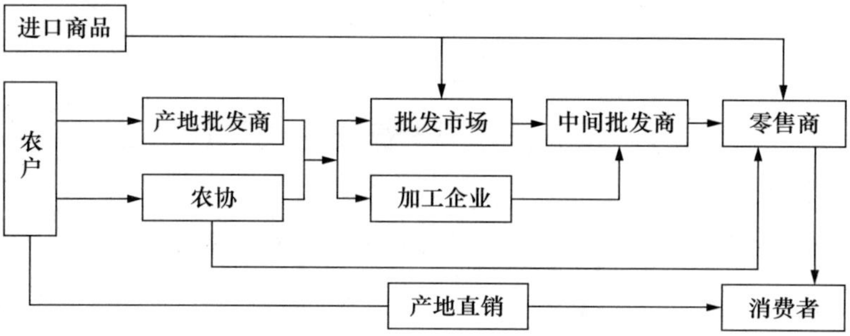

图 3－17　日本农产品营销渠道模式

日本农民进入流通领域的关键组织——农协。在日本，几乎所有农民都是农协社员，因此约 2/3 的农产品都是通过农协完成销售。例如，70% 的水稻、小麦、大麦是经过农协进入市场流通渠道。①

日本农产品流通渠道中的重要环节——批发市场。日本在 1921 年颁布了《中央批发市场法》，1923 年第一家日本中央农产品批发市场成立。1971 年，日本政府用新的《批发市场法》取代了《中央批发市场法》，并且每隔 5 年进行一次修订。通过立法的形式，对批发市场的开设、管理、交易进行了严格的规范。目前，日本全国 47 个城市共开设 76 个中央批发市场，还有 1207 家地方批发市场及若干不到法定规模的小型批发市场。日本农产品大部分依靠批发市场流通，

① Yamashita. The Agricultural Cooperatives and Farming Reform in Japan. [J/OL]. http://www.tokyofoundation.org/en/articles/2008/the-agricultural-cooperatives-and-farming-reform-in-japan-1, 2009-01-01.

2009 年批发市场经由率占 2/3（1985 年曾达到 85%）。[①] 根据日本法律，禁止中间商从事批发业务，即在批发市场内的不允许存在零售行为，由此造成大多数农产品要经过多级批发商，最终才能到达消费终端。由于渠道环节多，造成了流通成本高，因此，日本农产品市场价格普遍偏高。

发展迅速的新型渠道模式——直销。品质、大小、形状等各方面筛选合格的农产品才能进入批发市场，因此造成一部分质量过关但其他方面不达标的农产品很难进入传统渠道，而直销模式为这些农产品找到新销路。另外，传统渠道不仅环节多，成本高，还会造成流通时间长，降低生鲜农产品的品质，而直销模式不仅会大幅度降低消费者的购买成本且保证产品的新鲜度。此外，随着信息技术的发展，通过网络销售当地农产品也成为很多农户的新选择。

一方面，农户或农协通过直销模式可以促进农产品销量，提高收入；另一方面，消费者可以就近购买到新鲜、便宜的农产品，因此直销模式受到市场好评。目前，虽然交易规模相比传统渠道模式仍然较小，但发展快速。截至 2010 年，日本全国共有各种农产品直销达到 1.7 万家，[②] 并且这一数据仍在增长。

农产品进口大国——日本。由于土地资源有限，尽管日本的农业机械化程度很高，但日本仍然要进口大量农产品以满足国内需求。2013 年，日本进口农产品超过 600 亿美元，位居美国、中国、欧盟之后，为世界第四大农产品进口大国。每年日本市场中的 60% 的农产品都是从其他国家进口的[③]。进口农产品主要通过传统批发市场渠道输送到消费者手中。

（2）日本农协与农产品产业链纵向协调。日本农协是链接农户与市场、农户与政府的桥梁，其在日本农产品产业链扮演重要角色。在合作经济关系中，农协在农产品的产前、产中、产后为社员提供全方面的服务。

日本单个农户的种植（养殖）规模通常都比较小，通过参加农协，将分散的农户集中起来，集中采购生产资料、集中销售，可以增强议价能力，降低生产成本，保证农民的收入，在服务过程中，农协收取一定的手续费作为营运资金。而且，日本很多农协为了提高农产品附加值，一方面通过开设工厂对农产品进行深加工；另一方面，积极打造本地农产品品牌，建设“一乡一品”。由于农协在

---

① 驻日使馆经商处．日本农产品批发市场建设情［EB/OL］．http：//www.mofcom.gov.cn/aarticle/i/dxfw/cj/201201/20120107916604.shtml，2012－01－06.

② 商务部流通发展司．日本流通业发展状况［EB/OL］．http：//ltfzs.mofcom.gov.cn/article/bb/201210/20121008372883.shtml，2012－10－08.

③ United States Department of Agriculture Economic Research Service［EB/OL］．http：//www.ers.usda.gov/topics/international－markets－trade/countries－regions/japan/trade.aspx，2014－08－07.

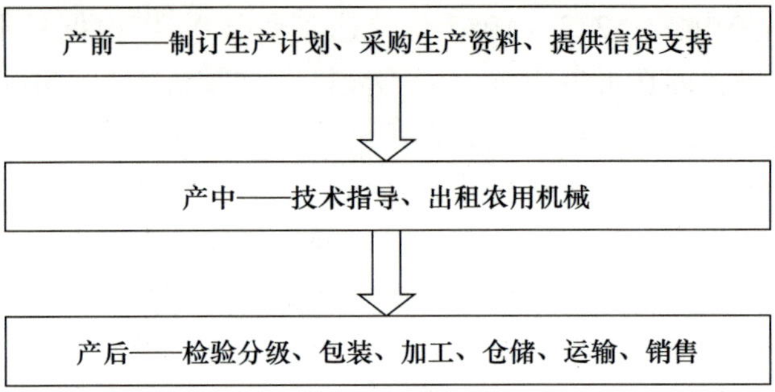

图 3－18　日本农协与农户在纵向产业链中的合作关系

农产品产业链各个环节都比单个农户具有明显优势，因此通过农协组织生产、销售农产品是绝大多数日本农民的首选。

在此，以日本千叶县旭市千叶绿农协为例，形象地说明日本农协与农户在纵向产业链中的合作关系。

【案例】

旭市千叶绿农协——产业链纵向协作的典范

千叶县位于日本关东平原东南部，东京东边，由北部的关东平原和中南部的房总半岛组成，土地面积占全日本第 28 位。旭市是千叶县三十三市之一，位于千叶县东北部，人口约 7 万人，主要农作物为稻米、蔬菜。只要拥有 1.5 亩土地，每年有 90 天以上从事农业生产，即可申请成为千叶绿农协社员。

（1）产前环节

千叶绿农协在年初时会根据市场行情制订年度生产计划并告知农户，之后统一采购农资，购买所需大型农机具。农资主要包括种子、秧苗、化肥等，社员无需缴纳定金，只需支付一笔手续费。

（2）产中环节

通常农户自己不需要采购大型农机具，农协会依据生产需要集中购买，社员在生产过程中只需向农协租用即可。

在种植过程中，农协不定期安排科技讲座，推广新技术。社员有种植问题可以随时与技术员联系，得到指导。

（3）产后环节

旭市千叶绿农协在当地建立了自己的加工和包装厂。当西红柿成熟，农民将自家菜园西红柿采摘之后，装箱运往农协开办的选果厂。西红柿在流水线上穿梭，按大小、重量、颜色分类包装，最终交付给农协已经联系好的买家。

秋天水稻成熟时，农民驾驶农协的收割机，收获的稻米被运到农协出资兴办的稻米中心，完成干燥、脱壳、筛选和包装，最后统一销售。

农产品销售后，社员只需支付一笔相对很少的手续费。社员在生产经营中如果出现资金困难，还可以向农协申请贷款。而农协正是依靠当地开展农业保险、农村银行等金融业务，从而获得了充足的运转资金。

目前，千叶绿农协覆盖3个市和一个町的农民，年销售值超过22亿元人民币①。

4. 基于纵向关系的日本农合组织营销渠道力分析

（1）报酬力。日本农民加入农协的根本目的在于获得更多的收入，也就是报酬。一方面，农户通过参与农协提高了在市场上的议价能力；另一方面，农户交给农协的股金还可以分红。日本农协运作不以营利为目的，其主旨是为社员谋求最大化的政治与经济利益，在此基础上为了更好地服务于社员，留存一定的合理利润。农协把股金分红额限制在一定的范围内——股金分红率，基层农协限制在7%以内，县和中央联合会限制在8%以内。按规定，基层农协每年的纯利润主要用于四个方面：25%作为发展农协事业的准备金；10%作为农协的积累金：7%作为股金分红金；45%作为组合员利用农协事业的返还金。除以上四项外的多余部分（13%），结转下年度分配。② 正是因为农协给予农户的报酬力是可观的，所以全日本绝大多数农户都加入了农协。

（2）强制力。在农产品营销渠道中，存在多个利益主体，日本农协依靠其在整个渠道中的重要地位，在渠道中具有绝对的强制力。日本农产品的加工程度和商品化程度都很高，绝大部分农产品都是由农协来组织进行贩卖的。农户只负责种植和养殖，成熟收获后交予农协，农协将所有会员的产品统一集中起来，并进行一定的处理，包括产品分级、包装、冷藏，之后规模化组织上市。农户集中委托农协负责销售，避免了农户之间压价竞争，损害彼此利益的现象出现。

通常，农协掌握更全面的市场信息，稳定的销售渠道，例如，超市、加工企业、批发市场甚至直营所。通过农协的统一销售，既可以在与中间商谈判中获得主导权，又增强了农协与中间商之间的信任感，形成稳定的合作关系。日本农协

① 张雪峰．日本农民“抱团”应对市场法则［N］．重庆日报，2010-09-16（B7）．

② 蔡杨．农民协会的功能与限度——对日本农协组织的考察和分析［EB/OL］．http：//www.caein.com/index.asp？xAction=xReadNews&NewsID=37384，2009-11-04.

在农产品流通的各环节，如组建批发市场和集配中心，组织物流、商流、信息流及组织结账等方面发挥了不可替代的作用。

此外，日本农业的一大特色是“一村一品”运动，这一运动是日本大分县前知事平松守彦在1979年倡导的。“一村一品”运动是日本农业产业化的成功模式。所谓“一村一品”，就是一个村子的居民，充分利用本地资源优势，因地制宜，自力更生，发展特色农业，促进当地经济发展。平松守彦在担任大分县知事期间通过不断努力，使大分县的香菇和烧酒在日本市场占有率位居第一，甚至出口到海外。“一村一品”不仅在日本取得了巨大的成功，而且已走向世界。目前除中国外，韩国、泰国、马来西亚、印度尼西亚、越南、老挝、柬埔寨、菲律宾、蒙古国、斯里兰卡、马拉维、突尼斯、哥伦比亚、秘鲁、巴拉圭等许多国家都将“一村一品”作为脱贫致富的有效手段来积极推进与普及。

(3) 合约力。日本很早就开始通过立法的形式确定了农合组织的合法权利。《农业协同组合法》（以下简称《农协法》）对农协的设立、法律地位、组织结构、社员权利与义务、决策机构、业务执行与监管等各方面都有明确规定。根据《农协法》规定，社员享有自益权和公益权两方面权利。自益权是社员自身享有的权利，包括事业利用权、分配剩余金申请权、持份回收申请权、分配剩余财产申请权。公益权是全体社员共同享有的权利，正社员和准社员有所区别，权利主要包括：只有正社员享有决议权和选举权，实行一人一票制；正社员享有而准社员可以部分享有监督权和纠正权①。并且，准社员利用农协各种业务设施的总额原则上不得超过社员利用总额的20%。

日本农协发展比较成熟，规范化程度很高，每一个综合农协、每一个联合会甚至农协中的一个部会都有一套完整的章程、规约、规程。这些条款明确了农协及农户各自的责任与义务，契约关系是维持一个组织平稳运行的基础。

(4) 知识力。作为一个组织，农协与日本农业部门及科研院所长期保持良好的沟通和合作关系，利用其所掌握的专业知识，为社员提供了全面的农业生产经营指导。具体包括以下几个方面：

第一，制定农业发展规划。农协根据中央政府和地方政府的农业政策，结合当地实际情况制订区域农业的发展计划，例如，当地农业补贴计划、农产品种植规模计划等。

第二，组织社员集体活动。为了促进农协内部社员的凝聚力，提高农协的影响力，基层农协组织会各类活动，例如，种养殖交流会、集体旅游等。

第三，指导生产推广技术。农协根据市场行情，结合当地种养殖条件，为农

---

① 纸谷正昭．日本《农业协同组合法》的研究与借鉴［D］，天津：南开大学法学院，2010.

户制订合理的种养殖计划，在生产环节负责采购生产资料、出租农用机械，提供技术指导和管理指导。

在城镇化发展过程中，青壮年不愿再从事农业生产，同很多国家一样，日本务农人口出现老龄化现象，但这并没有使日本农业荒废掉，主要原因就是日本农业技术发展很快。

在推广农业技术中，主要是由农协负责担当。全农基层农协设有系统的农业技术研究和推广体系，在基层农协的生产科中配有若干名农业技术员。技术员结合当地的自然条件，推广适合的作物品种，并通过发放种植手册和下地指导，帮助农户解决问题。

在引进、推广需要一定装备的新技术时，由于一时投资过大，农民无力出资，一般是采取农协出资，农民经营后分期还款的方式。如鸟取农协在推广温室栽培番茄技术时，建造10铃（等于1.5亩）面积的温室及其他设施，需一次投资250万日元左右，按一个家庭经营规模30～40铃计，就必须一次投资750万～1200万日元，这样庞大的投资，一般农家是没有能力的。为了推广此项技术，农协先出资，并负责技术指导，帮助农民建好温室，安装好各种附属设施，指导农民按温室栽培技术种好番茄。这些投资分7年还清，最初两年只还利息，年息为5%（一般贷款的利息为9%），接着分5年付还投资贷款及其利息。每年需还贷50多万日元，但有250多万日元的收入，从中还贷50多万日元，农民的负担就大大减轻了，农民的经营也就能得以稳定和提高。在日本有很多新的农业技术是通过这种方式推广的，可以说，这对于推动日本农业先进技术的普及和发展起很大的作用①。

（5）参照力。日本农协不仅在日本是家喻户晓的农合组织，在全球农合组织排名中，也位居前列，在市场上享有很高的认可度和信誉度，农户在其带领下实现增收，消费者信赖其产品，中间商愿意与其合作，这些都不断巩固了农协在渠道中的参照力。

日本农业本身处于土地资源匮乏、小农经济为主的比较劣势，但在“二战”后，仅用不到30年就实现了农业现代化。目前，日本广义粮食自给率约39%，蔬菜自给率达到60%，城乡差别基本消失。日本农业能够快速发展的主要原因，一方面离不开日本政府对农业的各项补贴扶持；另一方面得益于农协的运作。农协弥补了土地私有和分散经营的缺陷，在一定程度上克服了小生产的局限性，适应了社会化大生产的要求。

通常，日本政府给予农协的优惠大于私人企业，并通过各种法律保障农协的

① 吴寿玉．日本的农协组织和农产品的流通［J］，畜牧生产，2008（3），19－22.

地位和作用。此外，农协还参与日本农业政策的制订及农业政策和计划的贯彻执行工作，发放给农户或有关团体的各种补助金也由农协负责。因此，农协又被称为“准政府机构”。此外，农协代表农民的利益，反映农民的呼声，与“帮助”政府的功能相反，日本农协还具有向政府施加压力甚至反对政府某些政策的职责。

日本农产品质量检验标准十分严格，所有流通上市的产品必须通过质检，完成这一工作的主要承担者就是各级农协。所以在消费者心中农协供应的农产品就等同于高品质产品。

在日本，很多农产品最大的供应者就是农协，因此中间商必须和农协保持良好的合作关系才有利于实现双赢。

(6) 信息力。日本农协的信息力体现在农协通过对市场农产品信息进行收集、加工、处理、判断，经过整合之后利用信息平台将信息发布给农户，实现信息的快速传递与共享。

农产品市场的供求稳定，一方面关系到农民的切身利益；另一方面关系到百姓的菜篮子。为了能够更好地将农户—市场—消费者联系起来，日本建立了完善的农业市场信息服务系统。这一系统由两部分组成，一个是由“农产品中央批发市场联合会”主办的市场销售信息服务系统。日本已实现了国内82个农产品中央批发市场和564个地区批发市场的销售数量及海关每天各种农产品的进出口通关量的实时联网发布，农产品生产者和销售商可以简单地从网上查出每天、每月、每年度各种农产品精确到公斤的销售量。另一个是由“日本农协”自主统计发布的全国1800个“综合农业组合”组成的各种农产品的生产数量和价格行情预测系统①。

此外，农户利用电脑和手机可以随时了解农产品市场的变化，对产品销售情况了如指掌，根据市场信息，调整自己的种养殖计划，从而保证农产品适销对路。

二、亚洲综合性农民合作组织营销渠道力分析——印度

1. 印度的合作经济发展历史

同我国一样，印度也是人口大国，贫困人口数量一度增加。农业是全国超过58%以上人民生活的主要来源，并且提供了大部分非农业部门和工业部门需要的

---

① 蔡杨. 农民协会的功能与限度——对日本农协组织的考察和分析［EB/OL］. http: //www. caein. com/index. asp? xAction = xReadNews&NewsID = 37384, 2009 - 11 - 04.

原材料。通过发展合作经济，印度农业快速发展，人民生活有了一定的提高。经过100多年的发展，印度的合作经济形成了基于农户、合作组织、消费者的纵向关系，印度的农合组织主要以农业合作社为主，其合作社营销渠道力较强，在一定程度上支持了农产品营销渠道的有序推进，促进了现代化农业产业链的发展。这对我国合作社的发展也具有一定的启示意义。

（1）20世纪初，独立前时期。印度合作社起源于20世纪初，最初为信用合作社模式，旨在农村地区创造一种自助的金融机构，使农民摆脱贫困与高利贷。在这一时期，印度政府通过颁布法律确立合作社的合法地位，同时，成立专业培训部门对合作社政策以及合作社组织进行教育培训。

1940年，当时的英国殖民政府为了解决农民严重的饥荒问题颁布了《信贷合作社法》，包括了一系列的优惠措施，并首次承认了信贷合作社的法人地位。1912年，印度政府通过了《合作社法》，允许建立包括生产、销售、保险、住宅建设等其他非信贷领域的多种类型的合作社。到1914年，又确定民间机构和群众也可以参与建立合作社，进一步扩大了合作社的范围。但是，由于土地私有化制度以及土地分配不均衡，大多数农民没有或仅有少数的土地，农业发展速度仍然较为缓慢，农民生活水平也较低。1929年，印度成立了国家合作社联盟（NCUI），它是国家合作社最高领导机构。合作联盟通过负责农业合作社的管理、培训，通过与国家农业农村开发银行合作，为其成员提供资金支持等途径促进了印度的合作化运动，提高人们的合作意识，并扩大了合作领域。

（2）1947年印度独立后。1947年独立后，印度非常注重农业生产，其中，推行农业合作化成为农业“发展战略”的重要组成部分。政府通过改革土地关系结构，推行了农民合作化，实施乡村建设计划等农业制度化发展战略，支持农业、工业、金融业等产业部门建立合作组织，通过建立和推广农业合作化组织来发展农业，并于1984年和2002年修正了合作社法，促进了农业合作社的快速发展，并将合作经济作为实施社会经济发展的基础。

经过40多年的发展，到20世纪80年代后期，印度农业合作社逐步成长为功能较多、结构比较完整的农业合作社体系。包括信贷合作、供应合作、生产合作、加工合作、销售合作等合作社系统。但是农业合作社的发展仍然以信贷合作社和销售合作社为主①。

（3）20世纪90年代后印度合作社发展状况。1991年，印度提出了以私有化、市场化和全球化为主要特征的经济改革，逐渐向私营经济为主体的混合经济体制转变，大力推进经济全球化。随着改革的不断深入，印度政府对农业合作社

① 黄正多．印度农业合作经济组织发展研究［D］．四川大学，2008.

的保护措施逐渐减少，政府投资也逐渐减少，有些合作社成员全部由农户组成。农业合作社积极寻求市场化调整，投入市场竞争中，通过产业链前向、后向延伸，农业合作社开始涉及生产、加工、储存、运输、销售、信贷领域等环节，由单一组织形式向一体化经营转变。此外，合作社不断拓展新的领域，为成员提供更优质的服务。

表3－6　1951～2010年印度合作社发展情况

项目＼年份	2010	2008	1981	1976	1971	1961	1951
合作社数量（万个）	54.5	52.8	30	31	32	33	18
会员数量（亿户）	2.49	2.29	0.1062	0.0848	0.0644	0.0352	0.0137
流动资金（亿卢比）	2901	2800.4	2002.1	1243.2	681	131.2	27.6
政府拨款（亿卢比）	58.5	56.0	58.4	25.8	6.4	7.7	3.4

资料来源：笔者整理。

经过多年的发展，到2010年，印度全国共有54.5万个农业合作社，2.49亿户社员，农业合作社覆盖了印度几乎100%的乡村，涉及几乎所有的经济领域，并拥有较高的市场占有率。目前，农业合作社已经成为印度国民经济的重要成员，极大地促进了印度农业、农村的发展。

2. 印度农合组织的发展现状

经过100多年的发展，印度合作社形成了以村级—区级—邦级—国家级四层合作社组织体系。全国合作社的最高管理机构是印度全国合作社联盟。联盟属于协会组织，负责指导全国合作社的发展，组织合作社的教育培训，并加入国际合作社联盟，开展国际合作。同时，印度政府成立农业合作部（Department of Agriculture and Cooperation，DAC），负责制定合作社相关法律政策，例如政府补贴、教育培训、最低采购价格等，以促进全国合作经济的快速发展。目前，印度已经形成了包括农业生产、农业信用、农业销售和农业服务合作社等多种类型的农业合作社，并且随着合作经济的发展，合作社开展自身一体化经营，将产业链条延伸到提供信贷、生产资料等供应领域，或者延伸到仓储、加工、运输等产后领域。同时，一些综合性农业合作社，例如印度合作糖厂、牛奶合作社等也逐渐发展起来，使相关产业迅速发展。

（1）地方农业合作社。印度合作社也可以按照区域划分，包括全国合作社联盟和地方农业合作社两个部分。其中，地方合作社可以分为村级—区级—邦级三级合作社。

首先，村级合作社实行自愿入社，民主管理的模式。农户平等入股，选举产生合作社管理委员会，负责合作社的日常管理。村级合作社负责农产品生产和收购，例如印度的村级奶业合作社，负责牛奶的储存和收购，每个合作社配有测量牛奶质量的电子设备保证收购产品的质量。

合作社发展之初，往往由村级合作社把农产品直接出售给消费者，根据合作机制和利益分配原则，合作社将一定比例收益返还给农户。为了提高生产和销售效率，合作社以村为单位建立区级合作社。村级合作社主要负责农产品收购、原材料供应，提供医疗、教育服务帮助农户提高产量以及保障农户报酬支付。

其次，区级合作社。区级合作社是印度农产品加工和进入市场不可或缺的一个重要环节。通常，区级合作社负责组织村级合作社收购、加工、销售农产品，向村级合作社分配原材料、提供技术和培训服务。区级合作社在各地设立自己的销售办公室，负责与当地的批发商和零售商进行联络，并经他们将农产品推向市场。同时，区级合作社也将一部分农产品交往邦级合作社。

最后，邦级合作社。邦级合作社主要负责各种农副产品的生产、加工、销售，并负责品牌建立和营销宣传工作。

目前，印度农业合作社体系是世界最大的合作经济体系之一，合作社包括农业信用、农业销售、农业生产和农业服务合作社等多种类型。信贷合作社是其中较为重要的合作组织。信贷合作社分为中央银行、邦立合作社和农村初级合作社三种类型，为地区农业生产提供各种短期和长期资金支持。农业销售合作社则主要是为农民农业生产提供所需的生产资料以及农业初级产品、农产品深加工等业务。农业生产合作社通过统一规划、联合生产，并按照一定要求进行盈余返还。农业服务合作社则提供产业链条上产前、产中、产后等各方面的服务，并定期培训农业新技术。此外，还有很多从事单一农业产品服务的专业型农业合作社，包括在世界范围内影响较大的奶业合作社、制糖合作社以及耕种和灌溉合作社等。

（2）全国合作社联盟。在印度农业合作社中处于最高层次的是全国合作社联盟。主要负责对成员进行生产指导、生活指导以及其他经济事业的联盟组织。

印度国家合作社联盟（NCUI），是国家合作社最高领导机构，为合作社提供资金支持以促进和发展印度的合作化运动，提高人们的合作意识、扩大合作领域。其成员包括国家、省级合作组织以及跨区域型合作社以及非官方的合作组织。到 2009 年，NCUI 拥有 196 个成员，包括国家级、邦级以及县级三层农业合作社组织，国家级、邦属农业农村发展合作银行联合会、国家渔民合作社联合会、国家合作社培训委员会（NCCT）等，如图 3 – 19 所示。

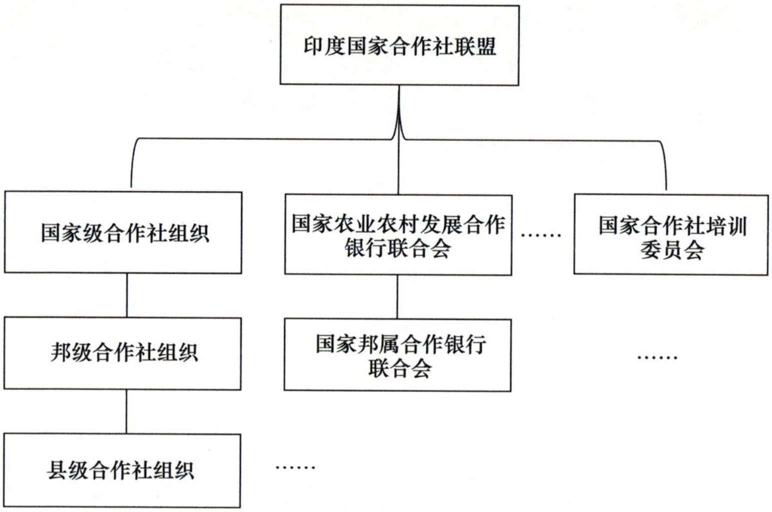

图 3－19　印度国家合作社联盟结构

（3）农业与合作部。印度政府成立农业与合作部（Department of Agriculture and Cooperation，DAC），负责制定合作社相关法律政策，例如政府补贴、教育培训、最低采购价格等，促进全国合作经济的快速发展。

民办官助，多项支持。印度政府通过农业与合作部对国家级合作社、邦级联盟等合作组织提供质量保障、信息供给、机制建设、保险、教育支持等多项优惠政策。

从图 3－20 可以看出，2004～2010 年，政府对于农业与合作部投资呈稳步增加趋势。此外，政府还提供利率补贴、农业保险等多项优惠政策支持农业合作社、农业的发展。

3. 印度农合组织的渠道关系

（1）印度农产品营销渠道的历史演变。

第一，农产品分区不能自由流通。20 世纪 90 年代以前，印度政府对粮食的国内外流通实行严格管理。政府通过固定价格收购、供应农产品，以保持一定数量的粮食储备。随着农业的发展，印度农产品产量不断增加，政府财政无力承担固定价格收购、出售农产品的压力。因此，90 年代后期，政府逐步调整粮食流动政策，使国内农产品可以自由流通。

第二，鼓励农户和农场主自己发展农合组织。为了扩大农合组织的规模，印度政府支持农户建立多层次、多种类型的农业合作社，扩大农业合作社的覆盖率。经过一段时间的发展，印度农业合作社形成了以邦级、地区、村级三级组织

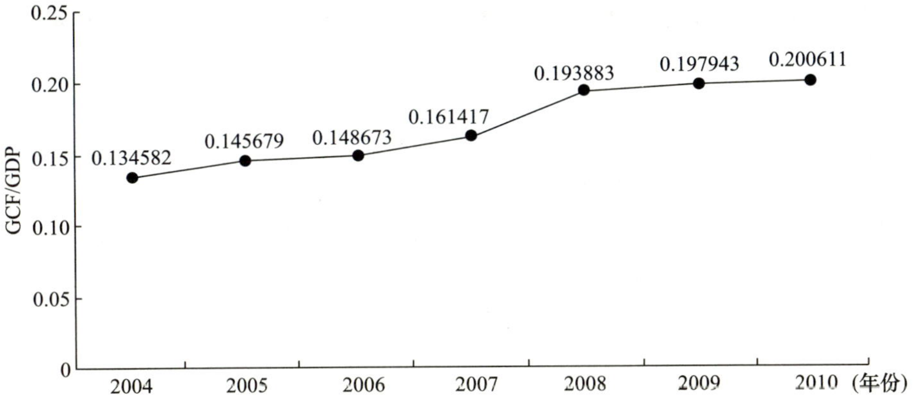

图 3-20　2004~2010 年印度农业及相关组织资本形成总额占 GDP 比重变化

资料来源：根据印度农业与合作部网站数据整理得出。

形式，覆盖了全国多种农业产业，呈网络型发展模式。例如牛奶、蔗糖、水果、咖啡等产业拥有少数跨邦的大合作组织，其他产业拥有许多农户、农场主建立的中小型合作组织。

第三，农产品市场信息组织体系。印度农业合作社拥有较完备的市场信息组织体系。农业与合作司对国家农业合作社联盟进行统一管理，国家农业合作社联盟包括农业生产联合会、销售联合会等多个农产品产业链上游、中游、下游环节合作组织。权责分明、等级严格的层层递进的合作社管理系统为收集农产品市场信息、传递信息提供了保障。同时，政府通过农业合作教育培训联盟对成员进行新知识、新技术的培训，帮助成员获取市场信息。此外，合作联盟有利于合作社利用规模效应协调农业生产、影响市场信息。最后，合作社通过信贷合作社、中央银行等资金支持类合作组织，加大设备投入，分析农产品市场信息。

为了更形象地说明印度农业合作社一体化经营模式，下面案例以印度农民化肥合作社为例进行说明。

【案例】

印度农民化肥合作社

作为加工和销售合作社典型代表的印度农民化肥合作社（IFFCO）经过多次扩股调整，其成员全部为农户，目前，它是亚洲最大的化肥合作公司之一，致力于化肥的合作生产和销售，合作社通过提供如科学辅导、建立救助基金等服务，其旗下的化肥品牌在印度农民中享有较高声誉。印度农民化肥合作社由多个合资企业进行战略投资，进行战略多元化，不断扩大营销渠道。

印度农民化肥合作有限公司拥有成员40000个。IFFCO一直排名第37个顶级公司，于2011年在印度被评为500强之一。名为“愿景—2015”的战略计划通过向多个合资企业进行战略性投资，例如，阿曼印度化肥公司（OMIFCO）、印度钾肥有限公司（IPL）是其重要的肥料合资投资企业。作为战略多元化的一部分，IFFCO已经进入几个关键部门，特别是IFFCO－Tokio保险有限公司。通过投资保险公司，IFFCO制定了新的惠民利益。例如，当购买IFFCO化肥时，向农民提供免费的保险。此外，IFFCO利用农业大宗商品交易等新兴概念，在全国商品和衍生产品交易所和国家担保管理服务有限公司发行了股票。

设在新德里辅助营销办事处营销中心的办公室（MKCO）负责分布、销售和推广协调，通过超过39824个销售集团进行销售。此外，IFFCO通过加强合作社运动，改善印度农业以期增加农民的福利。例如，通过与印度农业林业发展有限公司（IFFDC）合作发行农村发展信托（CORDET）IFFCO基金会，为农户提供资金支持。目前，IFFCO致力于一项名为ICI的农民和合作社之间的合作项目，以增加社员数量，培育与农民的关系，并进行大量的农业推广活动。

（2）合作经济下印度农产品营销渠道模式。

在印度，农产品的市场流通是一个大问题。因基础设施建设非常薄弱，其营销环境非常复杂。主要表现在人口众多，种族各异；地域复杂，印度拥有平原地区、森林和丘陵地区以及沿海地区等多种地址风貌，在一定程度上影响了农产品渠道的建设。另外，当地特有的文化环境也影响农产品营销渠道的构建。例如，超过80%的印度人信奉印度教，有些农产品例如奶牛屠宰是被禁止的，这就为奶业产品流通造成了困难。营销环境的复杂性带来了农产品消费的复杂性，营销渠道也表现出不健全的特点。印度农产品的营销渠道模式如图3－21所示。

印度几乎所有合作社都通过各自的乳品营销渠道销售乳品，而农户除了按照合作社相关规定上缴一定数量的初级农产品外，也将剩余的农产品直接销售到消费者手中。这样的营销模式一方面扩大农产品的销售；另一方面也增加了印度农产品营销渠道的复杂性。

4. 基于纵向关系的印度农合组织营销渠道力

同我国一样，印度也是人口大国，贫困人口数量一度呈上升趋势。印度的合作社促进了现代化农业产业链的发展，形成了基于农户、农业合作社、消费者的纵向组织关系，其合作社营销渠道力较强，在一定程度上支持了农产品营销渠道的有序推进。合作经济下，印度通过建立高效的农业合作社，提高其报酬力、强

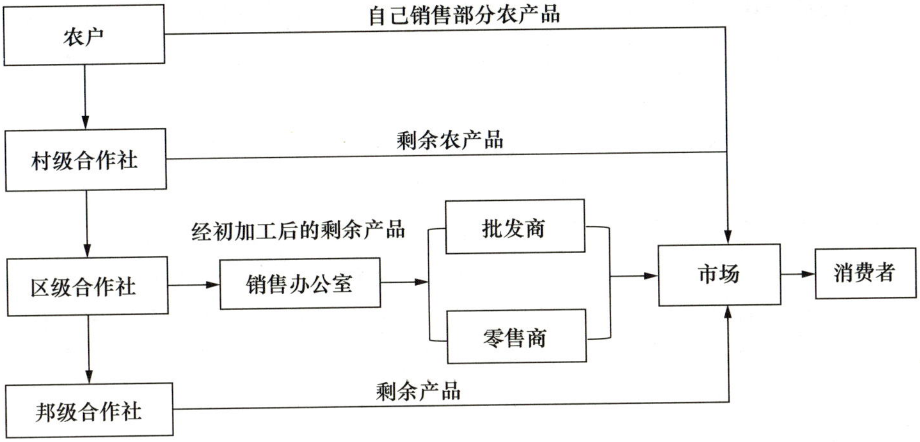

图 3-21 印度农产品的营销渠道模式

制力、合约力、参照力、知识力与信息力，实现了现代农产品营销渠道模式的转变，提高农产品营销渠道效率。

(1) 报酬力。在印度，村级、区级、邦级合作社以及各级合作社联盟共同组成了合作社组织，包括 16 个农产品生产、流通领域，几乎覆盖了 100% 的乡村，2/3 以上的农户参与了合作社。通过国家级的合作社联盟，成立大型企业，农产品远销国外地区。例如成立于 1958 年的印度农业合作有限公司联盟，旨在帮助成员销售农产品。到 2014 年，联盟共有成员 848 个，其中 93.5% 为营销、加工协会，政府也是联盟成员，但是政府不能获取利润。该联盟 2013 ~ 2014 年营业额达 1518.86 亿卢比，毛利润 58.38 亿卢比，联盟不仅帮助成员在国内销售产品，还是印度农产品出口的主要成员。① 各级各类合作社将获得了利润通过股权、利润分配的形式返还给农户，有效地缓解了印度的贫困问题。

印度农业合作社的建立、发展与其农业产业化发展相结合。一方面，农业合作社可以增强议价能力，降低生产成本，保证农民的收入。另一方面，农产品新型的市场外销售模式不仅可以促进农产品销量，提高农户收入，而且能够大幅度降低消费者的购买成本。农业合作社通过增强成员收益水平，提高组织报酬力，与渠道各成员形成利益共同体，增强成员协作能力。多种类型合作社联盟，能够发挥其规模效应，帮助成员获取利润，同时促进了印度农业的快速专业化发展。

(2) 强制力。在印度，几乎所有农户都参与了农业合作社，使农户以合作社为载体，有效地进入了农业产业链的上下游。另外，因为合作社规模较大，在

① 数据来源：印度农业合作有限公司联盟网站：http：//www.nafed－india.com/origin.asp.

农产品营销渠道中存在较强的讨价还价能力。此外，合作社直销店能够有效减少农产品流通环节，提高农产品营销渠道效率。印度合作社的平价商店就是采用直销模式，缩短销售渠道。印度通过建立国家级合作组织联盟整合国内外农产品营销渠道，提高自身话语权，推动印度农业产业化发展。

（3）合约力。印度政府在农业发展方面给予了保障性的政策支持，保证了从生产者到消费者的农产品纵向组织关系的协调运作，提高了农产品营销渠道成员合作关系水平。印度合作社除了运用其自身政治权力外，还需要通过标准化生产、及时注册商标、产品质量认证等方法不断提高其自身合法权利，带动农产品营销渠道有序发展。而在我国，存在政府职能定位不准、政策干预不适当等情况，影响了合作社的有序发展。

（4）知识力。印度合作社经历了规模快速增长的同时，也致力于提高合作社质量。印度国家合作社联盟作为最高领导机构，致力于为其成员提供技术支持、教育培训等工作。例如，为合作社及其成员提供农业科技知识普及、生产技术培训、报告市场行情信息、提供信贷咨询、保险服务、提高成员管理能力和市场意识，提高风险防范意识等功能。合作社联盟通过对其成员的指导、帮助，提高了合作社及其成员的现代农业知识，促进了国家合作社的快速发展。

（5）参照力。龙头企业是引导国家发展现代农业的重要带动力量，是带动产业链相关环节共同发展的核心，在合作互利的前提下，使农民的主体地位得到充分体现。印度通过不断加大资金投入、建立示范社，不断增加组织规模，提高组织参照力，增强组织实力，提高收益水平。通过参照作用，在一定程度上能够控制农产品流通渠道、带动其他渠道成员进行农业生产。

（6）信息力。印度合作社注重运用现代信息技术，提高农产品流通效率和经济效益。由于科学技术的支持，合作社信息力增强，才能保障生产高品质的农产品。只有依靠科技进步才能推动农业从质和量两个方面同时实现跨越式发展。首先，印度政府认为，农业信息化是农产品市场化的出发点，也是印度农业亟待解决的问题。印度各级各类农合组织依托政府的农业信息化政策，通过国家的各级网络建设，获得例如农产品分级、市场价格、库存、销售等农业市场信息，以提高合作社竞争能力。其次，印度的农业创新计划帮助合作社发现、运用多个农业技术新产品，涉及精准农业、供应链技术、机械化等领域，使合作社提高盈利能力，得到可持续发展。2010～2015 年，印度大约开发出 100 个农业技术新产品，并带来了 1 亿卢比的收入①。

① http：//news. wugu. com. cn/article/20150526/554794. shtml.

第三节 国外农合组织营销渠道力的经验与启示

在许多国家和地区，农业合作社在农产品流通渠道中发挥着重要作用。农户、农产品加工与商业进行了紧密的结合，改变了过去产、加、销分割的状况。从生产、加工到销售农产品产业链，把农户、加工企业和销售企业等渠道成员，联结成一个资源利益共享、风险共担的经济共同体，结成了紧密的纵向组织关系。从而形成了高度市场化条件下的产、加、销有机结合的一体化现代农产品营销渠道体系。

通过对美国、丹麦、日本三个发达国家以及人口众多、与我国国情相似的印度等发展中国家农业合作社营销渠道的比较分析，不难发现其具有以下几个方面的共性。

一、建立纵向关系的农产品营销渠道模式

美国、丹麦等发达国家和地区在农业组织结构特征方面具有很大的相似性，都是以规模不断扩大的上游农户和集中度不断提高的农产品处理加工者以及下游的营销组织网络为主形成紧密的现代产业组织体系下的纵向产业链结构，一些号称全国性的合作社，其主要职能是协调和游说，通常不进行直接经营，强调通过专业化合作社加入产业链，提高纵向协作效率。

美国的农产品生产以专业农场为主，生产区域化程度较高，农产品流通渠道短，流通效率较高。通过信息系统网络，中间商能够快速收集和传递农产品产销信息，使农产品生产者和消费者衔接密切。

在丹麦的农产品产业链中，合作社通过嵌入到整个农产品产业链中，实现农产品产业链纵向协调。例如，丹麦的农业机械、肥料、咨询服务合作社为农产品上游产业链提供产前服务；农产品收购与加工合作社提供农产品产业链下游服务。这种由合作社牵头，农业产前、产中、产后的专业化组织与农民紧密结合的产业链纵向协作的农产品营销模式促使丹麦农业得到高效发展。

日本、印度均是通过全国性的农协组织对成员进行广泛性和综合性的指导、帮助，并通过成立全国性的合作社公司促进农产品流通效率。全国性的农协组织拥有一定的法定权力，在一定范围内制定行业内相关规定以及教育、引导农户进行农产品相关知识培训。日本农协是链接农户与市场、农户与政府的桥梁，其在

日本农产品产业链中扮演重要角色。在合作经济关系中，农协组织在农产品的产前、产中、产后为社员提供全面的服务，提高了农产品的流通效率。印度和各类合作联盟不仅帮助成员在国内销售产品，还是印度农产品出口的主要成员。多种类型合作社联盟，能够发挥其规模效应，帮助成员获取利润，同时促进了印度农业的快速专业化发展。

以上国家的经验说明，发展现代农业必须构建起各类资源有效整合、比较优势充分发挥、综合竞争力明显提升的现代高效农业产业组织体系。

目前，我国合作社处于起步阶段，与以上发达国家80%以上农户参与农合组织相比，我国合作社总量少，农户参与率低，区域发展不平衡。特别是西部地区农合组织仅限于提供技术、信息交流、培训服务等功能，真正参与农产品产前、产中、产后环节的组织更少，没有起到农产品流通纽带的作用。我国现代高效农业产业体系不健全，农产品流通效率也较低。因此，如何发挥合作社在农产品流通渠道体系中的带动作用，建立基于农产品产业链纵向协作的农产品营销渠道模式是我国特别是西部地区农业可持续发展与农民增收的关键。

二、增强报酬力，形成利益共同体

综观国外典型国家的农产品流通渠道，获得合理报酬是上游农户、农业合作社等渠道成员生存与发展的基本条件。通过一体化经营模式，建立现代农产品营销渠道，保证了从农户到消费者的农产品供应链的协调运作，实现了合理的利益分配，从而促进营销渠道优化与整合。

美国农场与合作社整合趋势愈加明显，合作组织营业收入不断增加，盈余返还呈现逐年上升趋势。根据组织规则，农民有权监督和控制合作社的经营，合作社的利益分配，必须得到农民选举出的董事会的批准，这使生产者与合作社的利益得到很好结合。

美国新一代合作社旨在提高农产品附加值的基础上保持农民从中获取更多获益，不断提高成员积极性。

日本农协在促进日本农业与经济发展中发挥了举足轻重的作用。一方面，农协可以增强议价能力，降低生产成本，保证农民的收入。另一方面，日本农产品新型的市场外销售模式不仅可以促进农产品销量，提高农户收入，而且能够大幅度降低消费者的购买成本。日本农协通过增强成员收益水平，提高组织报酬力，与渠道各成员形成利益共同体，增强成员协作能力。日本农协运作不以营利为目的，其主旨是为社员谋求最大化的政治与经济利益，在此基础上为了更好地服务于社员，留存一定合理利润。

印度通过建立国家级合作组织联盟整合国内外营销渠道，提高自身话语权，推动印度农业产业化发展。农协的统一销售，可以在与中间商谈判中获得主导权，形成稳定的合作关系。农户集中委托农协负责销售，避免了农户之间压价竞争，损害农民经济利益。

以上国家的经验说明，只有促进产业链相关行为（利益）主体关系紧密相关，实现以经济利益为纽带的产业一体化经营模式，形成了比较牢固的“资源共享、利益共享、风险共担”的利益共同体，才能提高各方面的积极性。

目前，特别是我国西部地区农业合作社普遍存在利益流失、经济效率低的问题，成员难以获得满意的利益，参与热情不高，农业合作社的经营状况也缺乏活力。因此，西部地区只有发挥农业合作社在营销渠道体系中的带动作用，才能形成利益共同体，增强报酬力。

三、提高强制力，推动现代农产品营销渠道的形成

从国外典型国家农业合作社的实践来看，农业合作社不断发挥规模化效应，提高组织强制力水平，不断推动现代农产品营销渠道的发展。

美国、丹麦以专业农场为主，生产区域化程度较高。其中，美国合作社通过减少数量、扩大规模，从而增强农业合作社自身实力，提高了市场竞争力。丹麦合作社通过提供一系列产前、前中和产后的服务，实现专业化分工，最大限度地发挥了整体效应与规模效应。

日本大部分农产品主要依靠农协进入到流通渠道内，农协将所有会员的产品统一集中起来集中销售，掌握更全面的市场信息，形成稳定的销售渠道。同时，日本农业的一大特色是“一村一品”运动促进形成了本地农产品品牌，增强议价能力，降低生产成本，使企业强制力增强。

印度通过建立国家级合作组织联盟，整合国内外农产品营销渠道，推动印度农业产业化发展。印度的合作社联盟拥有更多的信息，农业合作社通过扩大组织规模，提高其在农产品营销渠道中的讨价还价能力，提高自身话语权，强制力较高。

从以上国家农业合作社的实践来看，农业合作社是提高农民组织化程度的有效途径。合作社不断发挥规模化效应，提高组织强制力水平，不断推动现代农产品营销渠道的发展。

目前，我国西部地区农业合作社总量少，农户参与率低，发展较缓慢。在营销渠道中，中间环节较多，各级中间商获取利润高于合作社。合作社强制力较弱，缺乏讨价还价能力。

因此，我国西部地区只有提高农户参与农业合作社的热情，不断提高合作社规模与组织化程度，才能在激烈的市场竞争中获得生存与发展。同时，合作社通过合约不断整合农产品加工企业、销售企业，使农产品生产、加工、销售成为有序运作的产业链条，缩短中间环节，促使传统农产品营销渠道向现代营销渠道转变。

四、提升合约力，促使渠道成员协同发展

从国外典型国家农业合作社的实践来看，政府在农业发展方面给予了保障性的政策支持，保证了从生产者到消费者的农产品纵向组织关系的协调运作，提高了农产品营销渠道成员合作关系水平。

以美国、丹麦农业合作社经验为例，政府在农产品营销渠道成员间关系的优化与整合过程中发挥着不可替代的作用。国家的政府干预和调控包括：建立合作社管理部门，政府投资建立农产品物流基础设施，为农产品物流发展创造良好的外部环境，低息或无息贷款，对合作社成员提供价格补贴，参与市场调控，对发展农业实施各种形式的税收优惠政策等。

对日本、印度来说，其国家级农业合作社本身具有一定的制定政策的能力，这些组织具有较强的合约力，能够影响各个地区、国内外农产品营销渠道建设，制定农产品政策，控制渠道秩序，促使渠道成员协同发展。农业合作社能够通过专业化生产，建立农产品品牌，增强组织产品的市场影响力。例如，日本建立“一乡一品”，规划合作社发展方向，协调农产品营销渠道。

农业合作社除了运用其自身政治权力外，还需要通过标准化生产、及时注册商标、产品质量认证等方法不断提高其自身合约力，带动农产品营销渠道有序发展。

目前，我国西部地区农业合作社在发展过程中，存在政府职能定位不准，政策干预不适当等情况，影响了合作社的健康发展。农产品品牌意识较淡薄，缺乏品牌保护力度，造成合作社流于形式，合约力没有得到有效应用。因此，只有不断加强合作社合约力，才能进一步协调渠道成员关系，促使农产品营销渠道不断发展。

五、增强参照力，发挥龙头企业带动作用

美国、丹麦等各个国家都有为数不多但实力比较雄厚、市场竞争力较强的农业合作社作为龙头企业，通过参照作用，在一定程度上能够控制农产品流通渠道

带动其他渠道成员进行农业生产。

在美国，随着农业机械化程度不断提高，农场数量日益减少，规模不断扩大，农业合作社呈现整合趋势。同时，农业合作社利润逐年增加，组织实力得到迅速扩大。

丹麦通过合并、整合，合作社逐渐成为大型经济组织，部分农业合作社成为丹麦全国甚至全球最大规模的企业之一。同时，合作社加大关系投入，通过大规模的专业化分工生产，丹麦合作社把分散的家庭农场经营融入了“一条龙”的生产经营体系，最大限度地发挥了整体效应和规模效应。不断增强的“龙头企业”的示范效应与关系投入，使合作社参照力日益增强，带动产业链其他成员共同发展。

日本、印度等国家，也通过不断加大关系投入、建立示范社，不断增加组织规模，提高组织参照力，增强组织实力，提高收益水平。

日本政府给予农协的优惠大于私人企业，并通过各种法律，保障农协的地位和作用，农协甚至还具有向政府施加压力或反对政府某些政策的职责。

印度也有为数不多但实力比较雄厚、市场竞争力较强的合作社作为龙头企业，通过参照作用，在一定程度上能够控制农产品流通渠道、带动其他渠道成员进行农业生产。

因此，实力强大的龙头企业是引导国家发展现代农业的重要带动力量，是带动产业链相关环节共同发展的核心，在合作互利的前提下，使农民的主体地位得到充分体现。

目前，我国龙头企业数量较少，自我积累能力较低，合作社参照力没有得到有效发挥。为此，需要通过多种途径培养龙头企业，依托农产品优势选择合适龙头企业，提高其组织协调能力，增强合作社竞争力与辐射带动能力。

六、提高知识力，提高农产品流通效率

在美国，合作社主要有销售和加工服务型、物资供应服务型与服务合作组织三种类型。在美国，农业联合体，即从农业中分离出来的，是涵盖农产品全产业链，即生产、流通、消费各环节的综合服务体系，已经逐渐成为营销的主体。营销渠道从农产品产前服务延伸到了其他农业衍生服务领域，例如金融、保险、运输、咨询等。综合服务体系要求合作社具有较强的专业知识力与服务力，能够提高农产品产业链的流通效率。

在丹麦，合作社充当中介，为农户提供产前、产中、产后服务，同时，又通过自身的纵向一体化，为成员提供资本服务、产品深加工服务等，满足顾客的各

种需求。

在日本，基层农协是整个农协系统的基础，在合作经济关系中，农协在农产品的产前、产中、产后为社员提供全方位的服务，日本农协的最大特色在于服务对象的广泛性和业务的综合性。

在印度，政府重视对农户的教育与培训，成立合作社教育培训联盟，设定培训计划、考核教育成果，不断推动合作社知识力建设。

以上经验表明，在农业产业化的过程中，农业社会化服务体系是相伴而生并不断发展壮大的。合作社为产前、产中、产后提供系列配套服务，有力地促进了农业持续稳定发展。农业社会化服务体系要求合作社提供农产品产业链上各项服务，通过专业化分工，运用知识力协调渠道成员，提高农产品流通效率。

目前，我国农业合作社知识力较低，缺乏服务意识，政府的教育与培训力度也有待加强。

七、提高信息力，运用科学技术推动渠道模式转变

现代信息技术在农产品流通领域的广泛应用，提高了农产品流通效率和经济效益，只有依靠科技进步才能推动农业从质和量两个方面同时实现跨越式发展。

在美国，农业合作社逐步采用“增值农业”的发展模式，包括改进相关技术、工艺与设备，提高农产品科学技术含量，重视发展农业机械化和自动化等。此外，美国农业网站、信息咨询公司等信息服务机构的信息化程度高，为构建通畅、高效的复合型营销渠道体系提供帮助。

在日本，每个农产品都有自己的“身份证”，身份信息记录了包括农产品的产地环境、生产过程、产品质量等各个要素，而且农协组织还负责农产品的安全检验、分级包装，物流配送与信息管理。正是由于科学技术的支持，农业合作社信息力增强，才能保障高品质的农产品。此外，信息力的增强，使网络销售也成为销售渠道的新选择。

农业发达国家已经形成了农业科技发展的长效机制，构建了农业技术研发转化平台以及现代营销网络，并且取得了显著成效。

我国农村信息服务发展比较滞后，农业合作社不能及时掌握市场、科技等各类信息，生产经营存在较大的盲目性，直接影响农户收益水平。因此，我国需要提高农村信息化水平，提高农业合作社运用信息的能力，帮助成员获取信息，提高农业科技含量和整体水平，增强农产品竞争力。

总之，合作经济下，发达国家和地区通过建立高效的农业合作社，通过提高

组织的报酬力、强制力、合约力、参照力、知识力与信息力，实现了现代营销渠道模式的转变，提高营销渠道效率。我国特别是西部地区需要加强农业合作社营销渠道力，不断提高农产品营销效率，推进农业产业化、现代化进程。

第四节 我国农合组织营销渠道力分析

一、我国农合组织的渠道关系

通过对我国农业合作社发展情况分析，可以看出我国农业合作社数量规模迅速扩大、发展形式多样、分布行业相对集中，并且区域之间发展程度差异较大，农业合作社提高了农民生产组织化程度，增加了农民收入水平，在推进我国现代农业建设、促进农村发展中起到了积极的作用。但是，与发达国家和地区相比，我国合作社仍处于发展初期，如何提高合作社竞争力，对于促进我国合作社发展、建设现代农业都有重要意义。

农业合作社是农户采用合作的方式，围绕农产品的专业化生产，涉及农业产业链条的产前、产中、产后的经营活动，并为其成员谋求最大的经济效益，通过与农业产业链上参与成员的相互联系，在获得、消费和处置农产品中创造顾客价值。因此，分析农业合作社与其他渠道成员的纵向组织关系，有助于提高渠道效率，能够促进我国农业产业链的建设。

已有研究表明，渠道关系包括渠道成员所处的外部渠道环境、内部渠道环境以及组织成员之间的互动关系，不同渠道模式其渠道关系不同。为此，下面结合农业合作社渠道模式分析我国合作社渠道关系。

1. 我国农业合作社产业链纵向协调

改革开放后，我国农业得到长足发展，农业产业链中的产前、生产、加工、流通、销售等环节的分工逐渐加深，现代农业经营模式逐步取代传统自给自足、分户经营的农业经营模式。但是，目前我国农业产业链条较短，存在着产业链断裂以及成员组织化程度相对较低等问题。而农业合作社能够提高产业链运行效率，即农业合作社与产业链纵向协作对于农业发展起着关键作用。我国农业合作社与产业链的纵向关系如图 3－22 所示。

从图 3－22 可以看出，在我国的农业产业化体系中，农业合作社已经进入到整个产业链中。农业合作社提供多种产前、产中、产后服务，例如，供应生产资料、提供农业信贷、保险服务；进行农产品加工、销售服务，农业合作社通过优化配置农业生产要素，在一定程度上缓解了“小生产和大市场”之间的矛盾。随着市场化进程的推进，我国农业合作社有了一定的发展，覆盖面较小且功能单一。农业合作社调解功能发展不全面，例如农产品加工、销售、技术、金融支持等服务功能发展不平衡，特别是我国各地区合作社发展程度存在较大差异，影响了合作社功能的发挥，制约了我国现代农业产业链建设。

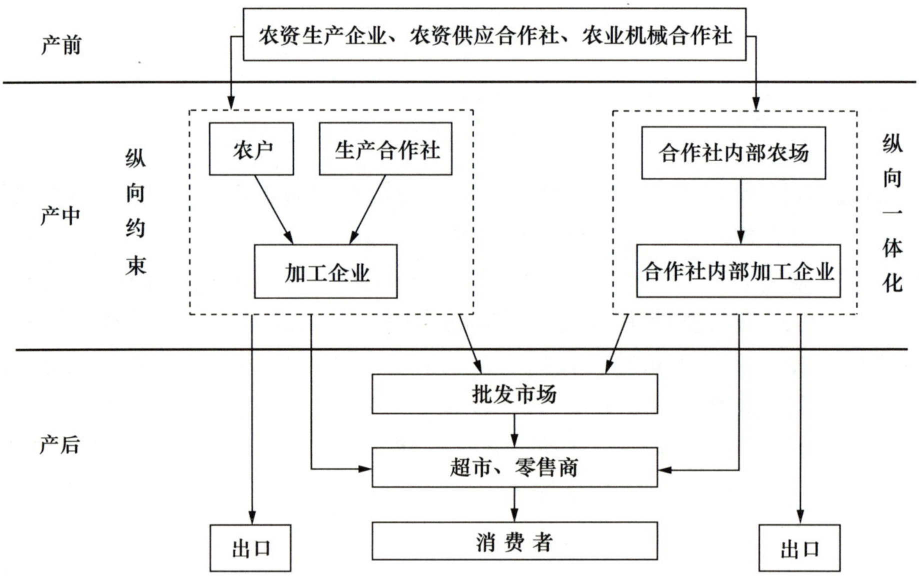

图 3 – 22　我国合作社与产业链的纵向关系

资料来源：笔者整理。

2. 基于产业链纵向协作的我国合作社渠道关系

现阶段，我国农业产业链渠道模式存在集贸市场直接交易型、专业市场批发交易型、农合组织型几种类型。随着我国现代农业建设，农业产业链需要分工深化产前、产中、产后环节。整合农业产业链，将分布于农村、郊区、城市的农业产业链整合成统一、协调的产业链，已经成为我国城乡发展的关键①。农业合作社由于其自身特点，是整个农业产业链的重要成员。

第一，农业合作社。农业合作社作为连接纽带，起到连接农民与消费者的作用。通过合同对渠道成员进行双向约束，在增加交易双方违约成本的同时，降

① 龚勤林．论产业链构建与城乡统筹发展［J］．经济学家，2004（3）：121 – 123.

低其交易成本，从而提高农业产业效率。通过契约来增强农民与企业之间的长期合作关系，在保障农民收益的同时，实现渠道成员关系的稳定与农业产业化发展。

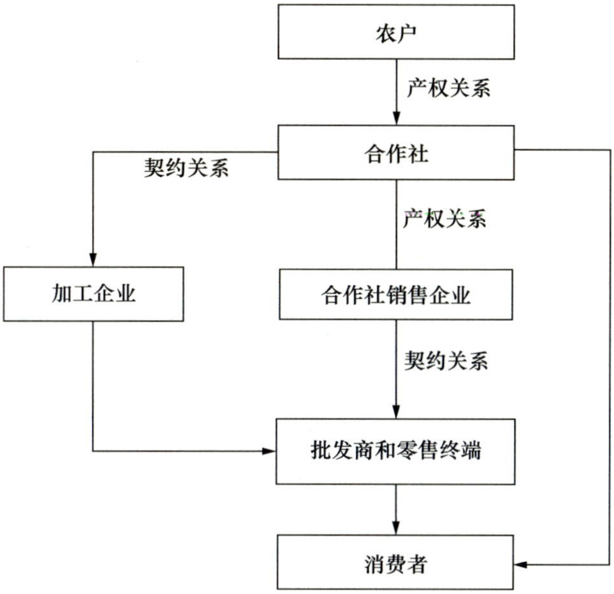

图 3－23　我国农产品营销关系渠道模式

资料来源：笔者整理。

农业合作社是农民的联结互助组织，内生于农民，服务于农民，能够有效缓解农村经营零散化的弊端，提高农民组织化程度，带动农民、农村、农业发展。2013 年，我国共有农业合作社 88.4 万个，带动农民 4776 万户，带动非农民数量也达到 5130 万户。农合组织可分配余额 2013 年同比增长 45.9%。目前，农业合作社已进入我国多种农业产业中，2013 年平均同比增长率达到 37.4%，已经成为我国农业产业链中的重要主体①。

第二，批发市场和零售商。在我国农业产业链中，批发市场和零售商仍然是渠道重要成员。目前，我国大多数批发市场处于初级发展阶段，其管理水平较低，交易、结算方式多数处于初始阶段，经营设备简陋、服务场所环境较差，其中部分批发市场仍然存在简单铺位出租经营情况，缺乏储藏保鲜设备，没有达到

① 资料来源：《全国农村经营管理统计资料 2013 年（内部资料）》。

现代农业建设中对于批发市场和零售商高品质、高标准的生产经营要求。现阶段，我国重视对于批发市场和零售商的现代化建设，先进地区已经开始发展现代批发市场，鼓励有科技含量的零售商进入市场，但是从全国范围来看，如何提高批发市场和零售商的效率仍是我国农业发展中亟待解决的问题。

第三，加工公司。加工是整个农产品流通过程的重要环节。国外发达国家和地区经验表明，农产品加工公司有利于建设现代农业，发展普惠金融。现阶段，依靠农村改革红利、消费结构升级、科技创新和现代农业建设，我国农产品加工公司获得了较快发展。加工公司总量迅速扩大，产业加速集聚，规模企业增多，结构优化升级明显。2014 年，我国农产品加工公司达 45. 5 万家，其中，大中型企业占 50% 以上。规模以上加工公司（年销售收入 2000 万元以上）占 16. 7%，主营业务收入 18. 48 万元。我国加工公司注重提高科技含量，2014 年，我国肉类加工公司设备国产化率达到 90% 以上，粮油加工设备逐步替代进口。目前，我国农业合作社开始与加工公司融合，数据显示，2014 年，3. 08% 的农业合作社采用以资金入股、土地经营权入股、交售农产品形式发展进入加工领域，发展加工公司。[①] 一些加工公司也进行产业链前后延伸融合，利用互联网信息技术模糊产业边界，实现快速发展。此外，现阶段，我国农产品加工公司存在着收入增速放缓，用地和融资困难，缺乏加工专用品种，初加工水平较低，布局分散、创新能力不足、服务体系不健全等问题。

二、基于纵向组织关系的我国农合组织营销渠道力比较

随着市场竞争的日趋激烈，渠道已成为企业赢得竞争的重要武器，渠道如品牌，日益成为企业重要的无形资产，可以说现代市场进入了“渠道为王”的时代，然而，从渠道规划、渠道运作到渠道调整，仍然是很多企业无从面对的困境，严重影响了企业经济效益的提高。因此，在农产品流通渠道中对其营销渠道力对整个渠道竞争力的影响状况有一个全面把握，已成为提高渠道乃至提高企业效益的基本前提，而这就需要对渠道力进行科学合理的有效评估。

下面针对全国各省份城市农业合作社的主要数量，以全国 29 个省、市、自治区城市 15 项渠道相关渠道力评价指标数据，运用因子分析法提取公因子，并根据因子载荷和指标意义给出公因子的经济意义，同时以各因子贡献率为因子权重，得出全国 29 个省、市、自治区城市营销渠道力的整体竞争力评价指标排名，通过各因子排名和综合排名可以得出各省、自治区城市在整个中国城市中的排名

① 资料来源：中华人民共和国农业部农产品加工局网站，http：//www. xqj. moa. gov. cn/.

地位和薄弱环节。

1. 指标体系及数据来源

（1）农业合作社渠道力评价体系的理论依据。农产品渠道竞争力的理论体系基本上还未形成，也没有一套标准来评价农产品渠道竞争力。因此，如何界定农产品渠道竞争力，从整体渠道角度构建一套评价指标体系，并采用合适的评价方法来对农产品渠道竞争力进行评价，是目前亟待解决的问题。

渠道竞争力的本质来源于企业竞争力，一般常把企业竞争力理解成企业的一种能力，是指厂商在竞争的市场环境中，通过配置或创造企业资源，在占有市场、创造价值、维持发展等方面与同业其他厂商在市场竞争中的比较能力（李显君，2002）。企业竞争力的内在是资源及管理能力，外在是竞争优势。表现在产品和服务上，是一种系统能力。而渠道竞争力一种通常的理解是指：通过生产厂商、中间商、终端用户以及与之有关系的第三方物流企业等一系列相互依存的组织将产品传递给公司所希望传递的客户，达到公司所设定的渠道任务，并在以上几个方面所拥有的与竞争对手相抗衡或超越竞争对手的能力（郑鑫等，2005）。实际上，渠道竞争力可以描述为渠道主体通过渠道运营满足客户，达到渠道目标并超越竞争对手的能力，而这些能力可以通过相应的指标体现。

因此，结合本书提出的营销渠道力的“六力模型”，农业合作社的渠道力应从从事农产品生产、销售的渠道主体通过渠道运营满足客户、达到渠道目标这个过程来进行分析，并在渠道规模竞争力、渠道规范化程度、渠道带动能力、政府的渠道扶持力度、渠道合作能力五个方面拥有的与竞争对手相抗衡或超越竞争对手的能力。这五个方面的指标构成了农合组织的渠道力评价体系。

（2）农业合作社营销渠道力评价体系的构建。数据主要来源于 2013 年农业经济数据统计，对录入的数据反复核对以确保数据的准确性。所取数据为全国 29 个省、市、自治区农业合作经济组织渠道竞争力评价指标数据。按照科学性、综合性、可比性、针对性及可操作性等原则，选取 14 个经济指标：农民专业合作社数量（个），农民专业合作社成员数（人），合作社经营收入（万元），实施标准化生产的合作社数（个）、农业主管部门认定为示范社的（个）、拥有注册商标的合作社数（个）、农民专业合作社带动非成员农户数（户）、基层农技服务组织（个）、培训成员数（人）、当年获得财政扶持资金的合作社数（个）、专业大户及家庭农场成员数（户）、企业成员数（个）、统一组织销售农产品总值（万元）、统一组织购买农业生产投入品总值（万元）。15 个指标分别从五个层面反映渠道竞争能力：渠道规模竞争力、渠道规范化程度、渠道带动能力、政府的渠道扶持力度、渠道合作能力。具体指标体系如表 3－7 所示。

表 3-7 我国东西部地区农业合作社营销渠道力指标体系

渠道规模竞争力	农民专业合作社数量
	农民专业合作社成员数
	合作社经营收入
渠道规范化程度	实施标准化生产的合作社数
	农业主管部门认定为示范社的
	拥有注册商标的合作社数
渠道带动能力	农民专业合作社带动非成员农户数
	基层农技服务组织
	培训成员数
政府的渠道扶持力度	当年获得财政扶持资金的合作社数
	各级财政专项扶持资金总额
渠道合作能力	专业大户及家庭农场成员数
	企业成员数
	统一组织销售农产品总值
	统一组织购买农业生产投入品总值

2. 数据分析

（1）因子分析过程。一般认为因子分析是从 Charles Spearman 在 1904 年发表的《对智力测验得分进行统计分析》开始，他提出这种方法用来解决智力测验得分的统计方法。目前因子分析在心理学、社会学、经济学等学科中都取得了成功的应用，是多元统计分析中典型方法之一。

因子分析（Factor Analysis）也是一种降维、简化数据的技术。它通过研究众多变量之间的内部依赖关系，探求观测数据中的基本结构，并用少数几个“抽象”的变量来表示其基本的数据结构。这几个抽象的变量被称作“因子”，能反映原来众多变量的主要信息。原始的变量是可观测的显在变量，而因子一般是不可观测的潜在变量。在进行因子分析时，求解因子的方法主要有主成分分析法、不加权最小平方法、广义最小二乘法等方法，不过最常用的是主成分分析法，本书在以下的分析中将运用 SPSS22.0 中主成分分析法来提取因子变量。

表 3－8　KMO 和 Bartlett 的检验

取样足够度的 Kaiser－Meyer－Olkin 度量	0.828	
Bartlett 的球形度检验	近似卡方	635.951
	df	105
	Sig.	0.000

根据相关性检验结果，用获取的农业合作社渠道竞争力评价指标来评价其渠道竞争力。由表 3－8 可知，因子检验的 KMO 值为 0.828，根据统计学 Kaiser 给出的标准，一般情况下 KMO 统计量是通过比较各变量间简单相关系数和偏相关系数的大小判断变量间的相关性，相关性强时，偏相关系数远远小于简单相关系数，KMO 值接近 1。一般情况下，KMO >0.9 非常适合因子分析；0.8 < KMO < 0.9 适合；KMO 在 0.7 以上尚可，KMO =0.6 时效果很差，KMO 在 0.5 以下不适宜作因子分析，同时本样本的 KMO 值和 Bartlett 球度检验给出的统计量为 635.951，且其对应的相伴概率为 0.000 远远小于显著水平 0.05，因此拒绝 Bartlett 球度检验的零假设，认为适合进行因子分析。指定提取 3 个特征根时因子解释原有变量总方差的情况如表 3－9 所示。

表 3－9　解释的总方差

成分	初始特征值			提取平方和载入			旋转平方和载入		
	合计	方差(%)	累积（%）	合计	方差(%)	累积（%）	合计	方差(%)	累积（%）
1	11.111	74.072	74.072	11.111	74.072	74.072	5.568	37.118	37.118
2	1.227	8.179	82.251	1.227	8.179	82.251	4.442	29.612	66.731
3	0.838	5.587	87.838	0.838	5.587	87.838	3.166	21.107	87.838
4	0.462	3.079	90.917						
5	0.351	2.342	93.259						
6	0.304	2.024	95.283						
7	0.271	1.807	97.090						

提取方法：主成分分析。

由表 3－9 可以看出，提取的三个因子总解释累积达到 87.838%，比较满意，虽然第三个因子特征值为 0.838 小于 1，但观察其旋转后载荷矩阵，载荷值分布较理想，且第三个因子有较强的解释意义，故予以保留。为了使所提取的各因子变量的经济意义容易解释，本书使用了正交旋转中的方差最大法对其进行转换。经因子旋转后的渠道竞争力评价指标因子载荷矩阵如表 3－10 所示。

表 3－10　旋转成分矩阵

	成分		
	1	2	3
VAR00001	0. 289	0. 894	0. 094
VAR00002	0. 850	0. 353	0. 301
VAR00003	0. 496	0. 395	0. 707
VAR00004	0. 313	0. 625	0. 492
VAR00005	0. 195	0. 766	0. 488
VAR00006	0. 467	0. 689	0. 485
VAR00007	0. 880	0. 095	0. 368
VAR00008	0. 807	0. 292	0. 241
VAR00009	0. 694	0. 528	0. 368
VAR00010	0. 724	0. 499	0. 338
VAR00011	0. 231	0. 419	0. 826
VAR00012	0. 565	0. 128	0. 726
VAR00013	0. 400	0. 724	0. 311
VAR00014	0. 823	0. 503	0. 201
VAR00015	0. 723	0. 565	0. 248

提取方法：主成分分析。

旋转法：具有 Kaiser 标准化的正交旋转法。

从旋转后的因子载荷矩阵中，我们发现第一个主因子（F1）在农合组织成员数、专业大户及家庭农场成员数、企业成员数中有较大的载荷，这 3 个指标反映了农业合作社在渠道中的规模对渠道竞争力的影响，可将其定位为规模影响力（强制力）因子；第二个主因子（F2）在农业合作社数量、农业主管部门认定为示范社的、农业合作社带动非成员农户数中有较大的载荷，而这 3 个指标反映了农业合作社在流通渠道中的渠道示范能力，可将其定义为示范带动能力（参照力）因子；第三个主因子（F3）在合作社经营收入、当年获得财政扶持资金的合作社数、各级财政专项扶持资金总额中有较大载荷，而这 3 个指标反映了农业合作社在流通渠道中政府对其渠道竞争力的影响，将其定义为政府扶持力（报酬力）因子。详细分布如表 3 - 11 所示。

表 3 - 11 指标分类

强制力因子（F1）	农民专业合作社成员数
	专业大户及家庭农场成员数
	企业成员数
参照力因子（F2）	农民专业合作社数量
	农业主管部门认定为示范社的
	农民专业合作社带动非成员农户数
报酬力因子（F3）	合作社经营收入
	当年获得财政扶持资金的合作社数
	各级财政专项扶持资金总额

（2）因子变量得分。

第一，计算单个因子变量得分。计算因子得分是因子分析的最后一步。分别为三个提取出的公因子赋予新的含义后，根据因子得分矩阵如表 3 - 12 所示，计算出五个公因子在 29 个样本数据上的得分如表 3 - 13 所示，并对得分进行分析。

根据因子得分函数公式计算得分：

$F_J = 0.37118F_{1J} + 0.29612F_{2J} + 0.21107F_{3J}$

$F_{1J} = -0.093X_{1J} + 0.0262X_{2J} - 0.054X_{3J} - 0.138X_{4J} - 0.231X_{5J} - 0.072X_{6J} + 0.319X_{7J} + 0.273X_{8J} + 0.119X_{9J} + 0.151X_{10J} + 0.233X_{11J} + 0.039X_{12J} - 0.061X_{13J} + 0.243X_{14J} + 0.162X_{15J}$

F_{2J}，F_{3J}算法同上。

表 3 - 12 成分得分系数矩阵

	成分		
	1	2	3
VAR00001	-0.093	0.478	-0.308
VAR00002	0.262	-0.078	-0.099
VAR00003	-0.054	-0.106	0.374
VAR00004	-0.138	0.161	0.149

续表

	成分		
	1	2	3
VAR00005	-0.231	0.282	0.133
VAR00006	-0.072	0.168	0.074
VAR00007	0.319	-0.275	0.043
VAR00008	0.273	-0.086	-0.121
VAR00009	0.119	0.050	-0.049
VAR00010	0.151	0.034	-0.076
VAR00011	-0.233	-0.067	0.557
VAR00012	0.039	-0.302	0.462
VAR00013	-0.061	0.267	-0.081
VAR00014	0.243	0.060	-0.236
VAR00015	0.162	0.108	-0.183

提取方法：主成分。旋转法：具有 Kaiser 标准化的正交旋转法。

第二，计算综合绩效得分。在综合评价中，指标权重的确定是关键，通常的做法是根据实际情况由专家组研究来加以确定等，也即主观赋予权重。这里，仅从单纯的数量上，以三个因子的方差贡献率为权数来计算各上市公司综合业绩的因子总得分，方法如下：

$$F = (37.118 \times F1 + 29.612 \times F2 + 21.107 \times F3) / 87.838$$

由上面的公式，再通过 SPSS22.0 软件求出结果，最后整理在 Excel 中，如表 3-13 所示。

表 3-13　综合评价得分

地区	F1（强制力）	排名	F2（参照力）	排名	F3（报酬力）	排名	F（综合）	综合排名
北京	-0.18	16	-1.00	27	-0.48	21	-0.53	27
天津	-0.15	15	-1.00	28	-0.46	20	-0.51	25
河北	0.15	8	1.08	4	-1.09	29	0.17	9
山西	-1.61	28	1.57	3	0.29	8	-0.08	13
内蒙古	-0.27	20	-0.27	15	-0.82	27	-0.40	23

续表

地区	F1（强制力）	排名	F2（参照力）	排名	F3（报酬力）	排名	F（综合）	综合排名
辽宁	-0.12	14	0.04	10	-0.74	26	-0.22	16
吉林	-0.48	27	0.12	9	-0.59	22	-0.31	18
黑龙江	0.07	9	-0.82	24	0.18	9	-0.20	15
江苏	4.31	1	-0.21	14	1.82	2	2.19	1
浙江	-1.89	29	0.71	7	4.08	1	0.42	4
安徽	-0.08	11	0.78	6	0.46	6	0.34	7
福建	-0.38	26	-0.41	18	-0.05	12	-0.31	19
江西	-0.29	21	-0.07	12	0.37	7	-0.06	11
山东	0.29	6	3.34	1	-0.65	23	1.09	2
河南	0.73	3	1.63	2	-0.37	18	0.77	3
湖北	0.54	5	0.50	8	0.05	10	0.41	6
湖南	0.75	2	-0.57	19	0.60	5	0.27	8
广东	-0.07	10	-0.63	20	0.61	4	-0.10	14
广西	-0.11	13	-0.63	21	-0.33	17	-0.34	21
海南	-0.31	22	-0.92	25	-0.29	15	-0.51	26
重庆	-0.18	17	-0.21	13	0.83	3	0.05	10
四川	0.72	4	1.05	5	-0.98	28	0.42	5
贵州	-0.26	19	-0.66	22	-0.07	13	-0.35	22
云南	-0.11	12	-0.30	16	-0.70	25	-0.32	20
陕西	0.18	7	-0.39	17	-0.01	11	-0.06	12
甘肃	-0.23	18	-0.01	11	-0.68	24	-0.26	17
青海	-0.31	23	-1.01	29	-0.39	19	-0.57	29
宁夏	-0.36	25	-0.96	26	-0.30	16	-0.55	28
新疆	-0.33	24	-0.72	23	-0.27	14	-0.45	24

在表3-13省、市、自治区渠道力评价得分中，很多省、市、自治区的得分是负数，但这并不表明该地区的竞争力为负。这里的正负仅表示与平均水平位置关系，省、市、自治区城市的平均水平算作零点，这是我们在整个过程中将数据标准化处理后的结果。

3. 对评价结果进行分析

从因子得分综合排名可以看出，江苏省的农业合作社渠道力综合得分最高，特别是强制力因子在其他省份中排名第一，说明该省份在农业合作社的发展上，合作社整体规模在其他省、市、自治区中较大，但该省的示范能力相对较弱。综合能力排在第二名的是山东省，可以看出山东省农业合作社的参照力很强，说明其合作社的带动示范能力较强，但在强制力因子和报酬力因子上得分相对较低。排在第三名的是河南省，河南省的农业合作社在强制力因子和参照力因子上得分较高，而报酬力因子得分较低。浙江省综合得分排在第四名，但其报酬力排名第一，说明该省合作社在获利能力及政府扶持力度上最强。而排在最后三名的是青海省、宁夏回族自治区和北京市。这三个省市排名靠后的主要原因是参照力因子得分较低，在这几个地区农合组织的示范带动能力较弱，进而影响其综合竞争力。

排名比较靠前的省、市、自治区城市也不可一概而论其渠道力就非常好，因为这种综合排序只能说明其竞争力水平的整体效果，单就某一方面而言，可能其得分并不是很高。如山西省，虽然其示范带动能力较强，排在第三名，但在合作社的整体规模上，只排在第 28 名。因此，不能认为只要综合因子得分高其竞争力就强，各个城市要根据具体因子得分找出原因，提高其合作社在渠道中的竞争能力，进而带动整个农产品流通渠道的竞争力。

总之，通过以上分析可以看出，用因子分析法对全国各省、市、自治区的农合组织的渠道力进行综合评价，没有直接对指标赋权，而是通过科学定量分析构造一个统计上优良的因子体系，因子的权数是伴随着数学变换自动生成的，具有客观性、合理性；同时，将评价依据由较强相关的大量指标转换成相互独立的若干因子，避免多重共线性的影响，可以通过各个主因子得分与排序情况了解各省市的综合排名及薄弱环节，为各省、市、自治区合作社的渠道竞争力提高提供重要依据。

4. 营销渠道力对渠道关系的影响

在市场体系中，渠道直接关系营销组织的市场服务能力和市场覆盖面。而市场服务能力的保证决定于该组织的渠道力。渠道力强的营销组织，可以有效整合整个渠道资源，通过对各成员进行协调、组织和控制，保证市场服务能力。农合组织作为农产品营销过程中的重要成员，其渠道力的强弱，直接影响农产品从生产地向市场推送的能力和质量，也决定其市场竞争能力。为了进一步探讨营销渠道力对竞争力的影响，现将全国农业合作社渠道竞争力排名前十位的省市数据提出，专门从因子分析法提出的三个因子：强制力、参照力、报酬力三个方向，进行分析。

表3-14 全国农业合作社竞争力排名前十位指标分布

地区	F1（强制力）	排名	F2（参照力）	排名	F3（报酬力）	排名	F（综合）	综合排名
江苏	4.31	1	-0.21	14	1.82	2	2.19	1
山东	0.29	6	3.34	1	-0.65	23	1.09	2
河南	0.73	3	1.63	2	-0.37	18	0.77	3
浙江	-1.89	29	0.71	7	4.08	1	0.42	4
四川	0.72	4	1.05	5	-0.98	28	0.42	5
湖北	0.54	5	0.50	8	0.05	10	0.41	6
安徽	-0.08	11	0.78	6	0.46	6	0.34	7
湖南	0.75	2	-0.57	19	0.60	5	0.27	8
河北	0.15	8	1.08	4	-1.09	29	0.17	9
重庆	-0.18	17	-0.21	13	0.83	3	0.05	10

资料来源：因子分析综合计分表摘录。

第一，强制力对渠道竞争力的影响。渠道强制力是组织在整个渠道运行中对渠道成员的管理能力，很大程度上代表该成员在渠道运行中的话语权和自由支配的能力。农业合作社营销渠道由不同的利益主体来构成，每个利益主体都想使自己的利益最大化。因此，对这些成员的管理与控制是一种跨组织的控制，比一般垂直性的层级管理更加复杂和困难。渠道强制力主要表现在该组织在行业中的地位、替代商的多寡、规模化程度等方面。

在农业合作社规模化发展道路上，农业龙头企业对整个产业链条有明显带动作用，可引导农民生产符合市场需求的优质农产品。加大了对产业带动力强、与农民利益连接紧密的农业龙头企业的扶持，推动农业产、加、销各环节紧密对接，有利于提高农产品流通渠道竞争力。

在强制力因子上，排名第一位的是江苏省。作为农业合作社发展较快的省份之一，截至2012年底，江苏省经工商登记的合作社总数57566家；农地股份合作社2703家；农村社区服务合作社1530家。工商登记的出资总额1385.73亿元，成员数1212.23万户，无论是规模还是数量上，均居全国前三名①。到2012年底，江苏省拥有省级以上农民专业合作社示范社超过2800家，近4000家合作社拥有注册商标，6500多家合作社通过农产品质量认证，5000多家合作社创办

① 应瑞瑶等．江苏农民专业合作组织发展报告2013.

了加工实体，且农合组织经营或服务的设施农业面积、农业规模经营面积、农机作业面积占全省的比重都在 60% 以上。我国首个农民集团苏州湖桥集团是合作社规模化组织创新的最佳典范。

【案例】

苏州湖桥集团——合作社规模化组织创新的最佳典范

2010 年，苏州湖桥集团依托土地股份合作社、社区股份合作社和物业股份合作社，将村内 8000 多亩土地全部流转进行规模经营，公开招商资金超过 5 亿元，打造了现代化的高科技农业园，每年收益超过 1000 万元。同时，苏州湖桥集团下辖文化旅游、建筑、园林绿化、物流等五大子公司，也纷纷转入三产服务业领域，每年可创收 3000 万元，彰显了“个个是股东、人人是主人”的“苏南特色”，成为农民致富增收的有力杠杆。

第二，参照力对渠道学习能力的影响。参照力是指某个组织或个人所突出表现的“领导地位”“品质可靠”“良好声誉”等促使其他成员模仿或参照的形象或行为表现。渠道参照力是该组织在营销渠道中所处的地位和领导力。农业合作社的渠道参照力越大，在社会上的认可度和信誉度就越高，消费者对该组织的产品越放心，购买欲望就越强，社会各组织、企业与个人的合作意向就越强，从而该组织在整个渠道中的领导地位和控制能力就越高。

通过示范社建设，可以起到“以点带面”，使更多的农业合作社走向规范化、标准化、现代化，成为现代农业的生力军，不但可以提高示范社的建设水平和质量，还可以促进更多的农业合作社争创示范，这样对健康发展农业合作社具有积极意义。

在参照力因子上，排名第一位的是山东省。通过示范社建设，可以起到“以点带面”，使更多的专业合作社走向规范化、标准化、现代化，成为现代农业的生力军，不但可以提高示范社的建设水平和质量，还可以促进更多的农业合作社争创示范社，这样对健康发展农业合作社具有积极意义。2014 年山东省将根据其同年出台的《山东省农民合作社省级示范社评定及检测暂行办法》，组织认定 800 家农民合作社省级示范社、50 家省级家庭农场示范场、100 家左右省级重点龙头企业，示范带动新型经营主体健康发展。

第三，报酬力对渠道获利能力的影响。报酬力是农业合作社给参与方的能力。参加商业活动的每个组织与个人最终目的都是为了获得更多的利润。同样，农业合作社的渠道成员与其合作也要获得一定的利润，而且这个利润率必须比自己经营或与其他组织合作的利润率要高。这些渠道成员所获利润越多，合作意向越强，成为长期合作伙伴的可能性就越大，农业合作社的主导地位就越明显，对各渠道成员的控制和约束力就越大。

农业合作社的盈利能力越强，越能吸引农民加入，进而扩大合作社规模及进一步提高渠道谈判能力，同时带动更多渠道成员创新组织模式，提高竞争力，所以，报酬能力高低对农业合作社的渠道竞争力影响颇大。

在报酬力因子上，排名第一位的是浙江省。

【案例】

浙江省温岭市玉麟果蔬专业合作社——国家级标准化示范基地

浙江省温岭市玉麟果蔬专业合作社（原温岭市箬横西瓜专业合作社）成立于2002年7月，注册资金500万元，现有社员736人，法定代表人彭友达，注册商标“玉麟”牌。主要种植、经营西瓜、葡萄、蔬菜、水稻等。合作社现在全国23个省市、50多个水果批发市场建立销售网点，合作社现有海南、广东、江苏、江西、缅甸等26个种植基地，种植总面积达3.23多万亩；2013年，合作社销售总收入达2.941亿元，利润达6610万元。浙江省温岭市玉麟果蔬专业合作社于2010年2月10日成立，温岭市箬横镇玉麟农村资金互助社，互助社现注册资本为722.03万元，到2013年末贷款发放额达到6414万元。

浙江省温岭市玉麟果蔬专业合作社的主导产品——“玉麟”牌西瓜是从新疆农科院引进的早佳（8424）品种，采用“三模覆盖”技术和与水稻轮作技术，经过多年精心培育、经国家工商部门注册的西瓜精品，2004年就被国家绿办认定为绿色食品，先后被评为“浙江省名牌产品”“市民最喜爱的十大品牌农产品”，连续11年获中国浙江农博会金奖，2008年被认定为中国名牌农产品。“玉麟”商标是浙江省著名商标，合作社被评为省农业科技企业、省AA级“守合同重信用”单位，是农业部、财政部农民专业合作社试点单位和全国农民专业合作组织先进单位，2013年被评为“十佳‘走出去’农民专业合作社”“十佳机制创新农民专业合作社”“国家农业标准化示范区”“全国农民专业合作社示范社”。2014年被评为“国家级标准化示范基地”。①

---

① http：//www. vegnet. com. cn/c/86115/CompanyProfile. shtml.

三、国内农合组织营销渠道力的经验与启示

我国东西部地区农业合作社竞争力有一定的差距，西部地区农业合作社竞争力处于全国落后地位，发达地区在提升渠道竞争力方面有一些经验值得借鉴，增强合作经济组织竞争力成为西部地区农合组织的重要任务之一。

1. 增强报酬力提升组织规模竞争力

报酬力是农业合作社吸引农户参加的关键因素，也是提升组织规模竞争力的关键。农业合作社从农户收购、加工、销售农产品，将收入按出资比例或者交易额返还给农户，使渠道成员增加收入，有效地调动了成员的积极性。提升西部农业合作社报酬力可以从以下几个方面进行。

第一，农业合作社建立适当的利益分配机制，提高成员积极性。农业合作社是由有合作意愿的人们共同出资自愿组成的，参与者共同分担风险、分享利益、共同管理这一自治联合体。农业合作社可以按照与成员农产品交易量进行分配，也可以按照成员出资额分配剩余利润。

第二，农业合作社需要建立有效的监督检查机制，保证合作社规范运行。农业合作社应实行民主管理，农民选举产生的董事会监督和控制合作社的经营，生产者与合作社的利益得到很好结合。

第三，加强与产业链相关行为（利益）主体的联系，发展以经济利益为纽带的产业一体化经营模式。农业合作社经济效益的提高与农产品营销渠道运行效率的提高相关联。从国内外农业合作社的实践来看，合作社实行分工协作，联盟合作能有效提高合作效率，通过合作社向产前、产后延伸，或者合作社联盟，实现一体化经营模式，能够有效提高农产品价值，提高农产品在渠道中的流转效率，进而获得较高经济利益。

目前，我国西部地区合作社普遍存在利益流失、经济效率低的问题，成员难以获得满意利润，参与热情不高。西部地区地貌复杂，依靠单一合作社很难带动农产品渠道流通效率，合作社获得经济利益有限，因此，可以通过不断整合资源，分工协作，提高农产品营销渠道效率，进而使渠道成员获得较高报酬。

2. 提高强制力加强渠道成员合作能力

高渠道强制力意味着组织在整个渠道运行中拥有较高的成员管理能力，组织拥有较高的话语权和相对自由支配资源的能力。由于渠道强制力主要表现在组织在行业中的地位，替代商的多寡以及规模化程度等方面。因此，提高西部地区合作社强制力可以从以下几个方面进行：

第一，扶持龙头企业，发挥其带动作用。经验表明，合作社要想实现农产品

生产及流通领域的高强制力，需要发展多个具有一定实力、品牌特色的合作社，即拥有一定数量、规模的合作社。要想实现合作社规模化，首先需要扶持一定的龙头企业，利用其对于整个产业链条的带动作用，推动农业产、加、销各个环节的紧密对接，进而提高整个地区的合作社强制力，推动渠道成员合作能力，从而提高渠道竞争力。

根据对我国合作社渠道竞争力评价分析可以看出，我国西部地区渠道强制力处于比较靠后的地位，无论是合作社数量还是质量上均处于相对落后的地位。因此，依据地区农产品特点，建立适宜的农合组织龙头企业从而带动当地农合组织发展是当前西部地区合作社发展的重点。

第二，整合合作社，建立现代农产品营销渠道。合作社发展都经历着由传统农产品营销渠道向现代农产品营销渠道转变的过程。我国西部地区合作社总量较少，农户参与程度不高，发展较为缓慢。农产品流通渠道环节较多使合作社难以获得较高利润，只有提高农户参与程度、不断提高合作社规模与组织化程度、整合合作社才能提高流通效率，建立现代化农产品营销渠道才能实现高效率、高质量的农产品运转。

第三，农业合作社的跨地区合作。国内发达地区合作社不仅在地区内不断整合资源，提高农产品营销渠道效率，而且开拓国际、跨地区市场已经成为提高合作社竞争力的战略选择。我国西部地区由于其独有的地域特点，在开发特定地区内市场增长时，也可以不断整合资源，进行跨地区合作社联盟，生产、销售高附加值产品。

3. 提升参照力发挥渠道带动能力

参照力是合作社能够帮助其他渠道成员实现目标，使渠道成员产生追随行为的能力。依据国内合作社经验，为数不多但实力比较雄厚、市场竞争力较强的合作社作为龙头企业，通过参照作用，在一定程度上能够控制农产品流通渠道、带动其他渠道成员进行农业生产。西部地区龙头合作社数量较少，农产品品牌价值较低，因此，提高参照力发挥渠道带动能力，能够有效提高农产品营销渠道效率，提高合作社竞争力。

第一，提升产品优势、培养龙头企业，提高其组织协调能力，增强合作社参照力和辐射带动能力。

第二，加强合作社间的协作交流，促进西部地区农合组织的发展。可以通过举行各种形式的国内外先进地区的研讨会，及时交换农业技术、行业法规、产业政策、市场供求、进出口贸易等各方面的信息。

第三，政府给予农业合作社更多的法律保障、政策补贴，以及教育培训等优惠政策，提高合作社参照力。政府不仅可以在提升合作社硬实力的过程中给予一定的帮助，也要引导合作社软实力的培养。例如，通过鼓励合作社与科研院所的合作，参与新品种的培育、观测、推广；鼓励本地区合作社联合打造地区特色农业品牌等。

可见，龙头企业是引导国家发展现代农业的重要带动力量，是带动产业链相关环节共同发展的核心，在合作互利的前提下，使农民的主体地位得到充分体现。为此，需要通过多种途径培养龙头企业，依托农产品优势选择合适的龙头企业，提高其组织协调能力，增强合作社竞争力与辐射带动能力。

4. 建立信息平台，提高信息力，提高渠道效率

信息力是由于一个渠道成员能得到真实信息资料而产生的，反映渠道成员市场信息收集、分析与判断的能力。通过在农产品流通领域应用现代信息技术，提高了农产品流通效率和经济效益，推动农业从质和量两个方面同时实现跨越式发展。

我国西部地区农产品营销渠道成员信息共享程度偏低，信息平台建设程度较落后，合作社信息力较低。提高农村信息化水平，提高合作社运用信息的能力，帮助成员获取信息，提高农业科技含量和整体水平，增强农产品竞争力。

综上所述，西部地区农合组织应建立健全组织管理机制，不断提高自身组织化程度，利用农业科技发展提高自身报酬力、强制力、信息力，通过组织营销渠道力的提升促进合作社竞争力的提高。

第五节　本章小结

本章对欧美发达国家、亚洲典型国家以及我国的农业合作社营销渠道力进行了不同时期的横向与纵向比较，探讨趋同性与差异性，得出以下结论。

第一，对美国、丹麦合作经济发展情况、合作社渠道关系、渠道模式与合作社渠道力进行了分析。通过分析得出，美国、丹麦合作社营销渠道是沿着农业经济发展的演进轨迹，从初期的生产集合向农产品深加工、精加工、物流配送体系构建和零售环节延伸，以增值农业为主要业务，合作社形成与农业经济上游、中游、下游完整结合的“纵向集成”，提高了农业产业的纵向协作效率；合作社不断整合资源，形成规模优势，通过提高组织化程度，增加利益所得，提高渠道竞争能力。合作社在众多的法律、法规的保障下，在国家农业教育—科研—推广的政策帮助下，坚持社员治社，合理分配盈余，积极相互交流与合作。因此，美国、丹麦合作社营销渠道力具有世界领先水平。

第二，对日本、印度合作经济发展情况、合作社渠道关系、渠道模式与合作社渠道力进行了分析。通过分析得出，日本、印度合作社发展受其自身政治、经济以及农业发展水平的影响。为了更好地适应市场环境的变化，提高产品质量，合作社应运而生。在合作经济关系中，合作社的建立、发展应同农业产业化相一致，向一体化经营模式发展，并在产前、产中、产后环节为社员提供全方面的服务，同时，加快合作社之间的合并提高规模化程度，发挥龙头企业的带动作用；农合组织拥有完整的章程、规约、规程，农合组织的报酬力、强制力、合约力、参照力、知识力与信息力较高。特别地，政府通过法律支持、政策补贴、教育培训等政策措施，在支持合作社发展中起到了非常重要的作用。

第三，对我国合作经济发展情况、合作社渠道关系进行了分析，采用因子分析法对我国各省、市、自治区的合作社渠道力进行了综合评价。通过分析得出，随着全国各级政府对合作社扶持力度的不断加大，我国的合作社得到了快速发展，合作社可分配盈余增加，合作社数量大幅度增加，质量稳步提高，业务范围增加，合作社产业化的规模扩大、产业链条延伸，从生产向加工领域转变实现纵向一体化。其中，农村能人牵头领办的合作社是最主要的合作社形式。合作社作为农产品营销渠道的核心成员，其渠道力的发展直接影响产品从生产地向市场推送的能力和质量，也决定其市场竞争能力。运用因子分析法可以看出，我国西部地区合作社营销渠道力排名较落后，合作社存在地区发展不平衡的问题，

第四，对国内外合作社营销渠道力进行比较分析。通过分析得出，合作社营销渠道力的提高都是伴随着以规模不断扩大的上游农户和集中度不断提高的农产品处理加工者，以及下游的营销组织网络为主形成紧密的现代产业组织而实现的，合作社采用“增值农业”的发展模式，营销渠道力较强，能够提高产业纵向协作效率。我国目前，特别是西部地区合作社还处于发展初期，存在利益流失、经济效率低、专业知识较匮乏、现代信息技术水平较低等问题，未能达到规模化、专业化发展，不能充分发挥合作社在现代产业体系中的带动作用，合作社营销渠道力较弱。为此，西部地区合作社应不断提高自身报酬力、强制力、信息力，增强营销渠道力，促进合作社竞争力的提高。同时，政府的教育与培训、政策支持、引导力度也有待加强。

由于农业具有分散经营的先天产业特征，意味着发展现代农业需要提高其组织化程度，才能提高其竞争力，增加盈利能力。渠道力强的营销组织，可以有效整合整个渠道资源，通过对各成员进行协调、组织和控制，保证市场服务能力。合作社作为农产品营销过程中的重要成员，其渠道力的强弱直接影响农产品从生产地向市场推送的能力和质量，也决定其市场竞争能力。这在发达国家如此，在发展中国家也如此。因此，农业合作社对整个渠道营销力的推动作用也不可小觑。

第四章 基于纵向关系的西部地区农合组织营销渠道力作用机制研究

在制度经济学中经常用“分粥”的案例来阐述作用机制的功能，在推进基于纵向关系的西部地区农合组织营销渠道作用机制中，需要不断地在构成系统的各种作用机制中寻找规律，寻找并不断完善作用机制系统，以期建立起良性机制，并发挥其整体功效的预期作用。本章通过建立组织元模型，将农合组织营销渠道纵向组织关系成员作为该系统的组织元，并分析各自的特征，从而建立农合组织营销渠道的 MAS 系统，并结合对渠道成员的博弈分析进行作用推理，寻找出农合组织营销渠道系统的作用机制，为农合组织营销渠道的良性发展奠定基础。

第一节 基于组织元模型的农合组织营销渠道系统

下面从组织元的概述、多组织元系统的概念和特征来阐述组织元模型，并对引入组织元模型的农合组织营销渠道系统的概念及特征进行概述，从而为农合组织营销渠道成员的作用推理奠定基础。

一、组织元模型

1. 组织元概述

信息革命是在工业革命后开始的一场技术与通信的改革，对整个社会产生了深远的影响。但是，信息革命在给营销渠道各环节带来机遇的同时，也带来了挑战。通过信息互联这样的载体推动，营销渠道上各环节转变了原有的管理模式和运行方式，让一切以前认为不可能的事情变为可能。信息时代带来的是一个复杂的系统，在这个系统中大量的信息相互联系并且相互约束，共同作用形成一个有机的整体。在研究复杂性科学时，其中的一种方式叫作多 Agent 系统（Multi - Agent Systerns，MAS）。这种研究方法能够透过现象看到复杂事物的本质，将研究的系统抽象成 MAS，组成具有功能性质的 Agent 替代复杂系统的组成单元。

与其说 Agent 是一个概念，不如说其是一种思想，是关于解决问题的能力和自治的能力，拥有协作性是其基本思想。这缘于到目前为止还没有一个明确的、公认的、统一的定义。其实，Agent 最早是由 Minsky 在 1986 年提出的，他认为社会中的某些个体经过协商可求得问题的解，这个个体即是 Agent。

2. 多组织元系统（MAS）

（1）多组织元系统（MAS）的基本概念 。Agent 的概念是在研究人工智能中不仅仅是因为意识到了把人工智能各领域的研究成果集成为一个具有智能行为概念的“人”，更重要的是通过 Agent 可以清晰地明了人类的智能更多的是一种社会性的智能。这是因为人类在进行活动时为了解决复杂问题往往需要多个人员来完成，这是一个协作的过程。当多个人构成的社会团体共同工作时才能表现出最重要的智能。人类的智能行为在协作、谈判的时候表现得最为明显。在对社会智能研究的过程中，人工智能的研究对象是人的对应物“Agent”，社会智能的研究对象是社会的对应物“多 Agent 系统”。

多组织元系统（MAS）的含义是指由一些自主的 Agent 组成的计算机系统，在这个计算机系统中会通过共同协作完成任务来达到目标。MAS 的思想基础是在 Herbet Simon 的有限理性（Bounded Rationality）和 Marvin Minsky 的“Society of Mind”理论中奠定的。Simon 在 *Administrative Behavior* 一书中表明了他的见解，他认为，多个人的联合机构可以弥补个人能力的有限性，联合机构可以把多个个体联合起来。同样，在联合的组织中每人有专门的任务，这个方式可以弥补个人能力的有限性。并且信息在组织间可以充分地流动，在进行决策时也可以弥补个体决策能力的不足与偏见。

（2）多组织元系统（MAS）的特征。MAS 是由多个 Agent 组成的分布式系统，它的特征可以从以下几个方面表述。

第一，MAS 具有分布性。MAS 没有集中的全局中心控制，是每个 Agent 对系统和组织的局部控制，其具有较强的分布性。

第二，MAS 具有开放性。MAS 的开放性表现在每个个体的 Agent 之间都有关联关系，但也能随时加入和退出。

第三，MAS 具有动态性。个体的变化可导致 MAS 的变化。每个个体都可以随着环境自行产生相应的变化，而不受其他个体行为的影响随时调整。

(3) 多组织元系统 (MAS) 的结构。

第一种是 Agent 网络。每个 Agent 之间的通信都是相互关联的，每个个体都知道该有的信息，信息中包括与哪些 Agent 合作以及应该具备什么样的能力等。

第二种是 Agent 联盟。Agent 联盟采取的是不同的距离相近的 Agent 通过一个协助者来帮助的工作方式。这种方式的工作方法与 Agent 网络的不同之处在于，联盟中远程的 Agent 通过局部的 Agent 协作者进行交互和信息发送。

第三种是黑板结构。所谓黑板结构是指把信息进行共享，它与 Agent 联盟的相似之处也在这个方面。

(4) MAS 系统应用到农合组织营销渠道的可行性和必要性。与传统的设计方法不同的是，农合组织营销渠道是一个复杂的柔性系统，它采用动态的方式改变了传统的渠道设计。对于农产品营销渠道的模型设计和控制上的方法和对策，国内外的学者运用组织理论提出了很多建议，但都存在不同程度的缺陷和不足。由于 MAS 会反映出很多数学模型无法解决的问题，这就需要采取智能的管理理念来解决个体之间的利益特征。鉴于农合组织营销渠道与 MAS 之间存在许多相似之处，本书认为 MAS 是支持农合组织营销渠道管理与运作的一种有效的理论与方法，将 MAS 系统应用到农合组织营销渠道，主要是基于以下这几方面的考虑。

首先，渠道成员可以抽象为自主 Agent。不同的渠道成员可以作为单独的一类个体，渠道成员之间存在着一种动态的相互依赖关系。每个渠道成员都要根据自己的实际情况来制定决策，通过衡量现在的环境判断自身的经营策略和组织结构。成员之间通过信息交换更好地适应现在的环境，配合外界环境的变化和发展。渠道成员的特征与 Agent 特别相似，每个单个成员类似于一个 Agent。

其次，实现农合组织营销渠道的快速重构。农合组织营销渠道需要顺应市场的变化而快速重构，成员可以随着市场的需求进入或者退出任何的营销渠道。正如 Agent 可以根据外部环境进入或者退出 MAS 系统，这样能够保证系统具有高效的重构性。

最后，满足农合组织营销渠道快速响应市场变化。MAS 能够根据不同事件性质来进行差别处理，不同的农合组织营销渠道能够应对不同的突发情况。农合组织营销渠道可以通过提高管理效率来处理该类型的日常事务，达到渠道智能化的管理方式。

二、引入组织元模型的农合组织营销渠道系统

1. 农合组织营销渠道系统的组织元界定及特征。

（1）农合组织营销渠道系统的组织元界定。

根据伯特·罗森布洛姆《营销渠道：管理的视野》一书对营销渠道的定义：营销渠道是为实现分销目标而受管理调控的外部关联组织。本书把商品自生产至销售终端之间的企业和团体称为关联组织。营销渠道的成员由于所履行的某种职能不涉及谈判，所以不在这个范围之内。因此，本章所研究的渠道成员主要包括农户、农合组织、公司和中间商。

就西部地区的农合组织营销渠道而言，农户、农合组织、公司（主要指加工公司）及中间商的具体职责和作用如下。

第一，农户组织元。农户组织元是地位低级的农合组织营销渠道单元，其是我国农业生产的主力军。但是，由于我国二元结构特征，农户组织元不可避免地会存在很多缺点，如组织性极弱、实力较差等。

第二，农合组织组织元。农合组织是同类农产品经营者提供的联合性经济组织。在满足成员自愿民主的基础之上进行互助，可以增加农产品的销售能力和农民收入，这对农业方面具有重要的作用。

第三，加工公司组织元。加工环节的渠道组织元称为“加工公司组织元”，是指从事初级农产品加工的农产品加工公司，它通过对初级农产品进行加工来提高农产品的附加值，通过这种方式不断匹配变化的消费结构，并满足动态变化的消费者需求，这对农产品流通渠道具有重要的作用。

第四，中间商组织元。处于流通环节的渠道组织元称为“中间商组织元”，中间商组织元是在营销渠道中处于一个重要地位的销售组织，包括农产品的营销商、批发商，等等。

（2）农合组织营销渠道系统中农户组织元的特征。

第一，农户是基本的农合组织环节，更是农产品营销渠道的起点。我国农业家庭联产承包责任制的最小经济单位是单个农户，农户是在生产组织中存在的独立体，其他任何农合组织都是在农户的基础上发展来的，因此说农户是基本的农合组织，更是农产品营销渠道的起点。

第二，农户进入农合组织营销渠道系统的组织化程度低。西部地区农户进入市场的组织化程度普遍较低，农户参与合作的比例不高。据农业部的数据统计，截至 2015 年 6 月底，在工商行政管理部门登记的农民专业合作社已达 44.6 万户，实有成员 3570 万户，占全国农户总数的 14.3%，相当于每 7 户农民中就有

1户加入各类合作社。对于地区分布情况来说，我国中部地区出现的最多，比如山东、湖南、陕西等地区，西部出现的最少，比如新疆、青海、宁夏等地区。这是因为很多西部地区的资金不足以形成生产能力导致生产经营规模较小，所以不能进行大批量的营销规模。在农业生产率低的情况下更难以保证生产质量，使农合组织营销渠道组织化程度低，严重制约农合组织营销渠道的优化。

第三，农户在农合组织营销渠道系统的地位低下。改革开放以来，为了满足我国农业产量能够增产，家庭联产承包责任制起到了重要作用。根据前面分析可以发现，家庭联产承包责任制具有重要意义。市场竞争使得供求关系发生巨大变化，单个农户在市场的竞争力也降低了很多。同时，由于农产品易腐烂、变质的特性，使其储存条件较高，从而形成了农产品销售的时间性和季节性较强，造成“买家不急卖家急”的销售特点，更加降低了小农户讨价还价的资本。面对这种情况，农户有两种选择，一是在政府政策的庇护之下继续保持小农户的状态，这样可以增加原来的收益，但随着时间的推移和市场竞争态势的改变，农户的绝对收入虽然提高了，但是相对收入却降低了，且收益的增加会越来越弱；二是小农户联合起来，形成大组织参与市场竞争。通过提高农户在组织中讨价还价的能力以及在渠道协作中关于分配利益的比例，有效地解决了前一种选择所产生的问题（见图4－1）。

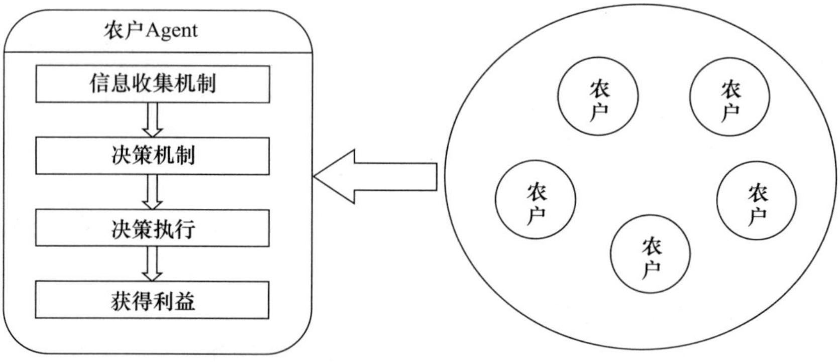

图4－1　营销渠道系统最基本的组织元（农户）特征

（3）农合组织营销渠道系统中公司组织元的特征。

第一，公司是农合组织营销渠道的主导。在有公司（主要指加工企业和销售公司）介入的农合组织营销渠道中，作为组织员之一的加工企业是渠道主导。由于营销渠道对农户各方都没有合理的约束，农户也没有分配到剩余的商业利润，这给农户带来了不少风险。销售方想降低对加工方的购买价格，但是加工方又想压低农产品的收购价，这样导致农民处于非常不利的地位。在受到不公平待遇的情况下，严重打击了生产者的生产积极性，同时影响到加工和销售部门的运营。

第二，公司缺乏强有力的科技支持保障。在公司规模小以及资金不够充沛的情况下，无法对农民提供全方位、多元化的农业服务，这就会使各环节的技术含量下降。农户的生产技术不到位，加上我国在农业经营方面投资不足，就会使营销渠道的成员之间关系疏散。我国农业生产经营发展缓慢，各地方发展水平不均衡，特别是在我国西部地区，资金投入比较少，并且经营水平比较差，因此不能对公司起到保障作用。

（4）农合组织营销渠道系统中中间商组织元的特征。

农合组织在营销渠道上引入了中间商，通过中间商把农产品推向市场。中间商在营销渠道上起到了重要作用，其将农产品在营销渠道中完成了所有权转移。在实际运行中，农产品在生产时会投入很大的劳动力和资本，营销渠道成员往往规模小、层次低、离散性强、联合性差、区域性和信息不公开等因素造成极大的信息不对称，因此，农户在近似完全竞争的市场中，被动地成为市场价格的接受者。通过这种营销渠道，中间商将未经加工、包装的农产品从生产者经众多中间环节流通到消费者。农产品的交易会造成市场秩序的混乱，价格被抬高的同时参与者也会增加，严重损害消费者利益（见图4－2）。以水果流通过程为例：果农（生产者）—产地中间商—市场批发商—零售商（或农贸市场）—终端消费者，经过了多个环节和多重中介主体，水果在市场上的交换利润绝大部分被以追求利润为目的的中间商所掠取，果农往往得不到水果市场交换中的平均利润，甚至还要承受卖不出去的风险，严重挫伤了农民的生产积极性。

图4－2　营销渠道系统中中间商组织元的特征

（5）农合组织在营销渠道系统中的特征。

第一，农合组织在营销渠道系统中占据主体地位。随着市场经济体制改革的不断深入，小农户单独经营已经不能适应日益扩大的市场需求，农合组织加入到营销渠道中来，就是为解决小农户与大市场之间的矛盾。农合组织是农业经营体系的一种形式，是当今农业经营体系中的主体，农合组织在营销渠道系统中起到了举足轻重的作用。农业经营主体包括工商联合体、农合组织等，其中，以农合组织发展最迅速。营销渠道系统中的农民可以选择加入到农合组织中，从而主动适应大市场的需求，并保证利益也不会受损，农合组织对营销渠道中下游公司和中间商的收益和权益划分也起到了主要作用。

第二，农合组织在营销渠道系统中起到了承上启下的连接作用。农合组织在营销渠道系统中主要是将上游农户、下游公司和中间商紧密连接在一起，并起到协调、约束和融合农户、公司及中间商的作用。农合组织负责将有意愿的农户组织在一起，并将农户的权利和义务规定成文，由农合组织来联系营销渠道系统中的公司和中间商，负责将农户种植的农产品销售出去，并保证每一农户的切身利益，同时对中间商和公司也有一定的约束作用，保证农户生产出来的产品有路可销。由此可见，农合组织在营销渠道系统中起到了承上启下、上下连接的重要作用。

2. 农合组织介入营销渠道的 MAS 模型

随着我国农合组织的快速发展及相关促进措施的出台，农合组织已经成为我国西部地区农产品营销渠道中的一个重要的组织元（Agent），对整体的农合组织营销渠道及其他组织元都产生着深远的影响和作用。前文已说明 MAS（Multi - Agent - System）是一种对于复杂问题的解决方法。这种系统性的分析要优于传统的营销渠道的分析方法。因此在分析农合组织对营销渠道作用的过程中，首先建立农合组织营销渠道各组织元构成的 MAS 模型，如图 4 - 3 所示。

MAS 构建中农产品营销渠道系统共包括三大组织元：农户组织元（FAM Agents），农合组织组织元（AO Agents），加工与销售组织元（PM Agents）。MAS 是基于西部地区农合组织营销渠道系统的各种组织元（Agents）组合，Agents 通过彼此的相互联系能够形成具有功能性的单元，通过 Agents 系统功能的整合，从而更深入研究复杂的组织任务协调运作机理。

农户组织元（FAM Agents）内部拥有多个农户（$Agent_1$，$Agent_2$，…，$Agent_n$），并呈现出分散无组织的状态，在西部地区尤其呈现出规模小、实力弱、资源有限、生产技术含量低、风险承担能力弱等特点。多个农户 $Agent_1$，$Agent_2$，…，$Agent_n$ 之间存在行业结合的特点和相应的信息沟通。

农合组织组织元（AO Agents）呈现出典型的同类产品和行业的特点，形成的主导产业和特色产品开展专业性生产经营活动。农户组织元与农合组织组织元存在着自愿契约关系，包括对农户组织元进行组织生产、信息传达、渠道管理，对农户组织元的生产提供相应的原材料或资金。

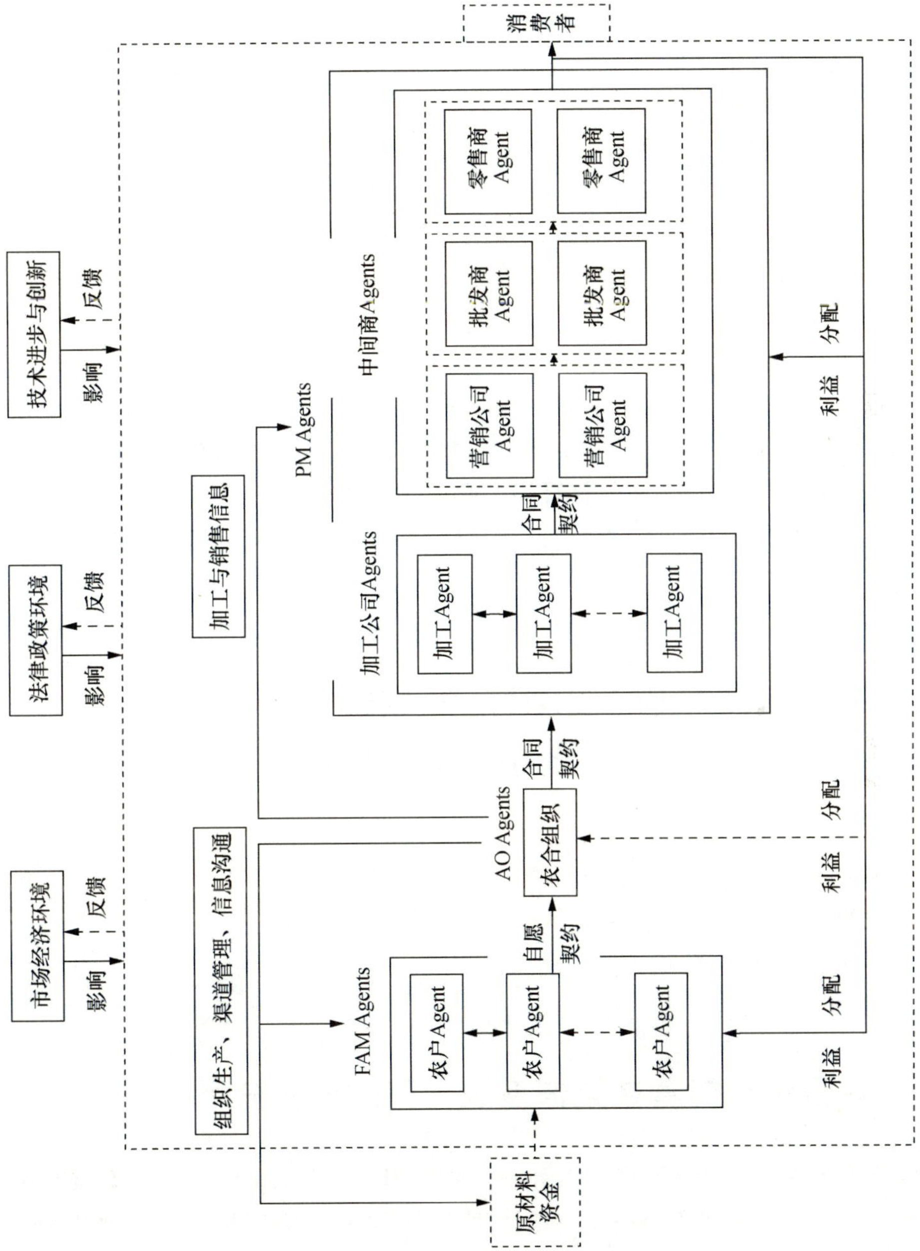

图 4-3　农合组织营销渠道系统的 MAS 模型

加工公司与中间商组织元（PM Agents）包括两个部分，加工公司组织元和销售商组织元。加工公司组织元也包括多个加工公司（$Agent_1$，$Agent_2$，…，$Agent_n$），加工公司组织元对农合组织提供的初级农产品进行加工处理，加工公司组织元之间存在竞争关系，与农合组织组织元之间是合同契约关系，即农产品的加工契约关系。中间商组织元包括多个农产品营销企业组织元、农产品批发商组织元、零售商组织元，这些组织元是并存关系或不是并存关系。中间商组织元之间与农合组织组织元之间存在合同契约关系，即农产品的销售契约关系。因为加工公司组织元部分并不是一定存在的组织元部分，即有时农合组织组织元与中间商组织元之间直接产生合同契约关系而不需要加工，所以可以将加工公司组织元和中间商组织元合在一起作为加工与中间商组织元进行分析。

农户组织元、农合组织组织元、加工公司与中间商组织元是整个 MAS 系统的利益分配点，农户组织元、农合组织组织元、加工公司与中间商组织元之间依靠自愿契约或合同契约的形式形成一个利益共同体。同时，整个农合组织营销渠道 MAS 系统还会受到包括市场经济环境、政策法律环境、技术进步环境的影响，对相关环境的变化做出相应的调整，又将这样的调整信息反馈给外部环境，促使外部环境决策的调整。

第二节　基于组织元模型的农合组织对营销渠道的作用推理

农合组织是西部地区营销渠道系统中一个重要的组织元，为了进一步分析和明确农合组织在西部地区营销系统中的地位和作用，本书在 MAS 模型分析的基础上，采用博弈的方法进行推理，并且针对农合组织对营销渠道的作用进行仿真。

一、农合组织对营销渠道系统作用的博弈分析

构建完全静态信息博弈矩阵，首先证明农合组织 AO Agents 在营销渠道存在的必然性，其次在此基础上进行两阶段博弈，第一阶段的博弈是农户 FAM Agents 与农合组织 AO Agents 双方的博弈，第二阶段的博弈是农合组织 AO Agents、公司与中间商 PM Agents 双方的博弈。

1. 农合组织 AO Agents 在营销渠道系统存在的必然性

（1）模型假设。

1）农户 $Agent_1$、农户 $Agent_2$ 分别用 1、2 来表示，且作为农户组织元的代表；

2）农户 $Agent_1$、农户 $Agent_2$ 均为理性人；

3）农户种植同类、同质农产品，且种植成本相同；

4）x_1、x_2 分别为农户 $Agent_1$、农户 $Agent_2$ 种植的此类农产品的产量，x 为农产品的总量，即 $x = x_1 + x_2$；

5）p 为农产品价格；

6）c_0 为农户 Agent 种植此类农产品单位产量的成本，则每位农户种植此作物的总成本 $C(x_i) = c_0 \times x_i$，$i = 1, 2$；

7）设价格 p 是产量 x 的函数 $p = p(x)$。由于市场经济调节，若产量 x 增加，则价格 p 降低，即价格 P 是产量 x 的减函数。现假设 p 是 x 的一元线性减函数，$p = p(x) = -ax + b$，$(a > 0, b > 0)$；

8）农户的收益为 U_i。

（2）两农户 FAM Agents 独立决策情况下的分析。此博弈的博弈方为农户 $Agent_1$、农户 $Agent_2$，两博弈方的策略空间是双方种植该种农产品的产量，农户通过使预期收益最大来决定各自产量。两博弈方得益分别是两农户各自的利润。

根据假设，农户 $Agent_1$、农户 $Agent_2$ 收益分别如下：

$$\begin{aligned} u_1 &= p\,x_1 - c_0 x_1 \\ &= (-a\,x + b)\,x_1 - c_0 x_1 \\ &= [-a(x_1 + x_2) + b]\,x_1 - c_0 x_1 \\ &= -ax_1^2 + (b - ax_2 - c_0)\,x_1 \end{aligned} \tag{1}$$

$$\begin{aligned} u_2 &= p\,x_2 - c_0 x_2 \\ &= (-a\,x + b)\,x_2 - c_0 x_2 \\ &= [-a(x_1 + x_2) + b]\,x_2 - c_0 x_2 \\ &= -ax_2^2 + (b - ax_1 - c_0)\,x_2 \end{aligned} \tag{2}$$

两农户 Agents 的收益都取决于双方的策略。只要寻求到两博弈方的一个策略组合 (x_1^*, x_2^*)，满足其中的 x_1^* 和 x_2^* 相互是对于对方的最佳策略，即可找到此博弈的纳什均衡。故假设策略组合 (x_1^*, x_2^*) 是本博弈的纳什均衡，则 (x_1^*, x_2^*) 一定是下式最大值问题的解：

$$\begin{cases} \max_{x_1}[-ax_1^2 + (b - ax_2^* - c_0)x_1] \\ \max_{x_2}[-ax_2^2 + (b - ax_1^* - c_0)x_2] \end{cases}$$

根据最大值求解规则可得：

$$x_1^* = x_2^* = \frac{b - c_0}{3a}$$

因此，策略组合 $\left(\frac{b - c_0}{3a}, \frac{b - c_0}{3a}\right)$ 是本博弈的唯一纳什均衡，即本博弈的结果。

根据上述结果可得，农户在独立生产时，为获得最大收益，各农户选择的产量为：

$$x_i^* = \frac{b - c_0}{3a};$$

农产品价格为：

$$p = -ax_i^* + b = \frac{2b + c_0}{3}$$

各农户的收益为：

$$u_i = px_i^* - c_0x_i^* = \frac{(b - c_0)^*}{9a} \tag{3}$$

（3）农合组织 AO Agents 加入后的分析。当成立农合组织后，农合组织 AO Agents 从农户总利益最大化出发进行统一决策。

若要实现成立农合组织之前的最大的总产量 x，则总收益为：

$$u = px - c_0x = -ax^2 + (b - c_0)x$$

根据最大值求解获得最大收益，最大总产量为：

$$x^* = \frac{b - c_0}{2a}$$

则在农合组织 AO Agent 统一决策情况下，农产品价格为：

$$p = -ax^* + b = \frac{b + c_0}{2}$$

假设农户平均生产总产量的一半，在农合组织统一决策情况下，农户各自的收益为：

$$u_i = \frac{u}{2} = \frac{1}{2}(px^* - c_0x^*) = \frac{(b - c_0)^2}{8a} \tag{4}$$

综上所述，当农户独立决策时，农户收益为 $\frac{(b - c_0)^2}{9a}$；在农合组织加入后，经过统一决策，农户收益为 $\frac{(b - c_0)^2}{8a}$；因此农户加入农合组织 AO Agent 后，收益提高了$\frac{(b-c_0)^2}{8a}-\frac{(b-c_0)^2}{9a}=\frac{(b-c_0)^2}{72a}$。在此博弈中，忽略了农户加入农合组织 AO Agent 所需要缴纳的会费 C_h，只有当 $C_h<\frac{(b-c_0)^2}{72a}$时，农户才能真正的获得收益。

根据以上博弈分析可以看到，农户为了提高收益，必然会选择加入农合组织，因此农合组织 AO Agent 的在营销渠道系统中的存在具有其必然性。

2. 农户 FAM Agents、农合组织 AO Agents、公司与中间商 PM Agents 三方的博弈

在上一证明过程中，证明了农户 FAM Agents 在加入农合组织 AO Agents 后提高收益，而农户在实际生产过程中需要给农合组织缴纳一定数量的会费 C_h。在此过程中农户 Agent 与农合组织 AO Agents 之间形成了一个合作关系，农合组织是农户的必然选择。在这一部分我们将证明农户 FAM Agents、农合组织 AO Agents、公司与中间商 PM Agents 三方如何博弈达到均衡，并且三个组织元如何保证这种合作关系正常地进行。

（1）假设。

1）所有参与 Agents 都是完全理性的，追求自身利益最大化，并在对所有其他 Agents（对手）的特征、战略和支付函数有精确了解的情况下做出决策。

2）假设生产过程中各环节的成本为 C_i，分别定义为：

➢ C_1为农户生产成本；

➢ C_h为农户会费及其他成本；

➢ C_{z1}为农合组织在与农户交易过程的成本；

➢ C_{z2}为农合组织在与公司交易过程的成本；

➢ C_g为公司的组织成本。

3）假设收益函数为 R，分别定义为：

➢ 农户在与农合组织博弈时，农户守约时的收益函数为 R_1；

➢ 农户在与农合组织博弈时，农户违约时的收益函数为 R_2；

➢ 农合组织在与公司博弈时，农合组织守约时的收益为 R_3；

➢ 农合组织在与公司博弈时，农合组织违约时的收益为 R_4。

4）D_i（$i=1,2$）为违约罚金：

➢ D_1 为农户与农合组织间的违约罚金；

➢ D_2 为农合组织与公司间的违约罚金。

5）博弈中的其他约定：

➢ H 为农合组织会费收入；

➢ T 为农民获得的服务收益和返还给农民的利润；

➢ V 为农合组织在组织农户生产、统购统销、质量检查等活动中、为公司节省的交易成本。

（2）农户 FAM Agents 与农合组织 AO Agents 决策博弈。根据上一次博弈可知，守约时的收益函数 R_1 即为在上一次博弈中农户加入农合组织后的收益；违约时的收益函数 R_2 即为上一次博弈中农户未加入农合组织时的收益；而上一博弈的结果是农户加入农合组织后的收益必然大于未加入农合组织的收益，即 $R_1 > R_2$ 必然成立。

下面对农户与农合组织合作过程的收支情况做如下分析：

1）在农户守约、农合组织守约情况下：

➢ 农户支付函数为 $R_1 + T - C_1$；

➢ 农合组织支付函数为 $H - T - C_{Z1}$。

2）在农户守约、农合组织违约情况下：

➢ 农户支付函数为 $R_1 + T - C_1 + D_1$；

➢ 农合组织支付函数为 $H - T - D_1 - D_2 - C_{Z1}$。

3）在农户违约、农合组织守约情况下：

➢ 农户支付函数为 $R_2 + T - C_1 - D_1$；

➢ 农合组织支付函数为 $H - T + D_1 - C_{Z1}$。

4）在农户违约、农合组织违约情况下：

➢ 农户支付函数为 $R_2 + T - C_1$；

➢ 农合组织支付函数为 $H - T + D_2 - C_{Z1}$。

根据上述分析，可得支付矩阵如下：

		农合组织	
		守约	违约
农户	守约	$R_1 + T - C_1$，$H - T - C_{Z1}$	$R_1 + T - C_1 + D_1$，$H - T - D_1 - D_2 - C_{Z1}$
	违约	$R_2 + T - C_1 - D_1$，$H - T + D_1 - C_{Z1}$	$R_2 + T - C_1$，$H - T + D_2 - C_{Z1}$

图 4-4　农户—农合组织支付矩阵

在图 4-4 矩阵中，由于 $R_1 > R_2$，必然存在 $R_1 > R_2 - D_1$ 或 $R_1 + D_1 > R_2$，此时农户选择违约策略是严格的下策。也就是说，无论农合组织选择何种策略。农户一定会选择守约策略；农户选择守约时，组织也必选择守约策略。因此双方守约策略为占优策略，从而实现了纳什均衡。

由以上分析可以看出农户 FAM Agents 与农合组织 AO Agents 在营销渠道系统中博弈结果是农户 FAM Agents 与农合组织 AO Agents 选择守约，二者在营销渠道系统中具有稳定的合作关系。

（3）农合组织 AO Agents 与公司与中间商 PM Agents 决策博弈。

1）在农合组织守约、公司守约情况下：

➢ 农合组织支付函数为 $R_3 - C_{Z2}$；

➢ 公司支付函数为 $V - C_g$。

2）在农合组织守约、公司违约情况下：

➢ 农合组织支付函数为 $R_3 + D_2 - C_{Z2}$；

➢ 公司支付函数为 $-D_2 - V - C_g$。

3）在农合组织违约、公司守约情况下：

➢ 农合组织支付函数为 $R_4 - D_2 - C_{Z2}$；

➢ 公司支付函数为 $D_2 - V - C_g$。

4）在农合组织违约、公司违约情况下：

➢ 农合组织支付函数为 $R_4 - C_{Z2}$；

➢ 公司支付函数为 $-V - C_g$。

根据上述分析，可得支付矩阵如下：

		公司	
		守约	违约
农合组织	守约	$R_3 - C_{Z2}$，$V - C_g$	$R_3 + D_2 - C_{Z2}$，$-D_2 - V - C_g$
	违约	$R_4 - D_2 - C_{Z2}$，$D_2 - V - C_g$	$R_4 - C_{Z2}$，$-V - C_g$

图 4－5　农合组织—公司支付矩阵

在图 4－5 矩阵中，农合组织需要通过与公司合作才能获得收益，即必然存在 $R_3 > R_4$，则在此博弈中，无论公司选择守约或违约，合作组织均会选择守约为其占优策略；无论农民专业合作经济组织选择守约或违约，公司也都将选择守约作为其占优策略。

由以上分析可以看出农合组织 AO Agents 与公司与中间商 PM Agents 在营销渠道系统中博弈结果是农合组织 AO Agents 与公司与中间商 PM Agents 选择守约，即二者在营销渠道系统中具有稳定的合作关系。

二、农合组织对营销渠道作用的仿真检验

从以上的博弈分析中可以看出，农合组织是农民提高效益的必然选择，并且农合组织在营销渠道系统中与农户、加工公司和中间商都会形成稳定的合作关系。下面设立模型运用仿真分析软件 MATLAB7. 11 分析农合组织对营销渠道的作用表现进行仿真。

1. 农合组织对营销渠道作用的模型参数设置

根据前面假设价格 p 是产量 x 的函数 $p=p(x)$，若产量 x 增加，则价格 p 降低，即价格 p 是产量 x 的减函数，并假设 p 是 x 的一元线性减函数，$p=p(x)=-ax+b$，c_0 为农户农产品单位产量的成本，其中 $a\in(0,\infty)$，$b\in(0,\infty)$，$c\in(0,\infty)$，因此，当 a，b，c 取满足前面两个条件的值时代表任意农产品。根据模型分别设定 $a=0.2$，$b=7$，$c_0=5$；$a=0.4$，$b=9$，$c_0=7$；$a=0.9$，$b=20$，$c_0=25$ 三种设定参数进行仿真。

2. 农合组织对营销渠道作用规律的仿真结果及分析

根据以上三种参数的设定，对农合组织对营销渠道的作用进行仿真，仿真结果如图 4－6 至图 4－8 所示。

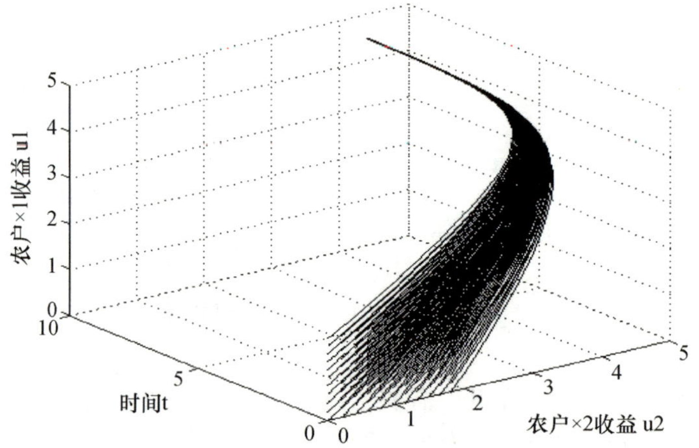

图 4－6　$a=0.2$，$b=7$，$c_0=5$ 仿真图形

根据前面博弈和仿真结果可以看出，无论 a、b、c 取任意大于零的值，即代表任意行业、任意农产品、任意时间点的收益是收敛于某一固定值，此时，表示

农户在加入农合组织后，博弈达到收益最大值，也就是说，实现营销渠道整体利益和农产品价值最大化。

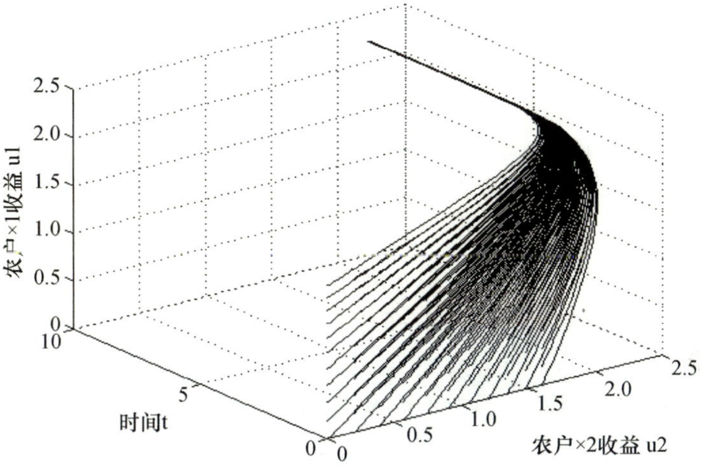

图 4-7　a=0.4，b=9，c_0=7 仿真图形

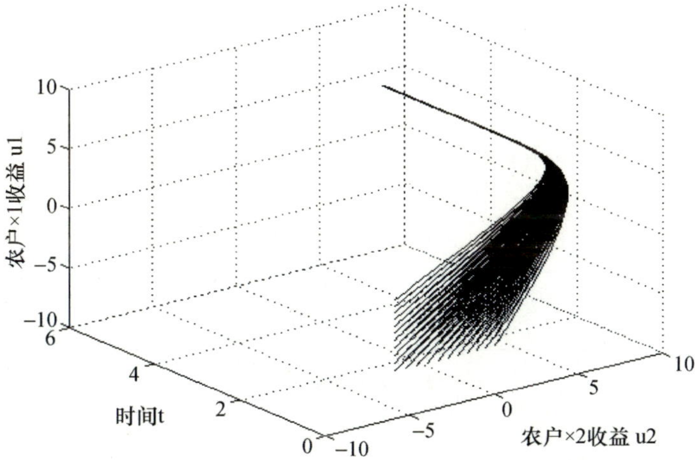

图 4-8　a=0.9，b=20，c_0=25 仿真图形

第三节　基于营销渠道力提升的农合组织营销渠道系统作用机制

按制度经济学的观点，机制也称为制度机制，通过制度系统各要素的相互作用实现功能。也就是说，机制是制度功能的体现，合理的制度构建有效的机制。在整个农合组织营销渠道系统中，农合组织组织元与渠道系统内其他组织元间存在相互的作用机制（包括沟通机制、激励机制、合作机制、信任机制和控制机制）；同时，其与外部宏观环境也存在相互的作用机制（包括市场机制、技术机制和政治法律机制），从而使整个农合组织营销渠道系统在有效、顺畅的运行中实现渠道力的提升。具体运行如图 4 –9 所示。

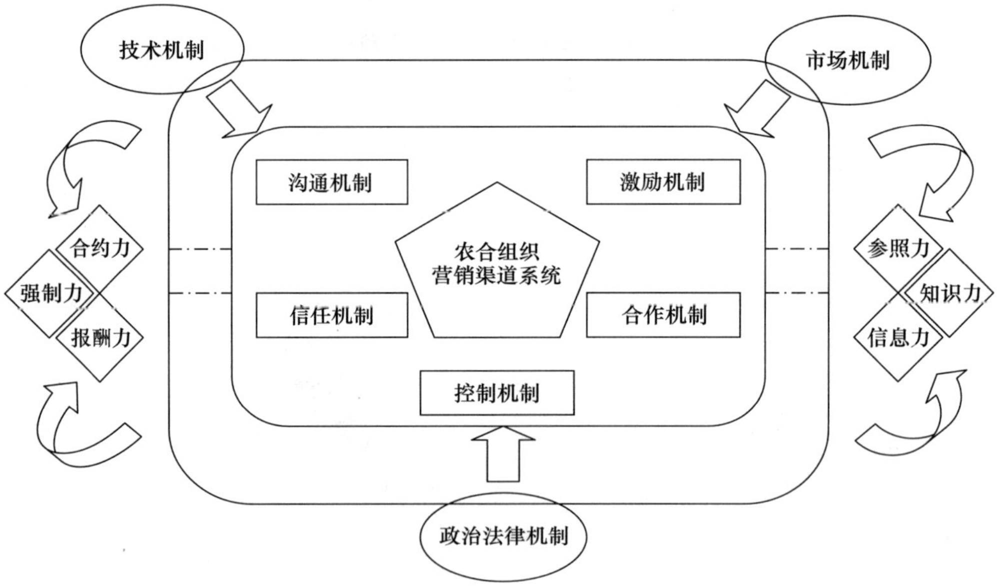

图 4 –9　基于营销渠道力提升的农合组织营销渠道系统作用机制

一、农合组织与渠道内其他组织元间的作用机制

农合组织组织元作为农合组织营销渠道系统中的重要环节，不仅联系渠道上

游的农户，也联系下游的公司与中间商组织元。其作为重要的连接节点，通过沟通机制、激励机制、合作机制、信任机制和控制机制实现组织元系统内部的运行。

1. 农合组织与渠道内其他组织元间的沟通机制

农合组织与农合组织营销渠道系统中其他组织元之间能顺畅沟通是渠道系统高效运行的条件之一。

（1）沟通机制。沟通是指沟通主体对有价值的信息实现及时共享。在农合组织营销渠道系统中，沟通主要是指三个组织元两两之间的沟通，一是农合组织组织元和农户组织元的沟通，二是农合组织组织元和公司与中间商组织元的沟通。组织元间的沟通分为正式沟通和非正式沟通，正式的沟通方式是那些被组织元认为是常规化和结构化的沟通，比较规范、严谨；非正式的沟通更加个性化、是自发的和无规则的，使用情况较为广泛。沟通的频率和质量对实现渠道成员组织元间的目标有重要作用，经常沟通有助于解决争议和达成渠道组织元间的一致意见。有效沟通机制可以使位于渠道中间环节的农合组织准确把握渠道系统中其他组织元的市场信息，提升渠道力。

（2）沟通机制的作用模式。

第一，农合组织与农户的沟通。农户组织元是农合组织营销渠道系统的起点，西部地区农合组织营销渠道中农户组织元较为普遍地存在两个致命的营销缺陷：一是营销意识薄弱，不善于利用各种传播媒介进行信息发布以销售其产品；二是农村信息传播基础设施不完善，传播手段落后，阻碍了农产品信息向更广范围传播。以上两方面缺陷导致两个结果，其一，造成农产品的供应市场与消费市场信息分割状态。这种分割状态使农产品的市场范围十分有限，致使我国西部不同地区的广大农村长期存在农产品滞销的现象。其二，沟通不充分造成农产品销售冲突。因沟通机制不健全，使我国西部不同地区同一农作物的种植、采购与销售等方面发生冲突，使农户组织元常出现“丰产难丰收”的情况。

农合组织的建立，使位于农合组织营销渠道系统最前端的农户有效地组织起来，通过农合组织组织元与下游企业谈判、交易，有效地提升了农户的话语权，使农户组织元充分表达需求，与农合组织经常沟通市场信息，有助于农户降低市场信息收集费用、价格搜寻费用、购买服务费用和交易谈判费用等交易费用，了解更多的消费需求，使农产品的种植更有针对性，降低了农户生产和销售的风险，对保障农户的利益意义十分重大。

第二，农合组织与公司和中间商的沟通。由于西部地区农户的市场能力相对较弱，市场的自我建设水平十分有限，农合组织在农产品渠道中的地位尤为重要，成为不可或缺的环节。在这一环节的沟通中，因农合组织拥有卖方信息，公司和中间商只与农合组织进行沟通即可，农合组织负责组织农户进行供应，因此合作组织在此充当了公司和中间商的代理人。对公司与中间商组织元来说，与农合组织的沟通与合作，一是节省交易费用，公司与中间商组织元通过合作组织对农户进行指导监督，并可直接与农户进行规模交易，传递市场信息，节省了监督管理成本和交易成本；二是降低公司和中间商组织元的经营风险，公司和中间商组织元通过与农合组织签订的合约，可获得稳定的农产品来源，保证其原料品质，降低企业经营风险。具体沟通机制如图 4－10 所示。

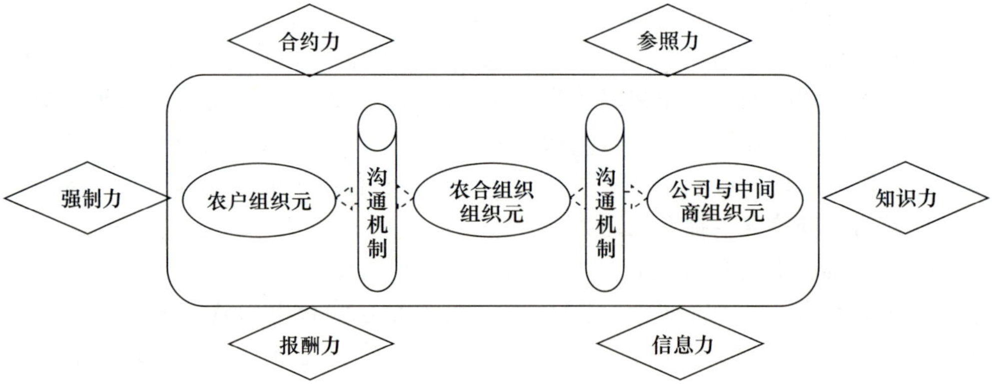

图 4－10　农合组织与渠道内其他组织元间的沟通机制

【案例】

南达核桃产销专业合作社——沟通产销、做大产业

云南省玉溪市新平县水塘镇南达村有 758 户农户、3076 人，全村种植核桃 12153 亩，常年干核桃产量 80 吨，占水塘全镇的 30%。2009 年，南达村抓住国家实施林权制度改革契机，依托统分结合的双层经营体制，在市县有关部门的指导下，由邓层龙等发起成立了新平南达核桃产销专业合作社，成立时有成员 85 户。成立后，合作社统一标准，打造品牌，有效沟通产销，成为联系农户与中间商和公司的桥梁和纽带。为防止核桃不成熟采收，盲目上市，改变长期集中上市压级压价情况发生，合作社通过沟通引导，每年结合不同区域核桃成熟时间的差异，科学统一安排采收。在维护和提高“南达核桃”知名度上，合作社注册了“南达核桃”商标，统一包装，统一加工分级，获得了良好的效益。通过几年的努力，合作社现有成员 210 户，辐射带动 6 个村 1000 多户农户致富，已建成青

核桃收购产地、烘烤房等，每年核桃上市期间，合作社组织人员向农户收购大量青核桃，并在当地吸收劳动力进入烘烤厂手工剥壳，实现了当地劳动力就近就地转移。合作社也把小核桃做成了名副其实的大产业①。

总之，我国西部农合组织营销渠道系统是在农耕环境中衍生发展而来的，因而良好的沟通对我国西部农合组织营销渠道成员间良性关系的形成与维持起着非常重要的作用，农合组织组织员充当了这一沟通的媒介，并被渠道系统中其他组织元所接受，与其他组织元产生相互依赖支持与合作的关系，大大提高了营销渠道力，尤其是报酬力和信息力，实现了多赢以及良性互动。

2. 农合组织与渠道内其他组织元间的激励机制

（1）激励机制。按行为科学的观点，人的行为是一系列连续的心智过程，是在某种动机的驱动下为实现某一目标的活动过程。因此，行为由动机支配。动机是引起行为、维持该行为并将此行为导向某一个目标或需要的过程。按经济人假设，动机由内在需要和外在刺激共同作用产生。内在需要是动机产生的根本条件，外在刺激是通过内在需要而引起作用的环境条件。一个人可能同时有许多需要和动机，但是人的行为总是由最强烈的需要和动机引发和决定的。因此，可以通过激励的推动力使人产生组织所期望的行为，根据人的需要设置某些目标，并通过目标导向使人出现有利于组织目标的优势动机，并按照组织所需要的方式行动。也就是说，激励通过对人的动机的激发、强化、改造、改进人的行为，为实现目标服务。激励对行为的影响如图 4－11 所示。

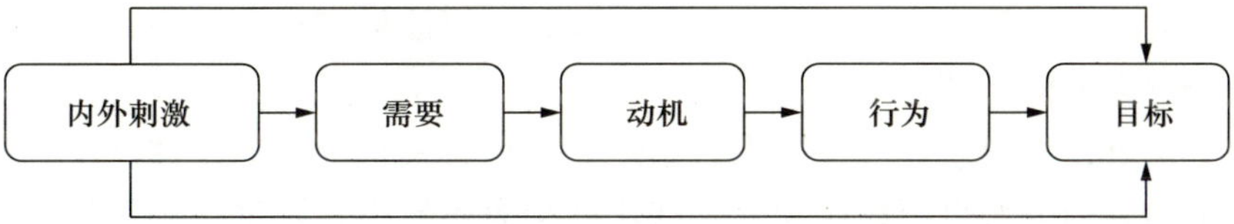

图 4－11　激励对行为的影响

激励机制是在组织系统中，激励主体系统运用多种激励手段并使之规范化和相对固定化，而与激励客体相互作用、相互制约的结构、方式、关系及演变规律的总和。激励机制是组织将远大理想转化为具体事实的连接手段。激励机制包括

① 中国农民合作社网：http：//www. jgs. moa. gov. cn/cfc/dcyj/alfx/201505/t20150507_ 4583437. shtml.

隐形机制和显性机制两种，其方式包括精神激励、薪酬激励、荣誉激励、工作激励等。农合组织营销渠道系统的激励机制如图 4－12 所示。

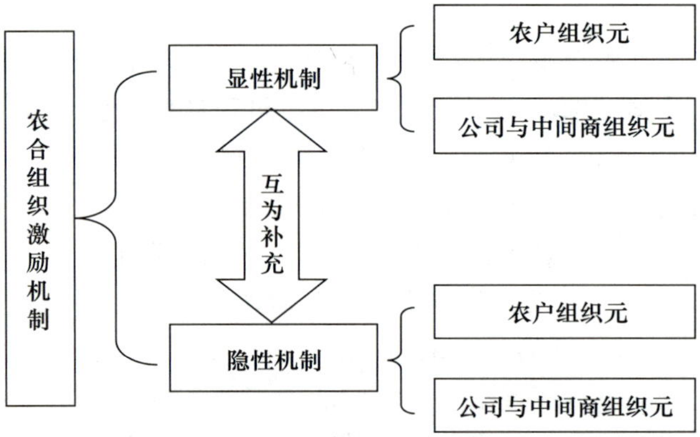

图 4－12　农合组织营销渠道系统的激励机制

（2）激励机制的作用模式。

第一，农合组织对农户组织元的激励。根据激励理论，农户组织元的需要是对其经济行为发生作用的主要心理动力因素，它衍生出农户组织元实施经济行为的心理动机，进而启动农户组织元的经济行为。马斯洛认为人有五种基本需要：生理需要、安全需要、社会需要、尊重需要和自我实现需要。当前，我国西部农户需求层次是多方面，且各层次需求同时存在。追求经济利益，满足经营安全、规避、分散经营风险和变幻莫测的市场风险，尽可能地实现自身利益最大化是大多数农户行为的最主要需要。

一般来讲，农户组建和参与农合组织是一种自发行为，但往往离不开其他组织元的影响。因为农合组织组织元存在于社会大系统中，其生存和发展与外界有千丝万缕的联系，而农户组织元作为农合组织营销渠道系统中的行为个体，其行为除却考虑集体利益，更重要的是衡量个人利益的得失。对农合组织中的农户而言，激励机制的构建所带来的收益至少不低于原有的收益。农合组织创立的初衷就是提高弱势农户分享渠道系统利润的机会和能力，改变分散的小农户独立面对大市场孤立无助的局面。当农户组织元增加自我收益的内在需要引发农户产生参与农合组织的需求时，外在激励的重要性凸显出来，农合组织给予适当的物质激励与外在刺激，农合组织对农户的激励能力便充分显现出来。

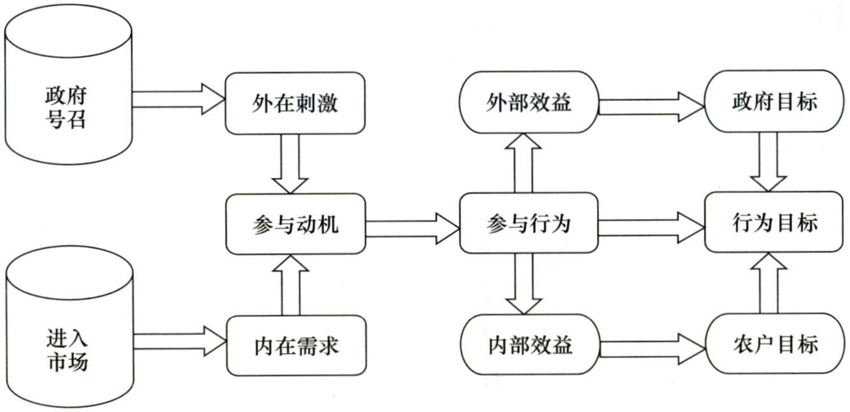

图 4－13　农户参与农合组织行为激励

第二，农合组织对公司和中间商组织元的激励。在广大西部地区，多数农户经营者都是一家一户独立经营的模式，市场信息与市场主体一样分散，渠道系统中的公司和中间商容易获得个别农户的信息，却难以获取市场整体信息，与市场对接困难。现实市场上迫切需要一个桥梁与纽带来联系农户与公司或中间商，农合组织承担了这一角色。它一方面拥有农户的信息，连接着供给；另一方面联系着求购者，按照公司和中间商组织元的订单，统一安排农户的生产并实施统一收购，再将产品销售给公司和中间商，能与公司和中间商组织元形成相对稳定的订单供应关系，能够帮助公司和中间商实现降低交易成本、降低市场风险的目的，是对公司和中间商组织元物质和精神的双重激励。具体激励机制如图 4－14 所示。

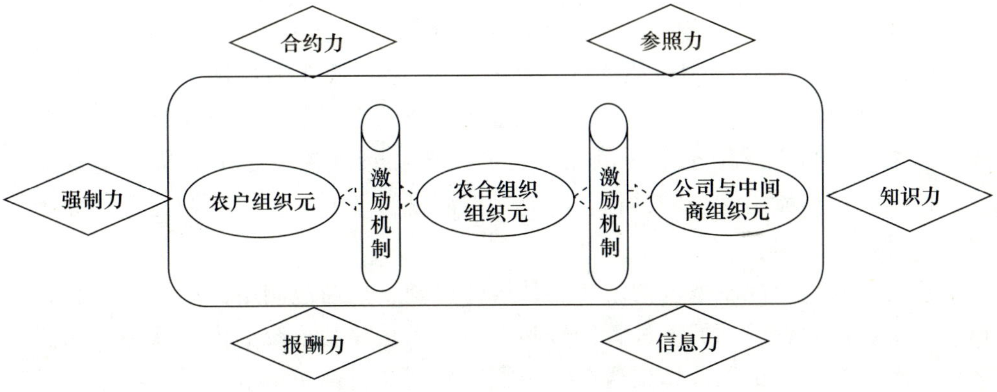

图 4－14　农合组织与渠道内其他组织元间的激励机制

【案例】

迦南种植专业合作社的农超对接——稳渠道保利益

内蒙古自治区武川县迦南种植专业合作社是中国农民合作社信息网的钻石会员，理事长张成忠同一般的合作社理事长不一样，他不会在家坐等商贩上门。而是充分利用现代社会的网络信息平台，直接与超市对接，并且自己主动到北京、上海等大城市寻找销路。所以，当武川土豆集中上市时，张成忠倒也不着急，因为他与华冠、沃尔玛、家乐福等超市早就签下了合约。如华冠超市的采购商按约定合同以每斤8~9毛钱收购武川土豆。而为加入农合的农户按当地市场价出售的土豆，销售价格最多5毛钱左右。迦南种植专业合作社与华冠超市的成功对接一方面保证了1200万斤土豆的销售和价格，另一方面也让当地农户看到了加入农合组织的巨大利益。

通过农合组织的牵线搭桥，武川土豆的"农超对接"成为现实，从此为武川土豆销售找到了新的营销渠道，因为有了第一次成功的经验，随后迦南种植专业合作社牵头还与其他几家超市顺利实现了合作，给农合组织带来了效益，同时也给加入农合的农户上了一堂生动的示范课①。

总之，激励机制在农合组织营销渠道系统中发挥着重要作用，增加了渠道系统内各组织元行为的可预见性，农户组织元在渠道系统中获得更多物质利益和精神荣誉可促使其为渠道系统多做贡献，并且缘于部分农户的示范效应，其他农户也积极参与到渠道系统中，这大大提高了农合组织营销渠道系统的渠道力，尤其是渠道的报酬力和参照力。

3. 农合组织组织元与渠道内其他组织元间的控制机制

（1）控制机制。控制是指控制主体按照给定的条件和目标，对控制客体施加影响的过程和行为。控制一词，最初运用于技术工程系统。自从维纳的控制论问世以来，控制广泛用于生命机体、人类社会和管理系统之中。从一定意义上说，控制的过程就是管理的过程。因此，控制是管理的一项重要职能，贯穿于管理的全过程。

控制机制是指控制系统的结构及其运行机理，指通过制定控制制度和有关规章，约束被控制者活动的一种管理机制。本质上是控制系统的内在联系、功能及运行原理。在农合组织营销渠道系统中渠道控制的目标是争取渠道系统组织元间

---

① 中国农民合作社网：http://www.jgs.moa.gov.cn/cfc/dcyj/alfx/.

的合作与支持，并使农合组织在渠道中拥有主动权。庄贵军（2004）指出，渠道控制更多地是建立在平等原则上的沟通或影响，而不是建立在层级制度上的命令或指挥。因此，农合组织对渠道系统组织元行为进行控制，应更多地通过建议与信息交换策略实现。

（2）控制机制的作用模式。第一，农合组织组织元对农户组织元的控制。对西部地区的农合组织来说，农户在组织成立时没有制定较为规范的规章制度和提出组织要求，也没有更多的政府保障机制，双方在合作时也未建立明确的利益分享机制，实际运行中农合组织营销渠道系统中农合组织与农户双方时常会出现各种各样的摩擦和矛盾，从而使农合组织不能完全实现预期的目标。因此需要对农户进行适当控制，如农合组织会根据与加工企业或流通企业签订的合同，组织农户进行种植或养殖，并按照合同要求监督农户实施相应的生产。因此在一定程度上，农合组织控制农户的生产过程。另外，在流通环节农户遇到短期诱惑时，就会表现出违约的倾向，“有利则合，无利则散”也是农合组织经常面对的现实，而农合组织一旦发现农户有违约的倾向，需要对其进行控制并正确引导，如通过签订合作协议、订立约束制度和规则、进行沟通等，增加农户背叛的成本，使背叛受到处罚，甚至背叛会让农户失去成功的机会和环境，从而避免背叛，选择忠于合作的行为。通常，合作组织对农户建立了较为完善的个人资料，详细收集农户在农产品供应过程中的各种信息，并签订相关合作协议，农户如果出现违约行为，不仅影响自身的信誉，也会丧失农合组织的各种优惠支持。西部地区农合组织渠道系统控制机制的设计通常包含以下几点：一是对明显的机会主义者农户，或者是“搭便车”的农户，对其获利比例和金额进行相应的规定和限制。二是对于退出农合组织又加入农合组织者，规定降低一定年限的利益分配比例，期限过后农户分配利益比例再回归正常水平，以此控制农户随意改变合作行为的习惯。三是对于后加入农合组织的农户，对先加入农合组织成员形成的组织积累的分配参与度做出一定年限不参与的限定，或者降低相应的分配比例。

第二，农合组织组织元对公司和中间商组织元的控制。农合组织对公司和中间商的控制主要通过法律和各种社会媒体实现。农合组织应运用法律维护农合组织自身和公司、中间商拥有的权利和责任，规定农合组织经营违法应受到的惩罚，规定公司和中间商违法应受到的惩罚，可以部分控制公司和中间商利用农合组织的名义骗取和盗用扶持资金的市场行为，使双方合作更加有保障；农合组织还利用社会舆论的监督作用，通过各种媒体对公司和中间商在农合组织渠道系统中的行为进行有效的控制。可以更好地约束公司和中间商的劣化行为，鞭策其遵守规则，产生联动效力。具体控制机制如图 4－15 所示。

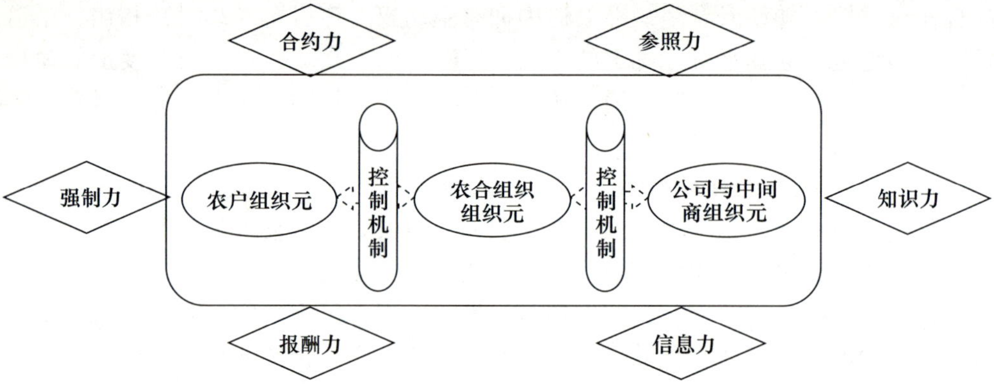

图4－15　农合组织与渠道内其他组织元间的控制机制

总之，有效的控制使农合组织渠道系统得以顺畅运转，从而降低运行成本，提高各组织元的收益率，并整体提升营销渠道力，突出提升了渠道的合约力、参照力和报酬力。

【案例】

以合作社促发展——控制农户显特色

距离昆明市石林县城18公里的长湖镇，平均海拔1900米，是典型的少数民族聚居的山区。长期以来，长湖镇的粮食作物以种植玉米、大麦、小麦、马铃薯等为主，但因交通不便、信息不畅等原因，过去很长时间都面临着“种粮容易卖粮难”的尴尬。

近年来，昆明市供销合作社通过设立专项扶持资金，引导和创办了一批扎根基层的专业合作社，成员既包括种植大户，也包括运销商、购销店负责人，旨在引导小生产与大市场对接，这些合作社通过规模经营，加强控制，一方面收集市场信息，了解市场需求；另一方面严格控制农户的种植计划，发展特色农产品，在农业增效、农民增收中的作用不断显现，正成为助力现代农业发展的重要力量。

合作社成立10年来，成员由16个发展到188个，农户从1000多户发展到7700多户，固定资产从50多万元增加至1000万元。2014年，合作社玉米购销总量达到3.5万吨，是成立之初8000吨的4倍多，直接支付资金7875万元，在一定程度上解决了石林农户的“卖粮难”问题①。

4. 农合组织组织元与渠道内其他组织元间的信任机制

（1）信任机制。信任是在一定的生产关系中个人和组织进行交往的预期、态度和评价。随着生产关系的变化，信任产生的途径也不断地变化。在传统社会中以人际信任为主，在现代社会中以制度信任为主。从社会发展的趋势上看人际信任模式正在向制度信任模式转化。人际信任是对与自己有先天血缘关系和通过后天的社会生活建立某种关系的人给予的信任；制度信任是依赖社会的制度规范、法律法规保障和约束力而形成的信任。

信任机制是包括感性信任和理性信任在内的关系系统，感性信任基于情感上的信赖，理性信任基于“关系”和“物质基础”上的“计算”。理性信任需要制度控制作为前提，如果缺少惩罚制度的前提，信任很难循环下去。在农合组织营销渠道系统中，农合组织与农户、农合组织与公司和中间商的关系可以视为两个委托代理关系，在彼此的信任关系中形成了信任机制。

（2）信任机制的作用模式。

第一，农合组织组织元与农户组织元的信任。农户出于信任参加合作组织，将产品和相关的经营权按照合作制度的要求交给农合组织，而农合组织作为被信任方为代理者经营相关农产品，农合组织的使用者和所有者是同一主体，这就产生了一种双向的信任关系，农户授权农合组织经营其产品，农合组织信任农户能履行义务。农合组织维护和促进农合组织与农户之间、农户相互间的信任。农合组织与农户的信任关系得以持续需符合两个条件：其一是农户与农合组织的根本利益一致，其二是双方合作是农户自身发展需要和意愿，也是农合组织发展的需要和动力。实践中，从农户参与合作收益和农户违背合作契约收益的比较中可以看出，农户参与和退出农合组织不仅要考虑到货币收益的变化，而且还要考虑到人际关系收益的变化，即彼此的信任关系。因此，信任是农户有限理性选择的一个条件，用制度引导农户的意愿、行为，使信任成为一种习惯，塑造守信的农合组织渠道“关系”，通过反复的交流和沟通增强农户之间、农户和农合组织之间的信任关系，维持渠道合作的良性循环。

第二，农合组织组织元与公司和中间商的信任。信任是一种与社会结构和文化规范密切相关的社会现象，制度产生的信任可以减少交易活动的成本。农合组织与公司和中间商的信任关系更多的是基于法律制度、社会规范基础上形成的委

① 中国农民合作社网：http：//www. jgs. moa. gov. cn/cfc/dcyj/alfx/.

托代理关系，是“制度的信任”。制度信任产生一方面是宏观的国家法律政策的保证使农户产生信心，另一方面是组织制度的保障。现有的农合组织运行中经常会产生“搭便车”和不履行义务的行为，而且现有的农合组织制度中并没有强制性的惩罚措施，导致违约成本低。要杜绝这种违反合作契约的行为，一方面通过进行培训提高组织元间的信任程度以及各组织元对农合组织渠道系统的忠诚度；另一方面要建立适当的惩罚措施强制成员守信，提高违约成本，使渠道内各个组织元彼此信任。

农合组织组织元与公司和中间商组织元信任机制可以简单地总结为“信任—合作—加深信任—继续合作”，维持这种循环的是“信任关系”，在自发建立的合作组织中这种关系尚且密切，但是在政府组建的合作组织中人际关系和其产生的信任程度是不高的，信任程度低维持这种农合组织与公司和中间商组织元的信任链条也很薄弱。当受到外界的干扰时，这种合作的循环就很难维持下去，农合组织也就难以在渠道系统中继续发挥原本的作用。如果再在这种合作循环的链条上加上制度控制，提高违反合作契约的成本，促进双方信任程度的提高，那么这个循环就可以走进良性循环。具体信任机制如图 4－16 所示。

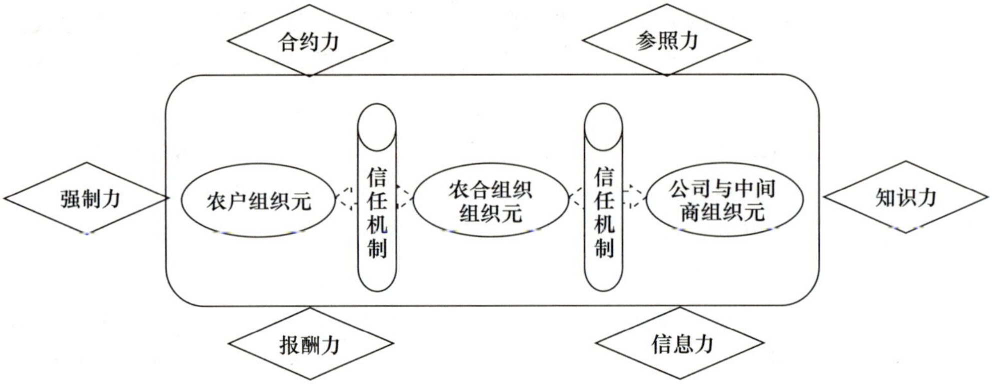

图 4－16　农合组织与渠道内其他组织元间的信任机制

【案例】

信任——合作社发展壮大的原动力

“合作社年盈利能达到 20 多万元，这还是初期效益，栽种的果苗成材后，效益还有更大的上升空间。”这是呼和浩特市玉泉区莓春园果蔬农民种植专业合作社负责人对其所负责合作社的描述。据他介绍，该合作社于2012年初成立，成员为5户，目前共有保护地10多亩，明地8亩，种植豆角、生菜、油麦菜等8种蔬菜和桃子、红提等4种水果。运营以来，合作社生产的水果和蔬菜销量一直不错，除去各类成本及开销，成员们按股份均能从中获得不错的利润。莓春园果蔬农民种植专业合作社蓬勃发展，在带动当地农民增收、产业规模化、产品产业化等方面发挥了重要作用，其中重要的原因是负责人和合作社的管理者都是当地小有声望的人物，农户和合作商都十分信任合作社的负责人。其负责人主要包括当地周边自然村党员骨干农户、种（养）植大户和村干部，这些负责人一方面承载当地农户的信任，另一方面也成了公司和合作商追逐寻找的目标，名人们组织的合作社也成了地域经济的知名商标，如武川县川宝土豆有限责任公司法人代表王喜莲，组织本村及周边地区农户进行马铃薯规模种植，年销售额能达到600多万元，吸引了北京、上海、江西等地的客商前来收购，发挥了规模化、集约化的生产优势①。

总之，信任机制与渠道力融合产生了报酬力和合约力。农户、公司和中间商组织元加入农合组织的意愿和行为都是出于信任，一种是对农合组织的信任，另一种是对于发起者的信任。农户组织元加入农合组织系统的主要目的就是提高经济收入、改善生活状况，由于每个成员的情况不同，如年龄、性别、教育程度、家庭收入、在组织中的地位等，加入农合组织以后就产生了不同的意愿和行为，但就结果而言，能够达到渠道系统的目的，信任机制就产生了报酬力和合约力。信任因素对公司和中间商组织元的投资意愿有显著的促进作用，信任程度越高投资意愿就越强烈，公司和中间商组织元投资可以缓解农合组织发展中资金不足的问题。而对组织管理者信任程度的作用就更为明显，对管理者的信任可以提高成员的投资意愿、参与管理意愿、促进渠道系统内各组织元参与组织管理行为，而且降低成员退出意愿。

5. 农合组织组织元与渠道内其他组织元间的合作机制

（1）合作机制。合作机制是指在政策法规和社会环境的影响下，合作各方、各机构通过分工协作，在实现互惠共赢、共同发展的战略目标过程中，系统内外各相关要素之间相互作用和制约的关系。合作者为改变生产条件和生活条件而自愿联合起来保护自己正当利益的制度体系。农合组织由于其特殊的组织属性，不仅作为一种组织形式而存在，更隐含着一种特定的制度形式，成为推动农合组织

① 中国农民合作社网：http：//www. jgs. moa. gov. cn/cfc/dcyj/alfx/.

营销渠道系统中组织元间合作的重要组织载体。

（2）合作机制的作用模式。

第一，农合组织组织元与农户组织元的合作。农合组织与农户是基于利益和契约的现代合作机制。组织目标与组织结构是相互依存的，一方面，组织目标决定组织结构，有什么样的组织目标就有什么样的组织结构；另一方面，组织目标又需要组织结构来实施，组织结构的设计决定了组织目标的实现程度。农合组织组织元与农户组织元的合作由彼此的目标、使命所决定。西部地区农合组织的模式多样，例如很多农合组织只是简单的买断关系，而并没有从维护成员利益或者互助合作出发，部分农合组织在合作初期的作用就体现在生产或技术使用方面的简单合作，并没有真正解决农户的根本需求，从这个意义上来说，农户的参与程度不够，农合组织与农户组织元的合作层次低，相较之下农户得到的实惠和利益少，农合组织的发展前景黯淡。而真正的合作是在纵向一体化过程中，农合组织从产前农资采购环节，统一采购质量有保障的农资（有机肥料等），通过统一采购降低采购成本，有效地降低了农户的生产成本；到制定产中环节生产规程并加强对成员培训，改善土壤环境，积极申请有机绿色农产品认证等，有效地保障了农产品的质量安全；再到产后统一销售，农合组织通过采取直销或农超对接、农社对接、农校对接等方式，统一包装直接销售到消费者环节，这样的合作使得农户与农合组织均直接受益。

第二，农合组织组织元与公司和中间商组织元的合作。在这种合作中，公司和中间商只与合作组织发生必要的联系，农合组织负责组织农户，因此农合组织在此充当了公司的代理人。对公司和中间商来说，与农合组织的合作，一是节省交易费用，企业通过农合组织对农户进行指导监督，可直接与农户进行规模交易，传递市场信息，节省了监督管理成本和交易成本；二是降低企业经营风险，公司和中间商通过与农合组织签订合约，可获得稳定的原料来源，保证其原料的品质，降低企业的经营风险。但具体而言，农合组织按照公司和中间商下达的合作计划（包括产品品种、规格、规模、交货时间以及交货价格）进行供货，而公司和中间商为农合组织提供品种选择、投入品供应、生产技术指导、流动资金保障、产品回收以及生产性基础设施改善等方面的服务，公司和中间商也承担一定经营风险。双方合作使各自需求得以满足。具体合作机制如图 4－17 所示。

总之，合作机制与渠道力的融合，提升了农合组织营销渠道系统的合约力和报酬力。

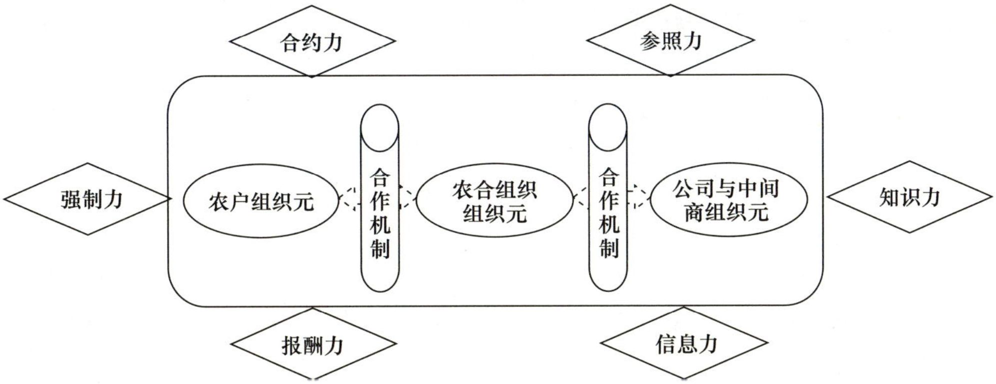

图 4-17 农合组织与渠道内其他组织元间的合作机制

【案例】

维西县供销社成功法宝——以合作社为主导的合作机制

云南省维西县“农家店”是在改革发展中涌现出来的新鲜事物。这一新鲜事物是供销社按照“改造自我、服务农民”的要求发展起来的，维西县已经发展198个各类乡村“农家店”，“它是农民自己的合作社。”美乐村中药材专业合作社一社员说，“它为我们发展中药材提供产供销服务，为我们开拓市场、带动农民收入增加提供平台。”这句话表达了全体农民专业合作社社员的心声。通过改革，维西县供销社发展农民专业合作社47个，覆盖全县各个乡镇。农民专业合作社架起了一家一户小生产通向千变万化大市场的“金桥”。

2014年，全系统直属企业和各类经营网点完成经营总额47300万元，与2010年的14000万元相比，增长238%；实现利润205万元，与2010年的30万元相比，增长584%；资产总额8281万元，与2010年的2892万元相比，增长186%；上缴各种税费142万元，与2010年的19万元相比，增长647%。像阿尺打嘎村一样，维西县建立起覆盖全县广大乡村的购销网络。

维西县供销社以服务“三农”为宗旨，以丰富的资源为依托，以供销合作社完整的流通网络为纽带，全面发展农民专业合作社、城镇消费合作社、公共管理合作社、农民合作社联合社、示范社和基层供销社建设，不断提高服务“三农”的能力，从“官商”变为“农民自己的合作社”。

改革发展向纵深推进，覆盖全县的服务网络基本形成。供销企业发展壮大，服务功能不断完善，完成了集农贸市场、商品配送中心于一体的维西供销巴迪商贸楼建设项目，总投资500万元，通过公开招租竞标，实现社有资产年收益74万元，增加社有资产500多万元；投资650万元建设塔城镇农贸市场项目；投资580万元建设中路乡农贸市场项目；投资620万元建设叶枝镇农贸市场项目；投资907万元建设永春乡农特产品交易市场及商品配送中心项目；投资300万元建设中药材基地；投资10万元建设烟花爆竹仓库商品展示厅，加强了对《烟花爆竹零售许可证》的审核管理。

在全面提升5个县级直属企业整体实力的同时，县供销社投入启动资金50000元，恢复成立了“攀天阁供销社”“中路供销社”和“叶枝供销社”，新组建了“保和镇供销社”，实现基层供销社在全县七乡三镇全覆盖，叶枝、中路供销社正在建设乡村集贸市场，搭建为农服务平台，增强自身活力，积极为农民增收致富服务，巩固在农村商品流通中的主渠道作用，拓展新的农村经营服务领域，提升为农服务能力。

维西县供销社已有5个直属公司，10个基层供销社，3个县级配送中心。建有供销酒店、维合酒店、永春供销宝晟酒店、维西大酒店、供销社永乐江购物超市、巴迪购物超市和攀天阁富邦超市等对外联合经营服务点；发展47个农民专业合作社入社成员2777人，带动8365户，帮助农民实现收入7786万元；提升了2个社区消费合作社，每年可实现销售1350万元，实现利润13.5万元；在七乡三镇创办了11个农村公共管理合作社；规范、提升了以维西供销药材土产有限公司为主导，9个中药材种植专业合作社加盟的“维西供销中药材农民专业合作社联合社”；规范、提升了由白济汛乡5个种植专业合作社组建的“维西供销白济汛种植专业合作社联合社”。

通过改革发展，维西县供销系统从“官商”变为“农民自己的合作社”，乡村经营网点综合服务能力逐步提高，为开拓农村市场、扩大内需，保持经济平稳较快发展做出了重要贡献。

维西县供销社被人力资源和社会保障部、中华全国供销合作总社授予“全国供销合作社系统先进集体”称号，维西县的成功模式得益于合作社主导下的合作机制①。

总之，农合组织在营销渠道系统中的作用通过沟通、激励、控制、信任和合作等实现，现实的市场上有时机制单独发挥作用，有时各种机制同时发挥作用，使渠道的系统效应得以发挥。

---

① 中国农民合作社网：http：//www.jgs.moa.gov.cn/cfc/dcyj/alfx/.

二、宏观环境对农合组织营销渠道系统的作用机制

从上述农合组织介入营销渠道的 MAS 模型中可以看出，对农合组织营销渠道系统的影响因素不仅包括各组织元的内部因素，同时还包括市场、政治法律、技术进步与创新等宏观环境的外部因素。

第一，外部宏观环境为农合组织营销渠道系统内各组织元的行为模式、信息沟通方式等划定相应界域，超出宏观环境界域的活动范畴和形式都是不可能存在的。

第二，农合组织营销渠道系统目前的模式是不断自我调整、不断适应外部宏观环境的结果。当外部宏观环境发生变化时，农合组织营销渠道系统中的每一个单个 Agent 获得外界变动信息和刺激后，都会基于理性人利益最大化的原则调整自己的行为模式，改变在纵向组织关系中的地位、渠道控制力、交易方式、合作关系等，从而形成新的营销渠道系统。

第三，农合组织营销渠道系统不仅会不断地适应宏观环境，同时还会向宏观环境进行信息反馈，要求宏观环境也进行相应的调整。例如，在农合组织营销渠道系统中，农合组织组织元如果没有明确的法律地位导致其在渠道系统中诸多不利，那么农合组织组织元会向政府提出明确法律地位的诉求，政府接收到该反馈信息会成为制定新政策的依据，从而调整宏观环境。诚然，外部宏观环境与农合组织营销渠道系统的作用是相互的，但是，二者的关系更明显地体现在外部宏观环境对农合组织营销渠道系统的影响。

因此，我们在分析基于组织元模型的西部地区农合组织营销渠道运行机制时，不仅要分析内部影响因素的机制，还要分析外部宏观影响因素的机制，并在此基础上进一步明确宏观环境对农合组织营销渠道力提升的影响机制。具体而言，影响农合组织营销渠道系统的主要宏观因素的作用机制包括：市场机制、政治法律机制、技术机制。

1. 市场机制

我国自改革开放以来，社会主义市场经济不断得到改善，宏观市场环境成为影响营销渠道的一个重要的宏观因素，宏观市场环境如何影响农合组组营销系统并提升农合组织营销渠道力需要我们进一步分析其作用机制，即市场机制。

（1）市场机制的内涵。市场机制是一个有机的整体，它的构成要素主要有市场价格机制、供求机制、竞争机制和风险机制。第一，市场价格机制是指在竞争的市场上，商品的价格由商品的供求决定，商品价格和商品的供求关系之间相互联系，并且通过价格信息来调节市场，进行资源的配置。同时，市场价格机制

可以鼓励和促进竞争，从而可以调节和决定收入分配等。第二，供求机制是指社会的商品、资源等通过供给与需求不平衡调整中所形成的市场价格调节社会的生产和需求，从而实现社会供给和需求的基本平衡。但是，在垄断市场和竞争市场中，供求机制的作用方式会有区别。第三，竞争机制是指经济中各市场主体因为要追求自身利益的最大化，从而相互进行价格或者非价格的竞争，从而形成市场的优胜劣汰，通过这样的方式来调节市场的运行。第四，风险机制是市场活动同企业盈利、亏损和破产之间相互联系和作用的机制。那么，对农合组织营销渠道力提升的市场机制作用，主要从价格机制、供求机制、竞争机制和风险机制四个方面来体现。

（2）市场机制的作用模式。宏观市场环境通过市场机制即供求、价格、竞争、风险四个机制作用于农合组织营销渠道系统，从而对农合组织营销渠道的"六力"即报酬力、强制力、合约力、知识力、参照力、信息力产生作用。下面我们分析如果宏观经济环境具有完善的市场机制时，具体作用模式如图 4－18 所示。

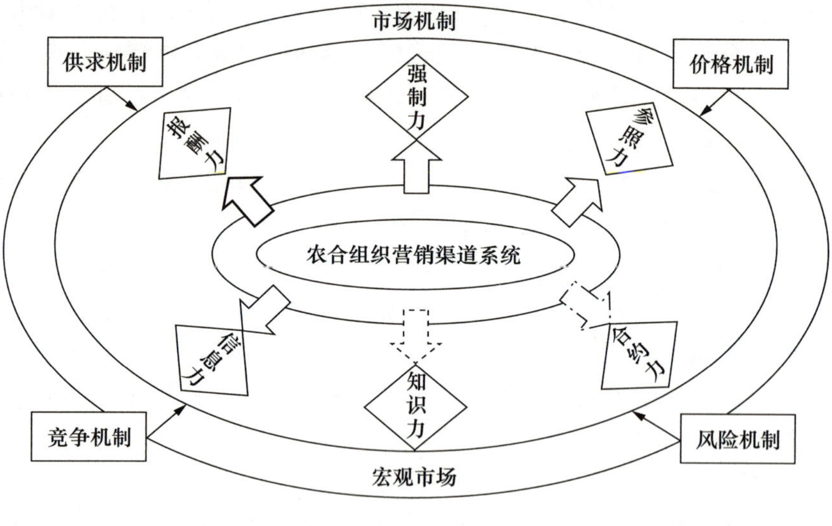

图 4－18　基于农合组织营销渠道力提升的市场机制模式

第一，价格机制作用于农合组织营销渠道系统，表现为价格可以更好地反映市场的供求关系，从而促使各个组织元根据市场价格变动进行调整生产，调配流通。其中尤其是农合组织组织元在整个纵向组织关系中可以使价格信息的获取和通知在渠道各组织元间更畅通，从而达到农合组织营销渠道系统资源的最优配置，报酬增加。因此，价格机制可以促使农合组织营销渠道系统报酬力和信息力的提升。

第二，供求机制作用于农合组织营销渠道系统，表现为供给量和需求量通过市场信号来调整，农合组织营销渠道系统的组织元完全在市场调控下达到市场的均衡状态，农合组织组织元在系统中可以减少价格信息不对称的问题，更易达到供需平衡，而系统达到均衡状态即实现了利润的最大化。因此，供求机制可以促使农合组织营销渠道系统报酬力的提升。

第三，竞争机制作用于农合组织营销渠道系统，表现为取消相应的保护政策，促进市场的自由竞争，市场竞争加剧，从而使农合组织营销渠道系统各个组织元竞争也加剧，形成优胜劣汰，促使系统报酬增加。同时，在激烈的市场竞争中会促使农户组织元更愿意加入农合组织进行联合，形成规模化生产，并形成相应的品牌，提高其竞争力。公司与中间商组织元在竞争中也愿意与农合组织进行合作保证其在纵向组织关系中有稳定的上游产品。在竞争市场中，农合组织营销渠道系统对成员的管理能力以及领导能力都将提升。因此，供求机制可以促使农合组织营销渠道系统报酬力、强制力、参照力的提升。

第四，风险机制作用于农合组织营销渠道系统，表现为农合组织营销渠道系统各组织元都具有较强的市场风险意识，并采取措施规避市场风险。农户组织元愿意加入农合组织形成联合来共担风险，农合组织也将制定盈利、破产、激励等明确的制度减少风险，并加强与公司与中间商组织元的联系，农合组织营销渠道能够更好地规避风险，必将带来利润的增加。因此，风险机制可以促使农合组织营销渠道系统报酬力的提升。

第五，市场机制对农合组织营销渠道力的影响，表现在合约力和知识力都会不显著。这是因为农合组织营销渠道合约力和知识力的提升需要的是政府明确的法律规章以及社会信息技术的发展来实现，而这种提升无法通过供求、价格、竞争、风险机制来完成。

总之，如果宏观经济环境具有完善的市场机制，在市场机制的作用下农合组织营销渠道力将得到提升，具体表现为对农合组织营销渠道报酬力提升最为显著，其次是信息力、强制力、参照力。而市场机制对农合组织营销渠道合约力和知识力的提升作用较少。

【案例】

农合组织巧用市场机制促发展

市场机制是影响西部地区农合组织营销渠道力的一个最根本的宏观环境，市场机制是否完善直接决定农合组织营销渠道力的具体表现。例如，云南省玉溪市新平县水塘镇南达村共有农户758户，主要种植核桃，核桃的产量达到每年80吨。2009年，南达村抓住国家实施林权制度改革契机，依托统分结合的双层经营体制，为全面适应市场机制的宏观调控，成立了新平南达核桃产销专业合作社。合作社对农户进行宣传教育引导，适应市场价格机制的调控，要求农户每年结合不同区域核桃成熟时间的差异，科学统一安排采收，这样极大地改变了过去集中上市压级压价情况发生，保证了核桃市场供求和价格的稳定。同时，合作社通过市场调查和与外地客商的联系，随时掌握市场信息，有效遏制了核桃价格的大起大落，核桃种植户每户平均销售收入增加1200元。另外，因为核桃市场竞争激烈，市场风险较大，单个农合很难在这样激烈的竞争中生存下来，所以越来越多的农户都加入到合作社，大家联合进入市场，并且进行集中加工与销售，很好地规避了市场风险。合作社还注册了“南达核桃”商标，统一包装，统一加工分级，不断提高南达村在核桃产业的领导力和影响力①。

2. 政治法律机制

近年来，我国不断加大对“三农”问题的投入，一大批促进流通产业发展的政策先后出台，并且颁布和实施了一系列法律和法规，如《合同法》《消费者权益保护法》《反不正当竞争法》等，这些法律法规对企业的生产经营起到了保护和限制作用，批发商在经营活动中有依法经营的义务和责任，也有利用法律来保护经营的权利。特别是2007年出台的《中华人民共和国农民专业合作社法》对农合组织有了较为规范的解释，在一定程度上明确了农合组织的合法权利，有力地为其开展市场活动提供了方向指引，从而降低了有关各方的经营风险。尤其是国家对西部地区“三农”以及农合组织上的政策的倾斜和支持，对西部地区农合组织营销系统营销渠道力的提升起到了非常大的推动作用。政治法律环境如何影响西部地区农合组织营销系统并提升农合组织营销渠道力需要我们进一步分析其作用机制，即政治法律机制。

（1）政治法律机制的内涵。政治法律体系一个国家宏观经济环境的一个重要的内容。Poppo等（2002）研究指出，法律制度与渠道治理机制具有非常紧密的相互影响关系，如果法律制度规范且有效，那么就比较适合渠道投机治理。政治法律机制主要包括引导、调控和分配机制。引导机制是指政治法律可以使人们知晓法律而明辨是非，人们或组织在日常的具体活动中，根据法律规定来自觉地调解和控制自己的思想和行为，从而有效避免违法和违反道德的现象发生。分配

① 中国农民合作社网：http：//www. jgs. moa. gov. cn/cfc/dcyj/alfx/.

机制是指，社会上的资源是稀缺的，无法被社会成员所同等拥有，法律按照一定的分配原则，对社会利益进行分配，这种体现在立法中的分配，是根据社会中的实际情况而制定的。调控机制是指法律以其强制性规劝来解决纠纷。

（2）政治法律机制的作用模式。政治法律环境对个人和企业的经营具有强制性和导向性的作用，政治与法律环境的变化显著地影响着个人和企业的经营行为和最终利益。政治法律环境是保障企业正常的生产经营活动的基本条件。政治法律环境通过引导机制、分配机制、调控机制作用于农合组织营销渠道系统，从而对农合组织营销渠道的“六力”即报酬力、强制力、合约力、知识力、参照力、信息力产生作用。下面我们分析如果宏观具有完善的政治法律环境时，具体的作用模式如图 4－19 所示。

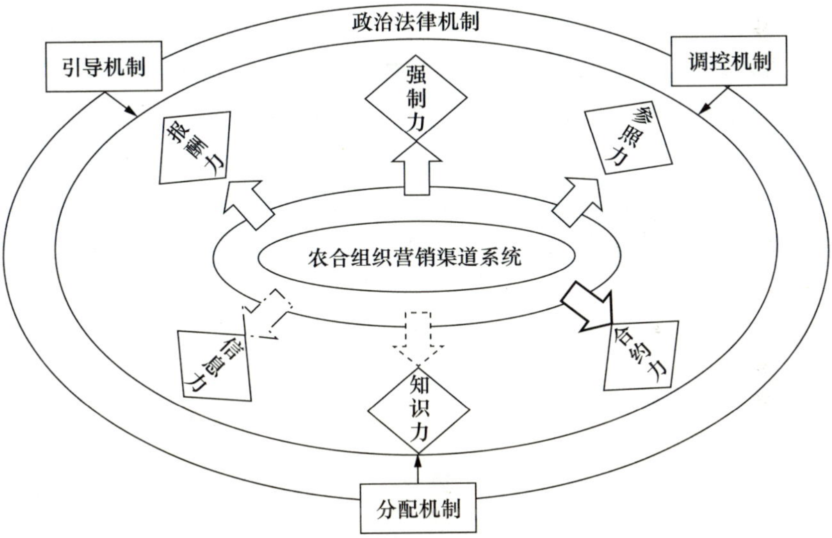

图 4－19 基于农合组织营销渠道力提升的政治法律机制模式

第一，引导机制作用于农合组织营销渠道系统，表现为随着法律法规的完善和相关政策的支持，会促使农合组织营销系统的各组织元自身以及对其他组织元更具有明确的约束，尤其是农合组织法律地位和支持政策的明确，会引导农户组织元加入农合组织，会引导公司和中间商组织元更愿意和农合组织合作。完善的法律法规和加大政策支持能使农合组织改善组织组织元在整个渠道系统运行中对渠道其他组织元的管理能力提升，同时提高该组织在营销渠道中所处的地位和领导作用使得农合组织组织元在该渠道的合约力和参照力提升。

第二，调控机制作用于农合组织营销渠道系统，表现为明确的法律法规可以依法有据地平衡和解决各组织元间的纠纷问题。农合组织营销渠道系统各组织元之间有着非常复杂的联系和利益关系，因此相互之间难免会产生一些纠纷与矛盾。如果宏观环境具有明确的法律调控机制，那么当农合组织营销渠道系统间各组织元产生纠纷，各组织元可以很快地依法进行调节和解决，并要求各组织元依法执行，农合组织营销渠道系统合约力、强制力将得到提升。

第三，分配机制作用于农合组织营销渠道系统，表现为明确的法律法规可以依法进行利益分配。农合组织营销渠道系统各组织元相互之间都存在着利益分配的关系，如果这种关系有明确强制的机制进行管理，农合组织法律地位的明确，无疑会提高营销渠道系统的运作、各环节调配的效率、使得利益分配上更加畅通规范，农合组织营销渠道系统报酬力将得到提升。

第四，政治法律机制对农合组织加入营销渠道后信息力和知识力的提升作用非常有限，这些仍需要政府的技术支持和技术的发展。

总之，如果宏观具有完善的法律制度和相应的政策支持，在政治法律机制的作用下农合组织营销渠道力将得到提升，具体表现为对农合组织营销渠道的合约力提升最为显著，其次是强制力、参照力、报酬力。而政治法律机制对农合组织营销渠道的信息力和知识力无法产生作用。

【案例】

法规政策助推青龙生猪养殖合作社发展

四川省三台县刘营镇青龙村以养猪为主，但是由于农户对市场认识的不足和销售渠道的不畅，使农户一度盈利较少，特别是2007年，生猪行情低迷，青龙村的养殖大户普遍亏损。而此时我国正式施行了《农民专业合作社法》，这对于青龙村的养殖农户来说起到了非常大的引导作用，养殖大户们商议组建合作社共渡难关，因此2008年4月青龙生猪养殖合作社正式成立，创始成员23户，使养殖大户们的联合有了明确的法律地位。同时，我国国务院出台了一系列关于生猪养殖和市场稳定的政策，以及在资金、防疫等方面的扶持政策，使青龙生猪养殖合作社得到快速发展，加入农合组织的农户越来越多，到2009年发展到213户，近两年成员数量稳定在328户。在国家法律制度的完善和政策的支持下，青龙生猪养殖合作社为成员争取到了较多的经济利益，每年合作社的饲料成本、仔猪购入、养殖成本都大幅下降，并且“统一销售”使成员的售价较为稳定。因农合组织具有明确的法律地位，使合作社具有明确的利益分享机制。青龙生猪养殖合作社按照会计原则计算，在利润分配上采用“二次返利”的方式，该利润分配方式简单易行，并且该分配方式得到了政府有关部门的肯定，政府为此给予青龙生猪养殖合作社50万元的资金支持。合作社逐步实现了标准化生产、科学化养殖，使合作社对农合的影响越来越大，表现出的强制力和参照力越来越明显①。

3. 技术机制

技术的发展情况是考察一个国家或地区宏观环境的重要内容之一。随着我国科学技术的快速发展，特别是在“互联网+”的时代下，技术的进步与发展对营销渠道产生了深远的影响。西部地区技术进步与发展的情况如何影响农合组织营销系统并提升农合组织营销渠道力需要我们进一步分析其作用机制，即技术机制。

（1）技术机制的内涵。技术进步与发展狭义上主要是指生产工艺、中间投入品以及制造技能等方面的革新和改进。具体表现为对旧设备的改造和采用新设备改进旧工艺，采用新工艺使用新的原材料和能源对原有产品进行改进研究开发新产品提高工人的劳动技能等。从广义上讲，技术进步是指技术所涵盖的各种形式知识的积累与改进。我们这里所指的技术进步就是广义的技术进步。

技术机制主要包括：技术创新、技术扩散、技术引进三种机制。技术创新机制是指开发新技术，或者将已有的技术进行应用创新。技术扩散机制是一项技术从首次得到商业化应用，经过大力推广、普遍采用阶段，直到最后因落后而被淘汰的过程，它不仅仅指对生产技术的简单获取，而且强调对技术引进方的技术能力的构建活动。技术引进机制是指一个国家或地区的企业、研究单位、机构通过一定方式从本国或其他国家、地区的企业、研究单位、机构获得先进适用的技术的行为。

（2）技术机制的作用模式。西部地区技术的进步与发展情况通过技术创新机制、技术扩散机制、技术引进机制作用于农合组织营销渠道系统，从而对农合组织营销渠道的“六力”即报酬力、强制力、合约力、知识力、参照力、信息力产生作用。下面我们分析技术机制对农合组织营销渠道系统的影响，具体的作用模式如图4-20所示。

① 中国农民合作社网：http://www.jgs.moa.gov.cn/cfc/dcyj/alfx/.

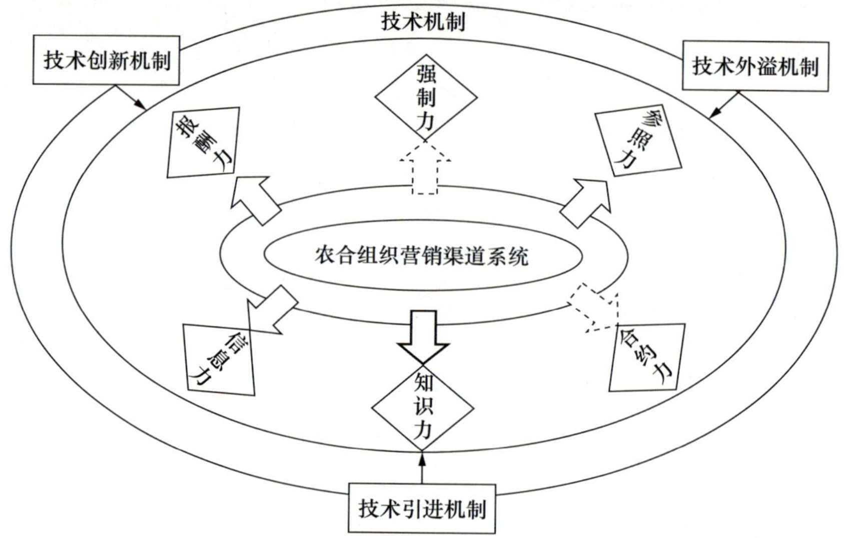

图 4-20　基于农合组织营销渠道力提升的技术机制模式

第一，技术创新机制作用于农合组织营销渠道系统，表现为随着地区技术的快速发展，国家或地区鼓励技术的创新并给予支持和鼓励，农合组织营销渠道系统的每个组织元在这样的环境下都积极地参与到技术的创新中，不断提高自身的技术水平进行技术创新，尤其是农合组织组织元以其在渠道系统中的优势，有组织地进行新技术的引进，会推动产生许多新的营销渠道模式的出现，例如农合组织电子虚拟渠道创新模式的出现，或以互联网技术为基础的"农户+农合组织+消费者"新渠道模式的产生。同时，组织元技术的创新还将推动农合组织营销渠道组织元间新的联系方式、新的物流方式、新的销售方式等的出现，这些都将极大地降低农合组织营销渠道的交易费用、降低成本、提高交易效率。因此，技术创新机制将提高农合组织营销渠道的知识力、报酬力。

第二，技术引进机制作用于农合组织营销渠道系统，表现为农合组织营销渠道可以更快、更有效地获得新技术。随着技术的快速发展，营销渠道对信息技术的要求越来越高，而在传统的模式下，农户本身由于其分散性在信息获取渠道、技术引进提高渠道都非常有限，信息服务的专业性对参与者信息能力要求较高，也非一般农户及企业所能承担。当农合组织加入到营销渠道后，农合组织依其组织性和规模性可以有效快速地获取信息，进行引进技术，对农合组织营销渠道系统中的供应链信息、物流配送信息、客户资金和信用信息、渠道营销信息、渠道知识管理信息进行协同管理，并为农户提供种植或养殖培训，引进新技术、新品种。在这样的情况下，农合组织在营销渠道系统中具有显著的技术示范性，并且对渠道系统中其他组织元都具有技术上的领导能力。信息技术的引进无疑将带来农合组织营销渠道系统利润的提高。因此，技术引进机制将提高农合组织营销渠道系统的知识力、信息力、参照力、报酬力。

第三，技术外溢机制作用于农合组织营销渠道系统，其表现方式与技术引进机制相比有所不同。技术引进机制是外界环境发生技术进步之后，农合组织营销渠道系统有自我意识的进行技术吸收，技术外溢机制是外界环境发生技术进步之后，促使农合组织营销渠道系统技术的提升。因此，技术外溢机制将提高农合组织营销渠道系统的知识力。

第四，技术机制对农合组织营销渠道的强制力和合约力影响较小，这两力的提升主要还是依靠市场和法律法规来实现。

总之，如果宏观环境下一国或地区的技术不断发展和进步，在技术机制的作用下农合组织营销渠道力将得到提升，具体表现为对农合组织营销渠道的知识力和报酬力提升最为显著，其次是信息力、参照力。而技术机制对农合组织营销渠道的强制力和合约力产生影响较小。

【案例】

技术进步提升农合组织营销渠道力

技术的进步正在对中国农产品营销渠道产生深远的影响，而且这一影响在未来会进一步加大，尤其是对西部地区更是如此。虽然西部广大农村地区在信息技术基础条件以及技术的发展和应用上都较东部地区要落后，但随着农合组织的快速发展，农合组织带来了许多新的技术，从而极大地推动了西部地区营销渠道力的提升。例如2014年广西壮族自治区德兴市乡屯农业合作社，利用互联网技术的快速发展，将互联网技术融入农产品营销渠道中，开启了农产品营销的创新模式，采用“互联网·云管理+合作社·基地·农户”的方式营销合作社绿色新鲜无公害蔬菜，直接送到市民的餐桌。已有200余户城市居民在德兴市乡屯认种近400余亩菜地当上“地主”，他们委托合作社农民代为种植，24小时在线监控种植的每个环节，同时专享新鲜蔬菜送货上门的服务，使农户和消费者可以直接对接，极大地提高了农户的收入。兴市乡屯农业合作社在这种营销新模式下，以每亩300元的价格租下当地190多位农户的土地，农户以土地租金的形式入股，成为合作社股东。合作社又将这些土地的农民重新聘任参与管理、耕种，使他们不仅可以得到分红，平均每年还能领到3万~4万元的工钱，与原来相比收入翻番。同时，德兴市乡屯农业合作社通过互联网，对每个农民进行线上种植技术的培训、聘请专家进行线上咨询，使农民的种植技术大幅提高，而且通过互联网技术的学习，使农民对蔬菜的销售情况、市场价格都能快速得到相关信息，不再出现销售信息不畅通的情况①。

西部地区农合组织营销渠道运行机制不仅包括内部机制还包括外部宏观环境的影响机制。外部宏观机制主要包括市场机制、政治法律机制、技术机制，并且每种机制对营销渠道力的提升作用表现各不相同。因此，要提升西部地区农合组织营销渠道力就需要不断地完善西部地区的市场环境，建立健全相关法律法、大力推动技术的进步和发展。

第四节　本章小结

为了分析西部地区农合组织营销渠道力作用机制，本章分别从三个方面进行了研究：

第一，在介绍组织元与多组织元系统（MAS）的基础上，将农合组织引入营销渠道系统，建立了农合组织营销渠道多组织元系统，即 MAS 模型，同时对农合组织营销渠道系统的组织元进行界定，并分析了营销渠道系统内各个组织元的特征。

第二，农合组织是营销渠道系统中一个重要的组织元，为了进一步分析和明确农合组织在西部地区营销系统中的地位和作用，在 MAS 模型分析的基础上，采用博弈的方法进行推理，并且针对农合组织对营销渠道的作用进行了仿真。从博弈和仿真的结果可以看出，农合组织加入营销渠道后能实现营销渠道整体利益和农产品价值最大化。

第三，在整个农合组织营销渠道系统中，农合组织与营销渠道系统内其他组织元间存在相互的作用机制，既有内部机制的作用，也有外部机制的影响。对西部地区农合组织营销渠道力的提升分别从内部作用机制和外部作用机制两个方面进行了分析。内部机制主要包括沟通机制、信任机制、控制机制、合作机制等，外部宏观机制主要包括市场机制、政治法律机制、技术机制。渠道系统运行中内部机制与外部机制对西部地区营销渠道力的提升作用表现各不相同，彼此相互影响。

---

① 中国农民合作社网：http：//www. jgs. moa. gov. cn/cfc/dcyj/alfx/.

总之，农合组织加入营销渠道系统后能实现营销渠道的整体利益，并实现农产品价值最大化。此外，农合组织营销渠道力的提升有赖于农合组织营销渠道系统内部机制与外部机制的共同作用。

第五章 基于纵向关系的西部地区农合组织营销渠道力评价研究

农合组织加入农产品营销渠道后给农产品产业链带来了生机和活力，随着农合组织的发展壮大，其所参与或构建的营销渠道也必然对产业链产生深远影响。西部地区农合组织营销渠道的控制或影响能力究竟如何，有待我们采用科学的方法加以评价和验证。正确理解和评价营销渠道力是农合组织营销渠道力培育和提升的重要前提，它对于减轻或消除农产品市场中“农户卖难，市民买贵”的问题具有重要意义。基于此，本章主要研究西部地区农合组织营销渠道力的评价，并结合企业生命周期理论，阐明农合组织不同生命周期阶段，其营销渠道力评价指标的表现。本书为更好地认识和有效地提升农合组织营销渠道力奠定了基础。

第一节 基于企业生命周期的西部地区农合组织营销渠道力分析

农合组织作为企业的一种组织形式，其发展也必然遵循企业生命周期理论，分析西部地区农合组织在不同生命周期阶段中的营销渠道力特征与表现，对渠道力提升具有重要意义。

一、企业生命周期理论

企业生命周期理论起源于经济学对企业“黑匣子”生命现象的探索。经济学家阿尔弗雷德·马歇尔（1890），首次系统地观察和研究企业，他认为，一个国家的企业群体组成一个庞大的系统，好像一片巨大的森林植被系统，大大小小的企业恰似森林中高低不齐的树木，都努力生存和成长。与森林相类似，在整个企业系统中，每个企业都是在同行业企业竞争中不断创新，不断成长，并保持顽强的生命力。马歇尔这一巧妙的比喻，经后来的研究者总结，把它定义为“企业森林原理”（薛求知、徐忠伟，2005）。一般认为，正是从马歇尔这一深邃的洞察力中得到启示，学者们开始关注企业的生命力现象，由此提出了企业生命周期概念及理论。

“企业生命周期”的概念最早是由马森·海尔瑞在1959年提出的，他指出，看待企业可以沿用生物学中“生命周期”的观点，企业的成长与生物学中的生物成长曲线不谋而合。企业发展过程中也会出现萌芽、成长、停滞、消亡等现象，而出现这些现象背后的原因可能是企业在管理上的漏洞或不足，也就是一个企业在管理上的局限性抑制了其发展（魏光兴，2005）。美国学者J. W. 戈登尼尔在1965年以“怎样防止社会组织的停滞和衰老”为题，论述了社会组织的生命力和生命周期问题，严格界定并区分了生物界一般生命体的生命力与组织生命力。戈登尼尔（1965）指出，企业的生命周期与生物学中的生命周期相比，有其特殊性，一个组织能够不断地进行自我更新，并持续这种更新。这一结论对指导现实企业有深远的意义。此后，学者们开始使用生命周期理论来研究产品的更新换代、技术的研发变迁、产业的调整更替等和企业成长紧密相关的现象。

众多研究者认为，戈登尼尔的研究把经济学领域的企业生命周期问题引入到了管理学领域，开创了管理学家们对企业生命周期现象探讨的新纪元。美国哈佛大学教授拉西·格雷纳（1972）发表《组织成长的演变和变革》一文，他在此文中第一次定义了企业生命周期概念，并围绕这一概念进行了深入讨论，这也被视为企业生命周期理论的开端。该理论一经提出，受到经济学家和管理学家们的追捧，历经30多年的争论和发展，已经形成众多分支，其中最受人们青睐、影响力最大的是——企业生命周期阶段论。本书也沿用这一理论对农合组织的生命周期现象进行进一步探讨。

企业生命周期阶段论认为，企业的成长是由连续发展的若干阶段组成的，在研究企业时，应当重点考察各个不同阶段上的特征和存在的问题。对生命周期阶段论的探讨，大批学者讨论的焦点集中在企业成长阶段的划分上。其中，两种阶段论影响较大。一种是格雷纳阶段论。格雷纳（1972）将企业作为一般组织去研究，认为各个阶段包含了一段相当平静的稳定进化成长期，而结束于不同形式的管理危机。这样的组织发展同时受到组织年龄、组织规模、稳定进化时期、剧烈改革时期与产业的成长率等内外因素的互动影响，自然牵动企业领导者的领导管理模式。另一种是爱迪思（1989）阶段论。爱迪思（1989）在他的《企业生命周期》一书中，提出了生命周期概念，描述了生命周期各阶段的企业行为特征，他认为企业的生命周期要经历成长阶段（包括孕育期、婴儿期、学步期）、成熟阶段（包括青春期、盛年期、稳定期）与老化阶段（包括贵族期、官僚前期、官僚期与死亡期）。

与此同时，我国许多学者也依据不同的划分标准，提出了自己的见解。陈佳贵在1988年和1995年就企业生命周期问题发表了两篇专门论文。陈佳贵（1988，1995）认为，企业生命周期是一个十分重要的问题，是指企业诞生、成长、壮大、衰退、直到死亡的过程，可以划分为孕育期、求生存期、高速成长期、成熟期、衰退期和蜕变期等阶段。李业（2000）按照企业的销售额把企业发展分为初生、成长、成熟和衰退四个阶段；周三多、邹统钎（2002）按照企业的经营战略将企业成长历程总结为专业化、多元化和归核化三个阶段；韩福荣等（2002）提出了基于灵活性、可控性和企业规模的三维生命周期模型。

尽管阶段数目各不相同，但从内容上的比较中可以看出企业的成长有大致相同的模式。所有模型都有一到两个阶段可归入出生或启动期、扩张期和成熟期。除了爱迪思、史密斯、陈佳贵等几个少数学者的模型外，绝大多数模型都没有衰退阶段。究其原因，可以归纳为以下两点：一是衰退对组织结构和系统的影响不像成长的变革那样容易预测；二是企业的衰退实际上可以从企业生命周期的任何阶段开始。

综上所述，本书综合前人的研究思想，把企业生命周期也划分为初创期、成长期、成熟期和衰退期四个阶段。并基于以上四个阶段，对西部地区农合组织在不同成长阶段的营销渠道力进行分析。

二、西部地区农合组织生命周期阶段划分

有关农合组织生命周期划分研究较少，国内学者王波（2010）从农民专业合作组织发展过程，将其分为了初生阶段、成长阶段、成熟阶段和衰退阶段。而赵国杰等（2009）从国内外合作社发展的历史来看，将合作社的生命周期也大致分为四个阶段：引入阶段、成长阶段、成熟阶段与分化阶段。

国内外学者有关企业生命周期的划分研究较多。从企业生命周期划分方法来看，主要分定性方法和定量方法两种。从划分标准来看，不同学者考虑的因素不同，划分标准也不同。如 Greiner（1997）、Roweetal（1994）、Lewis（1983）、韩福荣（2002）、Scott（1971）、Mitchell（1985）等考虑了组织年龄、组织规模、组织结构等组织因素，Quinn（1983）、Roweetal（1994）、Timmons（1990）、Lewis（1983）、周三多（2002）、Steinmetz（1969）等考虑了管理风格、经营战略、所有者的控制方式等管理因素。近年来对企业生命周期阶段划分时，定量方

法应用较多，对企业经济财务因素考虑更多，如宋常（2011）、姚益龙（2009）、Chiung－Ju Liang（2011）等考虑主营业务增长率、资本支出增长率、销售增长率、员工增长率、销售额增长率、利润额增长率、市场占有率及增长率等经济财务因素的更多。如表5－1所示。

表5－1 不同学者对企业生命周期阶段的划分依据

学者	划分依据	学者	划分依据	学者	划分依据
Greiner（1972）	组织年龄，规模，稳定性	Quinn，Gameron（1983）	管理风格，组织结构	Roweetal，（1994）	组织规模，管理风格
Mitchell，Summer（1985）	企业规模	Kazanjian，（1988）	产品或技术的生命周期	Flamholt，（1998）	企业规模
Downs，Lippitt（1967）	组织结构复杂程度	Timmons（1990）	管理风格	Adizes（1989）	灵活性，可控性
Scott（1971）	组织结构复杂程度	Galbraith（1982）	管理风格，组织结构	李业（2000）	销售额
Steinmetz（1969）	所有者的控制方式	Lewis（1983）	组织规模，运营战略	周三多（2002）	经营战略
宋常（2011）	主营业务增长率，资本支出增长率，公司年龄	姚益龙（2009）	对销售收入绘成趋势图	韩福荣（2002）	灵活性，可控性，企业规模
Chiung－Ju Liang（2011）	公司年龄、销售增长率、普通股现金股利/扣除非正常项目的会计盈余、资本支出/净资产和营销费用率	黄娟（2007）	销售增长率	陈仁贵（1998）	企业规模
孙建强等（2003）	收入增长率、市场占有增长率、科研成果转化增长率、成本降低率、规模扩张率、现金收益比增长率	李永峰等（2004）	总资产、无形资产、销售收入、现金流量净值、生产成本、利润、研发投入和运营能力	苏志炯（2008）	员工增长率、销售额增长率、利润额增长率、市场占有率及增长率、企业组织结构、企业管理风格、企业控制权、企业文化

对前人的研究进行归纳、整理后，企业生命周期划分标准大体可分为组织因素、管理因素和经济因素三大类。其中组织因素包括组织的规模、年龄、稳定性、复杂程度；管理因素包括管理风格，控制方式，运营战略；经济因素包括销售增长率、销售额、资本支出增长率、利润/销售额增长率等内容。

因此，本书依据西部地区农合组织发展的实际，对其生命周期阶段仍然以组织因素、管理因素、经济因素三个维度进行划分。其中组织因素主要考虑组织规模化程度、组织结构的完整性和稳定性等；管理因素重点考虑领导者的主导地位、管理制度和规范的完整性等；经济因素包括销售额的大小和利润/销售比率等因素，以及这些因素的变化趋势。

1. 初创期

在初创期，随着政策的推动及环境的变化，一些知识型和风险偏好型农户开始组织周边农户合作或个人创建农合组织，获得一定的成效。在初创期，农合组织的组织规模较小，但扩大趋势明显，组织的稳定性较差；管理过程中农合组织中领导者的个人能力和个人魅力占主导地位，管理制度没有形成，管理不够规范；在经济效益方面，经过一段时间的经营，农合组织经济效益方面虽然销售额在增加，但是利润率仍然很低，甚至负数，但是利润率呈现不断增长的趋势。西部地区初创阶段划分标准（满足 2 个条件以上者）如下：①组织规模较小，成员小于等于 50 户，农产品生产规模不大于 2500 亩；②组织的管理层 3 人以下，组织的管理规范和制度没有形成文件形式；③销售利润率 5% 以下，但销售利润率纵向比较有增长趋势。

2. 成长期

经过几年的探索性经营与改进，农合组织运营不断进入正轨，成长速度不断加快。进入成长期后，农合组织规模迅速扩大，组织结构逐步改善，组织的稳定性加强；管理方面，农合组织中领导者在个人魅力的主导地位下滑，管理制度和管理规范逐步形成，管理开始进入正轨；在经济效益方面，农合组织的经济效益明显，销售额增长开始缓慢，但是利润额快速增长，组织的经济效益呈现明显持续增加趋势。本阶段西部地区农合组织的划分标准（满足 2 个条件以上者）如下：①组织成员大于 100 户，农产品生产规模大于 5000 亩，并还在增加；②组织的管理层开始形成层次结构，组织中有一些成文的管理规范和制度，但是仍然没有完善；③销售利润率 15% 以上，但销售利润率年增长速度 2% 以上，呈现继续增长趋势。

3. 成熟期

成熟期，农合组织具备了一定的规模，组织结构逐步稳定并完善，组织层次多而复杂；组织中管理规范和管理制度也已较完善，领导者的官僚主义开始出现，管理新问题不断出现；在经济效益方面，农合组织的销售量和销售额仍然可观，但是利润率开始下滑，经济收益呈现缓慢下降趋势。

西部地区农合组织进入成熟期的划分标准为（满足 2 个条件以上者）：①组织成员数量基本不变，大于 200 户，农产品生产规模大于 10000 亩；②管理组织结构形成较完整的层次结构，具有较完善的、成文的组织管理规范和制度；③销售利润率 5% 以上，年增长率下滑甚至负数，而且缓慢下滑的趋势明显。

4. 衰退期

随着宏观环境和行业环境的变化，农合组织现存的组织结构、管理规范和制度不断出现问题，组织的稳定性弱化，不断有人退出，经济收益明显下滑，组织成员获得的利润微薄甚至没有。西部地区农合组织进入衰退期的划分标准为（满足 2 个条件以上者）：①组织成员不断退出，成员数小于 100 户，农产品生产规模小于 5000 亩，并呈现快速下降趋势；②管理组织结构较完善，变动较多，组织管理规范和制度陈旧；③销售利润率 5% 以下，年增长率快速下滑甚至负增长。

三、西部地区农合组织生命周期各阶段营销渠道力分析

农合组织的发展过程与一般企业发展类似，仍然要经过初创、成长、成熟和衰退等不同生命周期阶段。农合组织的不同发展阶段，自身的发展状态不同，在整个价值链当中的位置也不同，所要采取的发展战略也有所不同。因此，了解西部地区农合组织在不同生命周期阶段中的营销渠道力特征并进行分析，对渠道力提升具有很重要的意义。

农合组织在农村家庭承包经营基础上，同类农产品的生产经营者或者同类农业生产经营服务的提供者、利用者自愿联合、民主管理的互助性经济组织。农合组织以其成员为主要服务对象，提供农业生产资料的购买，农产品的销售、加工、运输、储藏以及与农业生产经营有关的技术、信息等服务。它是一种准企业组织，是一个对外盈利与对内非盈利相结合的特殊的企业。从国内外合作经济组织发展的历史来看，可以迁移企业生命周期理论，将农合组织生命周期大致分为四个阶段：初创阶段、成长阶段、成熟阶段、衰退阶段（变异/继续发展）。基于生命周期理论，并结合西部地区农合组织的发展特点，从动态角度将渠道力与农合组织所处发展阶段联系起来。

在企业生命周期发展的不同阶段，组织内环境的成熟度必然会作用和表现于营销渠道资源的整合和运用能力上，致使不同生命周期阶段农合组织的营销渠道力体现也有所不同。具体表现如图 5 - 1 所示。

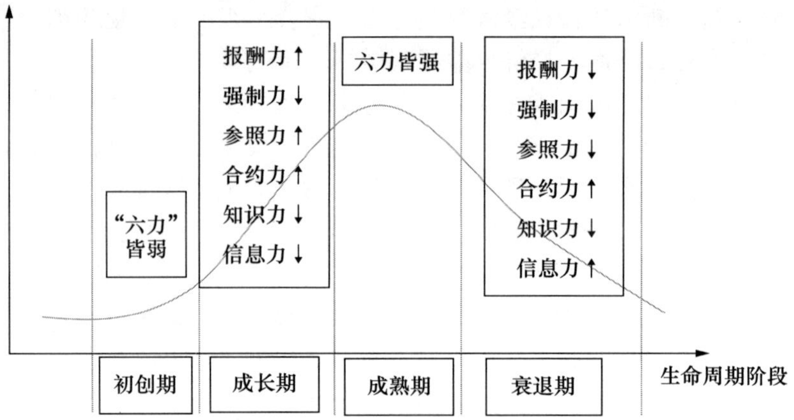

图5-1　不同生命周期阶段西部地区农合组织营销渠道力特征

1. 初创阶段营销渠道力分析

由于农业市场化程度的不断提高和农产品市场竞争的日益激烈，以家庭为单位的经营模式下的农户无论是面对龙头企业、城市超市还是小商小贩，农户都属于“弱势群体”，只有联合起来创立专业合作社等形成“利益共享、风险共担”的共同体，才能强化市场主体地位，强化“话语权”，提高农户市场竞争能力；同时也只有通过农合组织才能更好地保护自身利益。在这种情况下，农户尝试性地成立了农合组织，主要有四种类型：政府经济技术部门领办型、“能人”带动型、龙头企业带动型、农户自发组织型。

此阶段，西部地区农合组织的主要目标是使服务或产品在消费者和市场中得到认可。在该阶段，农合组织呈现出思想认识不够、规模小、经济实力不强、运行机制不健全、组织间合作少，区域跨度小等特征。在营销渠道上表现为“六力”皆弱，综合能力低下。

其一，报酬力低，渠道利润流失严重。农合组织创建初期，或靠“能人”带动或靠政府带动，仅有少数农户加入，多数农户持观望态度。规模小，产量低，效率低，盈利低的农合组织面对较少的批发商，使农户在农产品价格谈判中处于不利地位，出现“两头叫，中间笑”的现象。农合组织和消费者都不满意，农合组织抱怨收购价太低，消费者抱怨零售价太高，而农产品流通环节利润空间很大，利益分配极不平衡，中间商在整个农副产品的交易过程中获得高额利润。在农合组织初创期，农产品进入本地市场典型的渠道环节是：合作社—收购商—产地市场—零售商—消费者；进入外地市场则是：农合组织—收购商—产地市场—运销批发商—销地市场—零售商—消费者。这样，流通渠道一般需要经过三四个层级，多的五六个层级，造成流通和交易成本高。如2012年5月，山西清徐县出产的西红柿批发价每斤在 2.2 元左右，而到了太原市北张村菜市场一斤西红柿便宜的还要 3.5 元[①]。差价之大，营销渠道环节多，渠道利润流失严重。

其二，强制力低，无讨价还价能力。农合组织创建初期，大部分农户还是几家临时凑在一起去出售农产品，或者坐等商贩上门，或在田边地头等待收购。农户难以形成合力，众多的只代表个人利益的农户面对相对较少的批发商，加之农产品流通渠道比较单一，没有形成多渠道的营销体系，就会使农户在议价中往往处于不利地位，从而会损伤农户的利益。另外，由于农合组织力量薄弱，批发市场上的代理商主要是单方面为买方客户从事代购业务，几乎还没有那种常驻批发市场、为农户代理农产品批发交易业务的真正规范的批发商，因而农户利益难以有效保障。

例如，2011 年 11 月发生的内蒙古自治区乌兰察布市土豆滞销事件。绝大多数马铃薯农合组织在农产品产销链中处于弱势地位，因为 2010 年全国各地的采购商蜂拥而至，开着车主动到地里来收购，几乎见到土豆就抢，每斤 1～1.2 元。[②] 正是有了 2010 年的大好局面，2011 年，农户才加大了土豆种植数量；然而，2011 年却只有少量商贩来收购土豆，并把价格压得很低，甚至不到 2010 年价格的 1/3，所以导致大部分马铃薯合作社都扛着，等土豆价格涨起来，然而未来土豆价格走势根本是无法预测的，才有了年底的 77 亿斤土豆滞销。马铃薯合作组织的农产品销售完全掌握在收购商手里，对渠道没有任何控制能力。即使后来国家商务部采取了一系列措施，启动"滞销救助机制"，采取了网上对接、农超对接和农批对接等多种方式解决土豆销售难题，马铃薯合作社在与采购商就土豆价格谈判时，都未能达成每斤 0.5 元的保本收购价。可见，农合组织发展初期，由其规模、实力和能力等客观因素决定了其在农产品销售渠道中没有任何话语权，更无从谈起其渠道强制力。

其三，合约力差，章程不规范，违约行为时常出现。在农合组织发展的初级阶段，组织结构不健全，治理机制不完善。首先表现在大多数农合组织有章程但不规范，或者是有章程但形同虚设，不按照章程办事，缺乏具体的管理制度；其次，由于当前农合组织中能人（或带头人）扮演着重要的角色，在重大项目和活动中决策不民主，一般都是由能人（或带头人）一个人来做决策，一般的社员很少参与决策和管理，一旦出了问题就只能解散；最后，部分农合组织的利益分配机制不明确，严重削弱了社员的积极性。李中华、曹春燕、辛德树（2009）在对 60 家农民专业合作社进行调研时，发现近一半的农合组织未设监事会，还

① 众多流通环节推高山西蔬菜价格．农博网，http：//www.aweb.com.cn，2012－05－09.

② 乌兰察布市土豆年产 77 亿斤滞销．央视网，2011－11－04.

有相当一部分农合组织在内部事务决定、利润分配等方面随意性大，无章可循或有章不循，没有形成严格规范的制度。在孔祥智（2009）调查的33个农民专业合作经济组织中，只有3家合作组织有明确的利益分配机制，占总数的9.1%，其他30家合作组织均没有明确的利益分配机制。组织结构简单，缺少管理制度，决策权力集中于创业者。

在农产品销售上，农合组织与农户之间，与渠道成员之间，在正常情况下，能按照合同的规定兑现自己的承诺，一般不会发生违约现象。但遇到市场变化时，由于没有形成紧密型合作关系，易引起违约。有的农合组织尽管与中间商签订了销售合同或契约，但在市场价格波动时，部分农合组织自律意识、法治意识较差，造成市场行情好时，单方面撕毁合同，自行销售；市场行情不好时，中间商合同违约现象时有发生，双方长远合作难以维持。

其四，参照力低，农产品数量质量难以保证。在农合组织发展初创期，产量低，规模小，利润低，章程不规范等问题的凸显，使得农产品数量与市场需求的衔接出现问题，大部分收购商不愿意收购数量少、单价高的农产品，渠道出现严重阻塞，这致使有些农合组织为提高产量，降低成本，追求短期利益，掺假制假、滥用添加剂、蔬菜、水果的农药残留超标等行为时有发生，另外，虽然农药企业对药品的用量进行了明确说明，但是西部地区农户受自身素质限制，在生产过程中由于处于某种原因依然会超剂量、超范围使用，不能根据操作规范用药，导致了农产品农药残留超标，严重危害农产品质量安全，在农产品产业链中很难起到示范带头作用，参照力低。这也是这一阶段的突出问题。

同时，此阶段，西部地区农合组织主要处于渠道的生产环节，只有少量的农合组织处于流通环节，即使处于流通环节的农合组织也很少有自主品牌，农产品品牌效应低下，我国学者冯力（2006）在对我国农合组织的研究中，把它归结为三个原因：第一，农产品进入市场手段简单，不注重品牌与市场接轨，使品牌很难成为名牌。第二，品牌农产品规模小，产品数量和质量都不能构成地区优势。已有品牌多数为一个乡镇或几个村的特产，没有形成几个乡镇、几个县域、或更大区域性共同的特产。第三，本已形成地域优势的产品，政府部门却各自为政，分别注册不同的商标，使地域优势弱化。

其五，知识力低，农产品专业知识普及率低。农合组织成员的文化水平影响合作社的生产力、竞争力和其对渠道的管控力。较高的受教育程度有助于社员接受新的生产技术、新的管理思想，有利于社员民主意识、合作意识以及品牌意识的培养。但是，当前我国农合组织的社员普遍受教育程度低，文化水平低。林迪、郭红东（2009）通过对全国30家农合组织进行调查，结果显示被调查合作社社员大多为初中文化程度，占被调查人数的43.1%，高中以上学历仅占总调查人数的 4.1%。黄胜忠（2007）调查了 9 家农民专业合作社的社员，结果显示被调查的社员中小学及以下文化程度的占 50% 左右，而高中（中专）文化程度以上的不到 8%。

在创建初期，农合组织的社员了解的合作知识也比较少，民主意识低。林迪、郭红东（2009）在针对“是否了解合作社运作方面的知识”对社员进行调查时，有 11.4% 的社员选择不了解，26% 选择有点了解，42.3% 选择基本了解，12.2% 选择了解，只有 8.1% 的被调查者回答很了解。正是由于社员合作知识的缺乏，加之社员合作意识淡薄，赚了就合，赔了就退，分分合合导致农合组织不稳定，渠道合作无法有序开展。

其六，信息力缺乏，渠道信息传播严重受阻。在初创期，农合组织对信息化的意识还比较淡薄，农村信息服务发展比较滞后，广大农村地区与城市之间也存在明显的“数字鸿沟”，信息资源共享程度偏低，信息工作队伍服务能力还不能满足需要，广播、电视、电信、报刊等常规媒体传播农业信息的潜力尚未得到充分开发。致使广大农户获取信息的渠道有限、成本较高，不能及时掌握科技、政策、市场、劳务等各类信息，生产经营的盲目性很大；不能及时根据市场需求调整生产、品种和品质结构；不能全面了解市场营销渠道层次多少、渠道成员的性质与规模；不能全面了解中间渠道各环节差价，以及到达各主要市场的运输手段、线路与仓储方式，以至于不能准确比较分析各渠道的成本收益，受到当地客商虚假信息的干扰，不能对渠道做出正确选择，直接导致产品销路不畅、利润的流失。因此，加强农合组织信息化建设，通过信息技术改造传统农业、装备现代农业，通过信息服务实现合作社生产与大市场的对接，通过提高信息化水平缩小城乡“数字鸿沟”，是农合组织发展初创阶段，同时也是我国构建和谐社会主义新农村的一项重要任务。

综上所述，西部地区农合组织初创期，随着农合组织领导者们的不断探索和努力，合作经济组织初具规模，取得了一定成绩。在这个阶段农合组织在营销渠道过程中，仅作为一种刚刚起步的中介性组织，在整个渠道链条中还没有起到主导作用，农合组织的营销渠道力中的六个力皆弱，导致整个渠道力很弱。

2. 成长阶段营销渠道力分析

在西部地区农合组织成长阶段，会员增多，规模扩大，管理机制逐渐健全，农合组织靠科学的管理而向专业化、规模化、规范化方向迅速发展。在这个阶段，农合组织把利润与社员共享，注意重视品牌经营，努力打造拳头产品，寻求更大的利润空间以增加竞争力。

其一，报酬力增强，盈利能力提高。经过前期的磨合发展，这一时期，农合组织吸引更多的农户加入，扩大交易规模，提高盈利能力，增强市场竞争力，朝规模经济的方向发展。合作社的利益分配问题得到初步解决。

农户能够短期让利于农合组织，提高合作社的盈利水平。此时，农户对农合组织已经具有了一定的信任和认可，具备了较好的合作能力，这为个人利益服从集体利益，促进农合组织的快速发展提供了可能。农合组织在分配利益时，也在农户能够接受的范围内调整内部交易价格，当然，农合组织收购的价格必定大于农户独自在市场上交易的价格，使农户既愿意与农合组织交易，实现牧民增收与农合组织规模经济，又让农户短期让利于农合组织，提高农合组织收益水平，加快资本积累。

例如，在对内蒙古自治区达茂旗德彪养殖专业合作社进行考察时了解到，在这个农合组织，农户养殖的农产品不是由单个农户卖给当地的小商小贩，而是由农合组织统一出售，农合组织按照出售后的市场价格再给农户分红，而分红的形式主要以股金分红为主。为了避免大户控制合作社和普通农户利益得不到有效保护，防止背离农合组织弱者联合的初衷，农合组织尽可能地吸引更多的牧民入股，扩大股金总规模，缩小个人股金所占的比例，调动普通农户社员参与支持农合组织发展的积极性。同时，为满足农合组织快速成长的资金、技术、人才等方面的需求，农合组织开始提取公积金和公益金。由此可见，在农合组织的成长阶段，其报酬力大大提升，盈利能力增强，利润分配机制趋于合理。

其二，强制力低，仍无话语权。处于成长期的农合组织，社员增多，借助社员的规模优势，生产成本降低，农产品统一销售，比较个别农户而言，在一定程度上提高了他们的议价能力，但因其组织实力、资金、人才等因素的限制，其在农产品销售渠道中的地位和话语权仍然很弱。如在巴彦淖尔市杭锦后旗益丰粮食产销专业合作社，2008 年 10 月成立，其发展状况表明现正处于成长阶段，它通过统一选种、统一种植、统一灌溉、统一农药等技术手段规范农产品产量和质量，并与加工企业统一签订购销合同，农合组织的成员通过合作社把粮食直接卖给企业，但购销合同却明确规定，参照当地的粮食收购最低指导价，每年的最终收购价由加工企业随当年的市场行情波动定价①。农户和农合组织在农产品销售渠道中仍没有定价权和话语权。随着种植/养殖规模的进一步扩大、效率进一步提高，与农合组织纵向和横向一体化步伐的推进，农合组织的渠道强制力会有所提升。

为了提高农合组织在行业中的地位，更好地满足市场多样化需求，行业或地区的农合组织间也开始出现松散的联合。例如西安恒绿蔬果专业合作社在与超市

---

① 巴彦淖尔市杭锦后旗益丰粮食产销专业合作社坚持“八个统一”带动社员稳步增收致富．中国食品产业网，2009－05－09.

的对接中，为满足超市蔬菜水果的多样化需求，与相邻合作社联手，共同与超市对接，已经意识到联合的重要作用。

其三，合约力强，管理机制完善，渠道成员间法律约束力增强。西部地区农合组织经过一段时间的探索，在成长阶段，按照国家出台的《农民专业合作社法》相关规定，管理机制逐渐健全，在农合组织成员会的选举下，设立基本的理事会和监事会，按照“成员（代表）大会决策、理事会执行、监事会监督、成员团结合作”的民主管理机制运行。组织机构分工较明确，社员管理制度、生产销售管理制度、财务管理制度、盈余分配管理制度等合作社章程逐渐完善。

与农合组织下游渠道成员签订权责明确的法律合同，学会运用法律武器保护农户及自身的合法权益。农合组织与收购方合同的签订相当于给农户吃了“定心丸”，收购企业往往预付款给监管方管理，到收购时以市场价为准进行收购，这有效地提高了农户种植/养殖的积极性，农户也从盲目种植/养殖，迈向订单农业发展之路，靠的正是这种有法律合同保护的、稳定的合作关系。

其四，参照力渐强，重视农产品质量和品牌建设。此阶段，农合组织开始意识到农产品质量是赢得市场、维系企业长久发展、促进农户增收的根本性问题。农户的合作意识、法律意识不断加强，逐渐弱化或摒弃了小农思想，短视目光，更重视自身与农合组织的长期发展，开始按照农合组织的统一要求，统一选种，统一种植和浇灌，同时还开始从技术环节入手，严控产品质量。例如，西安恒绿蔬果专业合作社，经过 3 年的发展后，在生产流通领域引进了全自动保鲜膜包装生产线，由田间运来的新鲜蔬菜经过筛选、预处理等工序后被送上生产线，每条生产线每分钟可以包装 37 包蔬菜，工作效率大幅提高，还减少了包装过程中的人为污染，保证了农产品品质①。此阶段，社员们努力种植并上缴优质精选良品，为农产品品牌和农合组织品牌的创建打下基础。

其五，知识力低，管理、技术人才匮乏。农合组织发展到成长阶段，仍然要靠“能人”（领导者）的带动，其个人的关系能力、组织能力、领导能力和管理能力是带动农合组织逐渐走上正规化的主要动力。农合组织中有文化、懂技术、善经营、会管理的优秀人才匮乏，农合组织很想引进一些“外脑”，但很多人担心条件艰苦不愿在农村工作，当然，薪水问题也是难引进人才的原因之一。而社员们的文化层次、专业技术知识水平比入社时稍有提升，但这些不是短期内可以一蹴而就的，是一个长期的学习和接收过程。农合组织也适时地聘请农业技术员、专家向农户开展了一些特定的指导，但是这种指导是不系统的，多数是针对特定问题而设的，比如农药勾兑、农药喷洒时间、选种等。

---

① 魏鑫，生董智．专业合作社让农民增收实实在在［N］．西安晚报，2014－04－20.

同时，由于资金、规模、管理等方面的限制，农合组织的市场营销人才、技术研发人才的培养和建设还没有有效开展，与大专院校、科研机构和农业技术推广机构的联合技术研发、试验、示范和推广等合作项目也没有提到议事日程。

其六，信息力缺乏，信息传播不及时。由此可见，在成长期，农合组织经过一段时间的探索和努力，发展速度开始加快。主要体现在农户农合组织利润增长率加快（报酬力增强），开始重视消费者权利与渠道成员之间的长期合作关系的建立，以及对成员的培训、教育或先进知识的传播，提高农合组织向市场提供产品的质量、服务，吸引和抓住顾客。而其品牌还没有建立或打响、信息平台的建设与共享机制还没有完善，在渠道链条中的“话语权”和掌控权还不够明显。因此，在这个阶段农合组织的报酬力、合约力比较强，而参照力、知识力、信息力和强制力还有待进一步完善和增强。

3. 成熟阶段营销渠道力分析

在此阶段，西部地区农合组织发展步入正轨、运行平稳、机制健全、制度规范、产品销量稳中有升、品牌和质量过硬，盈利水平达到高峰，在营销渠道的管理能力上表现为“六力”皆强。

其一，报酬力强，有较高的盈利能力。西部地区农合组织发展到成熟阶段，产品销量平稳，拥有一定市场占有率和市场知名度，盈利水平达到最高。如陕西杨凌农夫果业专业合作社，2008 年成立，注册资金 150 万元，截至 2011 年，其固定资产已达 65 万元，销往全国各地的果蔬累计 15 万余吨，销售收入 5000 万元，净利润 2000 万元，社员通过返利获得的人均收入 3500 余元。①

其二，强制力强，有突出的主导地位。在成熟期，农合组织向纵向一体化、横向一体化方向发展。其中，农合组织的纵向一体化发展表现在两个方面：一是通过向农户提供各种产前、产后服务，实现合作社与生产者的纵向一体化，农合组织的领导地位突出，就有较强的话语权；二是通过农合组织本身业务的扩展，实现从农产品集中、处理、储运、加工直到批发、零售、进出口等环节的纵向一体化，农合组织在其中具有主导地位，在农产品流通渠道中处于领袖地位，对渠道各方主体具有较强的控制力。

而横向一体化是通过基层农合组织之间的合并来实现农合组织的集中，行业或地区的农合组织龙头做发起人，形成农合组织的联合，统一开展标准化生产、品牌化建设、农产品认证，以及统一开展新技术、新品种的推广，提升合作组织的市场竞争力。不仅如此，这种横向一体化还有效避免了同业冲突，防止同业成员间的恶性竞争，从而形成合力，实现规模经济，提升市场话语权。此时，表现

① 杨曼，许黎珊．合作社提高农民话语权［EB/OL］．人民网－市场报，2008－10－22.

为基层农合组织数量急剧减少，每个基层农合组织的社员人数增加，即农合组织规模扩大，随之，其在纵向一体化产业链中，地位提升，掌握更多话语权。

其三，合约力强，有完善的法律保障。在农合组织发展的成熟阶段，农合组织与农产品产业链上下游企业之间都建立了较完善的法律保障体系。农户入股农合组织、获取农合组织的分红有据可依，与下游加工企业协商农产品收购价格、质量要求、市场风险等都在合同中明确写明，在“受益共享、风险共担”的基本原则下，合理完善的契约关系已经基本建立。

其四，参照力强，有较强的竞争意识。随着农合组织业务的发展和内外部环境的变化，为了提高生存和发展能力，农合组织的经营活动越来越倾向以市场为导向，以消费者需求为导向，合作社盈利倾向加重，竞争意识增强，注重营销策略和品牌化建设。担当品牌营销的主体，创建农产品区域品牌，进行农产品区域品牌的维护与管理，打造名牌农产品。

其五，知识力强，农业知识普及率高。在农合组织发展的成熟阶段，农户通过前期的农产品技术指导和种（养）植管理经验积累，较好地掌握了农产品种（养）植专业知识，管理技术和管理手段也有了大幅度提升；大部分农户已把被动学习转化为主动学习，主动请教技术能手和信息科技员，广泛学习专业技能和管理知识，关注农产品市场营销动态，主动联系农合组织下游买方，为农产品的快速销售牵线搭桥。在此阶段，农合组织成员的知识力明显增强。

其六，信息力强，渠道信息交流通畅。在农合组织发展的成熟期，农村基础设施逐渐完善，随着“家电下乡”措施的实行和“村村通电话”“村村通电视”等惠农工程的建设，农户家庭彩电和电话的普及率得到很大程度的提升，电视和电话也成为组织成员获取信息的主要渠道。但是，农村信息化建设在完善信息基础设施的同时还要注重信息资源的有效利用。

在成熟阶段，农合组织信息化建设的理念和目标是生产在社、营销在网、信息交流、资源共享。达到“六化一推”的效果，即功能系统集成化，监督指导规范化，运行管理市场化，会员入网开放化，服务需求功能化，集聚成员规模化，合力推进信息化。此时，大部分农合组织都建立了网上销售、订单销售、专卖店销售、大型超市销售、展销会销售等多途径销售网络，各点专人负责，通过信息在产业链中的有效传递，及时信息交流和反馈，强化售后服务，使得销售网络更为通畅。

例如，陕西杨凌示范区的“乾兴模式”，该地区筹集农户、政府和企业的资金，为每个农合组织配备电脑，以便及时获取网络信息，由公司聘请西北农林科技大学的专家作为农户的技术顾问，以农合组织和企业为交流平台，定期为各农户专业协会进行网上培训和疑难解答，健全农产品和生产资料的市场信息，及时、全面地为农合组织提供必要的经营信息，将各方面信息资源有效地整合起来①。

综上所述，农合组织经过很长一段时间的不断摸索、不断前进，从初创到成长，再到成熟期，农合组织的运营和发展进入了鼎盛期。在这个阶段农合组织的品牌已被打响，在社会当中的认知度很高，在行业当中有了较高的名誉，组织的利润率很高，信息平台的建设较完善。各利益相关者与农合组织的合作意愿很强，因此在这个阶段，农合组织的六个力都很强，也使得其营销渠道力很强。

4. 衰退阶段营销渠道力分析

衰退期，合作社的主要特点是拥有较大的资本量，市场声誉仍然存在，但面临产品销售减少、盈利下降和市场萎缩等问题，经营机制不能适应改革发展的需要，亟待二次创业。农合组织面临成员对合作社关心减弱、对竞争对手的反击能力降低、对合作社的忠诚度降低等问题。此阶段，农合组织最明显的表现如下：利润增长率快速下降，产品的质量、品种等都无法满足需求，人员对先进知识与技术的把握和认知能力减弱，但农合组织在产业链中的话语权开始下滑，甚至很多合作伙伴与成员开始退出组织，规模缩小。报酬力、知识力、强制力、参照力都逐渐变弱，合约力和信息力虽然保持强劲，但农合组织在渠道中的整体营销渠道力开始减弱。

通过以上对西部地区农合组织四个阶段营销渠道力的分析，农合组织不同生命周期阶段渠道力的表现特征可以总结如表 5－2 所示。

表 5－2　企业生命周期不同阶段西部地区农合组织营销渠道力特征

	报酬力	强制力	参照力	合约力	知识力	信息力
初创期	弱	弱	弱	弱	弱	弱
成长期	渐强	弱	弱	渐强	弱	弱
成熟期	强	强	强	强	强	强
衰退期	渐弱	渐弱	渐弱	强	渐弱	强

第二节　西部地区农合组织营销渠道力评价指标体系的构建

基于利益相关者理论，在科学性、可操作性和独立性原则的指导下，对西部

① 孙浩杰. 农民专业合作经济组织生成与运行机制研究［D］. 西北农林科技大学博士学位论文，2008.

地区农合组织各利益相关者的利益诉求进行分析，结合“六力模型”中的报酬力、强制力、参照力、合约力、信息力和知识力，与农合组织各利益相关者进行矩阵式交叉分析，构建西部地区农合组织营销渠道力的评价指标体系。

一、指标体系的设计原则

渠道力评价指标体系构建，是为了更加科学、合理地了解和评价某个渠道成员对其他渠道成员的控制力和影响力以及其在渠道上的主导能力。因此，为了保证评价结论的科学性、可操作性和反映现实的能力，渠道力评价指标体系构建应遵循以下几个原则：

1. 科学性原则

每个渠道力评价指标应该有明确的概念、内涵和外延，计算方法科学、计算过程简单易操作为主要原则。不同的指标要有不同的侧重点，相互配合，为组织更有效地运行提供科学的决策依据。

2. 可操作性原则

评价的目的是了解组织运行状况，以作后续的决策。因此，所建立的渠道力评价指标体系必须是可量化、可计算、可比较的。同时也应该选择简单易懂，容易操作的测算指标。

3. 独立性原则

介于各利益相关者的利益诉求比较多，说法不一，但是所反映的内容相近，因此必须进行归纳、整理，降低评价重复的可能性。

二、利益相关者理论

利益相关者理论在英、美等国家自 1960 年前后逐渐形成并发展起来的。弗里曼 1984 年出版《战略管理：利益相关者方法》，首次对利益相关者理论进行了系统化概述，并给出了明确定义：“利益相关者是指能够影响一个组织目标的实现，或者受到一个组织实现其目标过程影响的所有个体和群体。”

利益相关者理论的主要思想：每个企业都存在多方利益相关者，每一方均对企业提供了专用性投资，同时承担着其所带来的风险，企业处理好与各利益方之间的关系，决定着企业的生存和长久发展。从企业的可持续发展角度来讲，企业应该在各利益相关者之中合理的分配剩余控制权和剩余索取权，而分配方式不同也将会直接影响绩效水平。简而言之，利益相关者理论强调的是在企业治理过程中要注重各利益主体之间的利益关系，利益分配的有效性和合理性直接影响企业的长久发展。

三、西部农合组织的一般经营模式及利益相关者

农合组织是农户自愿参加的，以农户经营为基础，以某一产业或产品为纽带，以增加成员收入为目的，实行资金、技术、生产、购销、加工等互助合作经济组织。目前西部地区农合组织的一般运作过程为：将临近的、分散的多个“家庭型”农户生产的农作物，有效地汇聚一起，通过下游的企业或中间商进行加工或统一储运，以优越的成本和质量送到消费者的过程。其经营模式如图 5－2 所示。

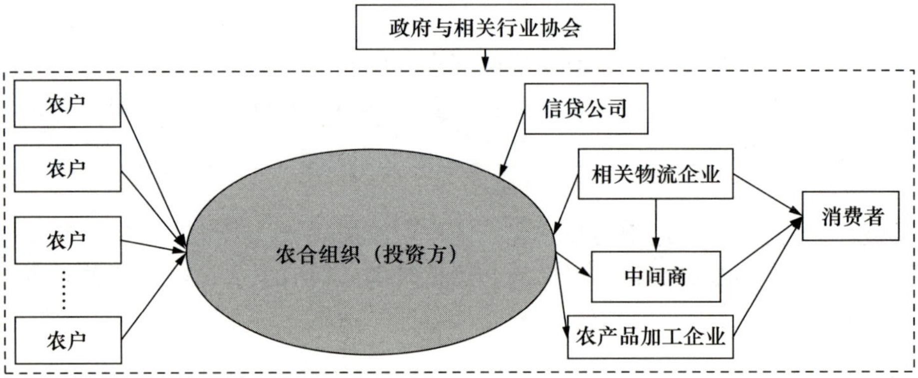

图 5－2　西部地区农合组织的一般经营模式

虽然，农合组织运营的目的是谋求全体成员的共同利益，但提高效率、扩大市场，农合组织必须与营销渠道上的其他成员进行密切合作，有效资源整合，才能获得更多利益。西部地区农合组织的一般经营模式为：农户自愿加入农合组织，该组织为成员提供一定的技术、信息等服务，又通过相关物流企业或部门将成员生产出来的农产品汇聚，统一储运，送到中间商、加工企业甚至消费者，同时通过借贷公司获得一部分资金支持，确保组织正常运行。整个渠道过程的运行也受政府与相关行业协会的监督和支持。在农合组织参与的农产品营销渠道过程中，农合组织均占据着重要地位，因此，为方便起见，本书将其命名为农合组织渠道过程。

从图 5－2 的西部地区农合组织的一般经营模式中可以看出，农合组织的营销渠道全过程涉及以下几类利益相关者：农户、相关物流企业、下游企业（中间商或加工企业）、消费者、投资方、借贷公司以及政府与相关行业协会 7 类企业、

组织及个人。也可以根据各利益相关者对渠道过程的参与度，将西部地区农合组织利益相关者分成渠道组织者、渠道参与者和渠道影响者。其中农合组织的合伙人或投资人为这个渠道过程的组织者，本书称为投资方；渠道参与者包括农户、中间商、加工企业、信贷公司、相关物流企业和最终消费者，这些利益相关者都直接参与渠道过程，他们的业务活动直接影响渠道绩效；渠道影响者包括政府与相关行业协会，通过制定政策和行业标准影响渠道过程。

四、西部地区农合组织利益相关者的利益诉求

利益诉求是利益相关者通过具体行动想获得利益的期望。西部地区农合组织的投资者，身份各异，但他们的利益诉求均相似，在后面的分析中用投资方代替。还有渠道过程的影响者——政府与相关行业协会，其所指定的相关政策与行业标准对农合组织来说是宏观环境，是组织无法控制而只能去适应和接受，因此在本书中将其忽略。因此，研究中的利益诉求分析主要对农合组织能够影响的6个利益相关者进行分析。

1. 农户

农户是农合组织的上游合作方，是农产品生产者，即产品供应方，也是农合组织的主要服务对象。农合组织将“小而散”的单个农户组织起来，借助自身资源和能力的优势，实现农户与市场的有效对接，增加农户收入。农户所提供的农产品质量与农产品规模直接影响整个渠道的农产品质量、农产品的可得率。农合组织通过满足农户利益诉求，让他们自愿加入组织，同时受组织的规章制度的约束，保证农产品供应质量。一般农户加入农合组织的利益诉求包括：农产品收购能力（价格与收购量的保障）、技术培训能力（技术培训能力在一定程度上提高农产品产量和质量）、市场信息共享能力（这是农户最短缺的，通过市场信息的共享，适当提高产品销售量和销售价格）和资金扶持能力（提供的资金扶持，保障农户生产顺利进行）等。

2. 投资方

农合组织的投资方是农合组织的创办者，可以是个人、几个农户或几个合伙人。他们决定着农合组织的业务经营和发展方向，对组织的成长与发展起着至关重要的作用。投资方的利益诉求为投资回报能力（这是投资方是否要投资的决定性因素）、成长空间及能力、人才水平（农合组织中的人员教育水平、技术的掌握与信息的挖掘与解释能力直接影响该组织的经营水平和未来发展）。

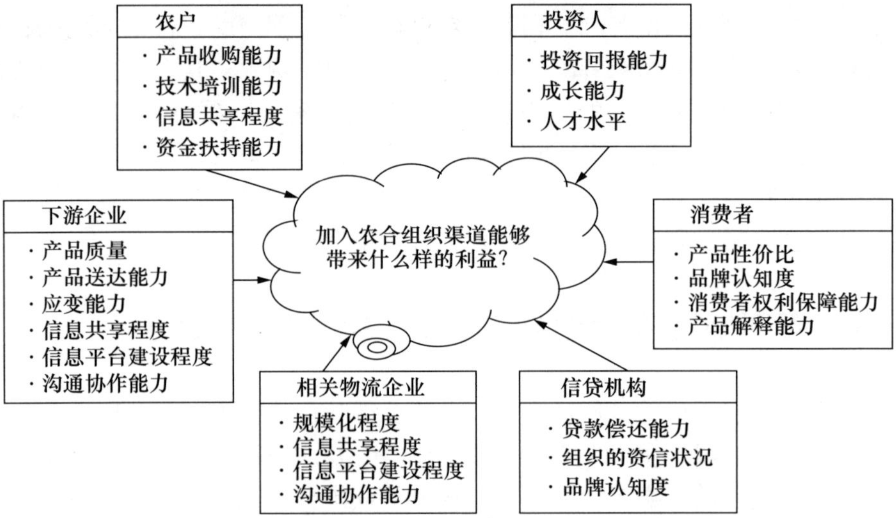

图 5－3　西部地区农合组织相关利益者利益诉求

3. 相关物流企业

相关物流企业是指农产品从田地通过仓储、运输、配送等环节，最终将农产品送到消费者手中的承担实物流的相关企业或个人。由于我国农产品生产地和消费地分布分散，规模小等特点，农产品物流成本比例仍然很高，一般性农产品物流成本占总成本在40%左右，而鲜活类产品更高，达到60%。因此，专业物流服务对农合组织显得尤为重要。相关物流企业加入农合组织渠道过程的主要利益诉求为：规模化程度（规模越大，物流企业通过规模效应、减少单位产品物流成本、提高利润、物流企业投资回报率越高）、信息共享程度和信息平台建设程度（信息化程度越高，物流管理和控制成本降低，效率提高）、沟通协作能力（决定着物流企业与各环节的协调性、衔接性）。

4. 下游企业（包括中间商、农产品加工企业）

农合组织的下游企业是指对所购买的农产品进行简单加工，实现产品增值或通过转售，得到更多经济利益的组织和个人。主要包括零售商、粮油公司、超市、批发商和食品加工企业等。下游企业的主要利益诉求为：产品性价比，产品送达能力，应变能力，信息共享程度，信息平台建设程度，沟通协作能力等方面。产品优质率能保证下游企业的原材料的质量，产品送达能力和应变能力能够保障产品可得率，共同协作能力与信息化程度可以促进与下游企业的信息沟通与协作顺利。

5. 消费者

消费者是农产品的最终食用者，一般是居民。消费者购买农产品所看重的方面，即消费者利益诉求主要为：产品性价比、品牌认知度、产品解释能力、消费者权利保障性等关乎切身利益和身体健康方面的内容。

6. 借贷公司

借贷公司是通过提供贷款来帮助农合组织解决资金短缺等问题，获得利润的企业。它为农合组织提供必要的资金保障。借贷公司的主要利益诉求为贷款偿还能力、品牌认知度、组织的资信状况。

农合组织营销渠道中的各利益相关者，除了关注以上指标以外，也要考虑农合组织在行业中地位、规模化程度、合同的有效性及合同明确程度等共性指标。

农合组织通过相关利益者的利益诉求满足，加强各渠道成员与其合作的意愿，提升对渠道成员的控制和影响力，有效整合资源，协调运作，提升竞争力。

五、西部地区农合组织营销渠道力评价指标体系

通过上面对西部地区农合组织各利益相关者的利益诉求分析所获得的三级渠道力评价指标具有一定的重复性和分裂性，对这些利益诉求进行汇总和分类，可以得到更具有科学性、独立性的、可操作性强的评价指标体系。结合“六力模型”中的报酬力、强制力、参照力、合约力、信息力和知识力与各利益相关者进行矩阵式交叉分析，对所获得的三级评价指标进行归纳、整理。结果如表 5－3 所示。

表 5－3　西部地区农合组织营销渠道力评价指标矩阵

	农户	下游企业	信贷机构	消费者	投资人	相关物流企业
报酬力	产品收购能力，资金扶持能力	产品优质率	还贷能力	产品的性价比	投资回报能力	投资回报能力
强制力	行业中地位，规模化程度，替代商的多寡	行业中地位，规模化程度，替代商的多寡				行业中地位，规模化程度，替代商的多寡
参照力		材料优等率，应变能力，送达能力	组织的资信状况，品牌认知度	品牌认知度		品牌认知度

续表

	农户	下游企业	信贷机构	消费者	投资人	相关物流企业
合约力	合同有效性，合同明确程度	合同有效性，合同明确程度	合同有效性，合同明确程度	消费者权利保障能力	合同有效性，合同明确程度	合同有效性，合同明确程度
信息力	信息共享程度	信息共享程度，信息平台建设程度		信息共享程度		信息共享程度，信息平台建设程度
知识力	技术培训能力			产品解释能力	人才水平	

1. 报酬力

报酬力是农合组织给参与方的能力。参加商业活动的每个组织与个人最终目的都是为了获得更多的利润。同样，农合组织的渠道成员们与其合作也要获得一定的利润，而且这个利润率必须比自己经营或与其他组织合作的利润率要高。这些渠道成员所获利润越多，合作意向越强，成为长期合作伙伴的可能性就越大，农合组织的主导地位就越明显，对各渠道成员的控制和约束力就越大。

2. 强制力

渠道强制力是组织在整个渠道运行中对渠道成员的管理能力，很大程度上代表该成员在渠道运行中的话语权和自由支配能力。农合组织营销渠道过程由不同的利益主体来构成，每个利益主体都要想使自己的利益最大化。因此，对这些成员的管理与控制是一种跨组织的控制，比一般垂直性的层级管理更加复杂和困难。渠道强制力主要与替代商的多寡、行业中的地位和规模化程度等方面相关。

3. 参照力

参照力是指某个组织或个人所突出显现的“领导地位”“品质可靠”“良好声誉”等促使其他成员模仿或参照的形象或行为表现，能够充分体现其在该营销渠道中的地位和领导力。参照力越大，农合组织在社会上的认可度和信誉度就越高，有利于提高消费者对其产品的满意度，增强其购买欲望，社会各组织、企业与个人产生更强的合作意向，从而有效提高其在整个渠道中的领导地位和控制能力。

4. 合约力

合约力是农合组织为核心的某个渠道成员可依法对其他成员的行为施加影响。目前我国农合组织的规模仍较小，在社会上的品牌度和信誉度较低，在营销渠道全过程中的主导作用不明显，营销渠道模式以合约形式为主，即各渠道成员间以有效的合约，对各渠道成员的权利、责任和交易条件进行约束。从而，合约成为最有效力的、最重要的一种约束各渠道成员的模式。合约力对消费者来说一般表现在该组织的消费者权利保障能力，与其他合作方表现在合同有效性和明确程度方面。

5. 知识力

知识力是农合组织以自身的专业知识及对知识的感知，影响成员的能力。西部地区农合组织的渠道知识力有两种表现形式，一种是通过渗透到组织文化中，对组织人员的信息加工与解读能力、组织发展战略方向、经营理念等方面产生影响，间接地作用于组织的运作。另一种，则通过农合组织提供给农户的相关技术支持和培训等方面。根据我国第二次全国农业普查数据（2001），目前我国农村劳动力资源中自然人力资源占大多数，知识型、专业型的人力资源仍然很短缺，文盲3593万人，占6.8%；小学文化程度17341万人，占32.7%；初中文化程度26303万人，占49.5%；高中文化程度5215万人，占9.8%；大专及以上文化程度648万人，占1.2%。农产品生产和销售水平仍然很低。从以上数据可知，我国农户家庭小学或初中文化水平的人力资源占大多数，达到82.2%，而中专与大专以上文化程度占比不到2%。西部地区农户文化程度更低，因此要求西部地区农合组织向农户提供相关技术支持和培训，提高农产品质量和产量。

6. 信息力

信息力是农合组织对市场信息进行收集、加工、处理、判断及共享，影响各渠道成员的能力。随着社会步入信息化时代，信息在工作、生活等人们生存的各行各业中承担着重要的作用。在西部地区农合组织为核心的营销渠道中的公共信息平台的建立和信息共享可以让农户了解市场需求信息，提高他们的积极性和主动性，同时可以实现信息的透明与快速传递，促进成员间的信息交流与沟通，提高产品送达能力，提升整个渠道的产品和服务质量。

由于农合组织渠道力是该组织作用于其他成员的一种“力”，通过这个“力”的作用提升或降低各渠道成员与该组织的合作意愿，也可以有效管理和控制渠道成员，促进营销过程畅通有序，提高消费者满意度，保障整个价值链各方利益。通过以上分析，西部地区农合组织渠道力这个目标层包含了报酬力、参照力、强制力、合约力、信息力和知识力6个准则层，又通过表5-3中的交叉分析，将因子层的21个三级指标归类到准则层的“六力”中，所构建的指标体系如图5-4所示。

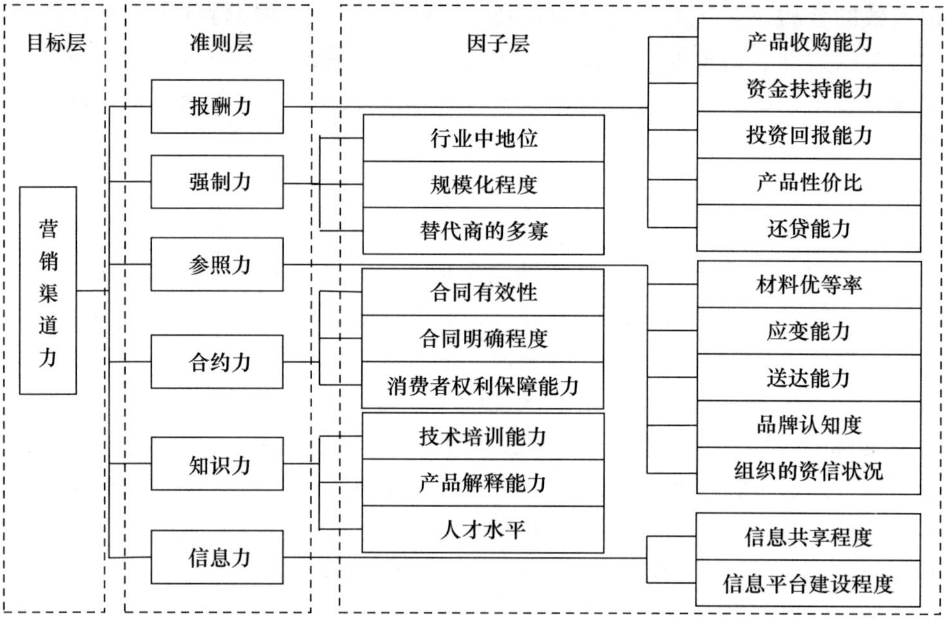

图5－4　西部地区农合组织营销渠道力评价指标体系

第三节　基于FCEM的西部地区农合组织营销渠道力评价的实证分析

在构建了农合组织渠道力评价指标体系的基础上，采用层次分析和模糊综合评价（AHP－FCEM）分析方法，选取三个分别处于不同生命周期阶段的西部地区农合组织作为评价对象，结合定性分析，对农合组织营销渠道力评价指标体系的可行性和有效性进行验证。

一、基于AHP的西部地区农合组织营销渠道力的指标权重

1. 层次分析法

层次分析方法（Analytical Hierarchy Process，AHP）是美国运筹学家T. L. Saaty在20世纪70年代提出的一种对定性问题进行定量分析的简便、灵活

的多因素决策方法。它的特点是把复杂问题中的各个因素通过划分为相互联系的有序层级，使之条理化。AHP 被广泛应用于资源分配、冲突分析、系统分析、影响因素分析、寻求最优方案等社会经济管理领域。层次分析法自问世以来，在世界各地得到迅速推广和普及，取得了大量的研究成果。AHP 的基本思路是首先把要研究的复杂问题看作一个系统，通过深入分析，把系统中相互联系的各个因素划分为有序层级；其次请专家对每一层次的各个因素进行比较，得出相对重要性的定量表示；再次建立数学模型，计算各因素的相对重要性权值，并加以排序；最后根据排序结果进行决策，解决问题。它把人的思维过程层次化、数量化，通过数学手段提供相对科学的分析、决策依据，是一种定性与定量相结合的研究分析方法。

假设某一问题，总目标为 U，其影响因素为 V_i（i = 1，2，…，n），共 n 个，且因素相对于 U 的重要性权重分别为 w_i（i = 1，2，…，n），则 $u = w_1v_1 + w_2v_2 + \cdots + w_nv_n$。层次分析法即为通过建立 V_i 的有序层级，求解 w_i，并加以排序。通过各因素相对重要性权重两两比较构造判断矩阵，用 A 表示。

若 A 满足一致性条件，则解特征问题 Aw = rim，得到 w = （w_1，w_2，…，w_n）T 经归一化，即为目标 U 的影响因素的权重。运用 AHP 法确定西部地区农合组织营销渠道力评价指标权重的基本过程如下：

第一，构建层次结构模型。AHP 通过深入分析所面临的复杂问题，按照相互关联影响以及隶属关系，将问题分解为有序层次结构（一般为目标层、准则层、因子层三个层次）中的不同因素，构建层次结构模型。

第二，构造判断矩阵。将每一层次因素与上一层次中的某一因素两两比较，构成判断矩阵。判断矩阵的值反映了人们对各因素相对重要性（或优劣、偏好、强度等）的认识，一般采用 Delphi 法获得，用 1 ~ 9 比例标度法标度相对重要程度（见表 5 - 4）。在此基础上，通过计算判断矩阵的最大特征值及其对应的特征向量，计算出某一层元素相对于上一层次某一个元素的重要性权值。

表 5 - 4　比例标度法

重要性程度	含义
1	表示 2 个元素相比，具有同等重要性
3	表示 2 个元素相比，前者比后者稍微重要
5	表示 2 个元素相比，前者比后者明显重要
7	表示 2 个元素相比，前者比后者强烈重要
9	表示 2 个元素相比，前者比后者极端重要
2，4，6，8	表示上述判断的中间值
倒数	若 i 与 j 的重要性之比为 aij，则 j 与 i 的重要性之比为 aji = 1/aij

第三，层次单排序和一致性检验。在得出判断矩阵后，需要对 A 的判断矩阵进行层次单排序，根据线性代数原理，计算判断矩阵的最大特征根与相应的特征向量，可以得出对于 A 而言，B 层次与之有联系的元素相对重要性权重。具体方法如下：

设 B 层次各元素的权重向量为 $W=(w_1, w_2, \cdots, w_n)$，其中，n 为矩阵阶数。根据 $A-\lambda E=0$（E 为 n 阶单位矩阵），解出最大特征值与特征向量。

由于判断矩阵是由评价者或专家给定的，受问题的复杂性和人们知识结构、个人偏好、判断水平的局限，定性分析难以达到一致性。为了保证所得结果合理，还需要对判断矩阵进行一致性检验。根据矩阵原理，采用一致性指标 CI 与一致性指标 RI，计算一致性比例 CR。当 $CR<0.1$ 时，一般认为判断矩阵的一致性是可以接受的，否则需要调整判断矩阵的元素取值。其中，RI 是美国数学家 T. L. Saaty（1976）通过构造 500 个相关矩阵，对于不同的 n 阶矩阵，得到的平均随机一致性指标，如表 5－5 所示。具体公式如下：

$$CR=CI/RI$$

$$CI=(\lambda_{max}-n)/(n-1)$$

表 5－5　随机性指标 CR 数值

n	1	2	3	4	5	6	7	8	9	10
RI	0.00	0.00	0.58	0.9	1.12	1.24	1.32	0.41	0.45	0.49

同准则层 B 层一样，构造 B1—C1、B2—C2 等各层次的判断矩阵，并计算出各自的权重并检验。

第四，层次总排序和一致性检验。层次总排序是下一层次元素相对于上一层次的组合权重。利用同一层次中所有单排序的结果，就可以计算针对上一层次而言本层次所有元素的组合权重，即层次总排序，并进行一致性检验，方法同单排序检验类似。

根据层次总排序结果，可得出各指标的相对重要性权值。

2. 营销渠道力各层次指标权重的确定

由于营销渠道力中的“六力”较为抽象，各个力所包含的因素也较难量化，本书通过向 30 名专家发放评分表，依据专家打分构造 AHP 法中的各比较矩阵。首先依据每一名专家给出的数据对各项指标的权重进行测算，其次将 30 名专家的计算结果取平均值。从而实现各项指标的相对权重更接近实际。为方便叙述，以其中一名专家评价为例进行说明。

首先，专家针对准则层采用 1 ~9 比例标度法，对各指标重要程度进行打分。如表 5 -6 所示。

表 5 -6　营销渠道力各项指标判断矩阵

营销渠道力	报酬力 B1	强制力 B2	参照力 B3	合约力 B4	知识力 B5	信息力 B6
报酬力 B1	1	2	2	1/2	2	2
强制力 B2	1/2	1	2	1/2	2	3
参照力 B3	1/2	1/2	1	1/2	2	2
合约力 B4	2	1/2	2	1	2	2
知识力 B5	1/2	1/2	1/2	1/2	1	2
信息力 B6	1/2	1/3	1/2	1/2	1/2	1
λ_{max} =6. 289739344　CI =0. 057947869　CR =0. 045990372						

其次，专家针对目标层采用 1 ~9 比例标度法，对各指标重要程度进行打分。

表 5 -7　报酬力各因子判断矩阵

报酬力	产品收购能力 C11	资金扶持能力 C12	投资回报能力 C13	产品性价比 C14	还贷能力 C15
产品收购能力 C11	1	1/2	1	1/2	1/2
资金扶持能力 C12	2	1	1/3	1/2	1/2
投资回报能力 C13	2	3	1	1	1/2
产品性价比 C14	2	2	2	1	2
还贷能力 C15	2	2	2	2	1
λ_{max} =5. 366042445　CI =0. 091510611　CR =0. 081705903					

表 5 -8　强制力各因子判断矩阵

强制力	行业中的地位 C21	规模化程度 C22	替代商的多寡 C23
行业中的地位 C21	1	2	3
规模化程度 C22	1/2	1	2
替代商的多寡 C23	1/3	1/2	1
λ_{max} =3. 009202713　CI =0. 004601356　CR =0. 008848762			

表 5－9　参照力各因子判断矩阵

参照力	材料优等率 C31	应变能力 C32	送达能力 C33	品牌认知度 C34	组织的资信状况 C35
材料优等率 C31	1	2	3	3	1/4
应变能力 C32	1/2	1	3	3	1/5
送达能力 C33	1/3	1/3	1	3	1/5
品牌认知度 C34	1/3	1/3	1/3	1	1/5
组织的资信状况 C35	4	5	5	5	1
λ_{max} = 5.358781571　CI = 0.089695393　CR = 0.080085172					

表 5－10　合约力各因子判断矩阵

合约力	合同的有效性 C41	合同明确程度 C42	消费者权利保障能力 C43
合同的有效性 C41	1	3	4
合同明确程度 C42	1/3	1	3
消费者权利保障能力 C43	1/4	1/3	1
λ_{max} = 3.073513525　CI = 0.036756763　CR = 0.070686082			

表 5－11　知识力各因子判断矩阵

知识力	技术培训能力 C51	产品解释能力 C52	人才水平 C53
技术培训能力 C51	1	2	4
产品解释能力 C52	1/2	1	3
人才水平 C53	1/4	1/3	1
λ_{max} = 3.018294707　CI = 0.009147354　CR = 0.017591065			

表 5－12　信息力各因子判断矩阵

信息力	信息共享程度 C61	信息平台建设程度 C62
信息共享程度 C61	1	1/3
信息平台建设程度 C62	3	1
λ_{max} = 2　CI = 0　CR = 0		

最后，根据以上针对准则层和目标层的专家打分情况，得到西部地区农合组织营销渠道力各评价因素的权重情况，以某一位专家打分为例，如表 5－13 所示。

表 5－13 西部地区农合组织营销渠道力各评价因素的权重（专家）

目标层	准则层	权重	因子层		层次单排序	各指标综合排序
营销渠道力	报酬力（B1）	0. 21692019	产品收购能力	C11	0. 124994182	0. 027113762
			资金扶持能力	C12	0. 132396817	0. 028719543
			投资回报能力	C13	0. 205459415	0. 044568295
			产品性价比	C14	0. 287161222	0. 062291067
			还贷能力	C15	0. 249988364	0. 054227523
	强制力（B2）	0. 1842066	行业中的地位	C21	0. 53961455	0. 099400562
			规模化程度	C22	0. 296961331	0. 054702237
			替代商的多寡	C23	0. 163424119	0. 030103801
	参照力（B3）	0. 136651157	材料优等率	C31	0. 200066388	0. 027339303
			应变能力	C32	0. 145004049	0. 019814971
			送达能力	C33	0. 086161525	0. 011774072
			品牌认知度	C34	0. 055521971	0. 007587142
			组织的资信状况	C35	0. 513246067	0. 070135669
	合约力（B4）	0. 273302314	合同的有效性	C41	0. 614410656	0. 167919854
			合同明确程度	C42	0. 268368573	0. 073345752
			消费者权利保障能力	C43	0. 117220771	0. 032036708
	知识力（B5）	0. 108460095	技术培训能力	C51	0. 558424543	0. 060566779
			产品解释能力	C52	0. 319618264	0. 034665827
			人才水平	C53	0. 121957193	0. 013227489
	信息力（B6）	0. 080459644	信息共享程度	C61	0. 25	0. 020114911
			信息平台建设程度	C62	0. 75	0. 060344733

为得到更客观的结果，将 30 名专家的判断数据分别求解，对相关因子的权重数据进行平均。由此，得到西部地区农合组织营销渠道力评价指标体系各因素的平均权重得分，如表 5－14 所示。

由此，我们针对构建的西部地区农合组织营销渠道力评价指标体系，采用层次分析方法，通过 30 名相关专家的评价打分，得到了营销渠道力各个评价指标的权重得分，为后续进行综合评价奠定了基础。

表 5-14　西部地区农合组织营销渠道力评价指标各因素的平均权重

准则层	准则层权重	因子层	因子权重	各因子总权重
报酬力（B1）	0.315	产品收购能力	0.241	0.076
		资金扶持能力	0.144	0.046
		投资回报能力	0.249	0.079
		产品性价比	0.231	0.073
		还贷能力	0.134	0.042
强制力（B2）	0.108	行业中的地位	0.615	0.067
		规模化程度	0.264	0.028
		替代商的多寡	0.121	0.013
参照力（B3）	0.125	材料优等率	0.325	0.041
		应变能力	0.109	0.014
		送达能力	0.115	0.014
		品牌认知度	0.193	0.024
		组织的资信状况	0.257	0.032
合约力（B4）	0.201	合同的有效性	0.606	0.122
		合同明确程度	0.273	0.055
		消费者权利保障能力	0.121	0.024
知识力（B5）	0.125	技术培训能力	0.524	0.065
		产品解释能力	0.277	0.035
		人才水平	0.199	0.025
信息力（B6）	0.126	信息共享程度	0.462	0.058
		信息平台建设程度	0.538	0.068

二、模糊综合评价方法及步骤

1. 基本原理

汪培庄在 20 世纪 80 年代初，提出了模糊综合评价法（Fuzzy Conprehensive Evaluation Method，FCEM），它是应用模糊数学理论对受许多模糊、不确定的因素影响的复杂问题进行全面有效评价的一种综合评价的方法。因为有些问题的影响因素很多是无法量化的定性指标，例如创新性、政策目标等，传统的定量评价工具无法使用，利用模糊数学理论则可以将这些定性指标定量化。它具有结果清晰，系统性强的特点，能较好地解决模糊的、难以量化的问题，适合各种非确定性问题的解决。

根据西部地区农合组织营销渠道评价指标体系，有些指标可以定量表示，有些则具有模糊性，不能直接采用定量表示，用一般定量分析方法难以评价。模糊评价是由评估专家对渠道力指标体系进行定性的模糊选择，通过模糊变换原理进行运算取得结果，再将定量的数据结果和定性评价相结合进行综合评价。因此，选择模糊数学方法对西部地区农合组织渠道力进行评价具有较强实用性。模糊数学研究方法可以将定性分析转化为定量表示，能够相对客观、正确地认识和评价西部地区农合组织渠道力，为其进一步提高渠道力提供科学有效的工具。但模糊综合评价法没有明显的层次性，如果和 AHP 结合使用，能够得到较好的评价结果。

首先使用层次分析方法，构建渠道力的层次分析模型，得出渠道力各指标的相对重要性权值，其次使用模糊评价方法对渠道力进行综合评价。由此建立的三级评价模型，能够更准确地评价西部地区农合组织营销渠道力。

2. 具体步骤

模糊综合评价方法的具体步骤如下：

第一，确立因素集。评价因素集 U 是评估指标的集合，它具有层次性，即：

第一层指标：U

$U=\{U_1, U_2, U_3, \cdots\}$

第二层指标：U_1，U_2，U_3，…

$U_1=\{u_{11}, u_{12}, u_{13}, \cdots\}$

$U_2=\{u_{21}, u_{22}, u_{23}, \cdots\}$

$U_3=\{u_{31}, u_{32}, u_{33}, \cdots\}$

第三层指标：u_{11}，u_{12}，u_{13}，…，u_{21}，u_{22}，u_{23}，…，u_{31}，u_{32}，u_{33}，…

第二，确立各指标层权重。U_i 对 U 的权重为 a_i（i=1，2，3，…），即权重分配集为：

$A=\{A_1, A_2, A_3, \cdots\}$

u_{ij}对 U_i 的权重为 a_{ij}，权重分配集为：

$A_1=\{a_{11}, a_{12}, a_{13}, a_{14}, a_{15}, a_{16}, \cdots\}$

$A_2=\{a_{21}, a_{22}, a_{23}, a_{24}, a_{25}, \cdots\}$

$A_3=\{a_{31}, a_{32}, a_{33}, a_{34}, a_{35}, a_{36}, a_{37}, a_{38}, a_{39}, \cdots\}$

以上 a_i，a_{ij}的数值可由层次分析法（AHP）确定，满足一致性检验的判断矩阵对应的特征向量的各分量即为各指标对上层的权重。

第三，建立等级评价标准。评价等级集是评估结果所组成的集合，即

V = {v_1（很差），v_2（较差），v_3（一般），v_4（较好），v_5（效果显著）}

其中，v_h（h=1，2，3，4，5）表示第 h 个评价等级。

第四，确立隶属关系建立模糊评价矩阵。以第三级指标为基础构建相对应的

第二级各个因素的模糊评价矩阵。

对三级指标各因素 U_{ij} 按照评语集合 $V=(v_1, v_2, \cdots, v_5)$ 的等级评定出 U_{ij} 对 V_h 的隶属度 R_{ih}（$i=1, 2, \cdots, n$；$h=1, 2, \cdots, 5$），由此组成二级指标各因素的评价矩阵 R_{ij}。

$$R_{ij}=\begin{vmatrix} R_{11}, & R_{12}, & \cdots, & R_{15} \\ R_{21}, & R_{22}, & \cdots, & R_{25} \\ & \vdots & & \\ R_{i1}, & R_{i2}, & \cdots, & R_{i5} \end{vmatrix}$$

这里 R_{ij} 表示第 2 层因素下第 3 层子集因子对应的模糊矩阵，i 代表第二级指标对应下第三级指标的因素个数，j 为绩效考核等级数，其中，R_{ij}（$i=1, 2, \cdots, n$；$h=1, 2, \cdots, 5$）表示对第 i 个评价指标做出的第 h 级评语的隶属度，即通过聘请专家打分后，对评价结果进行统计，得到对第 i 个评价指标有 v_{ih} 个 v_h 级评语，则 $R_{ih}=v_{ih}/n$（n 为研究项目团队聘请的专家个数）。

第五，确定模糊子集向量。由因素模糊向量 $A_k=(a_{k1}, a_{k2}, \cdots, a_{ki})$ 和上一步确定的评价矩阵 R_k，得到第一级模糊综合评价模型：

$B_k=(b_{k1}, b_{k2}, \cdots, b_{kn})=A_kR_k$

B_k 是 V 上的模糊子集向量。

把 U 上的 n 个因素子集 U_k（$k=1, 2, 3, \cdots$）看作是 n 个单因素，按 U_k 在 U 中所起作用的大小，确定其权重，组成模糊向量 $A=(a_1, a_2, a_3)$，再由 U_k 的综合评价结果 $B_k=(b_{k1}, b_{k2}, \cdots, b_{kn})$ 构成单因素评价矩阵 R，即

$$B=A\times R=A\times\begin{bmatrix} B_1 \\ B_2 \\ B_3 \end{bmatrix}=A\times\begin{vmatrix} A_1R_1 \\ A_2R_2 \\ A_3R_3 \end{vmatrix}$$

因为 $V=(v_1, v_2, \cdots, v_5)$ 为评估等级集合，根据上面的模型，可得到评估模糊综合评价模型 B_i，它们是 V 上的模糊子集向量：

$B_i=W_i\times R_i \quad (i=1, 2, 3)$

$B=W\times R$

其中“R”为模糊算子，为 i 指标对应的因子权重集合，n 表示 i 指标对应因子个数，i 表示第 n 层第 i 个指标。将对第 n 层的评价结果作为第 n-1 层的评价变换矩阵，得出最后评价结果。

第六，对模糊子集向量作归一化处理。将最后得到的模糊评价子集向量 B 归一化处理为 B^*，由此得到综合评价模型：

$z=(B_1^*, B_2^*, B_3^*)^T$

将集合 $V=(v_1, v_2, \cdots, v_5)$ 中的等级量化为 $F=(f_1, f_2, \cdots, f_5)$，确定第1层各因素的评价向量：

$H=Z\times F^T$

由此，最后评估结果为：

$U=W\times H=[W_i, \cdots, W_n]\times H$

其中，W_i 指第1层第i个指标权重，U表示综合评价得分。

三、评价对象及其营销渠道力现状分析

本书选取三个分别处于不同生命周期阶段的西部地区农合组织作为评价对象，它们分别是呼和浩特市百岁果蔬种植专业合作社、西安恒绿蔬果专业合作社、陕西杨凌农夫果业专业合作社，现就这三个合作经济组织的发展和营销渠道力现状进行定性分析。

1. 呼和浩特市百岁果蔬种植专业合作社

呼和浩特市百岁果蔬种植专业合作社（以下简称“百岁果蔬”）成立于2011年6月，位于呼和浩特市赛罕区金河镇前白庙村，由毕业于内蒙古农业大学的学生王明带头创建，现已成为标准化示范种植园区。百岁果蔬种植专业合作社是一家集蔬果种植、销售、配送、观光采摘、休闲娱乐、大学生创业于一体的综合性企业。该合作社以“踏实、拼搏、责任”的企业精神，以“诚信、共赢、争创品牌”的经营理念，保障质量安全，构筑起基地种植、果蔬批发、配送服务的经营模式。因其创建时间较晚，百岁果蔬的经营模式和渠道建设正逐步开展。2014年7月，笔者通过实地走访调查，现对其营销渠道力发展状况总结如下。

（1）报酬力。百岁果蔬创立初期承包了20栋大棚进行香瓜及蔬菜种植，通过两年的成功经验，现已吸引455户农户加盟，对加盟的农户予以统一规划种植，统一育苗，统一提供肥料，进行先进的技术指导，根据市场情况，逐步发展成以销定产模式，形成产、供、销完整的产业链，让农户得到最大实惠，带动周边农户发家致富，共奔小康。百岁果蔬与呼和浩特市区近40家蔬菜店签订采购合同，因为所有蔬菜均是无公害的，种植过程中即使生虫也不打药，价格相对较高，2014年7月，油菜、菠菜等批发价格一般为0.7~0.8元/斤；莜麦菜和生菜批发价格达1.3元/斤；黄柿子批发价格为4元/斤，这些菜品的收购价均高于市场价。经农户介绍，加入合作社后，平均每亩每年多收入2000元左右，因为菜可以卖出去，又高于市场价，比较散户而言，盈利能力大为提升。

（2）强制力。百岁果蔬合作社发展才刚刚起步，在金河镇前白庙村自有种植大棚75栋，加盟种植大棚共计128栋，农业设施建设为合作社的发展带来了

生机。百岁果蔬合作社在呼和浩特市场上已小有名气，创建人王明也成为大学生创业的典范。合作社“致力于为消费者提供安全、健康、新鲜、优质的果蔬产品”的服务理念打动了消费者的心，受到消费者的一致好评和认可。这些都为合作社在行业中的地位提升打下基础。比较散户而言，该合作社产品在市场上更具竞争力，议价能力有所提升，但目前，受规模、管理、人才等因素所限，在行业中的地位和话语权仍很微弱。

（3）合约力。在百岁果蔬，菜农合作社之间是加盟关系，加盟后，合作社对加盟的农户予以统一规划种植，统一育苗，统一提供肥料，进行先进的技术指导，并负责统一收购，直接销售到呼和浩特市区的数十家蔬菜店。目前来看，该合作社的章程还仅限于能够按照合作社法的相关要求来执行，但合约细则不明朗、不完善。

（4）参照力。合作社十分注重产品的品质，在提供安全放心果蔬的前提下，引进了水果黄瓜（荷兰），金玲珑小柿子（台湾），金妃小柿子（台湾），新兰西瓜（台湾），千禧小柿子（台湾），布利塔茄子（荷兰）等许多优质品种以及当本地广泛种植的青椒、大黄柿子、红粉柿子、香瓜、刺黄瓜、西瓜、蜜瓜、葡萄、油桃、毛桃、杏等许多果蔬品种，还有生菜、油麦菜、青菜等许多叶类菜，穿心莲、苦菜等药膳类菜和甜查理、红颜等口感鲜美的草莓品种。提倡采用这些新品种、新技术和先进的设施农业，种植原汁原味的产品。

合作社在金河镇前白庙村除了建有自有种植大棚和盟种植大棚这些基本的农业设施外，合作社还建设了配送中心，用来挑选优质的果蔬，按照营养结构，为客户进行营养搭配，努力成为客户的私人安全蔬菜营养搭配的提供者。配送中心的主要功能有储存功能、分拣功能（进行二次挑选）、集散功能、配送功能。这些基础和硬件条件的建设都为合作社更好地发展奠定了基础。

（5）知识力。百岁果蔬合作社成立至今一直靠带头人王明的管理和领导，在前期的多次失败中摸索成长，王明感慨道：“只有吸收先进的种植理念和管理模式才能转变，人总要在失败中成长。”合作社今后的发展需要更多的技术型、管理型人才。

在指导和培训环节，合作社一方面帮助周边农户发展种植，为菜农种前提供培训和育苗，种中提供指导和技术支持，种后帮助农户销售和提供市场信息。在一定程度上解决了菜农种菜缺乏技术，卖菜困难等问题。目前，这种技术指导还不成体系，多数仍要倚靠种植户自身的悟性和能力。

（6）信息力。百岁果蔬社员之间、与蔬菜批发商和蔬菜零售商间信息的交流主要依靠手机、电脑等通信设备。信息共享和信息平台建设尚未提到议事日程。

百岁果蔬种植专业合作社正在创业的道路上大步前行。在金河镇舍必崖村，王明的100多个温室大棚即将投入使用。对于蔬菜基地未来的发展，他信心十足地说："2013年我的目标是，配送蔬菜店达到100家左右。"规模种植获得的收益是很可观的，按照每家平均每天500元的标准计算，1年的营业额将达到2000万元，纯利润15%，就是300万元左右。不仅如此，到时候首府老百姓就可以吃上新鲜、安全、便宜的菜，还可以带动很多菜农发家致富，实现共赢。他要在市区开10家专卖店，今年的营业额要达到3000万元左右，3年内要实现2000~3000户农户加入到合作社，5年后要成为农业产业化的上市公司……

综合以上的分析考证，呼和浩特市百岁果蔬种植专业合作社正处于初创期，在营销渠道"六力"上表现为"六力"皆弱。

2. 西安恒绿蔬果专业合作社

该合作组织成立于2008年5月，注册资金100万元，由西安恒绿科技发展有限公司发起，联合周边蔬菜种植户成立的。恒绿合作社以销售为龙头，以技术服务和产品收购为纽带，联系起了广大农户，经过几年的发展，合作社社员从最初的40多名已经发展到514名，带动农户数达到2000多户，通过合作社的辐射，带动了周边蔬菜种植3万余亩。近年来，开展农超对接为合作社发展提供了新的空间和机遇，经济实力和服务能力进一步增强，社会知名度不断提高。合作社被陕西省农业厅命名为"陕西省农民专业合作社百强示范社"，产品获西安市第一个鲜菜类"名牌产品"，注册商标"恒绿"通过市级著名商标评审。2014年，合作社年销售已经达到3200多万元。

（1）报酬力。自2005年以来，西安恒绿蔬果专业合作社以西安灞桥区为中心，带动周边蔬菜产业快速发展，带动周边农户稳定增收。合作社以示范基地为中心，以销售网络为渠道，带动周边农户加入合作社组织，促进当地的蔬菜产业化发展。2013年共收购2300余户农户的蔬菜，带动范围以灞桥区为主，辐射到周边的高陵、泾阳、阎良、户县和太白等蔬菜基地，主要是满足品种和季节上的互补。现合作社年销售额达到2700多万元，合作社积极推进标准化基地建设，示范推广娃娃菜、苦瓜、丝瓜、西红柿、圣女果等蔬菜新品种，通过收购带动农户增收375万元，户均增收1500元。

社员除从合作社获取蔬菜销售和农资供应的价格优惠外，还能得到按股分红和按交易量返还，农户社员家庭人均蔬菜收入逐年增加，2014年预计可达6200元，高于非社员32%以上。2014年11月，一般菜农将西红柿以每斤1.8元交售给产地收购商，运到西安市的批发市场，批发商以2.2元批发给零售商贩，商贩在菜市场一般零售价2.7元以上卖给市民。而社员交售合作社的价格是2元，合作社供给超市是2.35元，超市以2.6元卖给市民。合作社社员每斤多卖0.2元，按亩产量10000斤计算，亩收入比非社员增加2000元；而市民在超市购买合作社直供西红柿，每斤少花0.1元。合作社直供可降低流通成本约20%，收购社员价高于市场10%，销售给市民比一般零售低5%～10%。按照目前合作社全年蔬菜购销量估算，农户社员可从交售蔬菜中增收150多万元，可为市民节省100多万元开支。

（2）强制力。西安恒绿蔬果专业合作社在销售渠道管控方面，主要与超市联手，开展适时促销，让利市民，同时保护农户利益、稳定蔬菜生产。2014年8月，合作社基地丝瓜大量上市，市场收购价在短短3天之内由每斤1元迅速跌到0.5元，接近农户盈亏线。合作社及时大量收购，每斤在超市以0.6元特价促销，36家超市门店每天销售20000余斤，市民以比市场低0.4元的价格吃到了新鲜优质丝瓜，既解决了农户赔本销售的燃眉之急，也为超市带来了可观的客流，一周后丝瓜产地价格逐步恢复到每斤1元。合作社与超市联合让利促销，赢得了市民和超市的赞誉，凝聚了社员的人心，实现了多赢。在控制渠道方面，通过与超市联手，虽然农产品议价能力没有显著提升，但已开始。

（3）参照力。目前合作社拥有包装、加工、配送车间6个，共3200平方米，大型保鲜冷藏库1座，容积5000余吨，冷链配送车7辆，技术培训教室、图书资料室、专家接待室、办公用房等400平方米，总资产超过500万元。恒绿蔬果专业合作社，2010年被评为省级“百强示范社”，2012年被评为“全国优秀示范社”，2012年被陕西省科技厅授予“首批科技型示范社”称号，2013年荣获西安市“十佳示范社”荣誉称号。恒绿蔬菜是陕西省蔬菜类第一品牌。

合作社还购置农残快速检测设备，培训检测人员，指导农户在生产环节严格使用农药、肥料，不定期进行农残抽检，开展统一技术培训、统一生产标准、统一包装销售等七“统一”服务，实行质量安全追溯，保障合作社产品质量安全。目前合作社已获得3个无公害基地认定共21600亩，番茄、黄瓜、苦瓜等无公害产品认证9个，总产量5300吨。

同时，为了弥补合作社自产蔬菜品种较少，难以满足超市和市民多样化消费需求等问题，合作社利用与各大超市建立的良好营销关系，同其他蔬菜合作社开展横向联合与合作。经考察选择，与具有无公害基地认定的户县同兴瓜菜合作社、灞桥乐思蜀红薯合作社、高陵通远蔬菜合作社、阎良瓜菜合作社等9个合作社签订协议，供应豆角、辣椒、西芹、紫红薯、胡萝卜等10多个品种，已联合销售700多吨，进一步丰富了农超对接的品种和数量。

（4）合约力。恒绿合作社的发展，经过了几次转型，逐步走向规范。2005年，面对灞桥区蔬菜面积不断扩大、农户卖菜难的问题，7名蔬菜经销人员出资52万元成立西安恒绿科技发展公司。公司运营中，经常出现菜源不稳定、收购难组织、价格变动大等无法解决的问题，成为发展壮大的“瓶颈”。就在公司处于两难的关键时期，国家颁布实施了《农民专业合作社法》，灞桥区农经站在蔬菜协会进行了普法宣传，宣传通过合作社这种新型组织把公司与农户的利益紧密连接起来。在灞桥区农经站的指导下，2008 年 5 月恒绿公司作为团体社员，联合 41 户菜农共同出资成立恒绿蔬果专业合作社，并依法完善章程，制定各项规章制度，同农户建立了更加紧密的利益共同体，以利益为纽带，用经济手段组织农户开展蔬菜种植，不仅技术培训更容易开展，而且产品质量更有保证。特别在防止农户使用违禁农药的过程中，社员意识到合作社的利益与自己的利益一致，一荣俱荣，一损俱损，几年来没有发生一户社员违规使用农药的现象。

此外，合作社还制定和修订了《无公害蔬菜生产技术规程》《无公害蔬菜收购验收标准》《无公害蔬菜包装规范》等 11 个规范性规定，从产地环境、基地开发、种植管理、采收装运、加工处理等方面规范社员生产行为。

（5）知识力。合作社加强农户培训，利用新建的电教化培训教室，共组织了 15 期各类培训，主要培训内容涵盖了种植技术、植保技术、蔬菜包装技能等方面，共培训农户 1300 人次。通过合作社技术人员的指导和培训使产品生产、收购、加工包装实现了标准化，并将产品通过超市和批发渠道销售，形成了产供销“一条龙”服务。

（6）信息力。2014 年合作社拟开展网络销售业务，以合作社的优质蔬菜为主要网络销售产品，同时联合灞桥区、西安市乃至全省其他农户专业合作社的优质农副产品，建立覆盖西安市的网络销售渠道及物流配送业务，为合作社农副产品的销售创建新的模式、新的渠道。

由此可见，西安恒绿蔬果专业合作社发展势头较好，已有较为完善的治理机制和利益分配机制，种植规模化、规范化程度正在提高，品牌意识渐强，销售网络逐渐拓展，适当开展了农产品种植技术培训，种种迹象表明，该合作社已经跨越了初创期，步入成长期，各项渠道力综合表现一般。

3. 陕西杨凌农夫果业专业合作社

陕西杨凌农夫果业专业合作社（以下简称“农夫果业”），成立于 2008 年 12 月，注册资金 200 万元，总部位于陕西省杨凌农业高新技术产业示范区内，占地 16 亩，农夫果业有建设用地 16 亩，绿化面积 2500 平方米，配备 1200 吨果品保鲜冷气调库，3000 吨仓储仓库，300 平方米培训基地，办公场地 1000 平方米。农夫果业在杨凌及周边地区建立 100 亩蔬菜基地，同时联合著名学府西北农林科技大学建立苹果优质大苗繁育基地 80 亩、绿色苹果基地 10000 亩、有机苹果基地 5000 亩、绿色梨基地 5000 亩、有机梨基地 2000 亩、绿色猕猴桃基地 3000 亩、有机猕猴桃基地 1000 亩。

农夫果业主要从事果品新技术的推广、农资销售、大宗果品的交易、合作社的管理与培训、信息化服务等工作，现有基层合作社300家，加盟合作社140家，股东合作社10家，服务区域为陕西省渭南、咸阳、宝鸡、铜川、延安，河南省三门峡、灵宝，甘肃省天水、秦安，四川省都江堰，广西壮族自治区玉林等地农民专业合作社。农夫果业始终坚持以“责任、自强、创新”为理念，通过联合商家、结盟厂家、组织农家、聘请专家，产前供农资、产中传技术、产后抓销售、产闲搞培训、服务到田间、指导进果园、在诚信服务中弘扬关键技术，推广先进科技，创新实用技术。在2013年底销售收入达7000万元、净利润达3000万元，帮助300余家合作社完善管理制度体系，合作社发展势头强劲，蒸蒸日上。

（1）报酬力。农夫果业以高于市场价格的收购价格与农户签订供应合同，在下游与加工企业签订销售合同，和农户之间建立稳定的供销关系，改变了农户分散经营规模小，消息不灵，科技滞后，农户风险大，经营成本高，品种质量不能适应大市场的变化等缺点，先后为农户解决了农业生产资料购销价格高、果蔬销售难的问题，目前，销往全国各地的果蔬累计10万余吨。截至2009年10月，农夫果业根据农业生产管理需要，社员联合统一采购肥料8500余吨、农药1600余吨、通过联合商家、结盟厂家、组织农家、聘请专家。直接降低生产资料成本10万余元，提高销售收入100万余元，间接社会收益200万余元，提高社员人均收入3000余元。

此外，合作社还根据农户的交易额或者交易量进行年底利润分红，降低农业生产经营的成本，又让农户感受到合作化是实现农村改革发展的必由之路。

（2）强制力。农夫果业为社员统购统销农业生产资料，不仅降低生产成本，保证了农资质量安全，还提高了市场谈判地位。农夫果业代表500家合作社与农资企业签订合同，取得利益空间远远大于单独合作社与农资企业签订的供销合同利益，同时也分散、转移、化解了农资企业劣质农资的市场风险，保障了基层合作社的利益，增大了话语权，维护了广大农户的根本利益。

合作社还聘请专门有销售能力的销售经理和销售团队，专门从事果品销售工作。目前陕西省已经展开“农产品与超市对接窗口试点”，农夫果业作为农产品试点生产基地积极组织基层合作社做好销售工作。同时，在西安胡家庙水果批发市场、朱雀果品批发市场等重要的批发市场进行果品销售。此外，农夫果业还积极拓展国外各种果品销售渠道，委托香港一家外贸出口公司与海外多家外贸出口公司签订出口供销合同，真正为农民专业合作社的销售打开一扇走向国际市场的大门，增强其市场竞争力，巩固行业地位，提高议价能力。

（3）合法力。西安果友协会作为民政部门注册的社会团体，主要针对果品产区从事果品技术培训、农资质量评定、信息网络服务等非营利机构。国家对现代果品产业规划、陕西省果品产业化政策、发展方向做出明确判断并提出发展指导意见，协会立足陕西省乃至全国苹果产业体系发展，依托西北农林科技大学技术和管理优势成立股份合作制经济实体——陕西杨凌农夫果业专业合作社。

“无规矩不成方圆”，为全面有序开展合作社各项工作，合作社由相关人员起草了行政管理制度、人事管理制度、财务管理制度、生产管理制度及销售运输制度共计20余件；为激发员工工作激情，建立绩效考核制度，在很大程度上提高了工作效率，依法治社成为合作社制度建设的主旋律。

（4）参照力。农夫果业自成立以来，理事会针对农民专业合作社农副产品品牌建设成立专门项目组，注册“健康家族”商标和有机食品认证。目前该商标已经获得国家知识产权商标注册管理部门的审批，合作社还聘请专业策划设计团队对果蔬进行统一设计包装、宣传。

农夫果业品牌建设，不仅在农副产品销售方面使用统一品牌，也在农夫果业与基层合作社之间确立联合使用品牌标识的管理制度，例如农夫果业与基层合作社就名称进行有效沟通，统一在基层合作社使用“××果友专业合作社”，现已更名基层合作社350家。

农夫果业在农资营销方面进行统一标识管理制度建设，农夫果业与5家大型复合肥、有机肥生产企业签订了区域代理合同；与8家农药、农资生产企业签订供销合同，在大、小包装物上使用“陕西杨凌农夫果业专业合作社推荐使用”字样。这为基层合作社的社员提供了优质、高效的农资信誉和质量保障，杜绝了假农资对基层合作社社员农业生产带来的危害，同时也提高了合作社品牌化建设体系水平。

（5）知识力。农夫果业承接西北农林科技大学园艺学院、陕西省农业综合开发项目，针对技术体系、管理标准、管理组织架构接受西北农业科技大学管理专家的指导，为农民专业合作社管理提供了技术和服务保障。

农夫果业依托西北农林科技大学先后在杨凌及周边地区给果农传道授业，举办了20期果蔬培训，实地讲课100余次，受益果农达1万余人次。农夫果业还承接了世界银行农业项目“苹果新品种与优质大苗培育技术示范园建设项目”的子项目——农民专业合作社管理培训项目，现已培训基层合作社理事长100余人次、财务会计人员150余人次、农产品经纪人300余人次、农业科技人员（农村科技带头人）400余人次、农业生产人员（果农）10000余人次。农夫果业推动新建农民专业合作社100余家，改组或者重建农民专业合作社80余家，受邀培训各县、乡镇区域农民专业合作社30场专题培训工作。

农夫果业致力于打造新型的农民专业合作社，坚持“走出去、引进来”战略思路，先后多次送合作社社员到北京、河北、广西等地先进合作社参观学习，并邀请“三农”专家及合作社管理专家到农夫果业进行专业指导，为广大农民专业合作社发展提供政策支持和技术保障。农夫果业还组织管理人员和社员先后考察了意大利 VOG 组织、日本农协、中国台湾农协等农合组织，并多次参加中国人民大学农业与农村发展学院合作社培训学习，多次拜访我国著名的“三农”专家温铁军教授、何慧丽教授、杨雅茹教授等。通过形式多样的学习，不断提升合作社的知识力。

（6）信息力。随着现代农业进程的不断推进，牢牢把握住我国农业发展的时代趋势，信息化推动农业现代化，信息化带动农业不断应用现代农业技术，从而加强推动现代农业进程步伐。农夫果业制定长远战略规划，确立农夫果业信息化体系建设目标，把合作社各项管理和技术的推广建立于信息化管理体系。农夫果业与北京、西安等地软件开发企业共同研发农民专业合作社管理软件，建立适合农民专业合作社发展需要的现代管理系统。通过建立统一信息系统，保障了农夫果业与基层合作社之间最有效、最短时间、最直接的沟通，为基层合作社的发展提供合理、科学的技术和管理保障。

农夫果业与基层合作社建设统一的信息网络平台，以农民专业合作社管理软件，通过与多家网络媒体合作、共同努力，着力打造资源共享、信息互通、技术保障的网络服务体系。

综上所述，农夫果业经过 6 年的发展，实现“农超对接”“资金互助”，通过统一品牌、统一流通营销方式，成为陕西农民专业合作社的“领头羊”，为杨凌示范区乃至陕西省现代农业发展做出了贡献。综合以上几个方面的分析，我们初步认为，农夫果业已经步入成熟阶段，从营销渠道力的角度看，呈现出“六力”皆较强的良好局面。

四、基于 FCEM 的评价过程与评价结果

根据 AHP 法所得到的农合组织营销渠道力评价指标体系中各因子的权重数据，以三家企业为例，分别对其营销渠道力进行测度。由于评价指标体系中大部分指标难以量化，适宜采用模糊综合评价的方法进行。为确保准确反映各企业农产品营销渠道力水平的大小，本书采用的模糊评价集｛优秀，良好，好，一般，差｝。在进行测评过程中，主要通过对农业合作社带头人、参与合作农户、合作社管理者、社员、课题组调研人员等共 30 多人发放测评问卷，然后回收进行统计分析。

首先，针对呼和浩特市百岁果蔬种植专业合作社营销渠道力进行测评，结果如表 5－15 所示。

表 5－15　呼和浩特市百岁果蔬种植专业合作社营销渠道力模糊综合评价情况

目标层	准则层	因子层	因子权重	各评价集隶属度					因子得分
				优秀	良好	好	一般	差	
营销渠道力	报酬力（B1）	产品收购能力	0.241	0.000	0.100	0.233	0.267	0.400	2.033
		资金扶持能力	0.144	0.000	0.100	0.200	0.267	0.433	1.967
		投资回报能力	0.249	0.000	0.067	0.267	0.300	0.367	2.033
		产品性价比	0.231	0.000	0.133	0.167	0.200	0.500	1.933
		还贷能力	0.134	0.067	0.067	0.100	0.267	0.500	1.933
	强制力（B2）	行业中的地位	0.615	0.000	0.133	0.167	0.233	0.467	1.967
		规模化程度	0.264	0.000	0.100	0.267	0.300	0.333	2.133
		替代商的多寡	0.121	0.033	0.100	0.067	0.267	0.533	1.833
	参照力（B3）	材料优等率	0.325	0.000	0.067	0.133	0.233	0.567	1.700
		应变能力	0.109	0.000	0.100	0.167	0.200	0.533	1.833
		送达能力	0.115	0.000	0.067	0.267	0.300	0.367	2.033
		品牌认知度	0.193	0.033	0.067	0.133	0.200	0.567	1.800
		组织的资信状况	0.257	0.000	0.000	0.267	0.300	0.433	1.833
	合约力（B4）	合同的有效性	0.606	0.067	0.100	0.200	0.067	0.567	2.033
		合同明确程度	0.273	0.100	0.067	0.100	0.233	0.500	2.033
		消费者权利保障能力	0.121	0.033	0.067	0.133	0.200	0.567	1.800
	知识力（B5）	技术培训能力	0.524	0.000	0.067	0.267	0.233	0.433	1.967
		产品解释能力	0.277	0.033	0.100	0.167	0.267	0.433	2.033
		人才水平	0.199	0.067	0.067	0.100	0.233	0.533	1.900
	信息力（B6）	信息共享程度	0.462	0.067	0.033	0.167	0.200	0.533	1.900
		信息平台建设程度	0.538	0.000	0.033	0.100	0.233	0.633	1.533
综合隶属度				0.025	0.081	0.182	0.224	0.488	1.931

根据模糊综合评价法的原理，在被调查人员中，2.5%的人认为该农合组织的营销渠道力为“优秀”，8.1%的人认为该农合组织的营销渠道力为“良好”，18.2%的人认为该农合组织的营销渠道力为“好”，22.4%的人认为该农合组织的营销渠道力为“一般”，48.8%的人认为该农合组织的营销渠道力为“差”。根据最大隶属度原则，最终应将该农合组织的营销渠道力等级评定为“差”。如果将优秀定为“5”分，良好定为“4”分，好定为“3”分，一般定为“2”分，差定为“1”分。将各因子每个等级的隶属度与各等级对应分数相乘并求

和。可以得到每个因子的综合得分。具体情况如表5－15所示。

将评定的综合隶属度与各等级对应分数相乘并求和可得到该企业的综合得分，通过计算，该企业的综合得分为1.931分。

通过表5－15可知，最高分强制力中的规模化程度，得分为2.133分，最低为信息力中的信息平台建设程度，得分为1.533分。运用前面所得到的各因子的权重与该因子的得分进行加权求和运算，可以得到该合作社"六力"的具体分值表现。具体情况如表5－16所示。

表5－16　呼和浩特市百岁果蔬种植专业合作社营销渠道力"六力"得分情况

报酬力	强制力	参照力	合约力	知识力	信息力
1.987	1.994	1.807	2.005	1.972	1.703

综合来看，各项指标得分均较低，说明该合作社在"六力"中表现均较弱。这与上述案例定性分析结果基本一致。

其次，针对西安恒绿蔬果专业合作社营销渠道力进行测评，结果如表5－17所示。

表5－17　西安恒绿蔬果专业合作社营销渠道力模糊综合评价

目标层	准则层	因子层	因子权重	评价集隶属度					因子得分
				优秀	良好	好	一般	差	
营销渠道力	报酬力（B1）	产品收购能力	0.241	0.100	0.233	0.467	0.200	0.000	3.233
		资金扶持能力	0.144	0.133	0.167	0.400	0.233	0.067	3.067
		投资回报能力	0.249	0.167	0.267	0.300	0.233	0.033	3.300
		产品性价比	0.231	0.133	0.267	0.333	0.200	0.067	3.200
		还贷能力	0.134	0.167	0.200	0.267	0.300	0.067	3.100
	强制力（B2）	行业中的地位	0.615	0.067	0.133	0.267	0.433	0.100	2.633
		规模化程度	0.264	0.033	0.100	0.433	0.433	0.000	2.733
		替代商的多寡	0.121	0.067	0.067	0.333	0.500	0.033	2.633

续表

目标层	准则层	因子层	因子权重	评价集隶属度					因子得分
				优秀	良好	好	一般	差	
营销渠道力	参照力（B3）	材料优等率	0.325	0.167	0.200	0.267	0.333	0.033	3.133
		应变能力	0.109	0.100	0.100	0.467	0.267	0.067	2.900
		送达能力	0.115	0.167	0.133	0.367	0.267	0.067	3.067
		品牌认知度	0.193	0.100	0.067	0.567	0.167	0.100	2.900
		组织的资信状况	0.257	0.100	0.200	0.400	0.200	0.100	3.000
	合约力（B4）	合同的有效性	0.606	0.200	0.233	0.367	0.200	0.000	3.433
		合同明确程度	0.273	0.100	0.267	0.367	0.267	0.000	3.200
		消费者权利保障能力	0.121	0.167	0.200	0.433	0.200	0.000	3.333
	知识力（B5）	技术培训能力	0.524	0.067	0.133	0.500	0.300	0.000	2.967
		产品解释能力	0.277	0.067	0.133	0.433	0.367	0.000	2.900
		人才水平	0.199	0.033	0.167	0.467	0.333	0.000	2.900
	信息力（B6）	信息共享程度	0.462	0.100	0.100	0.433	0.267	0.100	2.833
		信息平台建设程度	0.538	0.000	0.067	0.500	0.233	0.200	2.433
综合隶属度				0.113	0.182	0.390	0.266	0.049	3.045

根据模糊综合评价法的原理，在被调查人员中，11.3%的人认为该农合组织的营销渠道力为“优秀”，18.2%的人认为该企业的营销渠道力为“良好”，39%的人认为该企业的营销渠道力为“好”，26.6%的人认为该企业的营销渠道力为“一般”，4.9%的人认为该企业的营销渠道力为“差”。根据最大隶属度原则，最终应将该企业的营销渠道力等级评定为“好”。如果将优秀定为“5”分，良好定为“4”分，好定为“3”分，一般定为“2”分，差定为“1”分。将各因子每个等级的隶属度与各等级对应分数相乘并求和，可以得到每个因子的综合得分。具体情况如表5－17所示。

将评定的综合隶属度与各等级对应分数相乘并求和可得到该企业的综合得分，通过计算，该企业的综合得分为3.045分。说明该企业农产品营销渠道力整体处于“好”以上水平。

通过表5－17可知，最高分合约力中合同的有效性，得分为3.433分，最低为信息力中的信息平台建设程度，得分为2.433分。运用前面所得到的各因子的权重与该因子的得分进行加权求和运算，可以得到该企业“六力”的具体分值表现。具体情况如表5－18所示。

表 5－18　西安恒绿蔬果专业合作社营销渠道力“六力”得分情况

报酬力	强制力	参照力	合约力	知识力	信息力
3.200	2.660	3.021	3.358	2.935	2.618

从表 5－18 看出，西安恒绿蔬果专业合作社报酬力和合约力得分较高，其他依次为参照力、知识力、强制力、信息力。综合来看，各项指标得分基本处于中游水平，这说明该合作社农产品营销渠道力在各个方面表现尚可。这与上述案例定性分析结果基本一致。

最后，针对杨凌农夫果业专业合作社营销渠道力进行测评，结果如表 5－19 所示。

表 5－19　杨凌农夫果业专业合作社营销渠道力模糊综合评价

目标层	准则层	因子层	因子权重	评价集隶属度					因子得分
				优秀	良好	好	一般	差	
营销渠道力	报酬力（B1）	产品收购能力	0.241	0.167	0.667	0.067	0.100	0.000	3.900
		资金扶持能力	0.144	0.267	0.400	0.167	0.100	0.067	3.700
		投资回报能力	0.249	0.233	0.400	0.267	0.100	0.000	3.767
		产品性价比	0.231	0.333	0.500	0.100	0.067	0.000	4.100
		还贷能力	0.134	0.267	0.500	0.233	0.000	0.000	4.033
	强制力（B2）	行业中的地位	0.615	0.300	0.333	0.167	0.200	0.000	3.733
		规模化程度	0.264	0.333	0.367	0.200	0.100	0.000	3.933
		替代商的多寡	0.121	0.300	0.533	0.167	0.000	0.000	4.133
	参照力（B3）	材料优等率	0.325	0.200	0.567	0.167	0.067	0.000	3.900
		应变能力	0.109	0.200	0.533	0.167	0.100	0.000	3.833
		送达能力	0.115	0.267	0.500	0.133	0.100	0.000	3.933
		品牌认知度	0.193	0.233	0.633	0.067	0.067	0.000	4.033
		组织的资信状况	0.257	0.200	0.533	0.167	0.100	0.000	3.833
	合约力（B4）	合同的有效性	0.606	0.567	0.400	0.033	0.000	0.000	4.533
		合同明确程度	0.273	0.333	0.467	0.100	0.100	0.000	4.033
		消费者权利保障能力	0.121	0.267	0.567	0.100	0.067	0.000	4.033
	知识力（B5）	技术培训能力	0.524	0.533	0.233	0.167	0.067	0.000	4.233
		产品解释能力	0.277	0.333	0.400	0.167	0.100	0.000	3.967
		人才水平	0.199	0.333	0.433	0.167	0.067	0.000	4.033

续表

目标层	准则层	因子层	因子权重	评价集隶属度					因子得分
				优秀	良好	好	一般	差	
营销渠道力	信息力（B6）	信息共享程度	0.462	0.333	0.367	0.300	0.000	0.000	4.033
		信息平台建设程度	0.538	0.300	0.400	0.300	0.000	0.000	4.000
综合隶属度				0.327	0.444	0.158	0.068	0.003	4.024

根据模糊综合评价法的原理，在被调查人员中，32.7%的人认为该企业的营销渠道力为“优秀”，44.4%的人认为该企业的营销渠道力为“良好”，15.8%的人认为该农合组织的营销渠道力为“好”，6.8%的人认为该企业的营销渠道力为“一般”，0.3%的人认为该企业的营销渠道力为“差”。根据最大隶属度原则，最终应将该企业的营销渠道力等级评定为“良好”。如果将优秀定为“5”分，良好定为“4”分，好定为“3”分，一般定为“2”分，差定为“1”分。将各因子每个等级的隶属度与各等级对应分数相乘并求和，可以得到每个因子的综合得分。具体情况如表5－19所示。

将评定的综合隶属度与各等级对应分数相乘并求和可得到该企业的综合得分，通过计算，该企业的综合得分为4.024分。说明杨凌农夫果业专业合作社营销渠道力达到“良好”水平。通过表5－19可知，最高分合约力中的合同的明确程度，得分为4.533分，最低分为报酬力中的资金扶持能力，得分为3.700分。运用前面所得到的各因子的权重与该因子的得分进行加权求和运算，可以得到该合作组织“六力”的具体分值表现。具体情况如表5－20所示。

表5－20　杨凌农夫果业专业合作社营销渠道力“六力”得分情况

报酬力	强制力	参照力	合约力	知识力	信息力
3.902	3.834	3.905	4.336	4.120	4.015

综合来看，各项指标得分基本处于中上等水平。说明该农合组织农产品营销渠道力在各个方面表现良好。这与上述案例定性分析结果基本一致。

综上所述，通过对三个评价对象的定性与定量分析，结果基本一致。由此可见，本书所构建的营销渠道力指标体系可行，且可以成为西部地区农合组织营销渠道力评价的有益参考和重要依据。

第四节　本章小结

本书以生命周期理论和利益相关者理论为基础，构建了农合组织营销渠道力的评价指标体系，并采用该体系对不同生命周期阶段的农合组织进行了定性和定量分析，得出以下结论。

第一，不同生命周期阶段农合组织的营销渠道力体现也有所不同。本书依据企业生命周期理论把农合组织的发展过程也划分为初创期、成长期、成熟期和衰退期四个阶段。不同阶段，组织内环境的成熟度必然会作用和表现于营销渠道资源的整合和运用能力上，致使不同生命周期阶段农合组织的营销渠道力体现也有所不同。因此，对西部地区农合组织在不同生命周期阶段的营销渠道力特征进行分析，对其营销渠道力的评价和提升奠定基础。

第二，农合组织的渠道力取决于利益相关者利益诉求的满足情况，利益诉求满足率高，其合作意愿越强，即农合组织渠道力越强；报酬力、强制力、参照力、合约力、知识力和信息力对于农合组织渠道力的提升具有重要意义。本书以利益相关者理论与“六力模型”为基础，在详细分析纵向组织关系下农合组织各利益相关者农户、投资方、相关物流企业、中间商及农产品加工企业和消费者、借贷公司的利益诉求基础上，结合“六力模型”中的报酬力、强制力、参照力、合约力、信息力和知识力六个力与各利益相关者进行矩阵式交叉分析，对所获得的三级评价指标进行归纳、整理，最终构建了21个影响因子的农合组织营销渠道力评价指标体系，并得出以下结论：农合组织的渠道力取决于利益相关者利益诉求的满足情况，利益诉求满足率越高，其合作意愿越强，即农合组织渠道力越强；报酬力、强制力、参照力、合约力、知识力和信息力对于农合组织渠道力的提升具有重要意义；农合组织渠道力指标体系由目标层、准则层、因子层组成，其中准则层有6个影响因子，因子层有21个影响因子。

第三，采用AHP－FCEM分析方法对农合组织的营销渠道力进行评价，在一定程度上验证了基于利益相关者理论所构建的农合组织营销渠道力评价指标体系的有效性和可行性。为进一步验证所构建评价指标体系的可行性和有效性，采用AHP－FCEM分析方法对农合组织的营销渠道力进行评价，选取三个分别处于不同生命周期阶段的西部地区农合组织作为评价对象，它们分别是呼和浩特市百岁果蔬种植专业合作社、西安恒绿蔬果专业合作社、陕西杨凌农夫果业专业合作社，在对这三个农合组织的发展和营销渠道力现状进行定性分析的基础上，对其营销渠道力采用已经建立的评价指标体系进行定量评价。结果与定性分析结果基本一致，这在一定程度上验证了该评价指标体系的有效性和可行性。

第六章

基于纵向关系的西部地区农合组织营销渠道力提升的渠道成员利益分享机制研究

根据伯特·罗森布洛姆《营销渠道：管理的视野》一书对营销渠道的定义，营销渠道是为实现分销目标而受管理调控的外部关联组织。关联组织这个词是指商品从生产者向最终用户移动时涉及谈判职能的企业或团体。谈判职能包括购买、销售和商品或服务的让渡。因此，只有涉及这些职能的企业或团体才能成为营销渠道的成员，而其他企业（通常指运输公司、公共仓储、银行、保险公司、广告公司等诸如此类的服务代理机构）由于所履行的某种职能不涉及进行谈判，所以不在这个范围之内。因此，本书所涉及的利益分享主要包括农户、农合组织、公司、中间商。

第一节　农合组织与其他营销渠道成员的利益分享困境分析

当今中国“三农”问题的根本就是农民的利益问题，几乎所有的农民问题都是围绕农民利益展开的。随着农业产业化的不断发展，农民开始逐渐成为相对独立的利益主体，也越来越受到重视，本章研究的立足点即如何在农合组织营销渠道系统中使农民的利益得到保障，并逐渐通过团结协作形成农合组织来争取个体利益的最大化。

一、农合组织与农户的利益分享困境

通常来看，农合组织与农户的利益分享主要通过提取公积金（含公益金）、交易额返利和股金红利三个方面来体现。然而，现实中的西部地区农合组织并没有实质性的解决利益分享的问题，即没有和农户形成一致的理念来实现“利益共享，风险共担”。产生这个问题的原因主要如下。

首先，很多农合组织对盈余理解不清，将国家补助、社会捐助、享受的税收优惠也作为收入，纳入盈余来进行分配，这样的做法严重侵害了农户的利益；加之按股分红的利润分配方式，将按股分红的比率设定不合理，使非农户会员成为利润分配的实际操控者，无形中利用资金优势占有了农户的利益。

其次，按交易额（量）比例进行利益分享对农户而言也是空中楼阁，因为在具体的盈余核算中，股金分红或股息是以“成本”的方式出现的，在目前农合组织资金匮乏、大股东或少数人实际控制、相关法规对股金分红比例没有限制的情况下，农合的利益通常称为“牺牲品”。①

最后，农户大多数情况下与农合组织仅仅是一种通过信息、技术上的服务所建立的合作关系，虽然农户在服务受益方面得到了不同程度的体现，但资金受益总体上仍显不足。农合组织对农户的二次分配比例较小，利益分配时无法合理明确均衡各方的利益。

总之，农户为了追求自身利益的最大化而自愿结合形成了农合组织，而农合组织作为一种特殊的市场竞争主体，由于其所有者和惠顾者是同一的，所以有动力为农户争取最大化利益，进而以获得农户的高度认同与配合。

二、农合组织与公司的利益分享困境

首先，在强大且不确定的市场激烈竞争下，特别是整个社会空前关注农产品质量安全，公司（企业）主导的农合组织与农户形成了一致的目标，那就是二者选择农合组织特有的集体组织优势去实现和增加各自所需要的利益，并提升农产品产业链的整体利益。从共生理论视角，公司（企业）与农户之间关系取向的实质应该是公司（企业）参与农户的生产，并通过质量、信誉、契约等一系列共生介质而建立起来的相互依存、相互作用的和谐共生，形成一种持续稳定的互惠共生关系，即基于纵向组织关系下农合组织成员之间的互补与协同性。

---

① 郑丹．农民专业合作社盈余分配状况探究［J］．中国农村经济，2011（4）：79.

其次，公司（企业）主导的农合组织与农户都是为了获得市场价格的话语权，他们都选择农合组织的集体组织优势达到提高效率、降低成本，实现规模经济，从而获利。但由于市场交易中受组织结构、风险控制等因素的影响，在产品销售上很难与营销渠道上的其他成员（如零售商）相抗衡，组织地位的悬殊导致在营销渠道利益分配中得不到相应的补偿。从共生理论视角，公司（企业）与农合组织之间关系取向的实质应该是公司（企业）与农合组织之间物质、信息和能量的交互，即体现为共生经济要素的供求关系，通过这种关系在共同分享增值收益的激励中共同进化，这是一种持续稳定的双赢关系，即基于纵向组织关系下农合组织成员的增值性。

最后，公司（企业）和农合组织都不得不面对越来越多的各种风险，如原来的生产风险、价格风险以及现如今的社会风险（食品安全、健康）和经营风险，并且后者在公司（企业）和农民生产中均表现出趋高的风险态势。从共生理论视角，公司（企业）与农合组织之间关系取向的实质应该是各司其职、规避风险、有效竞争，即农户专注于农产品生产，公司（企业）专注于农产品加工或流通，通过共同提高彼此专长，在共同激活、共同适应、共同发展中向更具竞争优势的方向演化，这是一种持续稳定的将风险转化为竞争力关系，即基于纵向组织关系下农合组织成员的共赢性。

总之，农合组织虽然为整个营销渠道中利益提升做出了极大的贡献，但与下游加工企业主要通过非持续的合同关系进行交易，这既不能因营销渠道的组织化运作而实现规模效应，也不能达到营销渠道整体利润的提升，加之存在诚信、机会主义等问题，就导致二者之间产生了较大的矛盾和背离（即共生关系的不和谐），也极大地损害了农合组织中农民的权益和积极性，更损害了农合组织的稳定运行。只有在以农户为主体的纵向一体化的农业产业化经营模式下，广大农户才有机会获得最大的福利。

三、农合组织与中间商的利益分享困境

我国正进入“农超对接”时代，以超市为代表的大规模中间商销售体系使得农业生产和销售进入了现代化的大规模销售体系，农户以农合组织为依托由生产导向的自主决策逐渐转变成市场导向的计划性决策。通过变革后的中间商体系可以对农产品从起源地到消费地有效率、有效益的流动进行计划和控制；同时，中间商在营销渠道上逐渐取得了控制权。

首先，农合组织在市场上没有定价权，农产品流通环节利润中较大的部分均被中间商在整个交易过程中获得；加之，中间商通过收取通路费的方式“剥削”

农合组织，使其利益受损。

其次，很多中间商将获利的基础放在农合组织给予的返利上。这些现象的出现损害了农合组织的利益，恶化了双方的渠道关系。①

最后，农产品能否及时出售、售价高低等直接影响收益的因素无一不被营销渠道上的中间商所左右，农合组织往往会在很大程度上失去对其商品的监控，在利润实现方面越来越难以控制，中间商则占据了利润获取上的优势。②

总之，虽然农合组织有效地联结农户与中间商，降低了中间交易成本，并把由此形成的交易费用内部化，但是一大批大型农产品流通企业凭借雄厚的资金实力成为中间商巨头，它们在与农合组织直接对话中更容易以较为强势的地位来控制营销渠道，并改变着产销两个部门之间在利益分配上的相互关系。

四、典型案例分析

1. 内蒙古自治区牧民合作组织利益分配

合作已成为农村经济组织发展的必然。内蒙古自治区最早的牧民合作组织是在1996年成立的，2011年底内蒙古自治区牧民合作组织共2174家，成员总数6.8万人，带动非成员农牧户4.7万户。③

从区域产业的特征来看，内蒙古自治区牧民合作组织多依托内蒙古自治区特色农畜产业进行生产、流通、加工以及牧工贸一体化的经营；从合作的形式来看，内蒙古自治区牧民专业合作经济组织大多在政府引导和支持下，由“大户或能人、龙头企业或专业技术部门”带头并联合其他农（牧）民而形成。但总体来看，内蒙古自治区牧民合作组织的整体绩效水平还不高，特别是仍旧不完善的利益分配机制阻碍了其绩效的提高。

内蒙古自治区牧民合作组织建立之初的宗旨是“民办、民享、民收益”。但现实中，一是牧民对政策了解不多，对合作组织认知不足，唯恐加入合作组织后会弱化自身的实力，截留自己的财富，因此即使有利益需求，但加入合作组织的内生动力不足；二是虽然牧民加入了农合组织，但由于发展不健全、体制不完善等诸多原因，导致在决策过程中，财务管理透明度弱，无法合理明确地均衡各方利益。在走访调查中发现，“按照成交交易量的多少分配利润”在任何一家合作组织中都是空谈，没有一家合作组织能够做到，“按照入股协议进行返利分红”，

①② 冯飞，霍学喜．我国农民合作经济组织营销渠道力研究［J］，哈尔滨工业大学学报（社会科学版），2006（6）：67－71.

③ 宝力道．内蒙古牧民专业合作社发展现状及对策研究［D］，中央民族大学，2013.

甚至有的合作组织没有经营收入，也自然没有收益分配。显然，内部利益分配机制不合理，甚至更多的合作组织在利益分配中尚未进入实质性运作，紧密而有效的利益联结机制明显缺失。

根据田艳丽和修长柏（2014）[①] 对内蒙古自治区呼伦贝尔市、锡林郭勒盟、鄂尔多斯市等七个地区样本数据的计量研究结果显示，内蒙古自治区牧民专业合作经济组织在利益分配机制方面呈现出四方面的特征：第一，公共积累提取比率低且项目不完整；第二，从利益分配原则看，多数合作组织以按资质分配为主；第三，多数合作组织无分割制度，导致公共积累的量化和分配程度均较低；第四，虽然一定的生态绩效、经济绩效和社会绩效在多数牧民合作组织中已经呈现，但组织凝聚力仍较低是不争的事实。

田艳丽和修长柏（2014）发现，内蒙古自治区牧民合作组织未解决资金不足的问题，在利益分配上多以按资分配为主，而按劳分配为辅，这样虽然在某种程度上提高了合作组织的经济绩效，但与国际合作社联盟“资本报酬有限”的分配原则冲突，不利于保护普通成员的利益，与合作组织保护弱者利益的初衷背离，抑制了社会绩效和组织凝聚力的提高。

另外，值得注意的是农合组织的创办者出现了明显的趋利倾向，主要表现在创办者借助农合组织套取政策红利，而非市场红利，这根本无法实现集聚化的经营活动，也无法满足农户对利益的需求，只是满足了创办者的利益。

显然，分配制度单一降低了牧民参与合作组织的积极性，无法形成具有共生关系的紧密的合作组织，导致大多数牧民合作组织成员的利益不能得到保障，出现组织形态“空壳化”，更无法实现“风险共担，利益共享”的利益模式。

2. 分析与启示

通过上面的实际调研案例可以发现，农合组织依然对政府扶持过度依赖，并且在向第二产业、第三产业拓展时风险估计不足，利益共享机制激励性不强。因此，可以说，基于内生动力的利益共享机制还没有真正建立起来。在农合组织中，作为组织成员的农户在摆脱了对生存需要这个基本目标的诉求之后，就需要逐步来稳定自己的收益。然而，根据利益分配原则，农合组织解决了一些问题，同时又造成了同样多的问题。一方面，它打破了原来的农业生产和利益分配的原有边界，在农合组织的努力下，获得更多市场机会和利益；另一方面，大多数利益掌握在农合组织中的主导成员中，这些成员所拥有的对组织成员的控制权力，消除了农户在组织中原本可以实现的利益诉求。事实上，当前农合组织中利益分

① 田艳丽，修长柏．牧民专业合作社利益分配机制与绩效的典型相关分析——以内蒙古自治区为例［J］．农业现代化研究，2014，35（6）：727－732.

配规范软弱无力，这些规范从未为组织中的农户提供多少社会保障，与加入之前比较所获利益相比几乎无差，甚至随着时间的推移，在利益分配方面产生了越来越多的问题，这些问题的产生缘于发生了结构性变革：农合组织的利益分配机制对掌握资源的组织成员有效，且仅局限于狭小范围，组织中的其他成员失去了对越来越多的实际财富的话语权和支配权，农合组织内部利益共享成为空谈。

随着农合组织内部利益共享关系的不断演变，所有者和惠顾者利益可能产生矛盾。因此，基于农合组织内部成员关系的不断推进，成员利益诉求也应向农合组织一体化纵向关系为主演变。农合组织的建立不仅仅是对农户利益诉求的满足，也是对营销渠道中其他成员利益诉求的满足，是一种均衡的利益诉求满足共生界面，是带有结构性的一种均衡。但就我国依然是农业大国的现状来看，本质上农合组织还是要首先满足农户的利益诉求，建立有效的利益分享机制，从而避免利益分享过程中出现的若干问题，真正从根本上解决“三农”问题。

五、利益分享困境模型分析

农合组织是市场营销渠道的重要组成部分，而在农合组织营销渠道系统中农户和公司相对重要，在利益分享中农户和公司之间出现的矛盾和选择比较多，因此在分析渠道成员利益分享过程中的困境主要分析农户和农合企业之间的“囚徒困境”，分析农户和农合企业是如何走出“囚徒困境”，实现利益分享最大化。

1. 西部地区农合组织成员利益诉求困境模型的构建

由于西部地区农合组织的利益共享是在农合企业和农户基础上实现农户的社会一体化和纵向组织关系一体化，因此二者在利益分享过程中会存在一定的冲突。首先，农企合作必须要求提高农民组织化程度，完善企业与农户之间利益联结机制，这意味着要建立合理有效的法律保障机制，使农户和企业共同抵御自然风险和市场风险，但是这些法律制度如何制定才更合理？其次，一般来说，农企合作就是要通过两个个体的利益来实现社会化生产经营，互利互惠，相互合作，最终实现资源的合理利用。归根结底，企业出资还是农户出力或技术的这种形式能否满足市场的需求，能否达到农企在利益分享方面的公平性、合理性？因此，两个个体在进行谈判时往往会出现迂回，通常会造成资源和时间的浪费，显而易见，谈判结果也是不容乐观的。最后，在政府支持方面，由于企业的投资与农户的经营具有很强的正外部性，两个个体在收获效益时存在“搭便车”的行为，必然导致两个个体在政府支持方面的利益诉求出现严重分歧。那么，如何在统一层面上确定利益分享标准，来共同创建品牌，提高市场占有率？正因为如此，每一个结果的实现都需要一项动态的迂回和博弈过程，可见建立一个“农企困境”模型是非常有必要的，这个动态模型是由农合企业和农户两个参与者共同组成的。现作如下假定：

其一，农合企业、农户是博弈的两个参与者，这两个参与者有一个共同的特点就是二者的信息和选择都是完全透明的，也就是说双方参与者都可以很容易感知到对方的全部。

其二，从双方受益角度来讲，是否选择合作，对双方参与者的收益是不同的。如表 6－1 所示。

表 6－1　农户和农合企业双方合作意向选择与收益比较

合作意向	合作方获取收益	不合作方获取利益
双方参与者都选择合作	Y_i^c （i＝1，2，1 代表农合企业，2 代表农户）	
双方参与者都选择不合作	Y_i^N （i＝1，2，1 代表农合企业，2 代表农户）	
一方选择合作，另一方选择不合作	Y_i^a	Y_1^b

根据经济学原理中的困境模型理论得出：第一，双方参与者选择合作的收益要比不合作的乐观，即 $Y_i^c > Y_i^N$；第二，双方参与者都不合作时，农户和企业都得不到更多的收益，因此此时的收益是最小的，即 Y_i^N 最小；第三，参与者双方中，如果农户选择不合作，农合企业或公司就无法实现牵头，即使此时企业有再多的资金和实力，都不能实现完美的合作。也就是说，此种情况合作方会付出更多，而不合作方则会存在从中掠取收益的可能性，因此收益会是大于双方均等平分的收益，即：$Y_i^b > Y_i^c$。由以上三种情况的解释可以看出，双方参与者体现出来的收益比较是 $Y_i^b > Y_i^c > Y_1^N > Y_i^a$。

其三，需要假设参与者在每个阶段参与的时间和期望值的大小，因为参与者对时间没有特别要求或者说时间比较充裕的情况下，双方的博弈趋向于无限次博弈，反之，参与者时间偏好较弱或者说时间比较紧，双方的博弈就是有限次博弈，最终会实现合作。其中 δ 为贴现因子（双方参与者对时间的偏好），p 为参与者在每个阶段结束的概率。表 6－2 是“农企困境”模型矩阵。

表 6－2　“农企困境”模型

农合企业 / 农户	农合企业		
	选择	合作	不合作
	合作	Y_1^c，Y_1^a	Y_2^c，Y_2^b
	不合作	Y_1^b，Y_1^N	Y_2^a，Y_2^N

2. 西部地区农合组织成员利益诉求困境模型分析

（1）“农企”间有限次重复博弈。有限次博弈的分析过程如下：首先，考虑在博弈中双方参与者是完全理性参与者，因此如果在合作时双方都认为结束的可能性 p 值较大，最终的博弈结果将是（不合作，不合作），即帕累托无效率。其次，我们来分析一下博弈过程，从最后一期开始，由于在表 6－1 中可以得出收益大小关系 $Y_2^b > Y_2^C$，所以可见农户假如选择合作，企业一定不会选择合作；同理可见，$Y_2^N > Y_2^a$ 结果将是，农户和农合企业将都不选择合作，这样也就是说不管农户怎样选择，企业一定会不合作。一般认为，无论是在博弈过程的哪一个时期，农户和农合组织都追溯自身收益最大化，所以都会选择不合作，那么农户和农合企业总是预期到对方会不合作，出于自身收益最大化考虑，也总是把不合作作为首选，之后的每一期直到第 N 期都是这样。双方参与者都是选择不合作，就是因为在利益分享不均衡的情况下，出现了“农企困境”。由此可见，这就是农合组织发展比较缓慢的原因，也是农企合作的障碍。因此要想解决农户不愿意合作，农户不愿意跟企业一起致富，均等获利及利益联结的问题，就需要双方参与者走出困境，双方的持久合作，实现无限次重复博弈。

（2）“农企”间无限次重复博弈——“对抗抉择”。

首先，分析农户在对抗抉择中先选择合作。现假定农合企业选择对抗抉择，在无限次重复博弈过程中不能使用反向推理法。“对抗抉择”是指双方参与者如果有一方一直选择合作，而另一方总是选择不合作，那么合作方之后一直会选择不合作。也就是说，假设农户首先在某个阶段选择不合作，那么农户的行为将使农合企业会接受“永远不合作”的惩罚。如果农户在 t 阶段首先选择不合作，农户的机会主义行为将触发农合企业的“永远不合作”，可见此时农户的收益将是最大的，即 Y_1^b；以后其他阶段的收益将逐渐变小，即 Y_1^N；但是，如果农户不是在最初要选择不合作，那么他的收益将比最小值大一些，即 Y_1^c。因此，无论在哪个阶段，农户坚持对抗抉择并且他先选择合作，农合企业也会选择合作。

其次，假如农合企业先选择不合作，最重要的问题出现了，农户是否为惩罚对方的不合作而继续持久地坚持对抗抉择呢？如果农户与企业对抗抉择，那么以后的过程中收益减少，即 Y_1^N；如果农户不是持久坚持对抗，而是原谅企业的不合作，那么他的收益一定不会大于 Y_1^N，即 Y_1^a。

$$Y_1^b + \delta Y_1^N + \delta^2 Y_1^N + \cdots + \leqslant Y_1^c + \delta Y_1^c + \delta^2 Y_1^c + \cdots$$

即 $Y_1^a + \frac{Y_1^N}{1-\delta} \leqslant \frac{Y_1^c}{1-\delta}$。

解上述条件得：$\delta \geqslant 1 - \frac{Y_1^c - Y_1^N}{Y_1^b}$。

因此，无论 δ（贴现因子）大小如何，农户都必须坚持对抗抉择，从而获取更多的收益。同理来分析，假定是企业坚持对抗抉择，即使农户首先选择不合作，企业也会获取更大的收益，因此该对抗抉择是一个纳什均衡。

为了证明此纳什均衡是所选择的子博弈中最优的均衡，在重复无限次博弈中，假定任何时候子博弈都与此博弈结构类同。在对抗抉择纳什均衡下，可以将博弈过程分成两个阶段：第一阶段就是肯定性的，双方都选择合作；第二阶段就是否定性的，两个参与者都有可能在不同时期选择过不合作。在第二阶段子博弈中，根据对抗抉择，参与者只是重复单阶段博弈的纳什均衡，其最优化选择是最大化当期收益，所以自然也是整个子博弈的纳什均衡。

由此证明，如果 $\delta \geqslant 1 - \frac{Y_1^c - Y_1^N}{Y_1^b}$，那么参与双方都相信参与此次博弈是最好的选择，并且是无限次重复进行的，所以双方都有足够的耐心和时间来选择合作。也就是说对抗抉择是无限次博弈最优纳什均衡，帕累托最优（合作，合作）是每一个阶段的均衡结果，最终双方参与者都可以走出“农企困境”。其原因在于，农户和企业都相信能够通过这次选择得到了无限次重复的合作机会，并从中获得更多的收益，这使双方都减少一些短期行为，为实现合作双方积极努力。

显然，只要是第三方政府组织做到两点：一是管理、监督、协调有力；二是给予双方合作的时间和条件足够大，即“重要因子”δ 足够大，一定会实现帕累托合作均衡，最终使农户和农合企业能走出“农企困境”。但现实情况并不乐观，主要问题是在政府监管下，双方参与者农户和农合企业对永远合作下去的信心不足，加之内在法律制度的不完善等导致“重要因子”δ 达不到最大值，从而导致对抗策略常常失效。

（3）结论与讨论。在西部地区农合组织成员利益诉求的过程中面临着诸多问题，例如西部地区农合组织成员之间在利益分享过程中自身存在的问题和西部地区农合组织与经济社会环境之间在利益分享方面存在问题。由于这些问题的存在，影响西部地区农合组织的利益诉求过程，通过建立困境模型可以清楚地看到，只有农合企业、农户二者之间在利益诉求方面达到纳什均衡，才能够满足当代经济发展的需要，促进西部地区农合组织快速发展，促使农民增收，使农民和农合企业真正走出“囚徒困境”，进而建立起新型农合组织利益联结机制的保障体系，为建立支撑西部地区农合组织成员利益诉求嬗变奠定坚实基础。

第二节　基于纵向关系的西部地区农合组织营销渠道成员的利益分享嬗变分析

农合组织现阶段存在的最重要的问题就是关于利益的分配问题，合理的利益分享是农合组织营销渠道系统得以稳定、持续发展的基本动力。但是，现阶段中西部地区农合组织的发展必须要注意到不同的营销渠道成员在不同环境下利益的不断变化。

一、营销渠道成员利益分享嬗变的系统动力学分析

研究西部地区农合组织营销渠道成员利益分享和利益诉求嬗变过程，主要通过两个方面来实现，一是对西部地区农合组织与外部环境互动的系统动力学的分析，二是对西部地区农合组织利益分享诉求嬗变升级的系统动力学分析。而这里涉及的营销渠道成员在利益分享嬗变升级的主要是农户和农合企业。

19 世纪 50 年代，美国学者夫瑞斯特教授创立系统动力学，后为学界广泛接受，它以计算机和相关的系统科学理论为学科理论基础，旨在认识发现系统问题并解决问题，它主要研究系统运行的反馈结构和其行为态势。在系统动力学中，如果想要发现问题并理解问题，必须在系统运行结构和其内部机制关系的基础上建立模型，这其实就是系统动力学中的“结构”，据此我们就可以了解到产生问题的原因和结果。

1. 基本方法

（1）方框图方法。在系统描述中，方框图法是相对较为简单的方法。“用方框表示系统的元素、子系统或者功能块，方框中添上相应的名称、功能或说明。带箭头的实线表示各元素、各子块之间的相互作用关系、因果关系或逻辑关系，也可以表示流量的运动方向”。

（2）因果关系图方法。因果关系图又称因果回路图，它是“定性描述系统中变量之间因果关系的图示模型，即用图的形式描述系统变量之间相互影响和相

互作用的关系，[①] 建立系统动力学模型正是依赖于这种因果关系。例如，假设一事件的原因是 A，同一事件，B 是 A 导致的结果，如果 B 随着 A 的增加而增加，则 AB 为正因果，反之，则为负因果。二者关系如图 6－1 所示。

图 6－1　正负因果链

原因导致结果的线条通称为因果链。如果这样的因果链大于等于而且能够组成闭合的回路，就是我们这里谈到的因果关系回路。图 6－2 就是两个简单的因果关系。

图 6－2　因果关系

通常，在回路图中，回路极性为“＋”说明在该回路图中负因果关系链的个数是偶数。“表示如果回路中任何变量发生变化，在自身运动加强过程中，运动或动作引起的后果将使原来的趋势加强；若负因果关系的数目是奇数，则回路为负，是指自身具有抑制变量变化和进行调节能力的闭合回路，当某一变量发生变化时，回路的调节作用会力图缩小系统状态相对于目标状态的偏离”。[②]

（3）结构图方法。结构图法，又称流程图法或流图法，“它采用一套独特的符号体系来分别描述系统中不同类型的变量以及各变量之间的相互关系。因果关系图适合表达系统要素之间的相关性和反馈过程，但无法表达系统中变量的性质，而流图则是在因果关系图的基础上进一步区分变量的性质，反映系统要素之间的逻辑关系，刻画系统的反馈与控制过程”。[③]

结构图的基本要素有以下几点。

---

① 苏懋康．系统动力学原理及应用［M］．上海：上海交通大学出版社，1987：27.

② 贾仁安，丁荣华．系统动力学——反馈动态性复杂分析［M］．北京：高等教育出版社，2002：57.

③ 胡玉奎，系统动力学——战略与策略实验室［M］．杭州：浙江人民出版社，1988：46.

其一，状态变量。状态变量又称为存量，表达了物质、能量、信息等对系统在时间尺度上的积累效应。系统原有值与改变量的和，即状态变量。流图中，状态变量用矩形表示，箭头所指方向为其输入流，背离箭头的方向为其输出流，如图6－3所示。

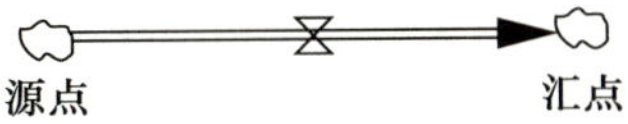

图6－3　状态变量流

其二，决策变量。决策变量又称流量，表达了系统中积累效应变化的速率和幅度，其在数学上的意义为单位时间的变化量，即导数。在系统决策中，决策变量一般由状态变量决定。

其三，辅助变量。辅助变量在系统中承担着在状态变量和决策变量间传递信息的角色，辅助变量可以代替一部分复杂的决策变量。辅助变量是状态变量和决策变量间的一个局部结构，它和相关常数共同构成了系统中的控制策略。流图中，辅助变量用“○”表示。常量在系统中相对稳定或者变化甚微，用“○”表示。

其四，流线“→”。系统动力学中一般有物质流和信息流，两者是相对独立的。物质流表示系统中流动的物质，会有延迟现象，又称守恒流，用“→”表示。信息流为非守恒流，是状态变量和决策变量之间的通道，用“→”表示。

其五，系统的外部世界由源和守恒的子系统的源点和汇点构成，源中物质只进不出，是无穷的，因此物质流线箭头均背离源。汇中物质只出不进，因此物质流线箭头均指向汇。如图6－4所示。

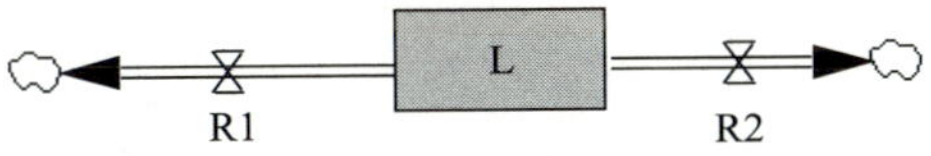

图6－4　“源”、“汇”流图

（4）系统动力学方程。常量方程、水平方程、决策方程和初值方程共同组成系统动力学方程，它们也是系统动力学方程里最主要的几个方程。而系统动力学方程是从已知关系递推未知关系，利用结构图法用定量的方式把系统要素间的关系描述出来的数学式子。在写方程之前，我们首先来了解何谓步长。如图6－5所示。

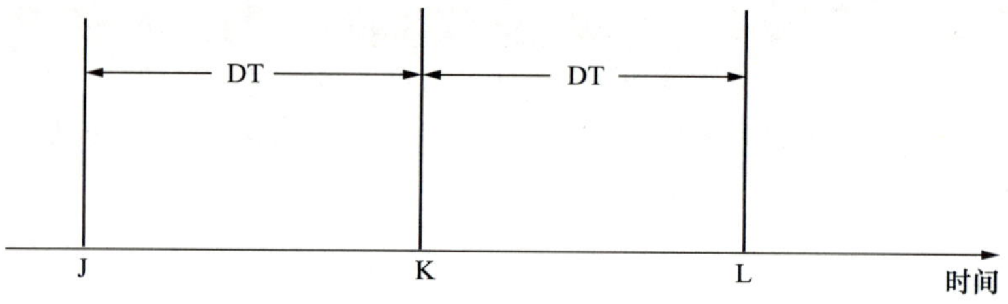

图6－5　步长图示

所谓步长，即指前后不同时间点的时间差。

现在的时间点为K，那么分别用J和L分别表示和代替现在时间点之前和之后的某一时间点。J和K的时间差我们用JK表示，KL同理，为K点和L点的时间间隔区间差。

关于水平方程，水平方程（L）描述的是状态变量的变化规律。其基本方程如下：L. K = L. J + R. JK × DT，L. K和L. J为状态变量L分别在K点和J点的值，JK为该区间内的净流入。关于决策方程，决策方程（R）描述的是单位时间内流量形成的规律，是一个二元函数，基本方程如下：R = f（L，Constant），其自变量为状态变量和常量。关于辅助方程，辅助方程（A）是速率方程的一部分，可以通过辅助方程计算辅助变量的值。

2. 西部地区农合组织与外部环境互动的系统动力学分析

系统动力学自被创立就享有“系统实验室”的美誉。它通常利用定性和定量结合的方式来处理系统问题，这一过程不是单一系统的模拟运行，而是系统的综合推理。它所设立的模型主要研究复杂系统形态、结构和其功能间的相关关系，是一种科学的模拟结构。利用这一模型既可以从定量角度也可以从定性角度分析系统问题的过去、现在和未来，以帮助决策者和经营管理单位做出科学、有效的决策。本章利用这种模拟结构研究农合组织和其相关影响因素间的相互关系，研究范围限于西部地区，建立相应的系统动力学模型。

（1）西部地区农合组织系统动力学模型的组成。要想建立西部地区的农合组织系统动力学模型，必须有过去的经验和相关经济管理组织理论等信息作支撑，还需要反馈理论的融入。这一过程我们利用计算机实现运行模拟，互联网大数据时代计算机的运用成为系统动力学模型运用最简便、高效的工具和手段之一，根据模型模拟，我们便可了解和分析在西部地区，农合组织和其相关影响因素间的相互关系。具体模型如图6－6所示。

根据上述分析可知，系统动力学的研究分为以下六个步骤：①发现并确定问题；②设立模型并对其赋予概念；③数学表达；④计算机模拟运行仿真；⑤评价；

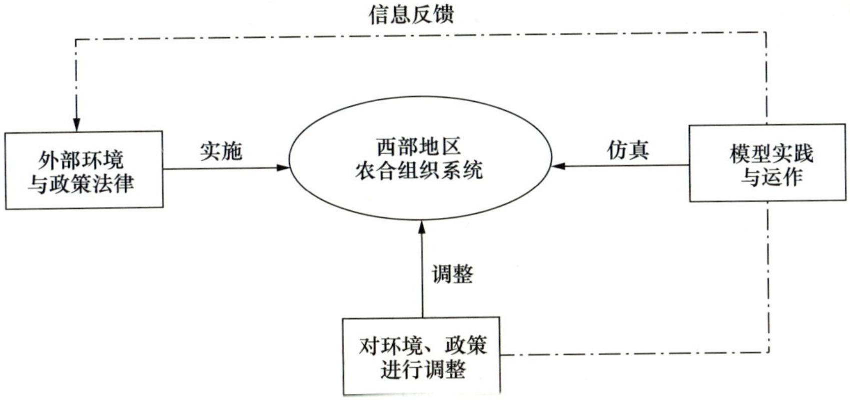

图6－6 西部地区农合组织系统动力学模型的组成

⑥分析及结论。其中，步骤③④⑥融合反馈结构，其表述方式运用DYNAMO语言，在分析模型形态的基础上检验模型行为的拟合优度，最后看该模型对社会经济发展的用途如何。

(2）基于系统动力学的西部地区农合组织——环境因果关系图。西部农合组织会受到周围诸多因素的影响和制约，例如农产品市场需求、供给能力和价格、生产基础设施和政策、农民意识等。分析每个因素对农合组织的影响状况，可以得到如图6－7所示的结果，包括了如图6－8所示的a－e5个基本反馈环。

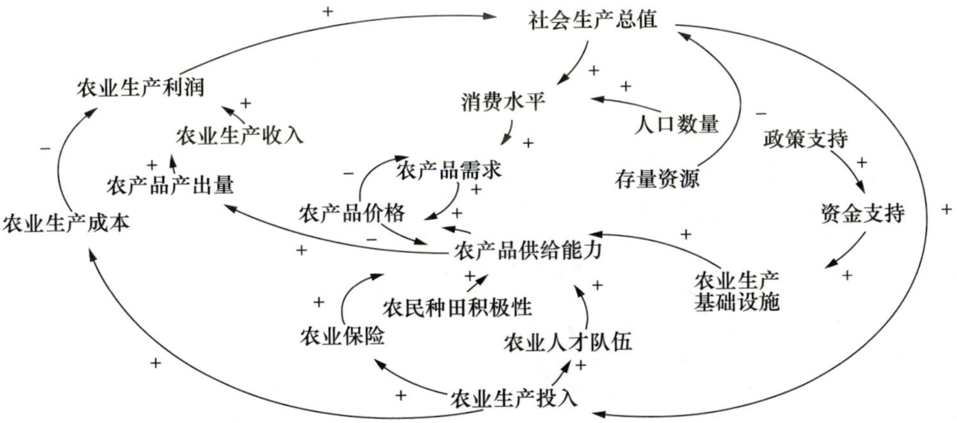

图6－7 西部农合组织与外部环境的基本因果关系

图6－8（a）、图6－8（b）、图6－8（e）均为正反馈。图6－8（a）中，由于经济发展与消费水平呈正相关关系，因此农产品的市场需求会随着经济的发展而提高，从而，农产品价格和供给能力也会相应上升，农产品产出量大大增加，农民得到更多利润；图6－8（b）描述了政府对于农业的作用。政府在制定相关政策时，经济的快速发展加大了政府对农业的投入，包括对西部农合组织中人才、保险、设施等多方面的投入，最终都可以提高农民的种植热情以及产品的供给能力，增加了农民的收入；图6－8（e）描述了经济发展加大了政府对农业的投入，加强了供给能力，从而减小了农产品的短缺，类似于图6－8（b），提高了农民的种植热情，增加了农合组织的数量和工作效率。图6－8（a）、图6－8（b）、图6－8（e）的最终结果都反过来促进了我国经济的快速发展。

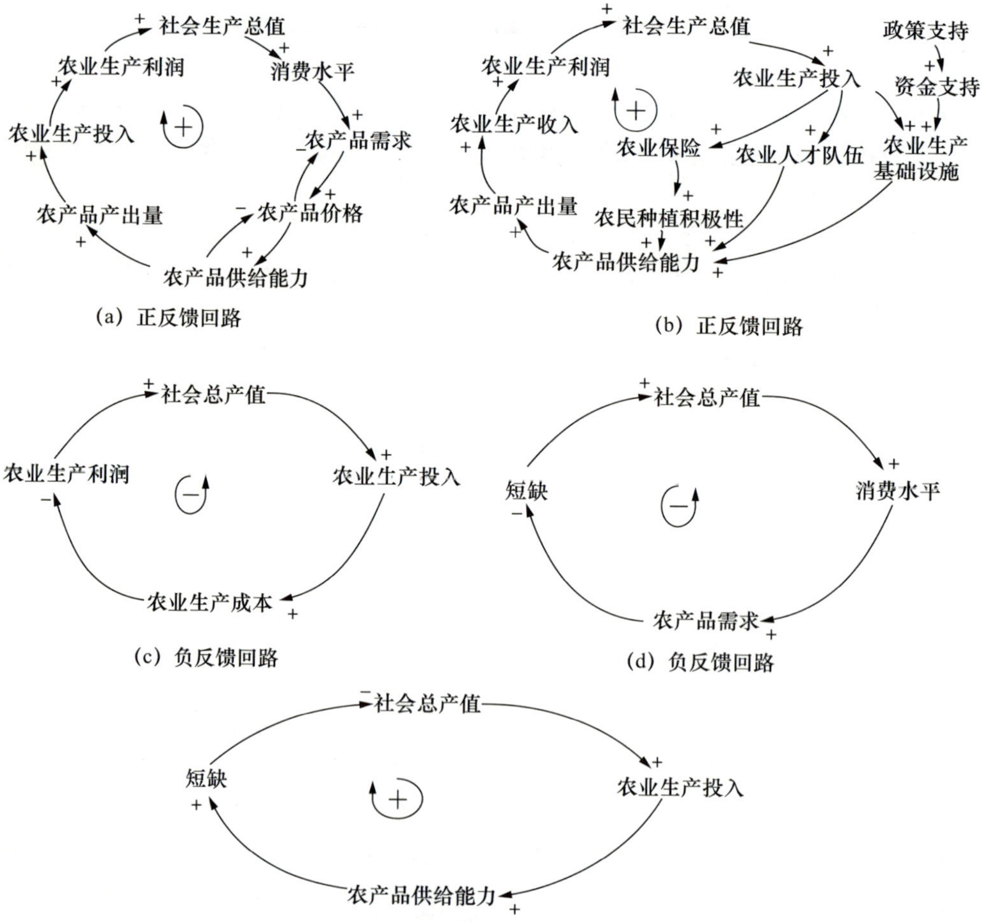

（e）正反馈回路

图6－8　反馈环

图6－8（c）和图6－8（d）为负反馈。图6－8（c）说明虽然经济发展加大了政府对农业的投入，但也会导致生产成本的增加，减小了农民的利润。与图6－8（b）进行比较可以看出，政府要尽量避免不合理的盲目投入，加大投入的同时减小生产成本，这样才能提高农民的积极性，增加农合组织的数量和工作效率，对农合组织健康发展起到积极作用。图6－8（d）说明市场需求增加时，供给能力如果不能同时增加，短缺就会大大增加，妨碍了经济的快速发展。图6－8（d）和图6－8（e）应看作一个整体，从系统的角度改善西部农合组织与周围相关因素的关系。

（3）西部地区农合组织——外部环境的系统动力学模型。上述分析多侧重于在西部地区农合组织和其环境间的定性关系，下面将对其关系界定进行定量分析，但方法不变，仍然使用系统动力学进行分析。我们在这里设定四个环境因素，分别是农产品供给、农产品需求、国民消费水平和我国社会生产总值。农合组织与环境因素间关系如图6－9所示。该模型的计算软件主要采用DYNAMO系统进行。在该系统中，变量的时间先后用变量下标进行界定和区分，现在的时间点为K，同上所述，分别用J和L分别表示和代替现在时间点之前和之后的某一时间点。用DT表示J或K之间的时间间隔。

系统动力学考虑并分析了系统中所有因素之间的关系，而西部地区农合组织与外部因素之间的关系与系统动力学类似，因此使用系统动力学方法解决该问题具有合理性。目前采用系统动力学方法解决本书的问题还鲜有相关文献发表，因此系统动力学方法对于本书而言是一种崭新的方法。限于数据获得的极大困难，该部分没有对模型进行仿真的实证分析，这是非常遗憾的。

二、营销渠道成员利益分享诉求嬗变升级的系统动力学分析

农业合作的一个重要目标是进行产业化经营，实现优势互补、利益共享、互助合作，但这牵涉农户和农合企业两个个体的根本利益。到底企业出资，农户出力或技术的这种形式能否满足市场的需求，能否达到农企在利益分享方面的公平和效率。满足利益分享公平与效率，政府支持是必不可少的。而政府在农企利益诉求方面能否体现公平与效率，并且能够满足市场的需求？从系统动力学分析框架来看，农企利益诉求公平性与效率性之间的疏离、融合以及它们对政府支持的不同诉求为西部地区农合经济组织利益分享诉求的升级与嬗变提供了直接动力。当社会偏向效率时，其农合企业要求发挥市场在社会资源配置中的自主作用以提高效率；当效率要求的市场主导型模式严重影响公平并进而影响效率的实现时，

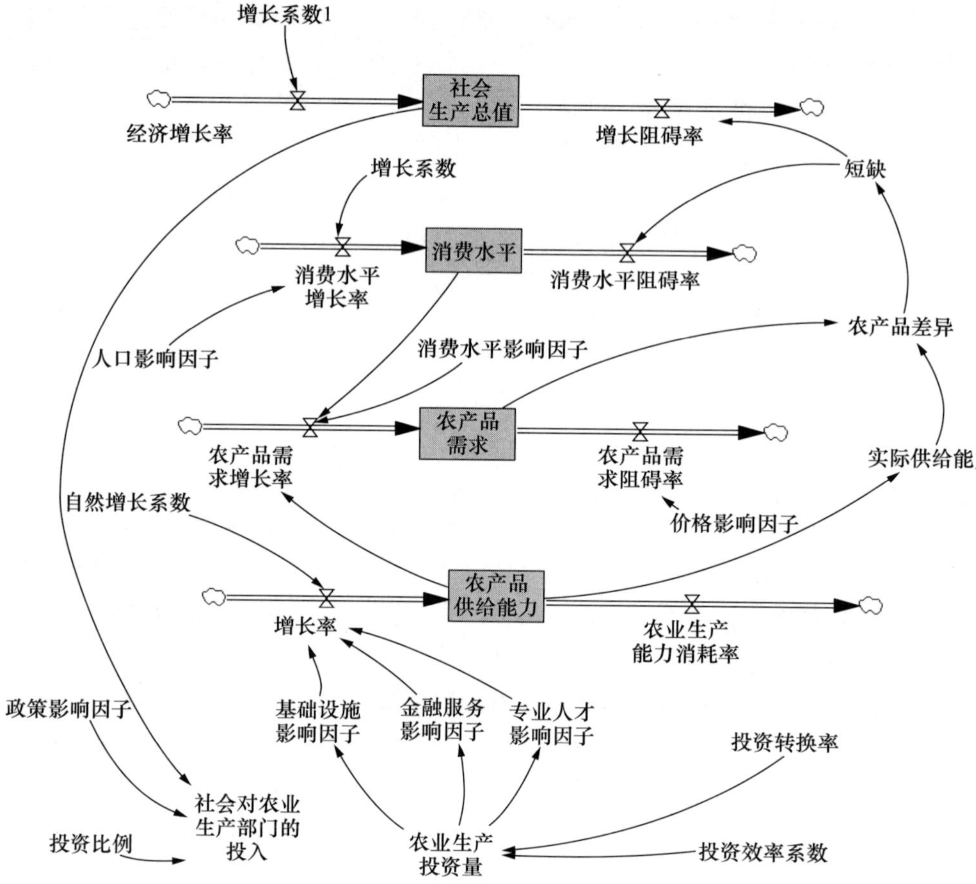

图 6－9　西部地区农合组织——环境系统动力学模型

社会便转向公平。因此，西部地区农合组织利益分享诉求嬗变升级是处理农企在利益诉求方面的公平与效率的问题的途径。

本书中农合组织要达到的最终价值目标为公平和效率。公平是指价值理性，主要有公平性、合法性和参与性等，效率与公平相对应，指农合组织在生产过程中的机械效率，这是农合组织要达到的一个重要价值目标。因果关系是系统动力学中最简单的关系，这与西部农合组织中利益与要求的关系是一致的。因此，可以将公平和效率作为研究西部地区农合组织的两个主要目标，在此基础上构建西部地区农合组织利益分享诉求的嬗变的正、负反馈模型。

图 6－10 反映了在以公平为目标时，政府对于市场的干预在农业信息技术中起到了重要的作用，这要求政府对各种资源的配置要起到积极的调控作用，只有

这样，才能够增强政府对农合组织的主导作用，反之，政府对市场的宏观调控使农合组织的利益分配更加公平，强化了政府在农业信息技术中的作用，形成了“公平—公平导向型农业信息技术技术—政府角色—利益分享”的正反馈环。而在以效率为目标时，占据主导因素的一般是农业信息技术在资源配置中的自主性，政府与市场分离，形成“小政府—大市场”的局面。这种模式提高并极大强化了效率的作用，最终形成“效率—效率导向型农业信息技术—市场角色—利益分享模式”正反馈环。

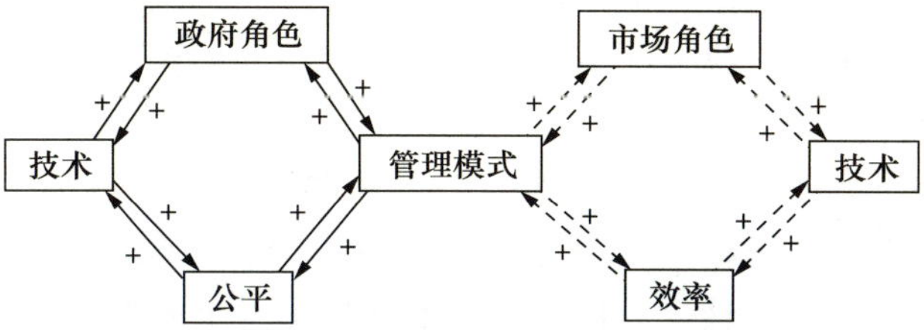

图 6－10　西部地区农合组织利益分享诉求的嬗变的正反馈模型

图 6－11 反映了公共管理模式嬗变的负反馈机制。在以往的西部地区农合组织利益分享诉求中，公平与效率往往很难兼容。在利益诉求中，如若产生效率导向，通常农合组织成员要求的公平性就很难体现和做到。通常我们认为，政府和市场一小一大的利益分享模式能够使效率大大提升，但不可忽视的是，市场失灵也常常存在，一旦市场失灵，就会极易导致在农合组织中农民或其企业价值贫富悬殊，财富两极分化的情况发生，更为严重的时候，还可能引发经济危机。这时公平和效率也就无从谈起。因此，效率导向和公平导向与利益分享之间的正反馈都只能存在于一定范围，一旦超出该范围，效率导向就会与社会公平产生负反馈，公平导向会与效率产生负反馈，同时，效率导向和公平导向也会与自身产生负反馈。从图 6－11 可以看出，政府和市场在一定条件下也会发生负反馈，两者会呈负相关关系。

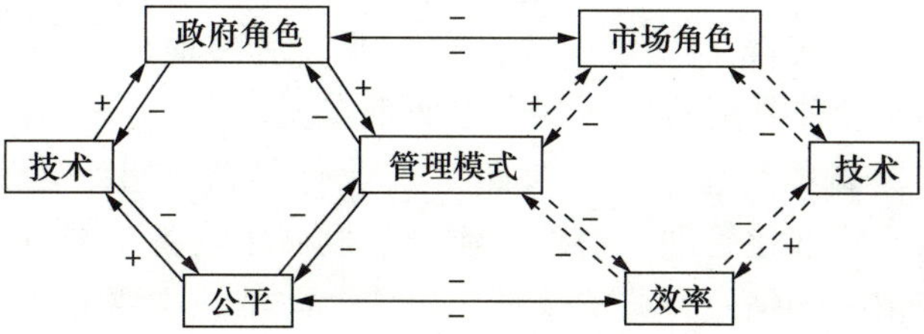

图 6－11　西部地区农合组织利益分享诉求的嬗变的负反馈模型

近年来，西部地区社会经济发展迅猛，其中农合组织在农业发展方面起到了重要的作用，农合组织飞速发展的同时，也出现了一些显而易见的问题，面对这些问题，西部地区农合组织在利益分享诉求嬗变过程中，需要根据利益相关者的利益诉求对利益分享进行保障与协调。

三、典型案例分析——内蒙古哈日高毕牧业专业合作社

哈日高毕牧业专业合作社是额吉淖尔镇哈日高毕嘎查牧户主要依赖的牧民专业合作社。它在转变畜牧业生产经营方式的同时加大销售，促进经营一体化，同时在一定程度上降低了畜牧业的成本，增加牧民的收入。

由于近年来环境的恶化，自然灾害发生的概率较大，这也就增加了草原上畜牧业的发展危机，给内蒙古草原的发展带来了严重挑战。由于干旱不下雨等自然情况，牧草生长缓慢且数量较少，达不到牛羊需求的数量，这就会加大对牛羊饲养的成本。为积极转变畜牧业粗放经营方式，调整优化畜群结构，提高牧民组织化程度，增加牧民收入，哈日高毕嘎查牧民积极响应旗委、政府号召，该嘎查8户牧户于2003年1月21日按照自愿的原则，成立了《东乌珠穆沁旗哈日高毕牧业协会》，并在《中华人民共和国合作社法》及相关配套法规出台后，于2007年12月12日在工商部门登记成为注册的专业合作社，出资总额225万元。目前，合作社成员发展到64户、432人，拥有草牧场面积50万亩，流动资金15万元，200亩高产饲料基地1处，现代标准化种公羊基地1处、基地现有特级乌珠穆沁种公羊1100只，基础母羊2000只。2011年投资121.9万元建设1处哈日高毕合作社活畜交易市场。同年，该合作社实现净利润85万元，户均增收13281元。[①]

1. 分析

合作社在现代草原畜牧业发展总体目标引导下，以市场为导向，以发展乌珠穆沁肉羊生产为支撑，以信息技术、营销服务为宗旨，以增加牧民收入为目标，使合作社规模不断壮大，促进了全嘎查及周边地区肉羊产业的发展，成为牧民增收的一条重要途径，实现了“建一社、兴一业、活一地、富一方”的目标。为了达到这个目标，合作社通过以下几个方面来实现。

其一，着力提高集约化水平。按照“产业化经营、组织化发展、专业化生产、规模化养殖、标准化管理、信息化建设、机械化装备”的方向要求，以乌珠穆沁羊保种、养殖、购销及种公羊选育、租赁、购销为主要业务范围，大力调整

① 资料来源：内蒙古农牧厅调查统计。

畜牧业结构和畜种结构的优化。与此同时，积极推进了适度规模家庭牧场建设和联户经营的模式，科学合理配置生产要素，为畜牧业增效及畜牧业产前、产中、产后提供了全程服务。

其二，力降成本提效益。针对频繁出现的各种自然灾害和草地生产力下降，亩草产量逐年下滑的现实，为了降低农合组织成员的畜牧业支出，使牧民收入得到保障，合作社规划土地，统一安排饲料和草料的采购工作，同时投入建成饲料地。该饲料地比普通饲料地产量要高，这就保障畜牧有足够的饲料草料过冬，农合组织成员也可得到低于市价的饲料和草料。

其三，通过优选增效实现产业化。合作社高产饲料地为农合组织培育牲畜养殖专业户提供优越的条件。通过加强乌珠穆沁羊的提纯和复壮工作，为其提供低价租赁方式，获得经过选育的优质公羊，提高乌珠穆沁羊个体产值和整体产值效益。同时，合作社为了扩大交易规模，积极壮大牧区组织和牧民中介队伍，以扩展市场辐射范围和产品销售渠道，提高市场交易的组织化程度，为畜牧业发展和牧民增收提供服务。通过统一组织、统一计划、统一标准、统一销售的完整的产销链条，促进了畜牧业的结构调整，实现了牧民增收。

2. 启示

哈日高毕牧业专业合作社的成立和发展是众多地区合作社的典型案例，不论是从合作社的交易额来看，还是从该合作社的产销来说，最终目的都是实现农牧民增收。在该合作社中，利益联结机制主要是以年底分红为主，该合作社发展顺利既得益于政府的指导和强有力的信息技术及完善的营销服务体系，也源于合作社的利益联结机制；同时，所有入社的农牧民在分红时都愿意根据合作社的契约和约定利润分配方式进行分配，这样就实现了事实上的共生关系，也较好地避免了利益诉求不同所造成的利益分享矛盾。

四、利益分享共生机制

为从源头上实现利益相关者的利益诉求，基于农合组织的营销渠道成员利益共生机制就成为保证“风险共担，利益共享”的重要机制之一。下面运用共生理论，试图对以农合组织为轴心的营销渠道成员利益共生关系和共生发展问题进行分析。

1. 构建基于农合组织的营销渠道成员利益分享共生循环模式

基于农合组织的营销渠道成员关系的起点和终点都是利益关系，稳定的共生伙伴关系是建立在互利基础之上的。随着基于农合组织营销渠道成员关系的不断推进和演变，所有者和惠顾者利益可能产生矛盾。因此，成员利益诉求也应向农合组织一体化纵向关系为主而演变。农合组织的建立不仅仅是对农户利益诉求地满足，也是对营销渠道上利益相关者利益诉求的满足，是一种均衡利益诉求满足的共生界面，是带有结构性的一种均衡。基于农合组织的营销渠道成员相互作用的本质机制是通过利益这个共生界面实现的，而农合组织利益是通过不断有效地满足市场需求而获得。

（1）共生条件分析。虽然基于农合组织的营销渠道利益相关者之间存在共生冲突，但是他们实际上既有共同的发展需求，也有不同的利益要求，在现实中共生关系的条件基本形成如下：

其一，共生单元彼此必须具有兼容的内在性。通过对农合组织的营销渠道利益相关者研究发现，各利益相关者彼此之间在合作组织形式下有着一定的联系，具有一些共同的目标。农合组织、农户、公司、中间商都有提升农产品品质、提高销售量和促进农产品市场竞争力的意愿。消费者的目标是期望获得有保证的农产品（质量＋安全），而有保证的农产品是要建立在营销渠道各个环节基础上的。因此，可以认为他们具有趋同性、兼容性，从而满足相互兼容的条件。

其二，共生单元自动形成一个共生界面。显然，利益分享是基于农合组织营销渠道上利益相关者的共生界面，农户、农合组织、公司、中间商在利益分享过程中都贡献着自己的力量。农户的责任是能够保障提供有效初级农产品；农合组织负责农户与公司的沟通协调以及初级农产品的转运；公司负责对初级农产品进行加工；也参与对初级农产品的科学种植等工作；中间商负责对农产品进行销售，并提供销售反馈信息等。

其三，共生单元通过共生界面进行交流。在农合组织发展过程中，农户以入股等方式加入农合组织，公司、中间商与农合组织进行有机的组合，在不同层面上发挥不同的作用。农户入股农合组织，并转入第二产业、第三产业参加劳动，不仅可以获得务工收入，而且还可以分享农合组织的利润，在产业经营中可以参与管理、决策和监督。公司建立生产加工基地、提升加工能力和经营水平，使产品具有高科技含量、高附加值以及绿色、特色、优质、高效和品牌化，并提供产前、产中和产后服务。中间商负责拓展农产品的销售渠道，提高流通效率，并调节生产与消费之间的矛盾，在从生产领域到消费领域转移的过程中起到重要的纽带和桥梁作用。可见，农户、农合组织、公司和中间商之间存在着协同和互补关系，即在共生界面进行物质、信息和能量的交流，存在明显的供需关系，具备第三个条件。

（2）营销渠道成员利益分享共生循环模式。基于农合组织的营销渠道成员利益共享的实质是寻求利益相关者在共生系统中各自的发展空间和占据的地位，以便能够更好地合作。从以上的分析可以看出，营销渠道上利益相关者之间的一定共生条件，奠定了更加互惠、稳定共生关系的基础。但要真正形成良好的共生关系，就需要建立相互促进的循环利益共生模式，它决定了营销渠道上利益相关者共生的可能性，并为基于农合组织的营销渠道上利益相关者共生机制的构建指明方向。根据前文的分析，建立以下利益分享循环模式，如图 6－12 所示。

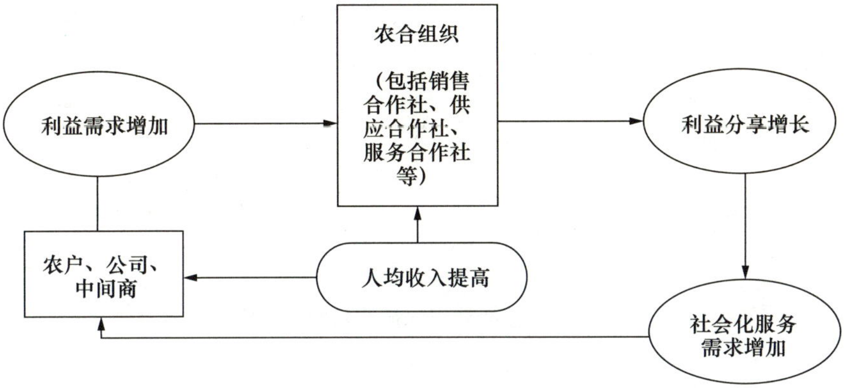

图 6－12　基于农合组织的营销渠道成员相互促进的利益循环模式

由于农合组织渠道成员各自均追求利益诉求的最大化；因此缺乏共生理念，存在诚信、机会主义等问题，这就导致彼此之间产生了较大的矛盾和背离（即共生关系的不和谐），也极大地损害了农合组织中农民的权益和积极性，更损害了营销渠道的稳定运行。从图 6－12 可知，持续互惠的利益循环共生是基于农合组织营销渠道上利益相关者长期合作追求的目标。在该模式下，通过利益共享和风险共担，在农合组织的沟通和协调下，寻求营销渠道上各利益相关者的共存共享和互惠共赢。

2. 基于农合组织的营销渠道成员利益共生机制

“风险共担，利益共享”是基于农合组织营销渠道利益相关者共生的目标，也是营销渠道稳定运行的重要基础，但是达到这个目标是一个渐进的过程，即不断提高共生程度，这就需要相关机制的支撑来得以实现。因此，本书构建了基于农合组织的营销渠道利上利益相关者的共生机制，它包括利益分配、利益表达、利益补偿、利益协调和利益保障五个方面，如图 6－13 所示。

（1）利益分配机制。利益分配是共生机制的核心，如果共生一方长期受制于利益分配的不均衡，共生的兴趣和信心或继续共生的能力将逐渐被削弱，而最终退出共生。因此，一个合理的利益分配机制，将有助于提高基于农合组织的营销渠道利益相关者的积极性，既有利于农合组织的稳定发展，也有利于营销渠道的畅通高效。

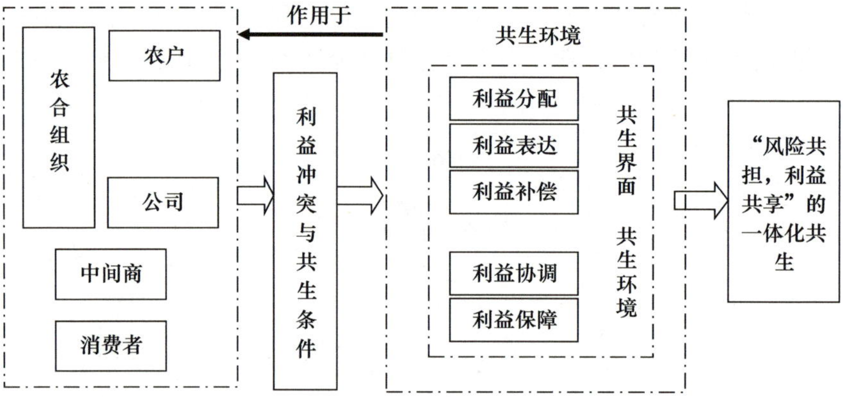

图6－13　基于农合组织的营销渠道成员利益分享共生机制模型

第一，严格执行公平合理的利益分配。公平合理的利益分配是保证基于农合组织的营销渠道参与主体间关系得以发展和巩固的关键。在充分保证营销渠道稳定性的前提下，严格执行公平合理的利益分配，通过考量参与合作的积极性和努力水平给予适当的奖励或惩罚，以此来调动利益相关者的积极性。同时，对于所有收益以及分配的比例向所有利益相关者透明化，使利益分配是在有效的监督下完成，并获得各方认可。

第二，改善松散的联结关系。发挥营销渠道各环节的比较优势，整合各自的优势资源，在提率、增益、降险的基础上，克服松散和脆弱，使其更加稳定和规范，从而确保实现各利益相关者的利益，并能够拓展和延伸产业链，使营销渠道的功能得以增强。同时，要打破“投资（入股）多少，收益多少”的惯例，要根据农产品生产的特殊性，考虑风险和技术创新的因素，即按照风险共担原则，通过风险可追溯机制对承担风险大小与获利多少相结合，且对有创新的给予奖励，缺乏创新的进行适当惩罚。

（2）利益补偿机制。利益补偿主要是针对基于农合组织的营销渠道上利益相关者中弱势群体提供适当的经济或其他方式的补偿，这既是对利益分配的补充，又是使处于弱势地位的利益相关者重拾合作的信心，从而有效维系和巩固紧密的合作关系。

第一，依法设立保护发展循环基金。各利益相关者都按照约定拿出一定比例的经费作为保护发展基金。此外，也应采取多元化的基金筹集方式，以弥补保护发展基金不足的问题。该基金主要用于自然条件影响下的农业产生保护，以及产加销各环节的技术创新，并将因技术创新所带来的收益按一定比例再次充入该基金中，以实现循环使用。

第二，提高农户的补偿额度。作为处于弱势的地位的利益相关者——农户而言，他们应该得到适当的补偿。可以适当利用补贴制度来对受到各种负面影响的农户进行补贴，尤其对于生产能力差的农户应适当提高其补偿标准。

（3）利益表达机制。利益表达是表明自己意向的一种特定的行为，是形成基于农合组织的营销渠道利益相关者共生的重要前提。当前，基于农合组织的营销渠道上利益相关者之间还没有一个完全有效的沟通渠道，顺畅的利益表达渠道或平台有助于通过制度化来表达合法权益并予以协商保护，尤其要重视作为弱势利益相关者的农户的利益表达。

第一，拓宽利益表达渠道。表达渠道的宽度在某种程度上是提供便捷有效的利益表达的途径。虽然，当前农户也可以表达自身的利益诉求，但是由于处于弱势地位，其利益诉求往往被忽略。因此，应该进一步丰富利益表达渠道，如重大决策征询会、农户与公司协商对话会、信息披露会、一般事务集体听证会等方式来拓宽表达渠道，通过制度化的渠道表达方式减少、缓解甚至解决共生矛盾。另外，要对农户提供支持与帮助，引导采用理性、合法的方式来争取和保护自身的利益，避免因市场价格波动等因素发生农户毁约等不理智的利益表达。

第二，完善表达反馈机制。为了确保利益表达具有双向性，建立完善的反馈机制来确保其有效实施就成为必要。为实现和增强利益相关者对利益表达机制的信任和支持，需要对利益表达者的诉求进行及时处理并给予反馈意见，同时也增加了营销渠道成员之间的信息沟通与信任，从而缓解了利益冲突的负面影响。

（4）利益保障机制。为确保各利益相关者的利益分配、利益补偿和利益表达得以顺畅实现，合理有效的制度保障不可或缺，以完成各利益相关者个体利益与营销渠道成员共生利益的共举。

第一，推进立法，强化渠道管理。加强和完善农合组织营销渠道上利益相关者的权利和义务立法，以保障利益相关者的合法权利，以便能较好地实现组织与农户之间、组织与渠道成员之间有效的履行承诺，获取彼此合作的信任。另外，要加强对营销渠道成员的引导，使其在不断的监督、评价、指导和鼓励的环境中，努力实现合作组织的渠道目标。

第二，加大教育与培训力度。西部地区广大农户现代科学生产技术等方面的知识相对比较匮乏，整体教育水平不高，这很容易导致利益相关者之间的利益诉求冲突，因此，应加大教育投入，采取灵活多样的培训方式，提高其文化教育水平，增强其主体地位。同时，要注意挖掘和培育营销渠道其他环节上“精英”，以便建立良好的营销渠道秩序。这样才有实现严守商业道德，遵循诚信的渠道氛围。

（5）利益协调机制。为了实现利益方面的“求同存异”，即促进多元利益共存，需要建立完善的利益协调机制来进行多方面的协商，主要是用民主协商的方式解决利益相关者之间存在的利益冲突。

第一，成立利益联席委员会。建立一个具有协调和监督作用的联席委员会，其是具有公益或半公益性质，在代表大多数的情况下展开专门的、独立的利益协调监督，成员可以包括各利益相关者的代表、相关的专家学者、媒体公众、社会公众和政府代表等。成员之间借助这个平台进行信息沟通，并更直接地协调、磋商各方利益，以使各利益相关者达成妥协、实现共赢来化解利益冲突。

第二，签订共生契约。为防止任何机会主义行为在共生单元中发生，需要各方共同签订具有限制性、排他性的约束协议，以此协商出各方应承担的责任和义务、可享受的权利和利益，真正形成“风险共担，利益共享”的共生关系。

总之，农合组织的建立和在此基础上的共生优化，不仅是对农户利益诉求的满足，也是对营销渠道上其他成员利益诉求的满足，在合作的过程中，各方有着共同的利益追求，技术、信息和资金等各种要素在复杂的合作关系网络内流动，无论是哪一个利益相关者都是合作网络中不可或缺的节点。而稳固的共生关系不仅促进生产要素在共生单元之间广泛的交流合作，而且也能够使各利益相关者得到最大限度地满足，激励共生系统中潜在能量的充分发挥，极大地推动农合组织的完善和营销渠道纵向组织关系的优化。当然，就农合组织利益关系中的共生而言，营销渠道上各环节结合在一起就是利益相关者的共生关系，其内含组织模式和交易行为。组织模式主要通过合作关系的紧密程度来体现，交易行为主要通过利益在彼此之间的分配来体现。要保证组织模式的顺利运行和交易行为的合理性，必须有相应的保障机制同时运行。

第三节　渠道成员利益保障机制

合理的利益保障不仅能够吸引、激励渠道成员，还能够促使营销渠道成员间更深的合作，从而在提高整个农产品供应链竞争力的基础上，真正实现“风险共担，利益共享”。解决基于农合组织的营销渠道成员的利益分享，要在合理的分享机制基础上，给予有效的保障。

一、推动农村电商物流发展

农合组织营销渠道成员利益分享取决于渠道的盈利水平，而影响农合组织营销渠道的盈利水平的各种因素中，流通成本是关键因素之一。因此，优化农产品流通体系、加强降低农产品流通成本、提高农产品流通效率是提升成员利益分享的重要保障。近年来，我国电子商务发展迅速，作为电商领域的下一个蓝海——农村电子商务已开始崛起，这为农村市场产品流通开拓了新的渠道，进而为农合组织营销渠道的利益提升提供了新的思路。物流作为电子商务的实物通道，直接决定着农村物流的效率、成本与质量，进而影响农产品营销渠道利益的实现。因此西部地区应抓住机遇，积极贯彻执行 2016 年中央一号文件的指导意见，推广“互联网 + 农村物流”模式，即“以电商带动物流、以物流支撑电商”，在大力推进农村电子商务发展的同时，加强农村物流系统建设，助力农合组织提升营销渠道盈利能力，保障西部地区农合组织营销渠道利益分享的实现，从而稳步提升农户收入，为实现全面建成小康社会的目标奠定基础。

1. 大力推动农村电子商务发展、引导农合组织积极利用电子商务

农村电商的发展，可以有效地缩短农合组织营销渠道的长度、降低交易成本，使渠道上游的农合组织和农户更及时、准确地获取市场需求信息，不但有效地提升了渠道盈利水平，同时还降低了农户和农合组织种植和生产的风险，间接降低了其经营成本，实现渠道利益的双重提升，从而反馈给渠道成员，实现成员收入提升，是农合组织营销渠道利益分享的重要保障。因此西部地区各级地方政府应结合地方产业特色，大力推动当地农村电子商务的发展。

如西部地区地方政府学习金华市政府，制定当地农村电子商务工作实施方案，全面实施电商特色镇（专业村）引领工程、农产品上网工程、农村电商服务体系建设工程和人才培育工程等，推进农村电商稳步发展。首先地方政府应优先扶持当地具有优势特色产业的村镇发展电子商务，并将其成功经验进行推广，充分发挥其示范效应，带动其他村镇的发展；其次积极宣传、引导和扶持农户和农合组织利用电子商务平台，一方面获得更质优价廉的农资供应；另一方面可以将农产品信息及时通过平台进行发布，全面实现农产品上网，开拓新的销售渠道；在此过程中地方政府要发挥协调服务功能，广泛建立各级服务站点，为农户和农合组织提供网店建设、业务咨询、人才培训、金融服务等完善的配套服务，并积极引进淘宝、京东等知名电商企业与当地农合组织建立合作关系。

2. 统一规划布局农村物流网点、调动社会力量参与农村物流系统建设

农村物流系统的建设，可以以更低的成本、更便利、更高效地满足农合组织

营销渠道的供销需求，进而提升农合组织的盈利能力，最终保障农合组织营销渠道利益的有效分享。

而目前农村电子商务的发展的“瓶颈”在于农村物流系统建设的滞后，因此在推进农村电子商务发展的同时，应由各地方政府发起，统一规划和布局农村电商物流网点，加快城乡物流体系建设，搭建城乡仓储物流平台，并积极吸引社会力量，调动物流企业与电子商务企业积极参与电商物流系统的建设。协调电商企业、物流配送公司、快递公司间合作，对农村物流配送资源进行整合，合理规划和布局农村物流基础设施，构建适应农村电商发展的物流配送体系，解决配送运输线路重叠、人员重复配备等资源浪费，为农合组织的供销打通实物通道。

地方政府还应充分发挥和拓展县、乡、村三级供销系统作用，以实施“新网工程”“万村千乡市场工程”为抓手，整合改造已有网络资源，尽快填补网络空白阵地，构建起以农资、日用消费品、农副产品购销等连锁配送网络格局，形成线上线下融合、农产品进城与农资和消费品下乡双向商贸流通的农村流通体系，有效缓解田间地头“最后一公里”问题。但需要注意，各地供销社基层组织长期存在“合作社不合作，联合社不联合”，各自为政，供销网络密而不紧的问题。因此还需要借助资本联合，采用股份制的形式，建立乡镇供销超市，并积极引入社会资本，采取混合所有制的形式，建立供销超市，从而真正建立起供销系统物流网络体系。

二、规范财务会计制度

规范的财务会计制度是推动农合组织持续健康发展的重要因素，也是保障西部地区农合组织营销渠道成员利益分享机制的重要因素。一方面，规范的财务会计制度有利于保护农户的利益。参与农民专业合作经济组织成员主体是农户，农合组织按照农户与农合组织的交易量（额）的一定比例分配可分配盈余，按照入股协议进行返利分红。规范的财务会计制度可以保证农合组织正确核算交易量（额），核算经营成果，合理分配可分配盈余，使农户的利益得到保护。另一方面，作为市场经济的成员，农合组织有特有的服务对象、业务类型等特点，完善的财务会计制度有利于准确记录各项生产经营状况和财务运行情况，有利于组织好农合组织各项资金活动，并处理好各种财务关系，是农合组织持续健康发展，从营销渠道中获得更多利益的必要条件。

因此要保障农合组织渠道成员在利益分享方面的利益，提高渠道成员参保积极性，应规范财务会计制度。具体表现在以下几个方面。

1. 增强外部监督管理，加强依法管理力度

目前，对于政府专项资金支持的部分农合组织，其财务会计制度较为健全，也有健全的政府监督管理措施，但是，对于中小型农合组织，特别是一些西部地区农合组织，缺乏规范的财务管理制度，渠道成员也缺乏财务会计知识，不利于实现其利益分享。因此，政府相关部门应首先通过加强《中华人民共和国农民专业合作社法》《农民专业合作社财务会计制度（试行）》等法律法规的宣传、教育、培训工作，让农户了解农合组织财务会计制度，提高农户及渠道成员的财务会计意识，充分理解与自身利益分享有关的需要承担的义务和权利；其次，对财务会计制度不规范的农合组织采取限期整改，适当进行行政处罚等相应管理措施，通过增强农合组织财务会计制度的外部监督管理，保障农合组织营销渠道成员的利益分享；最后，对拥有规范的财务管理制度与相应机构的农合组织通过采取重点扶持政策，专项资金扶持等方法鼓励其继续规范财务会计制度。

2. 加强内部控制，保障农户利益

从农合组织成立之初，发起人就应首先组织专人，建立管理机构进行财务会计核算，真实反映农合组织的经营成果。其次，成立内部财务控制，保证财务报告的真实、可靠、完整，严格财务纪律。最后，严格职责分离，会计与出纳分离、按要求成立董事会与监事会，农合组织各部门、人员通过相互制约、监督，保障农合组织成员利益。

3. 规范盈余分配制度，保障农户利益

根据《农民专业合作社财务会计制度》，农合组织在弥补亏损、提取公积金后的当年盈余，为其可分配盈余，并按成员与本社的交易量（额）比例返还，返还总额不得低于可分配盈余的60%。农合组织应当按照章程规定，编制财务会计报告，并在每年度终了之前制作相关财务、会计报表，并在成员大会召开之前的15天放置在合作社的办公地点，供其成员查阅，按照制度要求按时公示。运用“保底收益+股份分红”等方式提高农户参与农合组织积极性，增加农民受益，增强农合组织竞争力。农合组织应建立适合自身发展阶段，具有一定灵活性的利益分配制度，增加农户收益，有效激励组织成员。

4. 正确记录财务活动，建立与其他渠道成员之间的利益联结机制

规范的财务会计制度是农合组织健康发展的重要保障，因此农合组织应不断健全财务会计制度，加强财务会计管理。第一，农合组织根据相应法律法规要求，建立“十账一簿一柜”，包括财务总账、现金日记账、收入支出明细账等。第二，农合组织通过与其他渠道成员包括中间商、公司的合作生产、分享渠道利润，提高财务会计制度的规范性和有利于规范农合组织营销渠道中渠道成员交易行为，实现合理的渠道利益分享。第三，政府部门、投资者等利益相关者在了解

到农合组织真实的经营状况和盈利能力后，可能会采取政府投资、其他社会投资的方式支持农合组织发展。此外，通过财务会计中的资金运作，农合组织自身也可以通过投资等方式增加利润，这对于增加自身及其渠道利益都有一定的帮助。

总之，规范农合组织财务会计制度，通过盈余返还、加强内部控制等措施引导农合组织建立公平合理的利益分享机制，与农户建立真正的利益共享、风险共担的联合体。同时，加强农合组织内部、外部控制，接受全体社员及相关政府部门的监督检查，保护农合组织及其渠道成员的合法权益，促进农业和农村经济的发展。

三、健全价格形成体系

在农合组织营销渠道中，价格机制是实现利益分享的一个最直接的作用机制。一方面，价格机制是影响农户、农合以及公司或中间商实施合作的的重要因素。对于独立、分散的供应源头——农户而言，与农产品市场需求是完全脱节的，农户基本无法获得真实、有效、及时的市场信息，也正因为如此，农产品市场上会频繁爆发“丰产不丰收”等现象，而将农户置于两难境地。此外，农户作为主体独立完成农产品的流通要承担非常高的交易费用，很难保障自身收益的实现。在此背景下，农户为了更贴近市场，同时有效规避农产品市场价格波动风险，使自身能够获得相对稳定的收益，农户选择加入农合组织，借助农合与公司以及中间商建立联系，是最理性的选择。另一方面，价格机制是影响合同履约的关键因素，它直接影响着农产品渠道的最终利润，决定了农户获得的直接收益。合理的价格机制，能够强化农户的信心，可以有效提高农户的履约率。

在农合组织发展的初级阶段，农合对接公司和中间商时，还基本没有话语权，不具有讨价还价能力。而营销渠道中的下游企业——公司或中间商，则一般会成为农产品营销渠道中利益分配的主导者，他们决定着农产品营销渠道中利益分配的格局。但是随着农合组织的发展壮大，渠道力不断提升，其在营销渠道中也将发挥越来越大的作用，将逐渐影响渠道成员的利益分配。因此在农合组织发展的不同阶段，应有不同的价格机制保障渠道成员利益分配。

1. 农合组织初创期的利益分享——“随行就市”价格机制

在农合初创期，由于农合成员数量较少、规模有限、运作不够规范，农户还处于观望态度，参与积极性不高。因此农合组织营销渠道的“六力”皆弱，这时最适合的价格机制就是采用“随行就市”。“随行就市”价格机制一般是在农产品实际交付时，购销双方按照农产品交付时的市场价格来进行定价，而无须在合同中提前设置交易价格。

在此阶段，由于农合与公司或中间商之间，尚未建立稳定坚固的合作关系。农户、农合以及公司和中间商之间只是在农产品的供需关系基础上进行简单的产品交易，是一种单纯的市场交换关系。因此在初创期农合组织建立“随行就市”价格机制，也就是说农合组织与加工企业或中间商之间、农合组织与农户间在农产品市场交易前无须签订合同，确定产品的合同价格，而是由农合组织与加工企业或中间商之间在市场上按照当时的市场价格进行农产品现货交易，实施自由买卖，待产品交易完成后公司或中间商与农合组织之间不再有其他经济联系。可见双方都要承担市场不确定的风险。而农合组织与农户之间，也主要是按照市场行情，协助农户按照市场价格完成销售，还无法实施有效的利润分配。

这种机制下，尽管不能有效地加强农合组织与公司或中间商、农合组织与农户的合作关系，但是却能缓解农产品最基本的卖难问题，实现农合组织营销渠道中利益最低层次的分享，为农合组织的发展奠定基础。

2. 农合组织成长期的利益分享——“固定价格”价格机制

随着农合组织的逐渐发展，会员增多，规模逐渐扩大，管理机制逐渐健全，农合组织靠科学管理向专业化、规模化、规范化方向迅速发展。

在农合组织与公司以及中间商的交易过程中，彼此的关系也在加深，因此适合建立基于购销合同的“固定价格”价格机制。“固定价格”价格机制即交易双方以某一固定价格实施农产品交易，此固定价格一般是按“成本 + 利润”或近几年该农产品平均市场价格来确定。

在“固定价格”机制下，公司和中间商将按合同约定的价格收购农合组织的农产品，同样农合组织也要按照合同价格将农产品卖给公司和中间商。

“固定价格”机制具有明显的优势，首先“固定价格”机制解决农户农产品卖难问题，保障了农户稳定的收益；其次“固定价格”机制也为公司和中间商获得了稳定、可靠的农产品供应，有助于交易双方科学合理的制定种植、生产、销售计划。

但是“固定价格”机制也存在一定的问题。这主要是因为农业本身是靠天吃饭，在农产品生产过程中有可能受到诸如天气等自然因素、供需关系变化（如进出口数量变化）等因素的影响，因此农产品价格更易出现波动，因此，根本无法在签订契约之初就准确地预测出未来农产品价格的变化，这也意味着如果事先确定的“固定价格”一旦与市场价格不一致，供需双方违约的可能性就会增加，而且在农产品交付时，市场价格与固定价格偏差越大，交易双方的违约风险也将越高。此外“固定价格”机制还会使价格失去了本身所应有的随时反映市场供求状况的能力，降低了价格的灵活性。因此从长远来看，这种机制不利于促进农合组织与公司、中间商的合作以及农合组织市场化的发展。因此随着农合组织不断发展，还应及时调整价格机制。

3. 农合组织成熟期的利益分享——“保底收购，随行就市”价格机制

到成熟期时，西部地区农合组织已实现规范运作、具有较高的知名度、产品的销量稳中有升，盈利水平达到高峰，在营销渠道的管理能力上表现为“六力”皆强。此时，农合组织已拥有稳定的成员，并与公司和中间商建立了稳定的合作关系，因此为了实现渠道成员的利益分享，适合采取“保底收购，随行就市”价格机制。

“保底收购，随行就市”价格机制是综合了“固定价格”和“随行就市”两种价格机制，具体是指在合同中设定一个最低收购价格作为“保底价格”，然后再采用“随行就市”的价格机制实施收购。实际交易过程中，就要看市场价格情况来确定。比如市场价格比“保底价格”高时，那么公司或中间商就要按照市场价格实施收购，而在市场价格低于保底价格时，则需按照保底价格实施收购。农合组织对农户则是采取在统购、统销基础上，进一步实施利润返还、按股分红等二次分配。

农合组织在成熟期选择“保底收购，随行就市”的价格机制，可以保障农合组织以及农户获得收益保障，降低了农合组织和农户面临的市场风险，从而有效提高农户的履约率。因此在农合组织与公司或中间商交易过程中，可以有效保障农合组织以及农户的利益。但是这一价格机制本质上并没有消除市场价格变动风险，而是将原来由交易双方共同承担的市场价格变动风险，转移到了由下游需求方——公司或中间商来承担。一旦市场价格跌幅较大时，如果公司或中间商不能得到相应的政策性补偿，那么作为“理性经济人”的公司或中间商就很难继续实施交易，这时购销合同的违约风险则可能发生在公司或中间商一方。因此，当出现重大风险时，还需要国家相关政策的支持以及农合保险机制的保障。

4. 农合组织衰退期的利益分享——“随行就市”价格机制

到了衰退阶段，农合组织已拥有较大的资本量，并依然具有品牌影响力，但由于市场需求下降而导致产品销售减少、盈利下降等问题。在此阶段，农合组织的合约力和信息力依然强劲，但其他“四力”已变弱。因此适合采用“随行就市”价格机制，用真实的市场反馈引导、驱动农合与农户去转变经营品种，调整产品结构，迅速转型。即在农合组织发展到衰退期，由于农产品市场需求的下降，市场价格必然出现大幅度下滑，在这种情况下，公司或中间商也应按照“随行就市”的价格机制，从收购合同上将此信息及时传达给农合组织以及农户，尽管农合组织和农户当期利益可能会受到损害，但市场价格的变化会引导农合组织去寻求新的发展机会，及时调整产品结构，重新带领农户将农合组织共同推向新的成长阶段。

5. 推动农合组织价格机制实施的相关建议

根据上述分析，在农合组织发展的不同阶段适宜采用不同的价格机制，但同时各种价格机制也存在一定的风险和弊端。仅仅依靠农合组织自身，是无法有效规避和克服的。农业的发展关系着国计民生，作为农业发展中的新兴动力，农合组织的健康发展也需要有政府及相关部门的政策支持和扶助。因此在农合组织实施价格机制的同时还需由政府及相关部门等管理主体给予相应的扶持和协助。

首先，政府及相关管理部门应出台优惠政策。为了鼓励、促进农合组织与公司及中间商的合作，政府及相关管理部门应积极出台相关优惠政策，如政府及相关部门要在农产品种植、生产、流通方面给予资金扶持、税收减免，技术扶持与信息服务，使农户、农合组织以及公司和中间商降低各合作主体的经营与交易成本，从而提高农合组织、公司以及中间商的利润空间。尤其是对于农合组织应给予更大的扶持，使农合组织可以充分发挥带动农户对接市场的作用。

其次，要完善农产品价格形成机制。农产品价格根本上是由市场供需决定的，但是由于政府或相关部门实施的资金扶持或价格补贴，会在一定程度上抬高收购价格，因此不但打击了公司或中间商的积极性，而且将产品的市场供需虚假化，误导农户、农合组织等进行错误的决策。因此还要完善农产品价格形成机制，将补贴与价格分离，尊重市场自主的价格形成机制。

再次，积极发挥农产品期货市场的作用，提前规避价格波动风险。农产品期货市场具有价格发现、价格波动风险规避等功能。因此，农合组织、公司或中间商应充分利用农产品期货市场，有效地预测农产品的价格。并且，农产品期权的规避风险功能应得到更大发挥。所以，农合组织、公司以及中间商还应积极运用农产品期权来化解市场风险，保证其收益稳定性。

目前，我国期货市场已上市了 21 个农产品的期货品种，基本覆盖粮、油、糖等农产品，并延伸到鲜活农产品领域，这为农合组织利用期货市场提供了基础。但总体而言，我国农产品期货市场尤其是西部地区的农产品期货市场仍相对滞后，还有待于进一步的发展和完善，才能使其充分发挥在农产品市场中的积极作用。

最后，加强农产品信息平台的建设和推广，实现信息有效传播。农产品市场运行中存在诸多风险，绝大部分是缘于供需信息的不对称。要减少信息不对称的风险，就需要加快推进农产品信息平台的建设和推广。农产品信息平台的完善，可以有效地传递农产品供应、需求等相关信息，从而减少因信息的不对称性所带来的损失，进而缓解价格的波动。

四、完善农业保险制度

农业保险能够为农业生产者在生产过程中因自然灾害和意外事故所致经济损失提供补偿，是维护农民利益的重要法宝。从农民角度来看，农业保险对农民经济损失的资金进行补偿，帮助农民迅速恢复生产，提升了农民抵御灾害的能力，提高了农民的积极性。从政府角度来看，农业保险不仅能够减轻财政支出的压力，还能够放大政府补贴的效果。与农业保险相比，政府的农业灾后救济不仅消耗了大量财力，而且无法克服平均分配的弊病，难以和实际灾害损失相匹配。作为世界贸易组织规则中的“绿箱”政策之一，农业保险在许多国家都得到了政府的保费补贴，而农业保险的损失赔偿往往大大超过了保费，起到了放大政府补贴的效果。农合组织在营销渠道中起到了关键作用，而保险又是保障农合组织渠道成员利益分享和利益保障的重要途径。

农合组织在农业保险选择、对农业保险发展提出了新的更高层次的要求。与此同时，对政府补贴依赖性过强、市场化运作不足、险种单一、参保率不高等问题成为制约农合组织在选择农业保险发展的“瓶颈”。因此，农业保险需要全面适应渠道所有成员利益分享的新需求，才能充分发挥其对现代农业发展的支柱作用。农合组织渠道成员的利益分享是非常重要的，但是渠道成员的利益如何保障，如何更好地分享到自己应得的利益问题却有待解决。农合组织要抵御两种风险，其中一种是自然风险；另一种是市场风险。在我国，农业保险主要保障的是自然风险，对由于市场供需变化而发生价格和成本变动的市场风险很少涉及；而在国外尤其是美国，对于一些奶牛类的农合组织在利益分享过程中，总是出现一些突如其来的市场风险，美国政府和相关保险公司就制定了市场风险的险种赔偿机制，让农合组织成员在销售和生产环节都能有所保障，使组织成员在利益分享时没有顾虑。在我国，这方面是比较落后的，通常由于市场风险是不可控制的，因此要保障农合组织渠道成员在利益分享方面的利益，提高渠道成员参保积极性，应创新农业保险机制。具体表现在以下几个方面。

1. 产品创新

一是在做好大宗农产品保险的基础上，研发特色农业保险品种，尤其在西部地区，虽然农合组织在营销渠道中起到了重要的作用，但农民参与农合组织中的积极性并不高，因此可以通过创新产品种类，提高农民参与的积极性，并使农民在参与过程中的利益和收益得到一定的保障，尤其是对于市场变化较快的产品的种植者或经营者。二是提高风险保障的层次，由保成本向保产量进而向保价格和保收入转变，由“自然风险单一保障”向“自然风险与市场风险双重保障”转变，向西方国家学习，发挥政府在营销渠道中的重要作用，在西部地区找一些发展比较好的农合组织进行试点，包括试点产量保险、农作物价格保险和农业收入保险，为渠道成员在利益分享过程中提供更多的保障；三是开发符合营销渠道成员保障利益的保险产品，尤其是农业龙头企业、农合组织等需求的保险产品，促进农业产业集约化发展；四是开办农业气候指数保险、区域产量保险等具有标准化和透明性特点的险种，它们以客观的天气指数或区域产量作为赔偿基础，能够解决渠道成员，更重要的是农民与保险公司定损的矛盾，有利于降低逆选择和道德风险，并且能够节约经营成本。

2. 服务创新

拓展农业保险服务内涵和外延：一方面，保险公司与农技部门、气象部门等建立联动机制，把保险的经济补偿与农业生产防灾防损、农业新技术推广、农业信息发布等服务结合起来；另一方面，积极推进农业保险与信贷、担保等农村金融手段的结合与创新，促进农业金融协同发展，加强对现代农业发展的金融支持。所有的服务使得在西部地区的渠道成员都能够享受到保险带来的补贴和相关保障，在保障农民的利益基础上，既保障了渠道成员的长远利益，也保障了国家和地区的经济和社会的快速发展。

3. 营销渠道创新

发展农业保险兼业代理机构，将农业保险的经营网络延伸到最基层的农户。既要委托银行、农信社、邮局等银邮机构开展代理，充分利用这些机构的网点优势与客户资源优势，又要加强与农机站、种子站、畜牧站等涉农部门的合作，还要以农业产业化组织和新兴合作组织为媒介，有效带动订单农户和合作组织成员的参保积极性。

4. 巨灾风险分散方式创新

传统的再保险不能满足农业巨灾风险分散的要求，解决方案主要有两个：一是在国家层面建立农业巨灾保险基金。借鉴国外的成功经验，我国建立农业巨灾保险的基金来源包括财政资金、农业保险保费收入和税收减免。二是农业巨灾风险证券化，即保险人将其承保的农业巨灾风险通过金融证券的创造和发行转移给资本市场，包括农业巨灾债券、农业巨灾期货、农业巨灾期权和农业巨灾互换等形式。巨灾风险分散机制是为了农合组织成员在利益分享过程中不出现各种各样的损失，并能够保证渠道成员中的最基本的成员——农民在加入农合组织之后利益分享和收益额较未加入前得以提升和改善。这样使农民认同农合组织为他们的利益分享带来保障，让农民在契约式或订单式农业时代获得更好的保障。

总之，引入农业保险改变过去农民把订单当成保单的现象，将农业订单和农业保险相结合，不仅解决了价格变动风险，也降低了营销渠道各方的违约概率。

农业保险可由政府或经济实力雄厚的大型龙头企业牵头发起设立，如由国家、地方财政、龙头企业和农户等按一定比例出资来构成风险基金（或风险证券），当遇到较大的市场风险或自然灾害时，就可利用风险基金给予损失者必要的补偿，以保障交易主体的利益及农合组织的稳定发展。

五、创新金融支持服务

农村金融是我国现代经济发展中的重要组成部分，宏观上来说，它是农业和农村发展的助推器，微观上来说，它是促进农户收入稳定增长并确保如期实现全面小康的支撑。由于历史性的城乡二元经济结构，农村资金供求突出的矛盾和支农功能的“边缘化”已经严重制约着农合组织的发展和农户收入的增长。因此，构建新型农村金融支持服务体系对解决资金供求矛盾，促进农合组织发展和农户增收起着举足轻重的作用。

1. 地方政府应加大对农合组织的金融政策扶持

农户增收和农合组织的发展需要政府、银行、农合组织各方面共同协调配合。首先，加快建立健全土地确权流转服务体系，建立从上至下的共享信息土地流转中心；其次，建立健全配套的抵押资产处置机制，将所涉及的部门统一起来，做到信息共享，简化流程；再次，积极发挥地方政府在农合组织信用体系建设中的作用，从法律上认定农合组织等农村新型经济主体的贷款主体地位，解决协调不畅、配套不全、资金不足等问题；最后，地方政府可以联合金融机构和农合组织积极推广“公司 + 农合组织 + 基地 + 农户 + 保险 + 担保”的信贷支持模式，以此深入发掘有农合组织参与的“订单 + 期货”模式下的金融支持。

2. 完善金融组织机构建设，促进农村金融市场发展

完善的金融组织机构更有利于满足农合组织信贷资金的需求，增加增收的可能性。首先，由政府出资在各县域设立小额贷款公司等草根金融机构，可以实现多层次、广覆盖、可持续的农村金融供给；其次，鼓励社会资本以参股或独资方式参与建立担保公司和保险公司，形成多种金融机构和形式并存且适度竞争的金融组织架构；再次，鼓励农业发展银行在县一级实行商业化运行，推动邮储银行转“代理机构”为“经营实体”；最后，改变商业银行支农功能弱化的现象，降低对农合组织所设置的较高门槛，改变农合组织对金融服务的可得性难的问题。

3. 建立守信激励和失信惩罚机制，营造良好信用环境

农村金融产品与服务的高成本和其服务对象承担能力弱的矛盾，导致金融机构风险增高，农合组织常常失信的不道德行为。首先，应加强农村信用制度建设，建立健全以农户为载体的农合组织信用信息库，为农村信贷风险控制提供依

据；其次，支持各种新型、小型农村金融机构新型农村合作金融组织的发展，扩大各级村镇银行的服务面，积极推行农合组织内部资金互相的新形式；再次，鼓励国家开发银行、农业发展银行、邮储银行以及其他大中型商业银行为农合组织发展提供期限更长、利率更低的资金，以适应农业生产周期特征和资金需求，并开展金融机构间信用互换机制；最后，支持建立双向信用体制，即对守信的农合组织可以试点让其发行涉农债券和股票，对积极支持涉农的金融机构发行专项金融债券并信贷资产证券化，而对失信的农合组织和涉农资金保障较弱的金融机构采取“黑名单”退出制度，并建立有涉农企业、农合组织和农户共同参与的民营型农村担保机构，营造良好信用环境。

4. 开展现代移动互联网技术在农合组织资金流体系中的应用

现代互联网技术的应用有助于农合组织降低交易成本，实现增收。首先，充分结合农合组织资金流的特点，支持农村金融服务的基础设施建设，将现代移动互联网技术应用到农合组织生产经营的资金流体系中，营造良好的金融服务环境；其次，建立适合农合组织特点的信用征集和评价体系，提供安全快捷的金融支付手段，以使得农合组织获得更多低成本、多渠道的金融服务；再次，借助现代互联网技术将理财产品、保险产品等带到农村，为农合组织发展和农户提供获得财产性收入的机会；最后，金融机构可以利用现代互联网技术的应用，开展“互联网+”助力农业产业贷，积极推动农合组织的农产品产加销互联网化，促进智能农业升级行动，提升农合组织的生态价值、休闲价值和文化价值，实现第一产业、第二产业、第三产业融合，打造农合组织品牌，增加农民收入。

5. 鼓励金融机构开发多层次的金融产品和服务模式

农合组织日益扩大的多样化、灵活性的需求需要灵活多样的金融产品和服务，以支持多元发展，多渠道获利。首先，大力鼓励农合组织生产特色绿色农业产品，如金融机构可以开发“特色农产品收购质押贷款”；其次，支持各类新型农业生产经济主体的发展，如金融机构可以采取“核心企业+农合组合+银行”的贷款模式；再次，依据农合组织发展的特点，金融机构可以开发“农合组织+农业链+种植贷”贷款业务；最后，金融机构可以推广“农副产品采购贷”“农合组织联保农贷”“农产品补贴收益质押贷”等抵押贷款业务。

六、创建“合同帮农”机制

1. “合同帮农”是农合组织的法律保障

“合同帮农”为农民和涉农企业提供法律咨询、合同示范文本、纠纷调处等服务。“合同帮农”指的就是开展涉农帮扶。开展涉农合同帮扶是工商部门利用合同监管手段支持“三农”的具体措施，发展“订单农业”是当前促进农产品流通、维护农民切身利益的重要举措。以维护农业订单、加强订单合同管理为突破口，将发展订单农业作为确保农民增收的一条有效措施来抓，为农业生产保驾护航。

2008 年，《关于深入开展合同帮农工作的指导意见》中指出，对全系统合同帮农工作做出了较为全面的规定和部署。2014 年，各地工商、市场监管部门认真贯彻中央一号文件精神，深入开展合同帮农工作，通过建立完善基层农业合同指导机构，加大合同法律宣传力度，制定推行涉农合同示范文本，积极调解涉农合同纠纷，依法打击涉农合同违法行为，保护农民权益，改善农村市场环境，增强农民交易信心，推动农业生产结构调整，加强制度建设，建立健全基层农业合同指导站制度，深入开展合同帮农工作。湖南省基层涉农工商所依托红盾护农工作站成立了合同帮农指导服务站，认真落实合同文本上门、培训指导上门、纠纷调解上门的“三上门”制度。西部地区各个省份工商局制定了合同帮农十项制度，紧紧围绕当地党委、政府的中心工作，形成良好的合同帮农长效工作机制。

2016 年中央一号文件，中共中央、国务院 2016 年印发的《关于落实发展新理念加快农业现代化实现全面小康目标的若干意见》中提出：促进农业产加销紧密衔接、农村一二三产业深度融合，推进农业产业链整合和价值链提升，让农民共享产业融合发展的增值收益，培育农民增收新模式。支持供销合作社创办领办农民合作社，引领农民参与农村产业融合发展、分享产业链收益。

利益分享是农合组织在确保产业链条中的渠道成员在分享利益时能够达到“收益共赢，风险共担”的目的，为了实现该目的，农合组织营销渠道需要依托“合同帮农”政策，为农民、中间商、加工公司以及农合组织提供法律支持和援助、提供合同范本来解决利益分享过程中的纠纷问题等，“合同帮农”能更好地促进农民专业合作组织发挥其功能和作用，主要体现在四个方面：组织功能、中介功能、载体功能和服务功能。农村经济合作组织在产业化生产经营中起着桥梁纽带作用，由于组织化提高，农民抗风险能力和市场竞争能力能够大大增强。由此可见，“合同帮农”是农合组织营销渠道的法律保障。

“合同帮农”对农民、中间商、农合组织及加工公司都起到了积极的推动作用。

2. “合同帮农”促进农民增收

“合同帮农”对农民起到了非常积极的作用，很多地区都通过多种多样的方法开展涉农帮扶。一是强化宣传培训，增强监管人员和涉农企业、农户的合同法律意识。四川省工商系统广泛建立合同咨询服务指导站，邀请电商企业义务为农民组织讲座。西安市市场监管部门组织农户学习，先后发放各类宣传材料 3000

余份，举办专业培训班 20 余次。甘肃省工商局多次组织开展《合同法》专题辅导和培训，不断提高合同监管人员的业务能力和水平，认真开展针对农户、涉农企业的合同法律宣传。这些活动有效地为农民建立起了关于合同的法律意识。二是积极服务涉农主体动产抵押融资。内蒙古自治区工商局专门请示总局，大范围拓展了农牧民专业合作社的动产抵押范围，帮助农牧民和农牧区专业合作社解决融资难问题。重庆市工商局贯彻市政府《关于加快推进农村产权抵押融资工作的意见》，做好农村土地上种植（养殖）物、附属设施等动产抵押登记工作，全年办理涉农动产抵押登记 207 份，抵押融资约 9 亿元。通过各地区开展“合同帮农”，使得农民作为农合组织营销渠道的渠道成员增加收入，获得更多利益，并且有法可依、专业合作组织的有章可循，有本可据，农民利益得到了根本保障，同时增加了农民参与农合组织的积极性。

3. “合同帮农”保障中间商利益

中间商是营销渠道的重要成员，中间商是连接农合组织和公司的必要环节，因此，中间商利益分享公平、公正、有法可依的关键就是依靠“合同帮农”，“合同帮农”是保障中间商利益的必经之路。“超市农业”模式就是合同帮农典型的中间商。超市农业既是农副产品进入流通领域的“入海口”，更是订单农业走向市场的主渠道。要想发挥好超市农业的中间商作用，除了发挥好示范外，关键是使中间商在营销渠道链条中的利益得到保障，“合同帮农”起到重要作用。在实施“农超对接”工作时，要注意制定相应的政策，促使中间商和农民双方实现“双赢”的局面，避免出现订单价高于市场价时农户履约，市场价高于订单价时农户失约这种情况的发生。在此过程中，首先，要强化“合同帮农”的指导，起到“合同帮农”最基本的作用。其次，通过探索创新的流通模式，即必须规范中间商的行为。但在开展工作的过程中，也暴露出了不少问题，如订单合同五花八门、农产品安全难保障、少数农户不讲信用等。针对存在问题，可以采取广泛宣传，典型引路的措施。以试点单位实现“双赢”为典型事例，组织人员编写宣传资料，向各大商场超市、农产品经纪人和广大农民群众，广泛宣传中间商的“合同帮农”的优势所在，增强中间商在营销渠道中的地位所在。最后，完善中间商的“身份证”机制，推进市场化运作，即必须逐步推行标准化生产、品牌化经营和市场化通过“合同帮农”对中间商有利、对农民有利、对工商部门开展食品安全工作有利、对社会有利。

4. “合同帮农”加快公司采纳新模式

“合同帮农”对公司的作用尤为重要，可以帮助企业和农户之间建立起订单农业发展模式，引导涉农企业与农户签订订单，形成“订单 + 公司 + 农户”的发展模式。例如云南省工商局结合农村“七有工程”的开展，在各工商所成立了“合同帮农指站”把合同工作纳入日常重点巡查内容。依托农业订单推行，做活“合同帮农”文章，以稻谷、油籽、柑橘、茶叶、棉花、蔬菜等特色产品为切入点，主动联系相关涉农企业，帮助有意向企业灵活多样的推行订单农业发展模式。2012 年，推行涉农合同示范文本 30000 多份，订单面积 30 多万亩，履约率达 80% 以上。以上案例表明合作帮农通过订单方式为加工企业提供了稳定充足的原料供应保障。这些都表明“合同帮农”为公司提供了法律保障的同时，也为农合组织以及其他渠道成员在利益分享时有法律保障，使农合组织营销渠道成员在进行交易时公平、公正、安心和放心。

第四节　本章小结

目前，农合组织存在和发展的根本原因和动力是农户内在的利益需求。因此，建立利益诱导和实现机制，是促进农合组织持续、稳定发展的核心问题和关键。由于西部农合组织的利益共享是基于农合与渠道各相关却又不同的关系，包含纵向组织关系一体化这样更深意义上的一体化，因此在营销渠道的分享过程中必然存在利益冲突。

第一，对以农合组织为核心成员的营销渠道上各主体的利益分享现状进行了分析。通过分析发现，普通农户作为农合组织中的一个重要成员却很少被视为真正的合作伙伴，更多的是被看作企业成本转移的对象。由于营销渠道各环节均追求各自利益诉求的最大化，因此缺乏共生理念，存在诚信缺失、机会主义等问题，这就导致二者之间产生了较大的矛盾和背离（即共生关系的不和谐），也极大地损害了农合组织中农民的权益和参与的积极性，更损害了农合组织的稳定运行。

第二，运用系统动力学的方法对利益诉求嬗变进行了分析研究。通过构建系统动力学模型，试图模拟西部地区农合组织与周围环境中影响该组织的各个因素之间的互动关系。分析了西部农合组织利益分享诉求过程中的公平与效率不同导向时，通过其不同的农业信息技术技与利益分享模式之间互动的正、负反馈模型，得出利益分享模式嬗变的整体系统动力学模型。在系统动力学研究基础上，本章提出构建营销渠道成员利益共生循环模式，并运用利益分享共生机制加以支撑。

第三，合理的利益保障机制不仅能够吸引、激励渠道成员，还促使渠道成员间更深的合作，从而提高整个农产品供应链的竞争力。本章在提出利益分享机制的基础上，给出了推进农村电商物流发展、规范财务会计制度、健全价格形成体系、完善农业保险制度、创新金融支持服务和创建“合同帮农”等利益分享保障机制。

事实上，西部地区农合组织利益分享诉求系统中各要素之间的影响是多元的、复杂的，它们互相之间的正负反馈机制也是多重结构，一方的变化往往带来各要素以及利益分享模式之间的复杂变化，这也是利益分享模式呈现复杂多样性的关键原因。

第七章 基于纵向关系的西部地区农合组织营销渠道力动态提升策略

在企业生命周期的不同阶段，西部地区农合组织营销渠道力的特征也不尽相同，这必然会影响农合组织营销渠道资源的整合和运用，即培育和发展渠道力所需要的资金、技术、人员等要素资源的组合在不同时期要有差异。从纵向组织关系角度来看，农户是农合组织的主体，直接参与农合组织的经营和管理；政府是农合组织外部的协作者，为农合组织提供法律保障和制度支持，发挥着重要的监管和协调作用，协助农合组织更好地参与国内外农产品产业链的竞争。农合组织营销渠道力的提升既要依靠农户自身的成熟和规范，更离不开政府的支持和保障。本章以西部地区农合组织为中心，结合农户与政府，对不同生命周期阶段的农合组织营销渠道力提升的关键要素进行了全面分析和概括，在考虑西部地区特有要素禀赋的基础上，提出了生命周期不同阶段农合组织营销渠道力培育、整合与提升的具体策略。

第一节　不同生命周期阶段农合组织营销渠道力提升要素

基于纵向关系的农合组织，作为农产品产业链上的重要主体，同样也要经历创立、成长、成熟和衰退的企业生命周期过程，而在其不同的生命周期阶段，农合组织对其营销渠道的管理和控制能力不同。有效提高农合组织的营销渠道力，需要探究其不同生命周期阶段影响营销渠道力提升的关键要素，分清侧重，提出相应的对策，促进西部地区农合组织营销渠道力的有效提升，从而保障农合组织的健康发展。

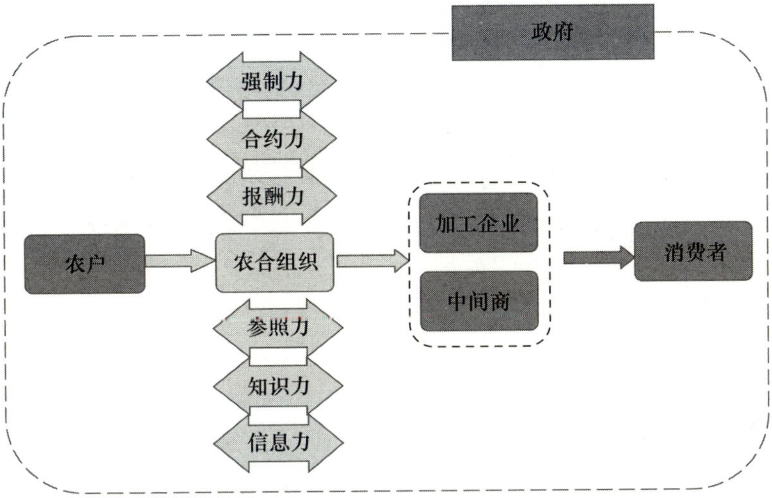

图7-1　基于纵向关系的农合组织营销渠道力提升要素

一、初创期重点提升农合组织营销渠道报酬力与合约力

初创期，西部地区农合组织为了实现健康成长，亟待提升其报酬力与合约力，这是农合组织成长的基本保障。

农合组织营销渠道报酬力和合约力的提升，必须有一个良好的外部环境支撑，主要来自政府与法律，但归根结底取决于其内部发展。因此农合组织应围绕当前任务，努力提升自身盈利能力和约束能力，一方面需要必要的资金要素作为基础和保障，整合、吸引农户加入，并与加工企业建立紧密联系，从而有效降低渠道成员的交易成本、流通成本等；另一方面还需要依靠规范的契约和合理的利益分配机制，实现成员的积极履约和利益提升，保证农合组织营销渠道的稳定运行。而此阶段农户也需要建立合作意识，正确认识农合组织，积极参与其中。

从农合组织营销系统外部来看，政府的积极引导、有效扶持、对于农业产业链和利益联结机制的完善、优惠保障政策的出台和落实等举措，将更好地发挥作用，切实减轻农合组织的负担，使农合组织能够集中精力组织统购统销，为农合组织持续发展奠定坚实的基础。具体情况如图7-2所示。

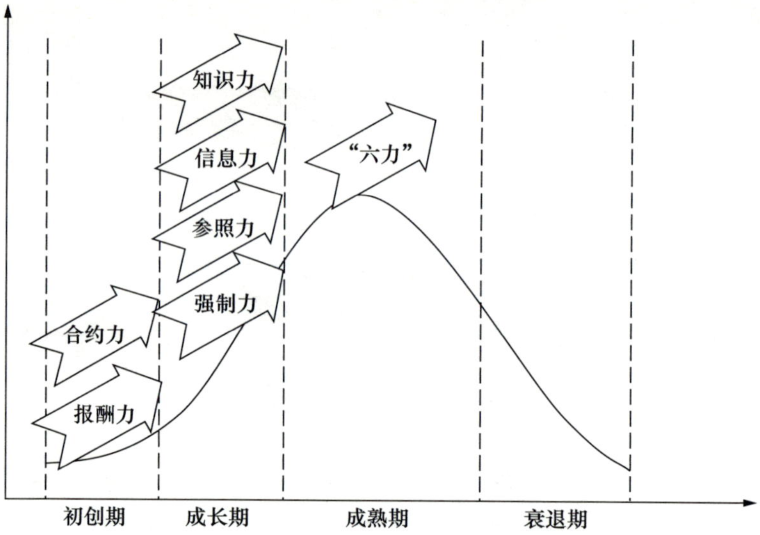

图 7-2　生命周期不同阶段西部地区农合组织营销渠道力提升重点

在此过程中，农合组织营销渠道中报酬力与合约力的提升是相互促进的，农合组织营销渠道报酬力提升有助于提高渠道成员的利益，增强成员的信任感和认同感，从而巩固合作关系；而农合组织营销渠道合约力的加强，又会进一步提高营销渠道的稳定性，保障报酬力和合约力的提升。

表 7-1　初创期西部地区农合组织营销渠道力提升要素

渠道力提升重点	提升要素	
	营销渠道主体角度	政府角度
报酬力	融资能力、分配机制	宣传、培训与指导扶持
合约力	规范契约、合作意识	

二、成长期重点提升农合组织营销渠道强制力、参照力、信息力与知识力

进入成长期的西部地区农合组织，营销渠道的报酬力和合约力已经得到了有效提升，使其在农户中的影响力得到了一定的扩大。因此，此阶段为巩固和加强农合组织在营销渠道中的地位，除了继续加强报酬力和合约力外，应重点提升农

合组织的强制力、参照力、信息力和知识力，以推动农合组织继续走向成熟。

表 7-2　成长期西部地区农合组织营销渠道力提升要素

渠道力提升重点	提升要素	
	营销渠道主体角度	政府角度
强制力	规模效益、实施标准化	合作服务
参照力	健全规制、示范效应、运行机制、带动效应、品牌建设、产品质量	
信息力	信息平台、服务意识	
知识力	人力资本、培训能力	

围绕这些任务，农合组织应努力提升自身在渠道中的地位和影响，一方面需要建立健全组织机构、运行机制，推行标准化种植、生产、包装等，树立品牌意识，实现规范化运行，起到更有效的带动效应和示范效应，从而提升规模效益；另一方面也要借助人力资本的投入和信息平台的建设，提升自身的服务能力，真正发挥农合组织在营销渠道中的作用。

在此过程中，农户应提升自身的诚信意识，并严格按照农合组织的要求实施标准化作业，提升产品质量，积极参与和支持农合组织发展。

在农合组织的成长期，政府的合作与服务功能更加突出。一方面提供相关项目与农合组织开展合作，将典型农合组织打造成示范组织，进行推广宣传，为其他农合组织的发展提供参考等；另一方面鼓励农合组织进行农业科技创新，给予金融资源支持农合组织发展，支持和帮助合作组织进行商标注册、品牌建设等工作，为农合组织发展提供服务。

三、成熟期强化农合组织营销渠道“六力”

农合组织发展到成熟期，营销渠道的综合实力显著增强，已处于农合组织发展的最优阶段。因此，此阶段的任务应是继续保持和强化渠道“六力”，借助现有的优势，继续扩大规模，积极吸纳社会资本的加入，为农合组织的稳定发展奠定基础；同时继续提升品牌知名度，扩大市场范围；向产前、产后进行延伸，实现产业链纵向一体化，从而提升渠道成员的总体利益；并积极开展区域内农合组织间形成合作，形成相关合作组织的集群化发展，使农合组织充分发挥自身作用。

从农户角度而言，要建立对农合组织的认同感，共享价值，与农合组织形成共同愿景，坚定地支持农合组织发展，获得农合组织发展带来的利益。

在此阶段，从政府角度而言，协调与监督功能应充分体现，保障农合组织渠道力的稳步提升，促进农合组织健康发展。

表 7-3　成熟期西部地区农合组织营销渠道力提升要素

渠道力提升重点	提升要素	
	营销渠道主体角度	政府角度
六力	共享机制、社会资本、品牌提升、产业集群、产业链延伸	协调监督

四、衰退期保持农合组织渠道合约力与知识力

进入衰退期，农合组织渠道力中除了合约力和信息力外，其他“四力”已逐渐减弱。因此，此阶段农合组织的主要任务是先保证已签契约的正常执行，此外积极搜寻、准确了解市场信息，借助已有的优势资源，寻找新的项目，及时转型，进入新一轮的生命周期阶段。

农户一方也要积极了解市场变化，合理预测市场走向，及时调整种植、生产计划，分散和规避风险，适时加入新的农合组织。

在此阶段，政府保障作用将更为突出，通过相关保障政策的制定为农合组织的退出或转型提供支持。

表 7-4　衰退期西部地区农合组织营销渠道力提升要素

渠道力提升重点	提升要素	
	营销渠道主体角度	政府角度
合约力	履行契约	保障
信息力	预测、规避风险	

第二节　不同生命周期阶段农合组织营销渠道力提升策略

基于以上对不同生命周期阶段农合组织营销渠道力提升关键要素的分析与总

结，本章基于西部地区农户和农合组织，从动态的视角，为营销渠道力提升提出对策建议。

通过对西部地区农合组织营销渠道力特征的分析，我们发现，初创阶段西部地区农合组织在营销渠道力上表现为“六力”皆弱，综合能力低下。此阶段，农合组织刚刚成立，农户普遍对农合组织的认识还不足，“小农意识”强烈，观念陈旧落后。因此，当前最紧要的任务就是转变农户的传统经营观念，培育新型职业农民；促进农合组织融入农产品产业链中，与上下游企业建立稳固联系，完善利益分配机制，规范契约关系，为发展铺平道路。

一、培育新型职业农民是农合组织营销渠道力提升的核心问题

农户在渠道链条中处于基础地位。作为生产单位，农户不仅从事上游的农业生产，还与渠道中的农合组织和公司具有紧密联系。当前农业产业化组织程度低，农户营销渠道链条中的薄弱环节。西部地区农合组织营销渠道力的提升，首先是农户地位的提升与自身素质的提升。

1. 转变传统经营观念、努力成为新型职业农民是初创期的核心任务

农合组织的主体是农户，业务围绕当地农产品的生产、加工和销售，提高农合组织的营销渠道力能够促进西部地区农产品集约化生产经营，对于农民增收、农村发展具有重要作用。在初创期，农户作为营销渠道的源头，观念落后，对农合组织的参与率低，因此，这一阶段，其首要任务是转变传统经营观念、努力成为新型职业农民。

（1）转变思想观念，增强合作意识。组织行为学认为，当个体认同自我的组织身份，并界定组织身份、群体边界完成群体分类，使自我概念与组织认定发生连接，进而对组织产生情感依赖，并认可内外部赋予组织的价值内涵，最终将会使个体行为的选择与组织一致化（田丰韶，2012）。在初创期，农户普遍对农合组织的认识还不足，“小农意识”强烈，观念陈旧落后，缺少开阔的视野，看重眼前利益而难有长远打算。针对这一现象，农户必须转变传统观念，提高自身的认识水平和合作意识，树立新型合作观念，提高对合作组织的认知和认同感，从而实现农合组织和农户自身的最优化发展。

（2）培育新型职业农民，主动参与决策。新制度经济学认为，有效的组织是制度得以变迁的关键，组织是否有效主要取决于创新能力（卢现祥，1996）。农合组织的主体是广大农户，农户自身素质的高低直接关系到其对合作组织的认知，而认知的提高会有力地推动合作组织最大目标的实现。因此，培育新型农

民，主动参与决策、发挥主体地位，对于组织的创新和长效发展有重大意义。

第一，提升自身素质，成为新型职业农民。农民应认清自己的主体地位，发挥自身勤劳、勇敢的传统美德去学习先进的农业知识和技术，在思想上剔除传统的小农观念，使自己不仅在知识能力上成为新型农民，更要在思想观念上也成为新型农民；农户要主动了解市场经济知识，接受职业教育，加强对农业技术、生产、市场销售以及合作知识等方面的学习，不断地提升自身的素质。

第二，主动参与决策，提升主体地位。农户是农合组织的主要成员，应当紧紧依靠其自身的力量，积极发挥组织主体的职能，认识农合组织是维护自身利益的一种有效方式，增强自身对农合组织的归属感，增强对组织的认同度和接纳度，进而提高农户参加农合组织的积极性，使农合组织的发展运行更高效、更合理。与此同时，农户应该明确自身的责任，督促农合组织对其主体地位的确认与保障，不断地促使自身成员平等地参与到农合组织的决策和管理中来，进而参与到整个社区的民主管理和权利中来，形成集体力量，认真有效地管理本组织和本社区的事务，从而提高农户参与农村事务的管理能力和意识。而其他外来群众应作为扶持者、引导者或推动者，而不是决策者和主导者，以便最大限度地发挥农民群众的智慧和力量。

因此，在初创期，应该转变农户的经营观念，发挥新型农民在农合组织中的主体作用，提高对合作组织的认知和认同，认识农合组织是维护自身利益的一种有效方式，增强自身对合作组织的归属感，提高农户参与农合组织的积极性，更好地推动农合组织的发展。

2. 加强沟通、实施标准化生产是成长期的核心任务

在成长期，农合组织在推进农业专业化、农民增收方面起到很好的作用，但与此同时，农户与农合组织还没有形成完全的利益共同体，双方的沟通与信任不足，当市场价格波动剧烈时，农户就会出现投机行为，不按合同约定履行义务，损害组织后期发展。因此，这一阶段，农户应在农合组织的带动下，不断提升沟通质量，增强信任，学习新技术，加大资产专用性的投资，实施标准化生产。

（1）提升沟通质量，增强信任。通常，农户选择农合组织不仅是因为农合组织能够为其带来更高的经济收益，而且与农户对农合组织的偏好和信任有关。因此，促进农合组织内部农户的有效沟通，培养彼此之间的信任感，可增强合作的紧密度。

第一，提高农户与其他成员间的沟通质量。良好的沟通会对信任产生相互促进作用，双方的相互信任水平越高，越倾向于加强沟通，而反过来相互间的沟通又有利于加强双方之间的相互信任（Jacky Mohr and Barton. Waits，1989）。农户与农户之间、农户与农合组织之间较高的沟通质量，使双方都能获得更加完整的农产品市场信息，有利于促进农产品流通。目前，由于农村信息基础设施不完善、阻碍了农业信息更广泛地传播，导致农产品的生产市场和消费市场分离，又由于农户本身就不擅长使用各种媒体发布信息来销售其产品，农产品信息不能有效传播，导致了流通效率低下。因此，为避免农户生产、种植的盲目性，需要对农产品信息进行正确传导。具体应该做到以下几个方面：一是加强工具性沟通。工具性沟通，体现为农产品信息、促销信息和财务信息等方面。如果农户与其他成员间的工具性沟通频繁，信息畅通无阻，可减少"牛鞭效应"，共享产销信息，实现双赢，获得关系租金。二是加强社会性沟通。社会性沟通体现为私人交往和私人关系的建立等。农户与其他成员的社会性沟通越多，越有利于渠道成员之间的联合。三是农户应该学会借助现代化的电子平台，发展电子商务，解决产销的盲目性，并提高农户与其他成员间的沟通质量。

第二，增强农户与其他成员间的相互信任。如果组织达到高度信任，可以节约谈判成本，简化烦琐的合同制定、监督与执行过程，解决双方矛盾，提升双方的满意度，提高合作水平（Ketn and Ghauri，2001）。在农合组织的营销渠道系统中，如果农户对农合组织实现高度信任，当农产品价格出现波动时，农户就不会脱离组织，单方面行动。因此，一方面，农户与其他成员之间的信任机制的建立，可更好地维持关系的稳定性。另一方面，农户与其他成员之间要加强合同的签订。在农产品交易中，口头合同或书面合同的达成，有利于控制机会主义，减少违约，促进合作。

（2）加大专有资产投资，实施标准化生产。专有资产投资可为组织获得竞争优势提供不可缺少的资源，而组织在利用资源的过程中会导致关系信任的产生，减少风险，获得竞争优势。①

在成长期，农户不断进行进行资产投资，有利于扩大规模和品牌，提升农产品的原产地效应，可为自身的发展以及农合组织的壮大获得竞争优势，也有利于农产品竞争力的提升。应该做到以下几个方面：一是对于有形资产进行投资，体现在厂房、设备以及品种的改良，实施标准化生产，促进农业产业化。二是对于无形资产的投资，体现在商标的注册，原产地品牌的申请，提高产品质量，实现质量可追溯，提升品牌效应。三是提升自身的资质，调动渠道中其他成员的积极性，拉近双方的距离，达成长期目标。

因此，在成长期应该促进农合组织内部社员的有效沟通，加强工具性沟通与社会性沟通，不断培养彼此之间的信任感，增强合作的紧密度，加大农户的资产

---

① 王国才，刘栋，王希凤．营销渠道中双边专用性投资对合作创新绩效影响的实证研究［J］．南开管理评论，2011（6）：85－94.

专用性投资，进行质量认证，实施标准化生产，带动农合组织的长效发展。

3. 提高共享价值、整合社会资本是成熟期的核心任务

一个优秀农合组织建立和发展的最高境界是形成了组织内成员的共同理想、基本价值观和行为规范。在成熟期，需要成员间不断提升共享价值，运用文化创新思维，整合社会资本。

（1）提高共享价值，建立共同愿景。当一个社群具有同样的价值观，建立起相互期望，社群信任就会提升（Zineldin and Jonsson，2000；福山，1998）。具有团队特色的合作文化的形成是一个长期过程，在农户与农合组织的对接中，如果农户对农合组织充分信任，双方具有共同愿景，具有长期共同目标，有利于促进关系的良性循环。在现实中，农民文化程度普遍不高，成员间的价值观不能趋同，不能达成共识，容易引起冲突，从而降低整个营销渠道的效率。所以，在农产品流通的源头，即在农户与农合组织的合作过程中，应该做到以下几个方面：一是应该加强双方的价值观共享和明确共同目标，开展订单农业，进行长期合作，有利于形成长期目标和共同的价值观，形成信任关系。二是有意识地采用双方都能理解的文化价值观和沟通方式，也有利于双方长期合作关系的建立和保持。三是以合同的方式来明确双方的责任、义务以及违约后的惩罚，双方应该认真履行，互相监督。四是双方应该不断适应，共同应对市场风险，在双方利益发生冲突时，应该注重沟通，以长期合作为预期，互相协调，目标一致。

（2）扩大规模，提高社会资本。多数农合组织在成立之初主要依靠地缘关系和血缘关系组建，社员之间是亲戚和朋友等关系。农合组织的形成就是整合了各类核心社员的社会资源，这些社员带着关键性的生产要素，对于农合组织的运营起到重要作用。在成熟期，应该近一步提高核心成员的社会资本，吸收更多农户加入农合作组织，最终实现整个农合组织的可持续发展。一方面，在经济社会复杂变化的形势下，在市场竞争越发激烈的过程中，农合组织核心社员通过提高自身的科学文化水平、强化自身的专业技术技能、丰富自身的经营才能，实现了自身社会资本的提高，最终有利于农合组织的运营与发展；另一方面，农合组织的成长与发展也相应促进了其社员规模的不断扩大，社员综合素质的提高。

4. 合理预测、分散风险是衰退期的现实选择

衰退期，农合组织面临转型或退出。农户作为合作组织的主体构成，是社会弱势群体，农资、技术、市场信息等占有和掌握程度相对较弱，面对市场竞争，掌握的信息局限性大，无法在有限的空间做出合理预测，面临产业的转型会束手无策。因此，这一阶段，农户应广泛收集市场信息，合理预测和决策，分散风险。一方面，进行产业链的延伸，学习新技术，提高深加工能力，增加产品附加值，提高产品的获利空间。另一方面，利用新的技术手段，提高市场信息收集能

力，对于夕阳产业进行合理的预测和决策，提高资源调配能力，及时转型，分散风险。

二、加快农业产业链融合是农合组织营销渠道力提升的重要措施

农合组织作为农业产业化经营的一种创新模式，已经在农业现代化建设中发挥了重要作用，引领农民参与农村产业融合发展、分享产业链收益。现阶段，西部地区农合组织营销渠道力的提升需要以完善农业产品链、提升价值链为核心，进一步完善利益分配机制，规范契约关系，提高产品质量，打造名优品牌，整合农业产业链。

1. 完善利益分配机制、规范契约关系是初创期的核心任务

在西部地区农合组织发展初期，农合组织作为营销渠道中的核心成员，其第一要务是完善利益分配机制，规范契约关系。首先，尽快完善利益分配机制，让农户和下游农产品加工企业看见实惠，享受到加入农合组织、与农合组织合作的利益，与农户、农产品加工企业建立紧密、稳固的联系；其次，尽快规范契约关系，让农户和农产品加工企业得到的利益得到保障，与农户、农产品加工企业建立踏实、可信的契约关系。进而助推农合组织的成长和成熟。

（1）完善西部地区农合组织利益分配方式。合理的利益分配不仅能够吸引、激励渠道成员，还能够促使营销渠道成员间更深的合作，从而提高整个农产品产业链的竞争力。建立农户、农合组织、农产品加工企业、中间商等农产品产业链各主体利益最大化的利益分配机制，明确界定各自的权利和义务，实现“风险共担，利益共享”，尽快形成紧密的利益共同体。可以建立农合组织营销渠道成员利益分享共生循环模式，农户以资金、土地入股等方式加入农合组织，并转入第二产业、第三产业参加劳动，获得务工收入，还可以分享农合组织的利润，在产业经营中可以参与管理、决策和监督。农合组织与下游加工企业的利益分配也可以采用入股、合作等方式，签订统一购销合同，明确各方收益分配比例，红利分享方案等，利益共享，风险共担。同时，西部地区农合组织还要按国家规定提取法定盈余公积金，建立市场风险防范机制，逐步推行绩效工资，激励工作人员特别是高层管理人员，为农合组织带来创意、创新和创收，促进西部地区农合组织平稳健康成长。

（2）规范并强化渠道成员间的契约关系。在西部地区农合组织发展的初创期，农合组织的地位不很稳固，农户的参与积极性不高，大多是能人带动或政府推动模式，农合组织结构松散，合约力太弱。因此，要在坚持“民办、民管、民

受益”的原则下，建立农户与农合组织之间明确的契约条款，确定农民与农合组织的权利义务关系，与农户之间建立紧密联系。同时，还要规范并强化与企业间的契约关系，签订受法律约束和保护的合同条款，明确风险和利益，并可以通过相互参股的方式，与农产品加工、流通企业建立联系，参与农产品流通、加工，获得额外收益，实现组织利润最大化。此阶段，西部地区农合组织最主要的任务就是快速融入农产品产业链中，与上下游企业建立稳固联系，这就需要加强与农户、企业间的契约关系，明确权利义务范畴，把农户与企业有效连接起来，实现农户、企业目标统一，共同发展，推动农合组织及其营销渠道快速成长。

2. 提高产品质量、提升服务意识是成长期的核心任务

农合组织经过一段时间的探索和努力，发展速度开始加快。主要体现在农合组织利润增长较快，开始重视消费者权利与渠道成员之间的长期合作关系，注重对社员的技术培训、思想教育、种植（养殖）知识的传播，有意识地提高产品质量，完善服务，想方设法吸引并抓住顾客。但其品牌还没有建立或打响，信息平台建设与共享机制还没有完善，在渠道链条中的“话语权”和掌控权还不够明显。因此，这一阶段，农合组织的渠道报酬力、合法权利比较强，而参照力、知识力、信息力和强制力还有待进一步完善和增强，当前的紧要任务是提高产品质量，提供优质、周到服务。

（1）努力提高农合组织产品质量。我国农产品消费注重绿色、环保、优质、无公害，农产品质量已经成为我国消费者关注的首要问题。产品质量不仅关系到农合组织的声誉和形象，更关系到消费者的身体健康，优质的农产品会吸引消费者形成消费偏好，进而重复购买，成为忠诚客户，同时对农合组织营销渠道的信任也会增强，可以对渠道成员施以更大的影响。西部地区地理条件得天独厚，资源富足，可以开展特色农业，生产绿色无公害农产品，再与品牌建设相结合，走特色农产品发展路线，获取持续竞争优势。

（2）构建信息服务通道。综观西部地区农合组织发展历程，信息匮乏是其发展受限的主要原因。农产品营销渠道信息传播、交流不对称，是造成西部地区农合组织与其他渠道成员交易时处于弱势地位的主要原因。为此，西部地区农合组织在其成长阶段，要注重自身信息服务通道的建设，解决营销渠道信息沟通障碍问题。

第一，建设西部地区农村信息服务体系。西部地区农合组织信息水平的提高是以当地农村信息体系的建设为基础的。农产品市场信息、农业专业生产信息、农业科技革新信息等基本农业服务信息水平的建设直接影响农产品生产、销售，影响西部地区农合组织的营销渠道力。近几年，随着西部大开发战略的实施，西部地区在引进信息技术水平方面有了很大改善。随着家电下乡、村村通电视等惠

农政策的实施，西部地区家庭彩电、电视普及率有了很大提升，但农村基本信息建设还需要继续完善，特别是有关农业生产知识、农产品市场信息等与农业息息相关的信息化建设。西部地区农合组织在政府的扶持下，还应注重“电脑下乡”工程，加快网络建设，图书文化建设，拓宽农民获取农业相关信息技术的途径，培育高级农业技术人员，提高农业技术人员在农户中的比率，最大限度地满足农民与西部地区农合组织对农业专业技术信息、市场信息等方面的需求。

第二，加强西部地区农合组织信息技术平台建设。在农村基本信息服务平台建设的基础上，西部地区农合组织还需要注重自身信息技术平台的建设。综观国内外先进农民专业合作经济组织，网络信息技术平台的建设发挥了巨大作用。西部地区农合组织要设立自有信息共享平台，掌握农户生产情况、技术情况等基本农业生产信息，并能够进行随时随地的指导；及时了解消费者偏好、农产品价格等市场信息的变动，增强营销渠道议价能力；发展网络销售等多种依托信息平台的新型销售渠道。为农产品产业链上游农户、下游企业提供优质周到服务，增强产业链竞争力。

3. 打造名优品牌，加强横向联合是成熟期的核心任务

西部地区农合组织发展到了成熟期，虽然在营销渠道力方面表现为“六力”皆强，但为延长成熟期这一发展阶段，必须对其营销资源进行适度整合与合理运用，努力打造名优品牌，加强农产品产业链间的横向联合，完善并提升信息服务和技术网络平台建设，助推农合组织持续、健康发展。

（1）加强农合组织农产品品牌建设。随着西部地区经济的发展，农合组织作为参与市场经济活动的主体，品牌形象和品牌建设也是其获取竞争优势的重要手段。西部地区得天独厚的特色资源优势，使特色农产品品牌创建和推广较易实现，农合组织可以通过品牌化提升整体竞争能力。品牌化战略需要从以下几个方面协调发展、共同进行。

第一，西部地区农合组织应从提升农合组织经营管理水平入手，推行统一的生产标准、统一的商标、统一的包装、统一的运销结算，提升生产效率，最大限度地降低内部信息成本、交易成本和监督管理成本。

第二，西部地区农合组织要注重自有品牌建设，关注市场动态，加大品牌推介，提升自有品牌知名度、美誉度，进而发挥品牌效应。

第三，品牌需要结合西部地区农合组织特色农业，培养特色农产品，依靠产品创新获取竞争优势。品牌化战略的实施，能够最大限度地规避市场风险，提升对营销渠道的控制、影响能力。

（2）加强西部地区农合组织的横向整合。在规范、优化西部地区农民专业合作经济组织运作机制后，组织要通过横向联合，扩大规模，进入农产品价值链

高端，获取组织的长远发展。需要从以下几个方面进行改进。

第一，向农产品营销渠道流动领域发展。加强西部地区农合组织与流通企业的契约联系，采用入股、合作等方式进入农产品营销渠道的流通、销售环节。渠道权利要向农产品加工、流通企业倾斜，强化与龙头企业的契约关系，进入农产品加工、流通领域，改变强制力向龙头企业倾斜的状况。

第二，发展以西部地区农合组织为核心的新型流通模式。西部地区农合组织在与龙头企业建立长久稳定、均衡的协作关系时，应借鉴国内外先进地区农产品流通模式，发展诸如“农户＋农合组织＋集贸市场”“农户＋农合组织＋现代超市”“互联网＋现代农业”等新型农产品流通模式。加强终端控制能力，开展“农超对接”、网络销售等多种新型流通模式，减少农产品流通企业对销售终端的控制力，进而增强西部地区农合组织营销渠道力。

（3）完善并提升信息服务和技术网络平台建设。现阶段，农合组织要完善并提升村镇信息工程建设，及时解决农业生产与市场信息脱节问题，为农民提供及时有效的种植、病虫害、温度控制、天气、价格等相关信息，普及并提高社员应用信息化手段的能力，严格筛选高质量信息，使社员提高信息意识，通过提供信息服务、采用信息技术，共同致富。农合组织也要更新观念，主动关注并及时了解市场供求与价格信息，适时把握营销渠道信息，增强渠道竞争力。电子商务更是顺应时代潮流而新出现的农产品营销平台，它可以将农业生产的产前、产中、产后诸多环节有机地结合起来，有效解决农产品流通、农业信息鸿沟等关键问题，是实现农业信息商务化、数字化和网络化的有力武器，因此，农合组织还要积极发展电子商务，加快电子商务网络平台建设，逐步开通并发展订单农业、农产品网络销售、微信销售等新型销售模式。

4. 保障契约关系、削弱对营销渠道掌控力是衰退期的现实选择

进入衰退期，农合组织的发展已经后劲不足，运营管理、人员管理、市场管理等都开始走下坡路，面临转型或退出的农合组织，保障契约关系，削弱对营销渠道的掌控力是其现实选择。

（1）对现有的契约关系给予保障。衰退期，不管农合组织选择转型或退出，为维护自身声誉和承担应负的社会责任，都应该按照法律合同约束，严格执行已签订的合同契约，如有通过其他方式协商解决的，可以按照后续合同条款商议解决。对于退出的农合组织，其财产分割应当自分立决议做出之日起 10 日内通知债权人，保障债权人权益。

（2）削弱对营销渠道的掌控力。衰退期，农合组织会朝两个方向发展，转型或退出。此时，农合组织营销渠道要尽量减少存货，快速清货，回收货款，维护农民合法权益；对营销渠道的控制力也要逐渐减弱，逐步撤出或卖掉所持有的

加工企业或流通企业股份，淡出农产品产业链纵向一体化组织模式，特意削弱其对营销渠道的掌控力，随时准备转型或退出市场。

第三节　西部地区农合组织营销渠道力提升的政策保障

在西部地区农合组织营销渠道链条中，政府作为农产品产业链中最重要的外围保障主体，在营销渠道力提升方面发挥着重要作用。政府通过各种保障性政策支持，能够保证农产品产业链的协调运作，促进营销渠道的优化与整合。从发达国家的经验来看，政府干预和调控包括以下内容：整合有效资源，提高组织化程度；国家参与市场调控，提供政策优惠；建立健全符合国情并与国际接轨的法规和政策体系；促进渠道成员协调发展；提供农业社会化服务体系等。总之，借鉴发达国家经验，加强政府干预和调控，加强规划和政策引导，是西部地区农合组织营销渠道力提升的必要保障。

一、强化现代农业科技创新推广体系建设

1. 统筹协调各类农业科技资源

（1）统筹各类资源，提供公共产品服务。当前做好农业生产基础设施建设工作，必须动员各方力量，既依托政府投资的核心领导和带动作用，也倚重市场，形成政府、农民、农合组织、企业、社会共同参与的多元投资格局。

（2）加大基础性投资。目前，基础性和公益性项目以政府投资为主[①]，生产性项目以社会投资为主，支持农业龙头企业争取商业银行和农村信用社信贷资金，支持符合条件的企业申请股票上市，同时加大招商引资力度，吸引民营企业和外商投资。

2. 构建政府、企业、大学和科技中介“四位一体”的农业技术创新模式

（1）培育科技创新主体。农业科技创新要把握两个原则，一是着眼于长远

① 辛岭．小农户科技园：现代农业技术推广模式探索——基于内蒙古和林格尔县的案例分析［J］．农业技术经济，2011（5）：53－54.

发展；二是要面向产业需求。政府是农业科技创新的推动力（杨敬华等，2005）①，企业是科技创新的主角和运作的主体，科教单位是创新的支持力量也是新知识的储存点和扩散源，科技中介服务体系是指在农业技术创新、扩散与交易过程中，专门为科技创新主体提供社会化、专业化服务的网络系统。

（2）强化农业科技创新体系。科技要素资源只有扩散和转移到企业和农民手中，才能转化成为现实生产力。农业专家大院、科技孵化器、农合组织，还有近几年在内蒙古自治区和林格尔县和通辽市出现的小农户科技园作为科技中介机构在农业技术创新和推广中都功不可没，特别是农合组织和小农户科技园对提高农民的组织化程度，实施产业化生产来说也是现实的选择。

（3）不断健全农业推广体系。对基层农技推广公益性与经营性服务机构提供精准支持，制定促进协同创新的人才流动政策，引导高等学校、科研院所开展农技服务。通过政府、企业、大学和科技中介“四位一体”的农业科技创新模式，有效实现协同创新。

3. 大力推进“互联网+”现代农业

其一，应用物联网、云计算、大数据、移动互联等现代信息技术，不断优化和改造农业全产业链。“互联网+”时代的到来，推动着传统产业进行改造升级。在发展农村物流过程中，要充分利用“互联网+”形势下的信息化，积极推广“互联网+农村物流”，加大对“互联网+”农业公共信息平台建设的投入力度。

其二，尽快出台相关法规制度，加快诚信体系的建设，规范农产品行业健康有序发展；鼓励和扶持有资质、有能力的企业开发物流信息平台，利用互联网优势，整合社会分散的车辆、仓库等物流资源，为用户提供服务。有物流资源或物流需求的客户可通过 Web（互联网）、Wap（移动互联网）、App（移动客户端）、Wechat（微信服务号）、PC 客户端等多种方式接单或发货，高效率地实现车货匹配。一方面有效地解决了供求信息不对称问题、实现了社会物流资源更有效的配置，另一方面便利了农村市场上产品供销需求的满足，在管理监控、运营作业、金融支付等方面实现信息共享，从而实现整个农产品供应链信息化。

4. 推行科技特派员制度，鼓励支持科技特派员深入一线创新创业

科技特派员制度的推行比较符合西部地区农业技术水平落后，市场意识不强的现实环境，特别是联合农民兴办实体，其实就是带领农民走一体化的道路，使农民能够参与到农产品产、加、销整个一体化过程，从产业链增值的各个环节中

① 杨敬华，蒋和平．农业科技园区创业与创新发展的四螺旋模型分析［J］．科技与经济，2005，(3)：45－46．

得到实惠。科技特派员制度不仅为农合组织的发展提供了强有力的制度保障，也为组织的发展提供了源源不断的动力。通过发挥专业农技人员、科技特派员等的技术传播作用，采用手把手传授的方式，把实用技术和技能带到田间地头，带到广大农牧民手中，将知识转化为技能、技巧以及生产习惯。科技特派员介入农业生产中，科技特派员、农民和政府的关系如图 7 –3 所示。

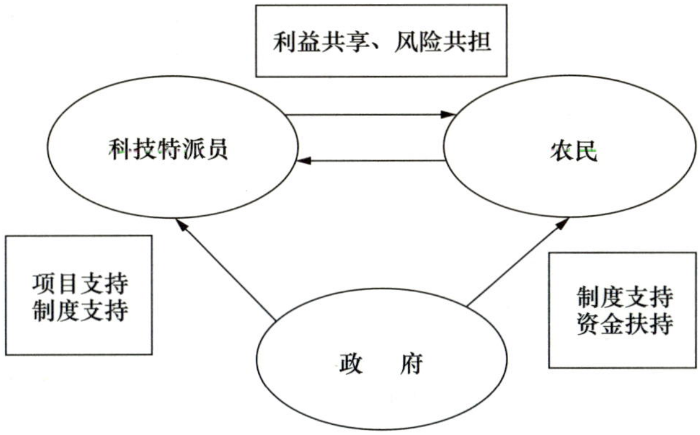

图 7 –3　科技特派员、农民和政府关系

5. 鼓励发展农业高新技术产业

农业科技园区作为我国实现有传统农业向现代农业转型的产物，是我国特有的经济现象。政府要不断深化农业科技园区的建设，以农业科技园区为实验载体来探索农业现代化发展道路。

（1）农业科技园区与区域内农业产业园区和农业开发区实现协作创新。农业科技园区具有农业高新技术集成创新、示范和推广等特点，可带动一二三产业协同创新。农业科技园区通过依托产业园区的发展基础，利用科技园区到产业园区再到农民的技术传播路径，实现农民和园区高技术有效对接、提高高科技成果转化率和经济效益，激发农民的参与动力，从而提高农民收入水平和生活水平。

（2）围绕特色产业，明确园区的定位和发展目标。园区建设初期必须进行统一规划、建设和管理，对未来的产业定位、功能布局、经济效益和社会效益等进行综合评价和科学论证。园区规划上选特色，要考虑自然区域特性，必要时可以跨越行政区域，不能以政绩为目标盲目引进，规划还要制定订期滚动式发展计划，要有阶段性目标。特色产业确定后，政府要在政策和措施上支持和引导产业发展，提供比较便利的融资条件和宽松的投资环境。在运行过程中，必须凝练出园区的整体品牌而不是单个农业产品的品牌，提高园区（区域）品牌的影响力和竞争力。

（3）基于农业科技园区构建高效农业科技推广体系。国家农业科技园区为核心，整合各级园区和原有的各级农业科研与推广部门的技术力量，构建国家、省、市、县四级高效的符合现代农业发展的农业科技推广体系，使园区的高新技术实实在在地转化为农民需要的实用技术，发挥园区的科技主导功能，具体如图7－4所示。

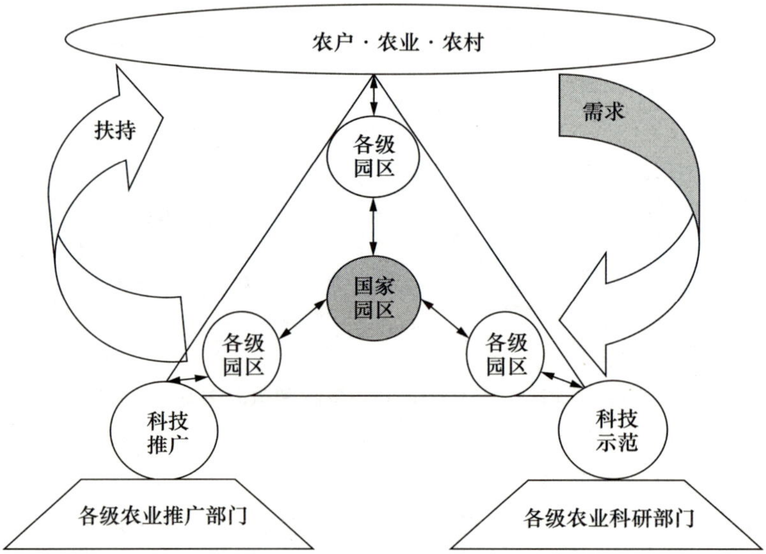

图7－4　双动力轨迹下的农业科技园区科技推广示范模式

二、优化农业产业链与农民的利益联结机制

1. 打造优势产业集群，带动农民增收

（1）不断延伸农业产业链。产业链延伸不仅能够促进农产品产业集群的发展，而且还能够促进加工产业、加工企业发展，同时对区域经济发展、创业创新、就业和带动农民增收、社会和谐都发挥着重要作用。各级政府一是要培育和引进龙头企业，使其不断衍生新企业，带动产业链延伸与发展，促进农产品初加工、精深加工及综合利用加工协调发展，提高农产品加工转化率和附加值，增强对农民增收的带动能力；二是提供企业相互合作的各种机会，培育企业间的社会资本和关系网络，不断衍生出新企业，壮大农产品产业集群；提供各种培训，培

育农民增收新模式。

（2）针对产业集群不同发展阶段，培育渠道利益主体。农产品产业集群发展路径要经历无核发展、单核发展和多核发展三个阶段，如图7－5所示，政府要针对不同发展阶段，培育核心企业：初期阶段侧重于多个实力相当企业的聚集，成长期应侧重于某一个重点企业的带头示范作用，成熟期要重点培育多个龙头企业和农合组织。

图7－5　农产品产业集群发展路径

2. 促进第一产业、第二产业、第三产业融合，提升农民共享产业增值收益

（1）推进农业产业链整合和价值链提升，构建合理的利益联结机制。政府要为农合组织和其他利益主体创造平等竞争的内外部环境，加强农合组织和土地股份合作组织的规范化建设，重点扶持示范社建设，鼓励农合组织开展农产品加工业务，创新农业产业链组织形式和利益联结机制，构建农户、合作社、加工企业、中间商之间互利共赢的合作模式，推进第一产业、第二产业、第三产业的融合，让农民更多分享产业链增值收益。

（2）加大宣传力度，提高合作意识。对农民群众，普及农合组织的特点和优势，宣传合作知识，开展科技兴农、市场营销、经济合同法等的培训教育，提高社员的合作意识和对市场的认知能力，让其体会到合作受益；同时，还要对农合组织的带头人、责任人、“能人”等开展思想政治教育，普及我国经济发展的大方向、大趋势，要求依照经济规律办事，保障利益主体的合法权益。

3. 有效协调、监管，保障产业链各主体利益

在农产品产业链的融合过程中，各利益主体要从纵向一体化和横向一体化两个方向发展，在此过程中，农合组织与农产品产业链各主体之间必然产生若干矛盾和冲突，能否处理好这些利益与冲突问题，关系到整个产业链的生存与发展。为此，首先，要依靠政府的引导和调控，提升产业链合作关系的缓冲、适应和创新能力；其次，需要政府要聆听农合组织和其他利益主体的声音，协调处理好农合组织与社员、农合组织之间、农合组织与集体经济组织、农合组织与加工企业、农合组织与中间商、农合组织与政府之间的各种分歧、矛盾，为农合组织及其营销渠道持续、健康发展清除障碍，为农产品产业链的有效运转提供保障；最后，为保证农产品产业链的安全有效运转，政府必须加强对农合组织资金和产品

质量的监管。对政府扶持农民专业合作社以及企业等发展的专项资金，严格考察其用途和使用效率，严防个别农合组织骗取国家扶持资金或者挪用、截留等问题，从而保障产业链各主体利益。

三、完善农产品流通设施建设

1. 大力扶持农产品电子商务发展

（1）加强农产品信息平台建设。目前我国各地区农产品信息化建设程度参差不齐，尤其西部地区各省份总体相对滞后，因此在一定程度上制约了农合组织营销渠道的发展。因此各地方政府应高度重视农产品信息平台建设，有效整合农村信息服务平台，加强产地、集散地与销地农产品价格、供求量等信息采集、分析和发布功能，使农产品供求信息更加透明化，有效引导农产品合理流通。并适时拓展电子商务功能，为农产品电子商务发展奠定基础。

（2）推动农产品电子商务发展。各地政府应积极响应 2016 年中央一号文件中对农产品电子商务、农村电子商务发展的指导意见，高度重视农产品、农村电子商务发展问题，结合本地优势特色农业资源，尽快形成适应于各地区实际情况的实施方案。一方面建立多级服务站点，面向涉农企业、农合组织、农户加大电子商务的宣传、推广和培训力度，开展有目的和有针对性的培训学习，进一步提高涉农企业发展电子商务的认识；另一方面大力扶持本地区农产品电子商务企业发展，并给予资金支持，在金融、税收、用水用电等方面给予政策优惠；同时优先扶持本地区具有优势特色农业的村、县大力发展电子商务，并积极促成其与知名电商企业建立合作关系，建立直供直销基地。通过整合线上信息资源和线下农合组织、农产品批发市场等实体资源，积极推动农产品电子商务交易平台与农村经济融合发展，将当地优势特色农产品搭乘电子商务平台走向全国乃至世界。

（3）实现农产品批发市场与电子商务融合发展。我国农产品批发市场目前并将在今后较长时间内仍保持农产品流通的主渠道地位，因此西部地区各地政府要尽快推动传统农产品批发市场改造升级，除了完善基础设施和功能外，还应鼓励批发市场与电子商务平台开展合作，充分发挥批发市场的实体产品集散地优势与电子商务平台网络供求信息对接的优势，实现线上线下融合发展。

2. 加强农产品物流网络建设

（1）统筹规划农产品物流网络建设。应将农产品物流网络作为国家重大项目进行统筹安排，制定总体建设规划，并尽快足额落实建设资金，保障农产品物流网络建设进度。由政府发起、物流系统牵头，全面推行农产品物流网络建设规划。西部地区各省市应抓住国家农产品流通骨干网建设的机遇，积极扶持物流网络建设项目。优先支持农产品物流迫切需要的仓储、冷链、物流配送和监测系统建设，加快构建成本低、效率高的农产品物流网络。并充分调动各方的积极性，采用资金支持、出台金融、税收、用水用电等方面给予政策优惠等方式鼓励和扶持市场主体参与物流网络建设。

（2）整合农村物流资源，实现优化配置。深入挖掘并整合现有农村物流资源，实现最大限度的优化配置。充分利用邮政系统、供销系统、商贸企业现有网络资源，以此为基础继续拓展其辐射范围，尽快填补农村市场的空白区域，打造一批兼具商贸物流等多功能的农村商贸物流服务站，推动农村电商物流综合公共服务平台建设，建设以农村电子商务带动、以农村物流支撑的农村流通体系。

（3）调动物流市场主体作用。政府应充分调动物流市场主体的积极性，最大限度地发挥物流市场主体的覆盖范围广、灵活性强的优势，鼓励并扶持物流企业参与农产品物流网络建设与物流设施建设，开辟农村市场，将物流企业的网络资源、设施资源与邮政、供销、商贸系统进行对接，提高物流网络覆盖范围，实现从农产品“最初一公里”到“最后一公里”的完美衔接。

（4）加强冷链物流建设。加强冷链物流建设，采用各种补偿方式和奖励方式鼓励冷链物流资源投入主体，大力扶持跨区域农产品冷链物流集散网络的建设项目，尽快打造出集分级预冷、加工包装、仓储运输、批发零售等功能于一体的现代化农产品冷链物流集散中心。并积极推广“互联网 + 冷链物流”等模式，大力扶持平台企业整合社会冷链物流资源，实现资源最优配置。

3. 加强农村地区网络基础设施建设

在农产品流通设施建设中，支撑农产品电子商务与物流发展的关键基础就是信息网络建设。尤其是在当前农村地区网络建设相对落后的情况下，农村地区互联网基础设施及配套建设问题亟待解决。

（1）充分调动企业建设互联网基础设施的积极性。在西部省份农村地区互联网基础设施建设方面，政府还应大力投入扶持资金，推行电信普遍服务补偿机制等灵活机制，充分调动市场主体的动力和积极性，积极协调和引导移动、联通、广电等网络通信服务商在农村地区建立互联网基站，进一步完善农村地区网络基础设施建设，提高宽带普及率，让广大农村居民能够便捷地融入互联网时代。

（2）各级政府及相关部门推行配套服务、提升服务水平。在网络基础设施建设项目中，政府还应推行配套服务、提升服务水平，充分发挥市场机制，放宽市场准入门槛，减少不必要的前置审批项目和资质认定项目，鼓励社会资本参与建设；同时简化审批程序，为企业项目建设提供便利；并完善财税、土地、价格等相关优惠政策，保证落实到位；鼓励金融机构采取多种方式，拓宽企业融资渠道。

此外还应注重面向农村地区用户开展培训，培养农村地区互联网人才，从而实现农村优势资源与农业现代化对接，共同为农产品流通体系建设提供保障。

四、引导金融资源向农业农村倾斜

大力引导金融资源向农村农业倾斜，全面改进并加强农业农村改革的金融服务，加快构建多层次、广覆盖、可持续的农村金融服务体系。

1. 强化农村信用社的服务职能

开展农村信用社省联社改革试点，改革的方向是淡化农村信用社的行政职能，强化服务职能。目前对于省联社，最突出的问题就是行政职能太强，而服务职能较弱。政府应清晰界定省联社及政府在该模式中的角色定位，政府主要发挥管理作用，不能干预农民信用合作社业务经营，管理权限也不可以下放到市、县及更低级别政府机构，避免政府对农民信用社过多干预、滥用职权。稳定农村信用社县域法人地位，提高服务能力，先在部分省市进行农村信用社改革试点，在试点的基础上，逐步推开，强化省联社的服务职能，促进省内农民信用社资源优化配置，提高服务“三农”效率。

2. 鼓励国有、股份制金融机构加强“三农”服务

进一步深化中国农业银行“三农”金融事业部改革，强化其政策性职能，确保有专门的机构、专门的人员、专门的资源，专心致志地服务好“三农”。发挥国家开发银行的创新服务“三农”融资模式，进一步加大对农业农村建设的中长期信贷投放。鼓励中国邮政储蓄银行拓展农村金融业务，打造专业化为农服务金融体系。以“扎根社区，支农支小”的目标市场与客户定位，创新村镇银行设立模式，拓展农村覆盖面。

3. 引导互联网金融在农村规范发展

P2P 网贷平台具有手续简便、服务对象广泛、融资简便等优点，可以有效缓解中小微企业、个体工商户、农合组织和各类低收入群体的融资难问题。以普惠金融为理念，以互联网金融为工具，服务于农村金融。从目前市场情况来看，蚂蚁金服、翼龙贷、京东金融等企业都开始通过网贷平台在农村金融方面布局。其中，京东农村金融推出的“京农贷”，引入了保险、担保双重增信机制，有效降低农业贷款风险，满足更多农户融资需求。互联网还可以通过融通社会力量，让城市富余资金回流至农村，反哺欠发达地区。当然，在创新发展互联网金融的同时，还又要控制农村金融风险，进一步完善金融监管体系。

4. 完善中央与地方双层金融监管机制，切实防范农村金融风险

在金融机构越来越多元化，金融产品越来越丰富化，金融创新形式越来越多样化的背景下，这几年也出现了一些非法集资现象，在农村市场也是如此。为此，必须强化农村金融消费者风险防范意识，有针对性地向农户普及金融知识，提高农户维护自身资金和信息安全的意识，提高农户金融素养，防范金融诈骗；扩大在农民合作社内部开展信用合作试点的范围，建立风险防范化解机制，既要强调中央政府的统一监管，又要落实地方政府的责任监管。

五、发挥新型农业经营和服务主体的引领作用

2016 年中央一号文件指出："坚持以农户家庭经营为基础，支持新型农业经营主体和新型农业服务主体成为建设现代农业的骨干力量，充分发挥多种形式适度规模经营在农业机械和科技成果应用、绿色发展、市场开拓等方面的引领功能。"所谓"多种形式"，主要包括原经济发展水平较高的村集体没有把土地承包到户而形成的规模经营、农业产业化龙头企业大规模流转土地形成的规模经营、新型农业经营主体通过流转土地形成的规模经营、新型农业服务主体通过社会化服务而形成的规模经营等；所谓"适度规模经营"主要指后两种类型，前者可以简称为"土地规模化"，后者可以简称为"服务规模化"。①

1. 积极培育新型农合组织，培育土地规模化经营主体

采用土地流转的方式，通过土地适当集中形成规模化，土地产出率、资源利用率、劳动生产率明显高于小规模农户，是农产品供给的主体、新技术采纳的主体，自然也是农业现代化的主体。对农合组织，要加强其规范化建设，鼓励其增效提质，实现农户、农合组织、企业三者互利共赢，让农民更多分享到产业链的增值收益。

2. 支持多种类型的新型农业服务主体开展专业化、规模化服务

代耕代种、联耕联种、土地托管等是农业服务的新形式。通过规模化农业服务，使小农户在不转让土地经营权的前提下实现经营的规模化，比如，可以通过土地托管，把全部或部分农业生产环节委托给新型农业服务主体，支付一定费用，新型农业服务主体在保证产出质量的情况下，为农户提供农业社会化服务，实现多方共赢。勤劳智慧的中国农民在农业实践中，创新发展了多样化的农业经营方式，提高了农业的利润水平和竞争力，要充分发挥这些新型农业经营和服务

① 海娇．农业现代化：土地规模化与服务规模化并进［EB/OL］．中国农民合作社信息网，2016－02－04.

主体的组织优势和经营优势，允许将集中连片整治后新增加的部分耕地，按照相关规定用于完善农田水利配套基础设施，确保农业增产增收，引领当代农民走上富裕之路。

3. 加快发展农业生产性服务业

农业生产性服务业对于提高农业劳动生产率、拓展农业外部功能，拓宽农民增收渠道、调整产业结构、转变经济发展方式等方面具有重要意义。在发展为农业服务的生产性服务业时，政府要给予一定的政策性扶持。例如，对于那些新农村建设中具有公益性的项目以及落后地区的农户小额信贷、财政和政策性金融都要给予补贴或贴息。又如，在农业生产性服务业发展的初期，常常会遇到规模偏小、难以为继的困难，此时，政府要通过各种方式给予帮助。

六、健全保障政策体系

近年来，我国出台了一系列“强农惠农富农”政策，以支持农业农村发展，促进农民增收。其中，从农业补贴、基础设施建设、农业产业发展、农业社会化服务以及农产品流通、人才培训等方面，对农合组织予以保障政策支持。2016年，进入“十三五”时期，政府部门通过完善财税支持政策，转变工作重点和职能，从引导者和扶持者转变为合作者与服务者，为农合组织发展创造条件，推动其营销渠道的有效运转。

目前政府保障政策体系已形成包括农合组织法、登记管理条例、农合组织规范章程、农合组织财务制度、农合组织发展资金管理办法等配套制度，保护了农合组织及其成员的合法权利和地位。进入“十三五”时期，西部地区需要根据地域特点，在国家政策支持下，继续深化财政、税收、扶持资金管理，通过加强相关部门的监督检查，增强各项配套制度的执行力，健全保障政策体系，提升西部地区农合组织营销渠道力。

1. 加强专项资金管理，落实财政扶持政策

第一，我国财政通过农合组织发展专项资金，引导、支持农合组织进行现代化农业生产、加工与销售。2007 年以来，国家财政资金投入力度逐年增加，同时于 2013 年修订了《中央财政农民专业合作组织发展资金管理办法》，对扶持条件、范围、资金分配下达、管理和使用等具体措施进行了限定。在专项资金的支持下，我国农合组织获得了一定的发展。进入“十三五”时期，为了进一步提高西部地区农合组织的发展，需要加强专项资金的管理，通过引入现代化管理手段、预算管理、根据地区特点合理设置、调节重点项目和扶持对象，财政部门和主管部门分工明确，相互协作，加强专项资金使用效益。

第二，对政府扶持农民专业合作社发展的专项资金，严格考察其用途和使用效率，严防个别合作社骗取国家扶持资金或者挪用、截留等问题，真正落实财政扶持力度，提高西部地区农合组织报酬力。

第三，中央和地方财政应当分别安排资金，支持农合组织开展信息、培训、农产品质量标准与认证、农业生产基础设施建设、市场营销和技术推广等服务。对民族地区、边远地区和贫困地区的农合组织、生产国家与社会急需的重要农产品的农合组织，均给予优先服务；并利用财政扶持资金为农合组织创造贷款担保机制，鼓励各类金融机构对农合组织加大信贷投入和信贷优惠。

2. 健全职业农民扶持制度，为农合组织发展培养人才

人才匮乏是西部地区农合组织发展面临的普遍问题，因此政府需要优化财政支农资金使用分配，建立培养职业农民支农资金分配。政府需要开展多种形式的职业农民培训、鼓励大学生、青年务农创业，为农合组织发展提供具有现代农业知识的职业人才。另外，政府需要从扶持条件、扶持时间、力度、扶持要求等方面制定对职业农民扶持的具体措施，提高扶持效率。

3. 创新项目资产管护机制，增强农合组织发展实力

西部地区需要根据国家农业产业布局，建立区域特色农业、重点农业项目。按照国家现代农业发展要求，建立现代高效项目资产管理机制，与农合组织项目实施对接，提高农户参与度和收入水平，培育新型农合组织，增强西部地区农合组织发展竞争力。要避免加拿大合作学者保罗·卡斯尔曼所说的“过度热情”，即国家在帮助农合组织方面帮助过多，可能会使农合组织丢失了自身的独立性，政府扶持一旦撤销，农合组织就有灭亡的危险。政府扶持的最终目标是使农合组织走上自助、自主、自强的持续经营之路，因此，政府扶持一定要以增强农合组织自身能力为目的。

4. 落实必要政策，促进农合组织顺利转型或退出

政府需要制定并落实相关的保障性政策法规，创造适宜的宏观环境，以促进农合组织顺利转型或有效退出。对于发展失败的农合组织，按照《农民专业合作社法》以及其他相应的法律法规进行相应的评估，在保证社会稳定的情况下，积极推进其走合理退出的道路；而对于仍有较好发展空间的农合组织，按照相关法律制度，依法转变农合组织为股份所有制法人企业或公益事业性组织，做好资产性质变更监管工作，分立前的债务应由分立后的组织承担连带责任，合并各方的债权、债务应当由合并后存续或者新设的组织继承，有效保护利益相关者各方利益，以避免出现集体和私人利益受损的行为。

第八章 主要结论与研究展望

本章立足于以上各章节的分析与结论，进行总结，得出分析结论，并在此基础上，提出研究展望。

第一节 研究结论

本章旨在系统梳理西部地区农合组织及其营销渠道发展演进的基础上，深入考察西部地区农合组织营销渠道力现状及存在的问题，力求寻找营销渠道力对西部地区农合组织发展的价值所在；对欧美发达国家、亚洲典型国家以及我国的农合组织营销渠道力进行全面分析与总结，并进行了不同时期的横向与纵向比较，探讨了国内外农合组织营销渠道力的趋同性与差异性，进而为我国农合组织营销渠道力发展提出指导性建议；将农合组织引入营销渠道系统，建立了农合组织营销渠道多组织元系统，对农合组织在西部地区营销渠道系统中的地位和作用进行博弈分析并做出明确判断，基于系统内部和外部两个层面，提出提升西部地区农合组织营销渠道力的作用机制；对西部地区农合组织在不同生命周期阶段的营销渠道力特征进行分析，构建农合组织营销渠道力的评价指标体系，并对不同生命周期阶段的农合组织进行定性和定量评价；以农合组织为核心成员，探讨营销渠道上各主体的利益分享困境，对利益诉求嬗变进行分析，提出提升西部农合组织营销渠道力的利益共生及其保障机制；基于纵向关系，对不同生命周期阶段农合组织营销渠道力提升的关键要素进行全面分析与凝练，提出生命周期不同阶段渠道力的培育、整合与提升策略，为推进西部地区的农业产业化和三次产业的协调发展，改善西部地区农村社会关系和农村发展滞后的局面，提高西部地区农民的素质和实现农民职业化，也为中央政府和地方政府的决策提供了现实依据。

本书得出了以下主要结论和创新性研究成果。

第一，我国西部地区农合组织在分工、交易费用和市场竞争等因素的推动下经历了传统农合组织和新型农合组织两大发展阶段。

西部地区农合组织的发展演进从大的阶段划分经历了传统农合组织阶段与新型农合组织阶段，传统阶段自“土改”后开始至20世纪70年代后期结束，经历了互助组、初级社、高级社三个时期，但传统阶段总体历时较短，效果欠佳，在后期制约了农合生产积极性，给农业发展带来了负面影响。新型农合组织发展阶段自改革开放开始发展至今，经历了起步阶段、发展时期与发展的新时期，对提高农民生产积极性、提高农业生产效率起到了积极的促进作用。

在西部地区农合组织发展的新时期，西部地区的农合组织概括起来大致可以区分为“能人”带动型、龙头企业带动型、农技服务部门带动型和政府推动型四种类型。

第二，我国西部地区农合组织营销渠道虽然在不断发展，但目前存在着报酬力低、约束力差、参照力弱、专业能力有限、缺乏信息力等问题。

西部地区农合组织是20世纪80年代农村变革以来由农民自己创新的一种合作组织。经过30多年的蓬勃发展，农合组织由小到大、由弱到强，不断在组织形式和产权制度上进行改革与创新。目前，西部地区农合组织呈现多元化发展趋势，若按照农合组织的核心主体及其建立途径进行分类，突出政府、企业、农民三者之间的关系和各自作用，西部地区农合组织模式主要可以分为政府主导模式、龙头企业带动模式和农民自发组织模式。

将基于纵向组织关系的西部地区农合组织纳入农产品营销渠道系统中，对其渠道力现状进行分析，发现我国西部地区农合组织营销渠道力存在报酬力低、合约力差、参照力弱、知识力有限、信息力缺乏等问题。

其一，农合组织报酬力低。产品流通环节利润空间很大，利益分配极不平衡，中间商在整个农副产品的交易过程中获得高额利润，造成流通和交易成本高，农合组织报酬力无法有效发挥。

其二，农合组织强制力差。农合组织整体发展不足，无法与中间商形成力量均衡的强强对抗，且很多中间商将获利的基础放在农合组织给予的返利上。这些现象的出现损害了农合组织的利益，恶化了双方的渠道关系。

其三，农合组织参照力弱。我国农产品注册品牌少，名牌产品更少，农产品品牌效益没有发挥出来。导致农合组织缺乏参照力。

其四，农合组织知识力有限。农合组织是农户自助型组织，而农户无论是文化水平还是专业技能都十分缺乏，因此导致农合组织专业知识力很低，不能对渠道成员做出理论与技术指导。

其五，农合组织信息力缺乏。农合组织对信息化的意识还比较淡薄，农村信息服务发展比较滞后，因此无法及时掌握科技、政策、市场、劳务等各类信息，生产经营的盲目性很大，易受到当地客商虚假信息的干扰，不能对渠道做出正确选择，直接导致产品销路不畅、利润的流失。

第三，西部农合组织的“报酬力”直接影响组织凝聚力，“强制力”决定着农合组织控制渠道的能力，“合约力”有助于保障渠道成员规范生产行为，“知识力”有助于农合组织提升细分市场需求的能力，“参照力”可以增加各渠道成员的美誉度，“信息力”能够保障农合与农户及时应对市场需求。因此提升西部农合组织营销渠道力是农合组织健康、持续、稳定的发展的关键。

其一，增强“报酬力”以提高农合组织凝聚力。农合组织在渠道运营过程中通过经济效益的形式赋予农户一定收益，农户与农户组织结合成紧密的合作关系，甚至以一个主体的形式出现在营销渠道中，作为一个整体增强在渠道中的话语权，也可以增强对中间商的谈判能力，从而在整个链条的利益分配中得到更为合理的报酬，吸引更多的农户加入到该农合组织所构建的营销渠道之中，提高西部地区农合组织在该地区的凝聚力。

其二，增加“强制力”以提高农合组织控制渠道的能力。农产品销售市场具有一定的不可预测性，当市场某产品因自然灾害等因素供不应求时，农户出于个体利益最大化的要求会将农产品销售于农户组织之外的高价收购者，或者为降低生产成本而拒绝按照农合组织要求进行生产。因此西部地区农合组织强制力的提升才能减少直到杜绝农户损害农户组织利益的行为，保障西部地区农合组织控制渠道的能力。另外，农产品能否及时出售以及售价高低等直接影响收益的因素无不被营销渠道所左右，强制力的提升可以改变产销两个部门之间在利益分配上的相互关系。因此对农合组织“强制力”的加强能够切实提高西部地区农合组织中对整个营销渠道的控制能力。

其三，增强“合约力”以保障渠道成员规范生产经营行为。农合组织依靠“合约力”可以要求农户按规范生产要求进行生产，按照农合组织所提供的生产资料、技术生产市场需求产品；要求中间商按照之前约定的营销计划进行销售，如果有渠道成员为短期利益不遵守约定合同，农合组织可以按照之前约定的惩处条例进行处罚，以其“强制力”保证渠道成员的生产规范。因此西部地区农合组织的“合约力”避免了渠道成员由于短期利益而产生的违约行为，提高了其优化整合渠道成员生产的能力。

其四，增强“知识力”以提高渠道成员生产能力。西部地区农合组织作为渠道核心成员容易比其他核心成员掌握更先进的生产技术及知识，因此在渠道运营中增强其“知识力”可以使其他渠道成员（尤其是农户）获得单个个体较难获得的农业技术，指导农户按新型农业技术进行生产以满足细分的市场需求，提高其生产能力。而且通过西部地区农合组织的影响也可以使其他渠道成员对于之前较为淡漠的法律意识、契约精神得以强化，由此保证整个农合组织所构建的农产品渠道能够更加顺畅高效的运作，提高整个渠道生产能力。

其五，提升“参照力”以增加各渠道成员的美誉度。西部地区农合组织发挥其“参照力”的作用，以身作则完善其经营行为，各渠道成员在效仿的过程中也会逐渐向农合组织靠拢，以更完善的生产行为进行生产，渠道成员的美誉度也会逐步增加，最终打造出以该农合组织为核心所生产产品的巨大品牌效应。

其六，增强“信息力”以提高农户及时应对市场需求的能力。西部地区农合组织作为一种现代组织比起分散农户和其他渠道成员能够更有效、更快速地收集市场信息。西部地区农合组织依靠自身规模可以组建或参与产品电子商务平台，在第一时间对消费者需求进行观测与汇总，并使消费者需求与农户生产进行对接，把农户所生产的产品以最快速、便捷的方式传递到消费者手中，这一过程中农合组织也需要协调产品从农户手中离开到达消费者的过程，协调中间商或物流商来得以实现。依靠农合组织，从消费者需求的快速捕获，农产品生产后的迅速流通、对中间商、物流商的协调都可以得到完美实现，大大提高了农户及时应对市场需求的能力，尤其对于生鲜农产品，西部地区农合组织的“信息力”对生产农户及时反映市场需求至关重要。

第四，发达国家农合组织营销渠道已形成与农业经济上、中、下游完整结合的纵向集成，有效地实现了资源的整合、规模优势的建立、组织化程度的提升、利益的提升，在完善健全的法律、法规保障下，营销渠道力已非常强大。亚洲国家典型代表农合组织的发展在产业化的推动下，已形成产加销、农工商一体化经营模式，实现规模化发展，在政府政策扶持下、组织内部规范和健全的规章制度保障下，也形成了较强的营销渠道力。

发达国家的代表美国和丹麦，其农合组织营销渠道是沿着农业经济发展的演进轨迹，从初期的生产集合向农产品深精加工、物流配送体系构建和零售环节延伸，以增值农业为主要业务，农合组织形成与农业经济上、中、下游完整结合的“纵向集成”，提高了农业产业的纵向协作效率；农合组织不断整合资源，形成规模优势，通过提高组织化程度，增加利益所得，提高渠道竞争能力。农合组织在众多法律、法规的保障下，在国家农业教育—科研—推广的政策帮助下，坚持社员治社，合理分配盈余，积极相互交流与合作。因此，美国、丹麦农合组织营销渠道力具有世界领先水平。

而亚洲国家典型代表日本和印度的农合组织是在政治、经济以及农业发展水平影响之下，为了更好地适应市场环境的变化，提高产品质量，而产生和发展起来的。其农合组织的发展同农业产业化统一起来，建立产、加、销，农、工、商一体化经营模式，并在产前、产中、产后环节为社员提供全方面的服务，同时，加快合作组织之间的合并提高规模化程度，发挥龙头企业的带动作用；农合组织拥有完整的章程、规约、规程，农合组织的报酬力、强制力、合约力、参照力、知识力与信息力较高。特别地，政府通过法律支持、政策补贴、教育培训等政策措施，在支持农合组织发展中起到了非常重要的作用。

第五，在我国各级政府的大力支持下，农合组织发展迅速，已从生产向加工领域甚至产加销纵向一体化转变，但西部地区农合组织营销渠道力发展相对落后。

随着全国各级政府对农合组织的扶持力度的不断加大，我国的农合组织得到了快速发展，农合组织可分配盈余增加，数量大幅度增加，质量稳步提高，业务范围增加，农合组织产业化的规模扩大，产业链条延伸，从生产向加工领域转变实现纵向一体化。其中，农村“能人”牵头领办的合作社是目前最主要的形式。农合组织作为产品营销过程中的重要成员，其渠道力的强弱，直接影响着产品从生产地向市场推送的能力和质量，也决定其市场竞争能力。运用因子分析法可以看出，我国西部地区农合组织营销渠道力排名较落后，合作社存在地区发展不平衡的问题。

第六，农合组织营销渠道力的提高是伴随着以规模不断扩大的上游农户和集中度不断提高的农产品处理加工者，以及下游的营销组织网络为主形成紧密的现代产业组织而实现的，农合组织采用“增值农业”的发展模式，营销渠道力较强，能够提高产业纵向协作效率。

我国目前，特别是西部地区农合组织还处于发展初期，存在利益流失现象，经济效力低、专业知识较匮乏、现代信息技术水平较低，未能达到规模化、专业化发展，不能充分发挥农合组织在现代产业体系中的带动作用，农合组织营销渠道力较弱。为此，西部地区农合组织应不断提高自身报酬力、强制力、信息力，增强营销渠道力，促进农合组织竞争力的提高。同时，政府的教育与培训、政策支持、引导力度也有待加强。

根据农业特有的生产特性和分散经营的特点，决定了农场主生产的家庭经营制是必然的长期制度选择，同时也决定了农业和农场主必然需要通过提高组织化程度来克服先天劣势，提高竞争能力，增加利益所得。渠道力强的农合组织，可以有效整合整个渠道资源，通过对各成员进行协调、组织和控制，保证市场服务能力。农合组织作为农产品营销过程中的重要成员，其渠道力的强弱直接影响农产品从生产地向市场推送的能力和质量，也决定其市场竞争能力。这在发达国家如此，在发展中国家也如此。因此，农合组织对整个营销渠道力的推动作用也不可小觑。

第七，农合组织加入营销渠道后会实现营销渠道整体利益和农产品价值最大化。农合组织是农业经营体系的一种形式，是当今农业经营体系中的主体，在营销渠道系统中起到了承上启下的连接作用。因此农合组织是营销渠道系统中一个重要的组织元，在组织元和多组织元系统（MAS）模型分析的基础上，采用博弈的方法进行推理，并且针对农合组织对营销渠道的作用进行了仿真。从博弈和仿真的结果可以看出，农合组织加入营销渠道后能实现营销渠道整体利益和农产品价值最大化。

第八，农合组织组织元与营销渠道系统内其他组织元间存在沟通机制、激励机制、合作机制、信任机制和控制机制等相互作用机制；同时，其与外部宏观环境也存在相互作用机制，即市场机制、技术机制和政治法律机制，从而使得整个农合组织营销渠道系统在有效、顺畅的运行中实现渠道力的提升。

在整个农合组织营销渠道系统中，农合组织与营销渠道系统内其他组织元间存在相互的作用机制，既有内部机制的作用，也有外部机制的影响。内部机制主要包括沟通机制、信任机制、控制机制、合作机制等，外部宏观机制主要包括市场机制、政治法律机制、技术机制。渠道系统运行中内部机制与外部机制对西部地区农合组织营销渠道力的提升作用表现各有不同，彼此相互影响。

因此，农合组织营销渠道力的提升有赖于农合组织营销渠道系统内部与外部机制的共同作用。

第九，处于不同生命周期阶段的农合组织由于组织内环境的成熟度不同，其渠道力体现也有所不同。依据企业生命周期理论把农合组织的发展过程也划分为初创期、成长期、成熟期和衰退期四个阶段。不同阶段，组织内环境的成熟度必然会作用和表现于营销渠道资源的整合和运用能力上，致使不同生命周期阶段农合组织的营销渠道力体现也是有所不同的。因此，对西部地区农合组织在不同生命周期阶段的营销渠道力特征进行分析，为对其营销渠道力的评价和提升奠定基础。

第十，农合组织渠道力取决于利益相关者利益诉求的满足情况：利益诉求满足率高，其合作意愿越强，即农合组织渠道力越强。以利益相关者理论与“六力模型”为基础，在详细分析纵向组织关系下农合组织各利益相关者农户、投资方、相关物流企业、中间商及农产品加工企业和消费者、借贷公司的利益诉求基础上，结合“六力模型”中的报酬力、强制力、参照力、合约力、信息力和知识力六个力与各利益相关者进行矩阵式交叉分析，对所获得的三级评价指标进行归纳、整理，最终构建了21个影响因子的农合组织渠道力评价指标体系，并得出以下结论：农合组织的渠道力取决于利益相关者利益诉求的满足情况，利益诉求满足率越高，其合作意愿越强，即农合组织组织渠道力越强；报酬力、强制力、参照力、合约力、知识力和信息力对于农合组织渠道力的提升具有重要意义；农合组织渠道力指标体系由目标层、准则层、因子层组成，其中准则层6个影响因子，因子层21个影响因子。

为进一步验证所构建评价指标体系的可行性和有效性，采用AHP－FCEM分析方法对农民专业合作经济组织的营销渠道力进行评价，选取三个分别处于不同生命周期阶段的西部地区农合组织作为评价对象，它们分别是呼和浩特市百岁果蔬种植专业合作社、西安恒绿蔬果专业合作社、陕西杨凌农夫果业专业合作社，在对这三个合作经济组织的发展和营销渠道力现状进行定性分析的基础上，对其营销渠道力采用已经建立的评价指标体系进行定量评价。结果与定性分析结果基本一致，这在一定程度上验证了该评价指标体系的有效性和可行性。

第十一，西部地区农合组织虽然为整个营销渠道中利益提升做出了极大的贡献，但在与营销渠道各成员利益分配中存在着不同的困境，同时在渠道利益分配中还受到农产品市场供求、国民消费水平和社会生产总值以及法律政策等外部因素的影响，制约着渠道力的发挥，进而影响渠道效率的提升。

普通农户作为农合组织中的一个重要成员却很少被视为真正的合作伙伴，更多的是被看作企业成本转移的对象。由于营销渠道各环节均追求着各自利益诉求的最大化，因此缺乏共生理念，存在诚信、机会主义等问题，这就导致相互之间产生了较大的矛盾和背离（即共生关系的不和谐），也极大地损害了农合组织中农民的权益和积极性，更损害了农合组织的稳定运行。

农合组织与下游加工企业主要通过简单的合同关系进行交易，既不能从营销渠道的组织化运作中获得规模效应，也不能为营销渠道整体利益创造增值利润，加之存在诚信、机会主义等问题，就导致相互之间产生了较大的矛盾和背离（即共生关系的不和谐），也极大地损害了农合组织中农民的权益和积极性，更损害了农合组织的稳定运行。只有在以农户为主体的纵向一体化的农业产业化经营模式下，广大农户才有机会获得最大的福利。

虽然农合组织有效地联结了农户与中间商，降低了中间交易成本，并把由此形成的交易费用内部化，但是一大批大型农产品流通企业凭借雄厚的资金实力成为中间商巨头，它们在与农合组织直接对话中更容易以较为强势的地位来控制营销渠道，并改变产销两个部门之间在利益分配上的相互关系。

运用系统动力学，构建模型，分析了西部农合经济组织利益分享诉求过程中的公平与效率不同导向，通过其不同的农业信息技术技与利益分享模式之间互动的正、负反馈模型，得出利益分享模式嬗变的整体系统动力学模型。事实上，西部农合经济组织利益分享诉求系统中各要素之间的影响是多元的、复杂的，它们互相之间的正、负反馈机制也是多重结构，一方的变化往往带来各要素以及利益分享模式之间的复杂变化，这也是利益分享模式呈现复杂多样性的关键原因。

第十二，要实现渠道成员间的“风险共担，利益共享”，需要建立基于农合组织的营销渠道上利益相关者的利益诱导和实现机制，并建立推动农村电商物流发展、规范财务会计制度、健全价格形成体系、完善农业保险制度、创新金融支持服务和创建“合同帮农”等利益分享保障机制。

由于农合组织渠道成员各自均追求利益诉求的最大化，因此缺乏共生理念，存在诚信、机会主义等问题，这就导致彼此之间产生了较大的矛盾和背离（即共生关系的不和谐），也极大地损害了农合组织中农民的权益和积极性，更损害了营销渠道的稳定运行。通过构建系统动力学模型，分析了西部农合组织利益分享诉求过程中的公平与效率不同导向时，通过其不同的农业信息技术与利益分享模式之间互动的正、负反馈模型，得出利益分享模式嬗变的整体系统动力学模型。在系统动力学研究基础上，提出构建营销渠道成员利益共生循环模式，并运用利益分享共生机制加以支撑。

同时，还应建立推动农村电商物流发展、规范财务会计制度、健全价格形成体系、完善农业保险制度、创新金融支持服务和创建“合同帮农”等利益分享保障机制。

第十三，农合组织营销渠道在初创期需重点提升报酬力与合约力，成长期重点提升强制力、参照力、知识力与信息力，成熟期应继续强化渠道“六力”，衰退期则需要在保持合约力和知识力的基础上完成转型或退出。对应不同提升重点，营销渠道主体及营销系统外部的政府应把握不同提升要素。

初创期，农合组织一方面需要以资金要素作为基础和保障，整合、吸引农户加入，并与加工企业建立紧密联系；另一方面还需要依靠规范的契约和合理的利益分配机制，实现成员的积极履约和利益提升。农户也需要建立合作意识，正确认识农合组织，积极参与其中。而政府应发挥引导、扶持作用，完善农业产业链和利益联结机制、出台和落实优惠保障政策，切实减轻农合组织的负担，使农合组织能够集中精力组织统购统销，为农合组织持续发展奠定坚实的基础。

成长期，农合组织一方面需要建立健全组织机构、运行机制，推行标准化种植、生产、包装等，树立品牌意识，实现规范化运行，起到更有效的带动效应和示范效应；另一方面也要借助人力资本的投入和信息平台的建设，提升自身的服务能力。农户应提升自身的诚信意识，并严格按照农合组织的要求实施标准化作业，提升产品质量，积极参与和支持农合组织发展。政府则要突出合作与服务功能。一方面提供相关项目与农合组织开展合作，将典型合作组织打造成示范组织，进行推广宣传，为其他农合组织的发展提供参考等；另一方面鼓励农合组织进行农业科技创新，给予金融资源支持农合组织发展，支持和帮助合作组织进行商标注册等品牌建设工作，为农合组织发展提供服务。

成熟期，农合组织应继续扩大规模，积极吸纳社会资本的加入；同时继续提升品牌知名度，扩大市场范围；向产前产后进行延伸，实现产业链纵向一体化；并积极开展区域内农合组织间形成合作，形成相关合作组织的集群化发展。农户则要建立对农合组织的认同感，共享价值，与合作组织形成共同愿景，坚定的支持农合组织发展，获得农合组织发展带来的利益提升。政府的协调与监督功能更为突出，保障农合组织渠道力的稳步提升，促进农合组织健康发展。

衰退期，农合组织主要任务是先保证已签契约的正常执行，此外积极搜寻、准确了解市场信息，借助已有的优势资源，寻找新的项目，及时转型，进入新一轮的生命周期阶段。农户一方也要积极了解市场变化，合理预测市场走向，及时调整种植、生产计划，分散、规避风险。适时加入新的农合组织。政府则发挥保障作用，通过相关保障政策的制定为农合组织的退出或转型提供支持。

第二节　研究展望

鉴于国内关于农合组织营销渠道力的研究处于起步阶段，能够参考和借鉴的文献较少，以及样本数据的限制，本书存在一些问题和不足。因此，未来会在以下几个方面继续完善。

一、进一步扩展研究范围

本书立意是西部地区农合组织营销渠力的研究，运用理论分析和实证研究相结合的方法，因此样本范围应该广一点，以获取足够的信息量。本书在调研过程中主要采用分层抽样的方法，选取了内蒙古、陕西、云南、四川四个有代表性的西部地区省份，尽管如此，抽取样本的代表性业并不全面。同时，农合组织地处农村牧区，调研人员深入乡镇的程度有限，同样也影响了调研数据的代表性。基于以上存在的问题，本书下一步将把研究范围扩大，选择西部地区12省份以及全国的省份，针对不同类型的农合组织展开调研，以使研究结果更容易被推广。

二、进一步丰富研究指标

由于样本数据数量的有限性，在动态评价中，本书只选取了21个评价指标体系，基于“六力”的视角，对西部地区农合组织渠道力展开评价。由于国内学者对于农合组织营销渠道力的研究成果较少，而且不同生命周期阶段渠道力中的六个力的表现差别较大，因此本书在指标选取过程中，可借鉴的指标较少，因此选取的指标可能不够合适。下一步，本书将深入研究营销渠道力的评价，加强对国内外相关文献归纳和总结，使指标选取更加完善、科学。

三、进一步完善研究方法

本书通过定性和定量相结合的方法进行研究，运用系统动力学、AHP分析方法对农合组织营销渠道力的动态体系展开分析，但是考虑到定量研究仍存在一些不足，因此下一步应尝试完善研究方法，采用结构方程模型等研究方法进行实证研究，以弥补不足。

附　录

附录一　调查问卷

农民专业合作经济组织营销渠道力调查

尊敬的女士/先生：

您好！感谢您抽出宝贵的时间参与此次调查。

我们正在做一项关于农民专业合作经济组织营销渠道力的研究，现就营销渠道报酬力、强制力、参照力、合约力、知识力和信息力这六个力的重要程度进行评价，以此来确定各个力以及各个力内部因素的相对重要程度。请您依照自己的理解和经验，根据附表 1 所示标度，进行两两比较，将分值填入相应表格中。所得数据将只用于统计分析，我们对您的打分情况将严格保密，请您放心填写。感谢您的支持与合作！

附表 1　比例标度

标度	含义
1	X 因素和 Y 因素“同等重要”
3	X 因素比 Y 因素“稍微重要”
5	X 因素比 Y 因素“明显重要”
7	X 因素比 Y 因素“强烈重要”
9	X 因素和 Y 因素“极端重要”
2，4，6，8	为以上判断之间的中间状态
倒数	Y 因素比 X 因素的重要性指标

附表 2 营销渠道力各项指标判断矩阵

营销渠道力	报酬力 B1	强制力 B2	参照力 B3	合约力 B4	知识力 B5	信息力 B6
报酬力 B1	1					
强制力 B2		1				
参照力 B3			1			
合约力 B4				1		
知识力 B5					1	
信息力 B6						1

附表 3 报酬力各因子判断矩阵

报酬力	产品收购能力 C11	资金扶持能力 C12	投资回报能力 C13	产品性价比 C14	还贷能力 C15
产品收购能力 C11	1				
资金扶持能力 C12		1			
投资回报能力 C13			1		
产品性价比 C14				1	
还贷能力 C15					1

附表 4 强制力各因子判断矩阵

强制力	行业中的地位 C21	规模化程度 C22	替代商的多寡 C23
行业中的地位 C21	1		
规模化程度 C22		1	
替代商的多寡 C23			1

附表 5 参照力各因子判断矩阵

参照力	材料优等率 C31	应变能力 C32	送达能力 C33	品牌认知度 C34	组织的资信状况 C35
材料优等率 C31	1				
应变能力 C32		1			
送达能力 C33			1		
品牌认知度 C34				1	
组织的资信状况 C35					1

附表 6　合约力各因子判断矩阵

合约力	合同的有效性 C41	合同明确程度 C42	消费者权利保障能力 C43
合同的有效性 C41	1		
合同明确程度 C42		1	
消费者权利保障能力 C43			1

附表 7　知识力各因子判断矩阵

知识力	技术培训能力 C51	产品解释能力 C52	人才水平 C53
技术培训能力 C51	1		
产品解释能力 C52		1	
人才水平 C53			1

附表 8　信息力各因子判断矩阵

信息力	信息共享程度 C61	信息平台建设程度 C62
信息共享程度 C61	1	
信息平台建设程度 C62		1

再次感谢您的理解与支持，祝您工作愉快！

附录二 调查问卷

西部地区农民专业合作经济组织营销渠道合作状况调查

尊敬的女士/先生：

您好！这是一份学术研究型调查问卷，目的是了解西部地区农民专业合作经济组织与渠道下游成员的合作状况，反映不同农合组织的看法和意见，为政府和相关机构提供决策参考。本问卷资料仅用于学术研究。我们诚挚地邀请贵农合组织参与该调查，希望得到您的配合与支持。

谢谢您的合作！

填写说明：

1. 如果您填写的是电子版问卷，请将说选择的数字涂黑，在表格选项中相应的空格画“√”

2. 为了保证结果的有效性，请您将全部问题如实答完，如果对其中某些含义的理解有疑问或者希望得到本研究的分析结果，请联系本人。

贵农合组织的全称：

调查问卷填写人： 职务：

年龄： 所在地：

贵农合组织全称是：

联系电话： 电子邮箱：

一、农合组织基本情况

1. 贵农合组织成立年限（ ）。

A. 3 年以下 B. 4 ~ 6 年 C. 7 ~ 10 年 D. 10 年以上

2. 组织是到以下哪个机构注册的（ ）。

A. 工商部门 B. 民政部门 C. 农业部门 D. 科协

E. 供销机构

3. 组织是如何组建的（　　）。

A. 直接发起建立　　B. 由专业协会演变而来

C. 由供销社演变而来　　D. 依托企业而建

E. 由基层合作社组建的联合社　　F. 其他

4. 贵农合组织是由哪个主体牵头组建的（　　）。

A. 农业部门　　B. 供销合作部门

C. 龙头企业　　D. 基层组织或村委会

E. 农技部门　　F. 农村能人

G. 农民自办　　H. 其他

5. 贵农合组织的类型：

（1）按生产类型分（　　）。

A. 生产企业　　B. 加工企业　　C. 贸易企业　　D. 服务型企业

E. 其他

（2）按行业类型分（　　）。

A. 粮食　　B. 畜禽及肉制品

C. 水产品　　D. 蔬菜、水果

E. 蛋品和奶制品　　F. 其他

6. 组织具备以下哪些产后服务能力（可多选）（　　）。

A. 初加工能力　　B. 储藏能力　　C. 保鲜能力　　D. 运销能力

E. 其他

7. 组织是否通过了无公害农产品产地认定？

A. 是否取得了无公害农产品认证？（是　否）

B. 是否通过了绿色食品、有机食品的认证？（是　否）

8. 贵农合组织经营业务的规模是（　　）。

A. 低于 50 万元　　B. 50 万 ~ 100 万元

C. 100 万 ~ 500 万元　　D. 500 万 ~ 1000 万元

E. 1000 万 ~ 3000 万元　　F. 3000 万 ~ 5000 万元

G. 5000 万 ~ 8000 万元　　H. 8000 万 ~ 1 亿元

I. 超过 1 亿元

9. 贵农合组织的主要采用的合作方式是（　　）。

A. 口头交易　　B. 合同方式　　C. 建立企业联盟

D. 纵向一体化（如自建原料基地、销售企业等）

10. 您所在农合组织与主要经销商合作的年限（　　）。

A. 1 年以下　　B. 1 ~ 2 年　　C. 2 ~ 5 年　　D. 5 年以上

二、贵农合组织与下游加工企业、中间商、经销商的合作情况

请在下列关系中指出您赞同或不赞同的程度：1. 非常不同意；2. 不同意；3. 不同意也不反对；4. 同意；5. 非常同意。

关系行为指标	序号	考虑因素	非常不同意→非常同意
沟通	1	对方会让我们知道新的业务	① ② ③ ④ ⑤ ⑥ ⑦
	2	对方会提供回馈	① ② ③ ④ ⑤ ⑥ ⑦
	3	只要对另一方有帮助，我们双方都愿意提供自己的专有信息	① ② ③ ④ ⑤ ⑥ ⑦
	4	当发生了有可能对另一方产生影响的事件和变化时，我们双方会相互通报	① ② ③ ④ ⑤ ⑥ ⑦
	5	双方频繁通过正式或非正式渠道交换信息	① ② ③ ④ ⑤ ⑥ ⑦
共享价值	6	双方作风相互妥协	① ② ③ ④ ⑤ ⑥ ⑦
	7	员工是实事求是	① ② ③ ④ ⑤ ⑥ ⑦
	8	我们非常关注合作伙伴的利益	① ② ③ ④ ⑤ ⑥ ⑦
	9	为了关系的成功，常常需要有共同的目标与政策	① ② ③ ④ ⑤ ⑥ ⑦
资产专用性	10	双方为了业务联系均对自己的销售进行了改进	① ② ③ ④ ⑤ ⑥ ⑦
	11	双方为了合作均投入了大量金钱时间进行培训	① ② ③ ④ ⑤ ⑥ ⑦
	12	如果关系结束与对方有关的投资均会受损	① ② ③ ④ ⑤ ⑥ ⑦
	13	对方在产品、服务、交货方式、付款方式等方面做出较大改变来适应我们	① ② ③ ④ ⑤ ⑥ ⑦
信任	14	我们非常信任我们的合作伙伴	① ② ③ ④ ⑤ ⑥ ⑦
	15	对方总是信守承诺	① ② ③ ④ ⑤ ⑥ ⑦
	16	对方做重要决策时考虑我们的利益	① ② ③ ④ ⑤ ⑥ ⑦
	17	对方非常诚实可靠	① ② ③ ④ ⑤ ⑥ ⑦
	18	对方认为我们的成功是重要的	① ② ③ ④ ⑤ ⑥ ⑦
	19	即使出现不利于我们的情况（比如合同不完备、信息不对称），对方也不会利用此弱点	① ② ③ ④ ⑤ ⑥ ⑦
	20	对方为了帮助我们愿意做出牺牲	① ② ③ ④ ⑤ ⑥ ⑦

续表

关系行为指标	序号	考虑因素	非常不同意→非常同意
承诺	21	我们与对方有稳定合同关系	① ② ③ ④ ⑤ ⑥ ⑦
	22	我们打算保持和发展这种关系	① ② ③ ④ ⑤ ⑥ ⑦
	23	我们很满意与对方的合作	① ② ③ ④ ⑤ ⑥ ⑦
	24	我们愿意投入更多物力来发展合作关系	① ② ③ ④ ⑤ ⑥ ⑦
	25	我们愿意花费时间来维系合作关系	① ② ③ ④ ⑤ ⑥ ⑦
满意	26	即使有机会与别人交易，我也不会停止和对方交易	① ② ③ ④ ⑤ ⑥ ⑦
	27	相比我们的期望，我们非常满意对方目前的表现	① ② ③ ④ ⑤ ⑥ ⑦
	28	我们与对方的合作非常愉快	① ② ③ ④ ⑤ ⑥ ⑦
	29	和对方的合作能给我们带来很好的效益	① ② ③ ④ ⑤ ⑥ ⑦
	30	双方的互动是在相互尊重的基础之上，对方会很有技巧地表达对我方的批评和意见。	① ② ③ ④ ⑤ ⑥ ⑦
合作	31	我经常推荐其他人和对方做生意	① ② ③ ④ ⑤ ⑥ ⑦
	32	对方了解我们的业务战略，我们已经建立紧密的业务伙伴关系	① ② ③ ④ ⑤ ⑥ ⑦
	33	我方在质量管理实践方面与对方进行广泛合作	① ② ③ ④ ⑤ ⑥ ⑦

问卷到此结束，感谢您的认真参与。

附录三　标准化后的统计数据

省市自治区	农民专业合作社数量	农民专业合作社成员数	合作社经营收入	实施标准化生产的合作社数	农业主管部门认定为示范社	拥有注册商标的合作社数	专业大户及家庭农场成员数	企业成员数	统一组织销售农产品总值	统一组织购买农业生产投入品总值	当年获得财政扶持资金的合作社数	各级财政专项扶持资金总额	农民专业合作社带动非成员农户数	基层农技服务组织	培训成员数
青海	-1.159	-0.658	-0.221	-0.958	-0.956	-0.930	-0.611	-0.690	-0.659	-0.610	-1.171	-0.807	-1.150	-0.793	-0.716
宁夏	-1.184	-0.723	-0.549	-0.551	-1.006	-0.886	-0.426	-0.705	-0.704	-0.639	-1.105	-0.676	-1.155	-0.532	-0.818
北京	1.295	0.510	-0.511	0.062	-0.114	0.180	-0.282	-0.052	0.194	-0.135	-0.325	-0.005	0.956	0.529	0.375
海南	1.498	-0.257	-0.254	0.141	2.285	0.397	-0.502	-0.616	-0.637	-0.615	0.529	-0.459	-0.294	-0.496	-0.595
天津	0.123	-0.499	-0.735	-0.756	-0.802	-0.574	-0.481	-0.606	-0.694	-0.694	-0.948	-0.512	-0.856	-0.482	-0.805
新疆	-0.121	-0.192	-0.351	-0.330	-0.456	-0.070	-0.394	-0.360	-0.311	-0.323	-0.840	-0.702	-0.376	-0.504	-0.123
内蒙古	0.550	-0.382	-0.303	-0.566	-0.563	-0.227	-0.552	-0.533	-0.735	-0.578	-0.502	-0.638	-0.730	-0.478	-0.601
贵州	0.039	-0.194	-0.061	-0.662	-0.635	-0.523	-0.424	-0.538	-0.326	0.715	-0.997	1.346	-0.775	-0.712	-0.634
广西	1.572	4.529	3.468	1.953	1.917	2.981	4.602	3.566	3.238	3.503	2.147	3.914	1.574	3.807	3.402
云南	0.328	-0.275	2.392	1.698	1.931	1.849	-0.354	-0.554	0.695	0.483	2.949	2.241	1.252	-0.380	0.216
福建	0.536	0.413	0.341	-0.083	0.430	0.713	0.351	-0.217	0.498	0.440	1.256	0.300	1.842	0.706	0.366
吉林	-0.494	-0.534	-0.336	-0.421	-0.511	-0.062	-0.419	-0.457	-0.345	-0.271	-0.311	-0.473	-0.788	-0.562	-0.677
甘肃	-0.201	-0.192	0.121	0.520	0.068	-0.225	-0.002	-0.026	-0.117	-0.177	0.427	-0.346	-0.322	-0.018	-0.214

续表

省市自治区	农民专业合作社数量	农民专业合作社成员数	合作社经营收入	实施标准化生产的合作社数	农业主管部门认定为示范社	拥有注册商标的合作社数	专业大户及家庭农场成员数	企业成员数	统一组织销售农产品总值	统一组织购买农业生产投入品总值	当年获得财政扶持资金的合作社数	各级财政专项扶持资金总额	农民专业合作社带动非成员农户数	基层农技服务组织	培训成员数
辽宁	2.964	1.116	1.682	2.024	2.015	2.460	0.034	0.711	2.288	1.993	0.547	-0.116	1.630	1.519	2.266
黑龙江	1.526	0.727	0.589	1.764	1.672	0.567	0.553	2.471	0.772	1.502	0.663	0.096	1.362	1.445	0.598
广东	0.276	0.287	0.714	0.499	0.152	0.528	0.139	0.634	1.341	1.318	0.590	0.001	0.658	0.867	0.397
山西	-0.343	0.161	0.483	-0.180	-0.164	0.263	1.009	1.269	1.422	0.191	1.179	-0.002	0.179	0.218	0.179
陕西	-0.311	-0.543	0.265	-0.816	0.266	-0.858	-0.201	1.131	-0.270	-0.244	0.603	0.327	-0.213	-0.434	-0.071
江西	-0.775	-0.540	-0.437	-0.660	-0.564	-0.824	-0.250	-0.580	-0.442	-0.153	-0.647	-0.434	-0.517	-0.569	-0.384
重庆	-0.933	-0.679	-0.862	-0.638	-0.997	-0.724	-0.589	-0.618	-0.817	-0.791	-0.711	-0.397	-1.149	-0.611	-0.812
河北	-0.552	0.636	-0.297	2.409	-0.638	-0.298	0.306	-0.436	-0.489	-0.558	0.711	0.392	0.426	-0.006	0.537
湖南	0.245	0.410	-0.760	0.152	0.394	0.718	0.312	0.113	0.470	0.421	-0.151	0.434	2.018	1.179	1.789
安徽	-0.799	-0.482	-0.748	-0.565	-0.578	-0.722	-0.434	-0.172	-0.762	-0.772	-0.156	-0.190	-0.321	-0.414	-0.440
湖北	-0.467	-0.244	-0.631	-0.793	-0.631	-0.600	-0.452	-0.531	-0.512	-0.653	-0.689	-0.588	-0.283	-0.514	-0.005
四川	-0.287	-0.091	-0.253	-0.472	0.070	-0.078	1.095	-0.259	-0.361	-0.644	-0.089	-0.117	0.304	0.021	-0.221
浙江	-0.048	-0.415	-0.494	-0.379	-0.323	-0.492	-0.365	-0.189	-0.370	-0.406	-0.691	-0.684	-0.348	-0.520	-0.428
河南	-1.153	-0.615	-0.841	-1.034	-0.710	-0.957	-0.577	-0.579	-0.920	-0.844	-0.856	-0.661	-1.145	-0.788	-0.950
山东	-1.265	-0.689	-0.784	-0.800	-0.870	-0.938	-0.575	-0.710	-0.779	-0.804	-0.661	-0.773	-0.985	-0.750	-0.798
江苏	-0.859	-0.585	-0.630	-0.558	-0.682	-0.669	-0.511	-0.465	-0.668	-0.654	-0.752	-0.471	-0.794	-0.726	-0.832

参考文献

［1］艾青．纵向一体化与并购效应研究［D］．武汉：武汉大学，2005（6）：34－45.

［2］安玉发．发展新型产销对接模式稳定鲜活农产品价格——“农超对接”及流通渠道多元化的思考［J］．中国农民合作社，2011（8）：24－25.

［3］白斌宇．浅谈企业员工激励机制的运用［J］．新西部（理论版），2014（24）：36－37.

［4］白西兰，张旭锋．创新农业生产经营组织促进社会主义新农村建设［J］．农村经营管理 2006（11）：24－28.

［5］本杰明·克莱因，罗伯特·克劳福德，阿尔曼·阿尔奇安．纵向一体化、可占用性租金与竞争性缔约过程，企业制度与市场组织——交易经济学文选［M］．上海：上海人民出版社，1996：110－153.

［6］蔡文，杨慧．龙头企业与农户渠道关系治理机制创新——以心理契约为视角［J］．江西社会科学，2014（1）：215－221.

［7］曹艳爱，欧晓明．交易成本视角下“农户＋公司”的农产品渠道关系稳定性分析［J］．商业时代，2014（5）：58－60.

［8］曾明星，杨宗锦．农民专业合作社利益分配模型研究［J］．华东经济管理，2011，26（3）：68－70.

［9］曾宪影，李钦．农村合作经济组织是农业领域产业组织的新发展［J］．农业经济问题，2000（8）：48－51.

［10］曾寅初．农产品流通的制度变迁——制度变迁过程的描述性分析［Z］．WTO 与东亚农业发展国际学术研讨会，2004.

［11］陈高森，骆守俭，史央群，李朦，吴莺吟．零售业长期关系导向与信任和承诺的关系研究［J］．华东经济管理，2007（10）：47－52.

［12］陈吉元．中国农村经济组织现状及其演变趋势［J］．山东省农业管理干部学院学报，2001（2）：15－17.

[13] 陈先勇，周洋，施思等．农村专业合作经济组织对农民福利水平的影响研究——从收入、风险和收入分配三方面进行分析［J］．华中农业大学学报（社会科学版），2007（5）：48－54.

[14] 陈郁．企业制度和市场组织——交易费用经济学文选［M］．上海：上海人民出版社，1996：3.

[15] 程桂秋．在农业产业化中寻找发展空间［J］．中国供销合作经济，1999（7）：13－15.

[16] 程艳霞，王慧梅．基于 AHP 的企业渠道力评价模型研究［J］．武汉理工大学学报，2008（6）：33－35.

[17] 崔倩倩．完善我国新型农民专业合作经济组织的对策研究［D］．济南：山东理工大学，2014：15－16.

[18] 丹尼斯·卡尔顿，杰弗里·佩罗夫．现代产业组织［M］．上海：上海人民出版社，1998：764－768.

[19] 董维维，庄贵军．关系营销导向，关系状态与营销渠道中跨组织协调行为［J］．软科学，2013（12）：31－35.

[20] 董维维，庄贵军．中国营销渠道中关系营销导向对企业关系型治理的影响［J］．管理学报，2013（10）：1520－1527.

[21] 杜鹰．关于西部地区“十一五”农村经济发展的几点思考［J］．中国经贸导刊，2005（4）：12－14.

[22] 范小健．关于我国农村合作经济发展有关文艺的思考［J］．中国农村经济，1999（4）：9－14.

[23] 范中喜，石滨，李乐霞．农民专业合作经济组织发展的现状［J］．农民致富之友，2011（3）：28－32.

[24] 冯成伟．基于共演型互动的商贸流通市场和产业集群共生模式分析［J］．商业经济研究，2015（17）：123－124.

[25] 冯飞，霍学喜．我国农民合作经济组织营销渠道力研究［J］．哈尔滨工业大学学报（社会科学版）2006（6）：67－71.

[26] 冯飞：农业合作经济组织营销渠道力现状与对策［J］．商业研究，2007（5）：121－125.

[27] 冯飞：西部地区农民忖业合作经济组织发展研究［M］．北京：中国社会科学出版社，2007：30－57.

[28] 冯飞：西部地区农民忖业合作经济组织发展研究［D］．西安：西北农林科技大学，2007.

[29] 符少玲，王升．涉农供应链伙伴关系，合作绩效和合作稳定性的关系

研究［J］. 情报杂志，2008（6）：38－42.

［30］付雅观. 大庆油田有限责任公司天然气一体化战略研究［D］. 西安：西北大学，2005：11－15.

［31］傅晨. “新一代农合组织”：农合组织制度创新的源泉［J］. 中国农村经济. 2003（6）：73－80.

［32］傅晨. 中国农村合作经济：组织形式与制度变迁［M］. 北京：中国经济出版社，2006.

［33］高洁，韩俊鹏. 种子企业占主导的种子分销渠道利润分配博弈分析［J］. 种子，2014（6）：18－23.

［34］龚映梅. 我国西部农业合作经济组织发展研究——基于生命系统理论视角［D］. 昆明：昆明理工大学，2011.

［35］桂寿平，朱强，陆丽芳等. 区城物流系统动力学模型及其算法分析［J］. 华南理工大学学报（自然科学版），2003（10）：36－40.

［36］郭桂霞. 中国利用外资：实践与纷争［J］. 经济导刊，2005（7）：56－63.

［37］郭红东，杨海舟，张若健. 影响农民专业合作社社员对社长信任的因素分析——基于浙江省部分社员的调查［J］. 中国农村经济，2008（8）：52－60.

［38］郭红东. 充分发挥农民合作经济组织作用. 促进农业和农村经济的发展［J］. 中国农村经济，1999（11）：67－70.

［39］郭文新. 需求的差异性与销售激励问题［J］. 电子科技大学学报，1999（6）：7－16.

［40］郭晓鸣. 四川农村合作经济组织：发展与创新［J］. 四川省情. 2006（11）：35－36.

［41］韩俊，秦中春，张云华等. 我国农民合作经济组织发展的现状与面临的问题［N］. 中国经济时报，2010－08－29.

［42］韩亮，孙莺纯. 乘用车分销渠道利益再分配数学建模［J］. 长安大学学报（自然科学版），2013（5）：19－23.

［43］侯淑霞，郝娟娟等. 乳品产业链纵向组织关系的经济学分析——以“公司＋奶站＋农户”为例［J］. 科学管理研究，2008（12）：37－39.

［44］侯淑霞，林海英. 西部地区农民专业合作经济组织成员利益诉求困境模型分析［J］. 财经理论研究，2015（1）：43－44.

［45］侯淑霞，王雪瑞. 乳品产业链纵向组织关系演变研究——基于制度经济学理论的模型与实证分析［J］. 财经论丛，2010（2）：31－35.

[46] 侯淑霞，王雪瑞．先发模式下乳品供应链合作关系柔性研究［J］．中国流通经济，2007（6）：31－34.

[47] 侯淑霞，钟敏．基于产业链视角的乳品加工企业与奶农关系研究［J］．经济论坛，2010（2）：43－46.

[48] 侯淑霞，钟敏．中国乳品产业链纵向组织关系的演变动因——基于制度供给与需求角度的分析［J］．农业经济问题，2010（9）：31－34.

[49] 侯淑霞．乳品产业链纵向组织关系优化整合的保障体系研究［J］．中国流通经济，2008（11）：34－38.

[50] 侯淑霞等．纵向组织关系与营销渠道——基于乳品产业的研究［M］．北京：经济管理出版社，2011（12）：7－9.

[51] 胡雅君．论新经济条件下企业纵向一体化选择诱因［D］．北京：北京邮电大学，2006（6）：33－40.

[52] 黄珺，顾海英，朱国玮．农民合作经济组织制度创新及形成模式探析［J］．经济问题．2005（4）：34－38.

[53] 黄珺．信任与农户合作需求影响因素分析［J］．农业经济问题，2009，（8）：45－49.

[54] 黄恺光，陈爱荣，宋景辉．呼伦贝尔市牧区专业合作经济组织发展状况分析［J］．北方经济，2013（8）：36－38，59.

[55] 黄胜忠等．成员异质性、风险分担与农民专业合作社的盈余分配［J］．农业经济问题，2014（8）：57－65.

[56] 黄胜忠．农业合作社的环境适应性分析［J］．中国合作社经济评论，2010（1）：40－49.

[57] 黄艳蓉．基于模糊评价的营销力评价模型［J］．科技广场，2009（10）：34－36.

[58] 黄祖辉，刘颖娴．产品类型差异对农民专业合作社经营的影响［J］．青岛农业大学学报（社会科学版），2014（3）：45－49.

[59] 黄祖辉，徐旭初，冯冠胜．农民专业合作组织发展的影响因素分析——对浙江省农民专业合作组织发展现状的探讨［J］．中国农村经济，2002（3）：31－33.

[60] 纪金雄．古村落旅游核心利益相关者共生机制研究［J］．华侨大学学报（哲学社会科学版），2011（2）：52－59.

[61] 贾云海．通辽市科尔沁区农民专业合作社发展探析［J］．现代农业科技，2014（21）：305，307.

[62] 江波，吴秀敏．农产品供应链垂直协作方式的选择——基于资产专用

性维度的分析 [J]. 农村经济，2008 (3)：42－44.

[63] 蒋桂珍等. 发展农民专业合作经济组织问题略探——以广西桂林为例 [J]. 广西经济管理干部学院学报，2005 (4)：25－29.

[64] 蒋晓荣，李随成. 企业－供应商关系承诺影响因素探索性研究 [J]. 管理评论，2014 (8)：188－199＋208.

[65] 金培. 大企业战略呼唤优秀企业家 [J]. 中国企业家，1998 (1)：33－35.

[66] 肯尼斯·W. 克拉克森，罗杰·勒鲁瓦·米勒. 产业组织：理论、证据和公共政策 [M]. 上海：上海三联书店，1989：523－524.

[67] 肯尼斯·阿罗. 信息经济学 [M]. 北京：北京经济学院出版社，1989：216－228.

[68] 孔祥智. 现阶段农民合作经济组织的基本状况、组织管理及政府作用——23 省农民合作经济组织调查报告 [J]. 农业经济问题 2006 (1)：23－27.

[69] 蓝慧聪. 新时期农民专业合作经济组织发展研究——以福建省漳州市为例 [J]. 新财经（理论版），2011 (12).

[70] 雷原. 进一步完善和创新农业家庭经营组织形式 [J]. 求是杂志，2000 (12)：46－48.

[71] 李崇光，胡华平. 论生鲜农产品垂直渠道关系整合 [J]. 中国流通经济，2009 (6)：77－80.

[72] 李春成，李崇光. 营销渠道变革与范式演进研究述评 [J]. 华东经济管理，2008 (2)：135－138.

[73] 李军. 市场机制下的我国农业问题及其对策 [J]. 宏观经济研究，1999 (5)：21－23.

[74] 李连英，李崇光. 蔬菜纵向渠道关系整合研究——基于 270 份调查问卷分析 [J]. 农业经济问题，2012 (11)：54－59.

[75] 李平，吴玲，阳玉浪. 营销渠道治理机制影响渠道绩效的机理分析 [J]. 湖南大学学报（社会科学版），2009，23 (6)：65－67.

[76] 李青原，唐建新. 企业纵向一体化的决定因素与生产效率——来自我国制造业企业的经验证据 [J]. 南开管理评论，2010 (3)：23－28.

[77] 李秋. 农产品物流成本控制研究 [J]. 新经济，2013 (10)：88－89.

[78] 李彤. 农民专业合作社与农产品流通中的权力平衡 [J]. 产业与科技论坛，2011 (17)：33－34.

[79] 李旭，戴蓬军. 利益相关者与农民专业合作经济组织成长：分析框架和影响机理 [J]. 农业经济，2012 (9)：78－80.

[80] 李雪欣，李玉龙．大型零售企业与供应商合作关系演进——基于渠道关系生命周期视角 [J]．经济与管理研究，2012 (3)：122 - 128.

[81] 李永东．农村经济合作组织与农业可持续发展 [J]，经济学家，2013 (1)：102 - 104.

[82] 李元旭．资产专用性与纵向一体化 [J]．经济科学，2000 (5)：30 - 45.

[83] 梁奕水．浅谈现代企业管理中的激励 [J]．广东科技，2010 (22)：23 - 25.

[84] 廖成林．虚拟营销中信任关系的影响因素与机制 [J]．管理世界，2004 (6)：149 - 150.

[85] 刘慧，尹海东．合作对农户生产决策影响的博弈分析 [J]．农机化研究，2013 (3)：59 - 61.

[86] 刘灿，韩文龙．农村集体经济组织创新与农民增收问题的思考——基于成都市温江区天乡路社区股份经济合作社的调研 [J]，河北经贸大学学报，2013 (11)：64 - 69.

[87] 刘丹．营造创新创业文化的机理研究 [J]．科技创业月刊，2014 (9)：43 - 45.

[88] 刘洁，祁春节，陈新华．农民专业合作社契约模式选择的影响因素分析——基于江西赣州 98 家合作社企业的实证研究 [J]．经济经纬，2012 (5)：27 - 32.

[89] 刘军．农民专业合作社发展与农产品流通体系建设 [J]．农村经营管理，2007 (6)：19 - 20.

[90] 刘军棋．论农产品渠道创新与对策 [J]．中国市场，2014 (51)：28 - 36.

[91] 刘宇翔，王征兵．芬兰合作社管理的分析与借鉴：影响农民参与组织管理的因素研究 [J]．农业经济问题，2009 (3)：103 - 109.

[92] 刘宇翔．农民专业合作社发展中信任的影响因素分析——以陕西省为例 [J]．农业经济问题，2012 (9)：64 - 69.

[93] 刘宇翔．农民合作组织中信任机制的研究 [J]．安徽农业科学，2011，39 (10)：1 - 3.

[94] 刘宇翔：农民专业合作经济组织成员意愿与行为分析 [D]．西安：西北农林科技大学，2009.

[95] 刘志彪．以建立产业竞争力为导向，调整地方政府的发展政策 [J]．中国行政管理，1996 (7)：33 - 34.

［96］陆芝青，王方华．营销渠道变革的作用机理研究［J］．上海经济研究，2004（4）：67－73.

［97］栾江．中国西部地区农村居民受教育程度对收入水平的影响研究［D］．北京：北京林业大学，2014：30.

［98］罗倩文．我国农民合作经济组织内部合作行为及激励机制研究［D］．重庆：西南大学，2009：51－68.

［99］马磊．农民专业合作社普通社员收益权及实现路径研究［D］．南京：南京农业大学，2012.

［100］梅玉．基于渠道关系质量的渠道冲突管理策略［J］．现代商业，2013（34）：151－153.

［101］米新丽．论农民专业合作社的盈余分配制度——－兼评我国《农民专业合作社法》相关规定［J］．法律科学（西北政法大学学报），2008（6）：89－96.

［102］米占元，程贺宇，白雪梅，何树辉，任鹏飞．乌兰浩特市农民专业合作组织发展情况的调查分析［J］．养殖技术顾问，2013（10）：238－239.

［103］聂仲秋，孙浩杰．农民专业合作经济组织的产权制度分析［J］．大连理工大学学报（社会科学版），2008（4）：37－44.

［104］牛若峰．论市场经济与农民自由联合［J］．中国农村经济，1998（7）：73－75..

［105］潘文安，骆李佳．中小企业技术联盟成员之间信任，关系承诺与合作绩效——基于浙江地区产业集群实证研究［J］．科技管理研究，2013（3）：175－179.

［106］庞晓鹏．中国农村民间合作服务组织研究［M］．北京：中国农业科技出版社，1999.

［107］祁雪莲，孟军．农户生产决策的博弈模型及均衡分析［J］．东北财经大学学报，2006（4）：235－237.

［108］乔榛，焦方义，李楠．中国农村经济制度变迁与农业增长［J］．经济研究，2006（7）：73－82.

［109］任大鹏，于欣慧．论合作社惠顾返还原则的价值——对“一次让利”替代二次返利的质疑［J］．农业经济问题，2013（2）：44－48.

［110］桑福德·格罗斯曼，奥利弗·哈特．所有权的成本和收益：纵向一体化和横向一体化的理论［J］．政治经济学杂志，1986（4）：691－719.

［111］山东省社会科学院农村经济研究所课题组．合作制与农业产业化结合：中国农业现代化道路的重要选择［J］．农业经济，2000（12）：58－61.

[112] 邵俊岗. 我国农业的制度变迁与技术变化 [J]. 经济经纬, 2003 (1): 46 - 48.

[113] 邵科, 徐旭初. 合作社社员参与: 概念、角色与行为特征 [J]. 经济学家, 2013 (1): 85 - 92.

[114] 邵科. 农民专业合作社社员参与行为研究 [D]. 杭州: 浙江大学, 2012.

[115] 施晟, 卫龙宝, 伍骏骞. "农超对接"进程中农产品供应链的合作绩效与剩余分配——基于"农户 + 合作社 + 超市"模式的分析 [J]. 中国农村观察, 2012 (4): 14 - 28 + 92 - 93.

[116] 宋茂华. 资产专用性, 纵向一体化和农民专业合作社——对公司领办型合作社的解析 [J]. 经济经纬, 2013 (5): 35 - 41.

[117] 孙浩杰, 王征兵, 汪蕴慧. 农民专业合作经济组织利益分配机制 [J]. 安徽农业科学, 2011 (20): 21 - 26.

[118] 孙剑, 李崇光. 论网络经济对我国农产品营销的影响 [J]. 商业研究, 2002 (3): 43 - 46.

[119] 孙经纬. 企业边界与垂直一体化的理论研究 [J]. 外国经济与管理, 1997 (8): 8 - 10.

[120] 孙晓红, 张慧娟. 中国合作社的盈余分配制度研究 [J]. 经济研究导刊, 2012 (5): 220 - 222.

[121] 孙晓华, 秦川. 基于共生理论的产业链纵向关系治理模式——美国、欧洲和日本汽车产业的比较及借鉴 [J]. 经济学家, 2012 (3): 95 - 102.

[122] 孙亚范. 农民专业合作经济组织的创新成本分析 [J]. 中州学刊, 2004 (1): 51 - 54.

[123] 孙亚范. 农民专业合作经济组织利益机制及影响因素分析 [J]. 农业经济问题, 2008, 29 (9): 48 - 56.

[124] 孙亚范. 农民专业合作社利益机制、成员合作行为与组织绩效研究 [D]. 南京: 南京农业大学, 2011.

[125] 孙亚范. 我国农民专业合作经济组织创新的成本约束及化解 [J]. 经济问题探索, 2004 (2): 33 - 34.

[126] 孙峥, 罗艺. 我国政府采购中采购组织与供应商博弈决策分析 [J]. 商业时代, 2014 (6): 125 - 126.

[127] 泰勒尔 [法]. 产业组织理论 [M]. 张维迎译. 北京: 中国人民大学出版社, 1997: 109 - 113.

[128] 汤伟, 季海亮, 周洁, 曹瀚, 刘谨谨. 基于渠道角色定位角度探究农

民专业合作社的发展［J］. 农家之友（理论版），2010（3）：20－22.

［129］唐小我. 垄断产品的纵向控制与一体化分析［J］. 电子科技大学学报，1999（6）：9－24.

［130］陶芝兰，王欢. 信任模式的历史变迁——从人际信任到制度信任［J］. 北京邮电大学学报（社会科学版），2006，8（2）：20－23.

［131］田艳丽，修长柏. 牧民专业合作社利益分配机制的构建——生命周期视角［J］. 农业经济问题，2012（9）：70－76.

［132］田艳丽，修长柏. 牧民专业合作社利益分配机制与绩效的典型相关分析——以内蒙古自治区为例［J］. 农业现代化研究，2014，35（6）：727－732.

［133］田野. 专业农合组织：提高农民组织化程度的最佳载体［J］. 农村经营管理，2003（10）：7－9.

［134］汪怡婷. 农民专业合作社“空壳化”现象分析及应对策略［J］. 重庆电子工程职业学院学报，2013（5）：23－26.

［135］王朝辉. 营销渠道理论前沿与渠道管理新发展［J］. 中央财经大学学报，2003（8）：64－68.

［136］王臣业，邱尔卫，刘富强. 基于 Multi－agent 的企业知识管理网络化模块组织体系构建［J］. 科技进步与对策，2011，28（21）：99－100.

［137］王栋一. 我国上市商业银行内部控制研究［D］. 北京：财政部财政科学研究所，2012：33－36.

［138］王冠辉. 供应链产量博弈模型构建及复杂性仿真分析［J］. 计算机工程与运用，2011，47（33）：22－25.

［139］王健，杨锦秀. 农民工家庭参与行为对农业技术推广的影响研究［J］. International Conference on Engineering and Business Management（EBM2010），2010（3）.

［140］王津港，赵晓飞. 基于关系租金视角的营销渠道模式选择谱系及案例研究［J］. 管理评论，2010（1）：68－75.

［141］王庆金. 渠道二：中国轿车营销渠道力构筑［J］. 现代营销，2005（8）：51－55.

［142］王如珍. 合作经济组织在农产品流通中的作用研究［J］. 中国合作经济，2012（12）：49－52.

［143］王曙光. 论新型农民合作组织与农村经济转型［J］. 北京大学学报（哲学社会科学版），2010，47（3）：112－117.

［144］王香花. 共生视角下城乡双向农产品商贸流通组织体系形成机制及实现路径［J］. 商业经济研究，2015（16）：21－22.

［145］王效俐，安宁．商品流通渠道利润最大化模型及利润分配策略的确定［J］．系统工程，2003（6）：43－45.

［146］乌日根巴雅尔，宝希吉日．内蒙古阿鲁科尔沁旗牧民合作经济组织发展研究［J］. 2014（5）：31－34.

［147］吴卫丰．基于激励理论的高校教师队伍建设［D］．合肥：合肥工业大学，2005：4－13.

［148］吴晓燕．甘肃确定农民专业合作经济组织发展目标［N］．农民日报，2006－08－30.

［149］吴易风．马克思主义经济学和西方经济学［M］．北京：经济科学出版社，2001：56－59.

［150］夏冬泓，杨杰．合作社收益及其归属新探［J］．农业经济问题，2010（4）：33－40.

［151］夏英，牛若峰．我国农村合作经济组织改革和发展的思路［J］．中国农村经济，1999（12）：40－43.

［152］鑫颖．基于 AHP 的营销渠道绩效评价研究［J］．内蒙古科技与经济报，2013（5）：28－31.

［153］鑫颖．西部地区农民专业合作经济组织营销渠道力评价体系建设研究［D］．呼和浩特：内蒙古财经大学，2013（6）：33－45.

［154］徐健，张闯，夏春玉．契约型渠道关系中农户违约倾向研究——基于社会网络理论和渠道行为理论的视角［J］．财经问题研究，2012（2）：97－103.

［155］徐可，何桢，王瑞．供应链关系质量与企业创新价值链——知识螺旋和供应链整合的作用［J］．南开管埋评论，2015（1）：108－117.

［156］徐莉莉，马驰宇．农业产业化中合作与利益协调机制探讨——以山东省寿光市 D 镇为例［J］．农业考古，2012（4）：318－321.

［157］徐旭初．中国农民专业合作经济组织的制度分析［M］．北京：经济科学出版社，2005.

［158］许婷．行政组织和企业组织激励机制比较研究［D］．北京：中央民族大学，2010：32－40.

［159］亚当·斯密．国民财富的性质和原因的研究［M］．北京：商务印书馆，1972：16－20.

［160］闫柄伏，郑霄峰．内蒙古牧区专业合作经济组织发展研究［J］．内蒙古科技与经济，2014（15）：7－8.

［161］严志钦．我国新农村建设中农业生产组织方式创新探析——恩格斯《法德农民问题》的启示［J］．生产力研究，2012（9）：44－46.

[162] 杨锐. 昆明新机场建设项目投资概算控制研究 [D]. 成都：西南财经大学，2012：6-13.

[163] 杨水利，郑建志，李韬奋. 动态能力关系质量与合作绩效实证研究 [J]. 经济管理，2009 (19)：133-138.

[164] 杨晓宇. 农民专业合作社在农产品流通中的作用——以黑龙江省为例 [J]. 科技创新与应用，2012 (4)：207-207.

[165] 杨振环. 西部地区农民专业合作经济组织营销渠道力研究 [D]. 呼和浩特：内蒙古财经学院，2011 (6)：38-42.

[166] 叶飞，徐学军. 供应链伙伴关系间信任与关系承诺对信息共享与运营绩效的影响 [J]. 系统工程理论与实践，2009 (8)：36-49.

[167] 叶飞，薛运普. 关系承诺对信息共享与运营绩效的影响研究 [J]. 管理科学，2012，25 (5)：41-51.

[168] 叶祥松，彭良燕等. 广佛同城化的博弈分析 [J]. 广东商学院学报，2011 (2)：62-67.

[169] 叶永涛. 我国农民专业合作社盈余分配制度研究 [D]. 天津：天津师范大学，2010.

[170] 叶泽芳. 国外电力工业规制与竞争的经济学理论研究述评 [J]. 长沙电力学院学报（社会科学版），2002 (1)：26-29.

[171] 易兰华. 我国农产品流通渠道模式分析 [J]. 合作经济与科技，2015 (3)：5-7.

[172] 于良春，胡雅梅. 管制、放松管制与中国电信业改革 [J]. 中国工业经济，1999 (4)：34-36.

[173] 俞芳. 农资代理商感知依赖对其渠道关系型治理影响的实证研究 [D]. 武汉：华中农业大学，2013.

[174] 袁华. 构建以合作组织为纽带的农产品流通渠道 [J]. 科技情报开发与经济，2005 (5)：140-141.

[175] 苑鹏. 市场经济转型时期村级社区合作组织的功能转换探析——以三个村级社区合作组织的案例调查为例 [J]. 农村合作经济经营管理，2001 (3)：34-36.

[176] 张爱炜. 浅谈高校大学生激励机制 [J]. 科技展望，2014 (24)：270.

[177] 张闯，夏春玉. 农产品流通渠道：权力结构与组织体系的构建 [J]. 农业经济问题，2005 (7)：28-35.

[178] 张浩，安玉发，刘雯. 中国农产品流通与消费环境趋势 [J]. 农业展

望，2010（11）：33－36.

［179］张菊，邓军蓉．农民专业合作社盈余分配的实证分析——以湖北省24家专业合作社为例［J］，2012（51）：20－23.

［180］张开华．农民专业合作社成长的困惑与思考［J］．农业经济问题，2007，28（5）：62－65.

［181］张梅青，周叶，周长龙．基于共生理论的物流产业与区域经济协调发展研究［J］，北京交通大学学报（社会科学版），2012（1）：27－34.

［182］张润泽；张燮．国内政治信任研究的理论进路及其发展趋向［J］．当代世界与社会主义，2014（3）：199－201.

［183］张婉婷．医患之间的社会信任研究［D］．大连：东北财经大学，2014：23－33.

［184］张五常．企业的契约性质，企业制度与市场组织［M］．上海：上海三联出版社，1995：241－164.

［185］张喜才．农民专业合作社的农产品流通链条及销售渠道［J］．中国合作经济，2012（8）：59－62.

［186］张晓山．WTO与中国农村合作社发展的有利时机［J］．农村合作经济经营管理，2002（1）：23－28.

［187］张学会、王礼力．农民专业合作社纵向一体化水平测度：模型与实证分析［J］．中国资源人口与环境，2014（6）：12－23.

［188］张亚东．发展商业医疗保险的纵向一体化研究——兼论代理成本与交易成本的规制选择［J］．金融研究，2003（7）：33－45.

［189］张毅．我国农村专业经济合作组织发展存在的问题及对策分析［J］．农业经济，2013（7）：83－86.

［190］赵静，王玉平．西部农村群体信息能力培育及区域信息共享机制研究［M］．北京：科学出版社，2010：102－107.

［191］赵晓飞，李崇光．农产品流通渠道变革：演进规律，动力机制与发展趋势［J］．管理世界，2012（3）：81－95.

［192］郑丹．农民专业合作社盈余分配状况探究［J］．中国农村经济，2011（4）：74－80.

［193］郑晓丽．论专业合作经济对农业增效农民增收的促进作用——对浙江省丽水市农民专业合作经济组织发展情况的调查与思考［J］．安徽农业科学，2006，34（8）：1701－1702，1705.

［194］周殿昆．农产品流通与农民合作社发展相关性分析［J］．中国流通经济，2010（11）：31－34.

［195］周华．渠道沟通对农产品流通效率的影响［J］．中国流通经济，2013（12）：71－74.

［196］周勤．纵向一体化趋势和市场竞争力关系研究——以江苏制造业的实证为例［J］．中国工业经济，2003（7）：34－37.

［197］朱美华．我国汽车业纵向一体化与企业绩效关系的研究——基于整车上市公司面板数据的分析［D］．杭州：浙江工商大学，2012（6）：46－49.

［198］朱信凯．探寻中国农产品营销渠道冲突与整合规律的研究——《农产品营销渠道冲突与整合研究》书评［J］．农业技术经济，2014（12）：45－51.

［199］朱星辉．航空公司直销渠道竞合博弈与利益分配研究［J］．价值工程,2012（11）：34－41.

［200］朱振兴．渠道权力、冲突、协调与渠道利益的经济分析——基于零售商、生产商博弈视角［D］．昆明：云南财经大学，2011（6）：24－29.

［201］庄贵军，周筱莲．权力，冲突与合作：中国工商企业之间渠道行为的实证研究［J］．管理世界，2002（3）：117－124.

［202］庄贵军．营销渠道控制：理论与模型［J］．管理学报，2004（1）：34－36.

［203］邹奎．中国棉种产业纵向协调关系研究［D］．北京：中国农业大学，2004（6）：24－27.

［204］邹亚彬．四川省农民专业合作经济组织内部利益联结机制研究［D］．成都：西南财经大学，2011.

［205］Abdulquadri A. F. and Mohammed B. T. The Role of Agricultural Cooperatives in Agricultural Mechanization in Nigeria［J］. World Journal of Agricultural Sciences，2012，8（5）：537－539.

［206］Ambler T. and Styles C. The Future of Relational Research in International Marketing：Constructs and Conduits［J］. International Marketing Review，2000，17（6）：492－508.

［207］Andaleeb S. S. An Experimental Investigation of Satisfaction and Commitment in Marketing Channels：The Role of Trust and Dependence［J］. Journal of Retailing，1996，72（1）：77－93.

［208］Anderson E. and Weitz B. The Use of Pledges to Build and Sustain Commitment in Distribution Channels［J］. Journal of Marketing Research，1992，29（1）：18－34.

［209］Anderson J. C. and Gerbing D. W. . The Evaluation of Cooperative Performance［J］. Journal of Business Logistic，1999，19（2）：69－82.

[210] Anderson J. C. and Narus J. A. A Model of Distributor Firm and Manufacturer Firm Working Partnerships [J]. The Journal of Marketing, 1990, 54 (1): 42 – 58.

[211] Anderson, E, Weit, B. The Use of to Build and Sustain Commitment in Distribution Channels [J]. Journal of Marketing , 1992, 29 (1): 18 – 34.

[212] Ansari, A. , Mela, C. F. , and Neslin , S, A. Customer Channel Migration [J]. Journal of Marketing Research, 2008, 45 (1): 60 – 76.

[213] Arayesh B. and Branch I. Identifying the Factors Affecting the Participation of Agricultural Cooperatives´Members [J]. American Journal of Agricultural and Biological Sciences, 2011, 6 (4): 560 – 566.

[214] Aref F. Agricultural Cooperatives for Agricultural Development in Iran [J]. Life Science Journal, 2011, 8 (1): 82 – 85.

[215] Ariyaratne C. B. , Featherstone A. M. , Langemeier M. R. and Barton D. G. Measuring X – efficiency and Scale Efficiency for a Sample of Agricultural Cooperatives [J]. Agricultural and Resource Economics Review, 2000, 29 (2): 198 – 207.

[216] Aulakh P. S. , Kotabe M. and Sahay A. Trust and Performance in Cross – border Marketing Partnerships: A Behavioral Approach [J]. Journal of International Business Studies, 1996, 27 (5): 1005 – 1032.

[217] Baker G. , Gibbons R. and Murphy K. J. Relational Contracts in Strategic Alliances [C]. Working Paper, 2002.

[218] Baker T. L. , Simpson P. M. and Siguaw J. A. The Impact of Suppliers'Perceptions of Reseller Market Orientation on Key Relationship Constructs [J]. Journal of the Academy of Marketing Science, 1999, 27 (1): 50 – 57.

[219] Bejou D. , Wray B. and Ingram T. N. Determinants of Relationship Quality: an Artificial Neural Network Analysis [J]. Journal of Business Research, 1996, 36 (2): 137 – 143.

[220] Bhuyan S. and Leistritz F. L. An Examination of Characteristics and Determinants of Success of Cooperatives in the Non – agricultural Sectors [J]. Journal of Cooperatives, 2001 (16): 45 – 62.

[221] Bijman J. , Hendrikse G. and Oijen A. Accommodating Two Worlds in One Organization: Changing Board Models in Agricultural Cooperatives [J]. Managerial and Decision Economics, 2013, 34 (3 – 5): 204 – 217.

[222] Bijman J. , Muradian R. and Cechin A. Agricultural Cooperatives and Val-

ue Chain Coordination [J]. Value Chains, Social Inclusion and Economic Development: Contrasting Theories and Realities, 2011 (5): 82 – 101.

[223] Buvik A. and Haugland S. A. The Allocation of Specific Assets, Relationship Duration, and Contractual Coordination in Buyer – seller Relationships [J]. Scandina – vian Journal of Management, 2005, 21 (1): 41 – 60.

[224] Cachon G. P. and Lariviere M. A. Supply Chain Coordination with Revenue – sharing Contracts: Strengths and Limitations [J]. Management science, 2005, 51 (1): 30 – 44.

[225] Chaddad F. R. and Cook M. L. Understanding New Cooperative Models: An Ownership – control Rights Typology [J]. Applied Economic Perspectives and Policy, 2004, 26 (3): 348 – 360.

[226] Chang. K. H. , Gotcher. D. F. Conflict – coordination Learning in Marketing channel Relationships: The Distributor View [J] . Industrial Marketing Management , 2010 (39): 287 – 297.

[227] Cook M. L. and Chaddad F. R. Redesigning Cooperative Boundaries: The Emergence of New Models [J]. American Journal of Agricultural Economics, 2004, 86 (5): 1249 – 1253.

[228] Coote L. V. , Forrest E. J. and Tam T. W. An Investigation into Commitment in Non – Western Industrial Marketing Relationships [J]. Industrial Marketing Management, 2003, 32 (7): 595 – 604.

[229] Crosby L. A. and Stephens N. Effects of Relationship Marketing on Satisfaction, Retention, and Prices in the Life Insurance Industry [J]. Journal of Marketing Research, 1987, 24 (4): 404 – 411.

[230] Crosby L. A. , Evans K. R. and Cowles D. Relationship Quality in Services Selling: An Interpersonal Influence Perspective [J]. The Journal of Marketing, 1990, 54 (3): 68 – 81.

[231] Dahlquist, S. H. , Griffith, D. A. Mutidyadic Industrial Channels: Understanding Component Supplier Profit Sand or Riginal Equipment Manufacturer Behavior [J] . Journal of Marketing , 2014, 78 (4): 59 – 79.

[232] D' ambra J. , Rice R. E. and O'connor M. Computer – mediated Communication and Media Preference: An Investigation of the Dimensionality of Perceived Task Equivocality and Media Richness [J]. Behaviour & Information Technology, 1998, 17 (3): 164 – 174.

[233] de Moura Costa D. R. , Chaddad F. and Furquim de Azevedo P. The Deter-

minants of Ownership Structure: Evidence from Brazilian Agricultural Cooperatives [J]. Agribusiness, 2013, 29 (1): 62 -79.

[234] Di Falco S., Smale M. and Perrings C. The Role of Agricultural Cooperatives in Sustaining the Wheat Diversity and Productivity: the Case of Southern Italy [J]. Environmental and Resource Economics, 2008, 39 (2): 161 -174.

[235] Dickinson S. and Ramaseshan B. An Investigation of the Antecedents to Cooperative Marketing Strategy Implementation [J]. Journal of Strategic Marketing, 2004, 12 (2): 71 -95.

[236] Dincu A. M. Perspectives of Agricultural Cooperatives in Romania [J]. Scientific Papers Animal Science and Biotechnologies, 2013, 46 (1): 372 -375.

[237] Doney P. M. and Cannon J. P. An Examination of the Nature of Trust in Buyer - seller Relationships [J]. The Journal of Marketing, 1997, 61 (2): 35 -51.

[238] Etgar M. Sources and Types of Intra - channel Conflict [J]. Journal of Retailing, 1979, 55 (1): 61 -78.

[239] Facts L. E. I. Figures of the Dutch Agri - sector 2008 [P], 2008.

[240] Fatima S. S., Wooldridge M. and Jennings N. R. The Influence of Information on Negotiation Equilibrium [J]. Computer Science, 2002, 16 (12): 180 -193.

[241] Francesconi G. N. and Heerink N. Ethiopian Agricultural Cooperatives in an Era of Global Commodity Exchange: Does Organisational form Matter? [J]. Journal of African Economies, 2011, 20 (1): 153 -177.

[242] Fulton M. and Giannakas K. Organizational Commitment in a Mixed Oligopoly: Agricultural Cooperatives and Investor - owned Firms [J]. American Journal of Agricultural Economics, 2001, 83 (5): 1258 -1265.

[243] Fulton M. and Giannakas K. The Future of Agricultural Cooperatives [J]. Annu. Rev. Resour. Econ., 2013, 5 (1): 61 -91.

[244] GE. 2011. GEaviationopens Electrical Power Research & Development Centre in UK [DB/OL]. http://www.geaviation.com/press/systems/ systems -20110914. html.

[245] Giannoccaro I. and Pontrandolfo P. Supply Chain Coordination by Revenue Sharing Contracts [J]. International Journal of Production Economics, 2004, 89 (2): 131 -139.

[246] Goodman L. E. and Dion P. A. The Determinants of Commitment in the Distributor - manufacturer Relationship [J]. Industrial Marketing Management, 2001, 30 (3): 287 -300.

[247] Gripsrud G. , Lenvik G. H. and Olsen N. Influence Activities in Agricultural Cooperatives: the Impact of Heterogeneity [J]. The Food Sector in Transition – Nordic Research, 2000.

[248] Gummesson E. Making Relationship Marketing Operational [J]. International Journal of Service Industry Management, 1994, 5 (5): 5 – 20.

[249] Guzmán I. and Arcas N. The Usefulness of Accounting Information in the Measurement of Technical Efficiency in Agricultural Cooperatives [J]. Annals of Public and Cooperative Economics, 2008, 79 (1): 107 – 131.

[250] Heide J. B. and John G. The Role of Dependence Balancing in Safeguarding Transaction – specific Assets in Conventional Channels [J]. The Journal of Marketing, 1988, 52 (1): 20 – 35.

[251] Hendrikse G. W. J. Contingent Control Rights in Agricultural Cooperatives [J]. Strategies for Cooperation. Aachen: Shaker Verlag, 2005: 385 – 394.

[252] Hendrikse, G. Pooling, Access, and Countervailing Power in Channels Governance [J] . Management Science, 2011, 57 (9): 231 – 247.

[253] Hennig – Thurau T. and Klee A. The Impact of Customer Satisfaction and Relationship Quality on Customer Retention: A Critical Reassessment and Model Development [J]. Psychology & Marketing, 1997, 14 (8): 737 – 764.

[254] Hewett K. , Money R. B. and Sharma S. An Exploration of the Moderating Role of Buyer CorporateCulture in Industrial Buyer – seller Relationships [J]. Journal of the Academy of Marketing Science, 2002, 30 (3): 229 – 239.

[255] Holmlund M. A Definition, Model, and Empirical Analysis of Business – to – business Relationship Quality [J]. International Journal of Service Industry Management, 2008, 19 (1): 32 – 62.

[256] Holmlund M. The D&D Model – dimensions and Domains of Relationship Quality Perceptions [J]. Service Industries Journal, 2001, 21 (3): 13 – 36.

[257] Huntley J. K. Conceptualization and Measurement of Relationship Quality: Linking Relationship Quality to Actual Ssales and Recommendation Intention [J]. Industrial Marketing Management, 2006, 35 (6): 703 – 714.

[258] Jap S. D. "Pie sharing" in Complex Collaboration Contexts [J]. Journal of Marketing Research, 2001, 38 (1): 86 – 99.

[259] Jobber, D. , Simpson, P. , Acitation Analysis of Selected Marketing Journal [J] . International Journal of Research in Marketing , 1988, 5 (2): 137 – 142.

[260] Joshi A. W. and Stump R. L. Determinants of Commitment and Opportunism: Integrating and Extending Insights from Transaction Cost Analysis and Relational Exchange Theory [J]. Canadian Journal of Administrative Sciences/Revue Canadienne des Sciences de l'Administration, 1999, 16 (4): 334 – 352.

[261] Kasouf C. J., Celuch K. G. and Bantham J. H. An Examination of Communication Behaviors as Mediators in Individual – level Interorganizational Exchanges [J]. Psychology & Marketing, 2006, 23 (1): 35 – 56.

[262] Kevin L. and Web B. Hybrid Channel Conilict, Camses and Effeetives on Channe Performances [J]. Journal of Business & Industrial Marketing, 2002, 117 (5): 338 – 356

[263] Kim K. On Determinants of Joint Action in Industrial Distributor – supplier Relationships: Beyond Economic Efficiency [J]. International Journal of Research in Marketing, 1999, 16 (3): 217 – 236.

[264] Lagace R. R., Dahlstrom R. and Gassenheimer J. B. The Relevance of Ethical Salesperson Behavior on Relationship Quality: The Pharmaceutical Industry [J]. Journal of Personal Selling & Sales Management, 1991, 11 (4): 39 – 47.

[265] Lai R. Lin M. W. Agent Negotiation as Fuzzy Constraint Processing [C]. Working Paper, 2002.

[266] Lusch R. F. and Brown J. R. Interdependency, Contracting, and Relational Behavior in Marketing Channels [J]. The Journal of Marketing, 1996, 60 (4): 19 – 38.

[267] Maria Garcia Perez A. and Garcia Martinez M. The Agrifood Cooperative Netchain. A Theoretical Framework to Study its Configuration [J]. Acta Agriculturae Scand Section C, 2007, 4 (1): 31 – 39.

[268] Matchaya G. C. Cooperative Patronage: The National Smallholder Farmers' Association of Malawi in Kasungu District [J]. Development Southern Africa, 2010, 27 (3): 397 – 412.

[269] Menon A., Bharadwaj S. G. and Howell R. The Quality and Effectiveness of Marketing Strategy: Effects of Functional and Dysfunctional Conflict in Intraorganizational Relationships [J]. Journal of the Academy of Marketing Science, 1996, 24 (4): 299 – 313.

[270] Miles R. E. and Creed W. E. D. Organizational Forms and Managerial Philosophies: A Descriptive and Analytical Review [J]. Research in Organizational Behavior: An Annual Series of Analytical Essays and Critical Reviews, 1995 (17):

333 –372.

[271] Mohr J. and Nevin J. R. Communication Strategies in Marketing Channels: A Theoretical Perspective [J]. The Journal of Marketing, 1990, 54 (4): 36 –51.

[272] Mohr J. and Spekman R. Characteristics of Partnership Success: Partnership Attributes, Communication Behavior, and Conflict Resolution Techniques [J]. Strategic Management Mournal, 1994, 15 (2): 135 –152.

[273] Moorman C., Zaltman G. and Deshpande R. Relationships between Providers and Users of Market Research: The Dynamics of Trust [J]. Journal of Marketing Research, 1992, 29 (3): 314 –328.

[274] Morgan R. M. and Hunt S. D. The Commitment – trust Theory of Relationship Marketing [J]. The Journal of Marketing, 1994, 58 (3): 20 –38.

[275] Naudé P. and Buttle F. Assessing Relationship Quality [J]. Industrial Marketing Management, 2000, 29 (4): 351 –361.

[276] Nilsson J. The Emergence of New Organizational Models for Agricultural Cooperatives [J]. Swedish Journal of Agricultural Research, 1998, 28 (1): 39 –47.

[277] Nilsson J., Svendsen G. L. H. and Svendsen G. T. Are Large and Complex Agricultural Cooperatives Losing their Social Capital? [J]. Agribusiness, 2012, 28 (2): 187 –204.

[278] Ortmann G. F. and King R. P. Agricultural Cooperatives II: Can They Facilitate Access of Small – scale Farmers in South Africa to Input and Product Markets? [J]. Agrekon, 2007, 46 (2): 219 –244.

[279] Österberg P. and Nilsson J. Members' Perception of their Participation in the Governance of Cooperatives: the Key to Trust and Commitment in Agricultural Cooperatives [J]. Agribusiness, 2009, 25 (2): 181 –197.

[280] Özdemir G. Cooperative – shareholder Relations in Agricultural Cooperatives in Turkey [J]. Journal of Asian Economics, 2005, 16 (2): 315 –325.

[281] Palmer A. Cooperative Marketing Associations: An Investigation into the Causes of Effectiveness [J]. Journal of Strategic Marketing, 2002, 10 (2): 135 –156.

[282] Rabade L. A. and Alfaro J. A. Buyer – supplier Relationships' Influence on Traceability Implementation in the Vegetable Industry [J]. Journal of Purchasing and Supply Management, 2006, 12 (1): 39 –50.

[283] Reaves D. W. A Comparative Analysis of Food – Marketing Cooperatives in

Spain and the US [J]. Journal of Food Distribution Research, 2005, 36 (1): 236.

[284] Ruben R. and Lerman Z. Why Nicaraguan Peasants Stay in Agricultural Production Cooperatives [J]. European Review of Latin American and Caribbean Studies, 2005 (78): 31 -47.

[285] Russo C., Weatherspoon D., Peterson C. and Sabbatini M. Effects of Managers´Power on Capital Structure: A Study of Italian Agricultural Cooperatives [J]. The International Food and Agribusiness Management Review, 2000, 3 (1): 27 -39.

[286] Sako M. and Helper S. Determinants of Trust in Supplier Relations: Evidence from the Automotive Industry in Japan and the United States [J]. Journal of Economic Behavior & Organization, 1998, 34 (3): 387 -417.

[287] Storbacka K., Strandvik T. and Grönroos C. Managing Customer Relationships for Profit: the Dynamics of Relationship Quality [J]. International Journal of Service Industry Management, 1994, 5 (5): 21 -38.

[288] Suh T. and Kwon I. W. G. Matter over Mind: When Specific Asset Investment Affects Calculative Trust in Supply Chain Partnership [J]. Industrial Marketing Management, 2006, 35 (2): 191 -201.

[289] Szabó G. G. and Fertö I. Transaction Cost Economics and Agricultural Cooperatives: A Hungarian Case Study [J]. Dynamics in Chains and Networks, Wageningen, 2004: 245 -251.

[290] Thomas B. and Hangula M. M. Reviewing Theory, Practices and Dynamics of Agricultural Cooperatives: Understanding Cooperatives´Development in Namibia [J]. Journal of Development and Agricultural Economics, 2011, 3 (16): 695 -702.

[291] Valentinov V. L. The Organizational Nature of Agricultural Cooperatives: A Perspective from the Farm Problem Theory [J]. Journal of Rural Cooperation, 2005, 33 (2): 139 -151.

[292] Valentinov V. Why are Cooperatives Important in Agriculture? An Organizational Economics Perspective [J]. Journal of Institutional Economics, 2007, 3 (1): 55 -69.

[293] Van Bruggen G. H., Kacker M. and Nieuwlaat C. The Impact of Channel Function Performance on Buyer - seller Relationships in Marketing Channels [J]. International Journal of Research in Marketing, 2005, 22 (2): 141 -158.

[294] Walter A. Relationship - specific Factors Influencing Supplier Involvement in Customer New Product Development [J]. Journal of Business Research, 2003, 56

(9): 721 -733.

[295] Wang X. and Li M. Researches on Agricultural Cooperative Economic Organization Promoting Agricultural Insurance Development [J]. Asian Agricultural Research, 2011, 3 (7): 75 -79.

[296] Wong A. Partnering through Cooperative Goals in Supply Chain Relationships [J]. Total Quality Management, 1999, 10 (4 -5): 786 -792.

[297] Wong A., Tjosvold D. and Zhang P. Developing Relationships in Strategic Alliances: Commitment to Quality and Cooperative Interdependence [J]. Industrial Marketing Management, 2005, 34 (7): 722 -731.

[298] Xiang L. Y. and Sumelius J. Analysis of the Factors of Farmers′Participation in the Management of Cooperatives in Finland [J]. Journal of Rural Cooperation, 2010, 38 (2): 134 -155.

[299] Yang C. F., Lai C. S. Relationship Learning from organizational Knowledge Stores [J]. Journal of Business Research, 2012 (65): 421 -428.

[300] Zenger T. R., Lazzarini S. G. and Poppo L., Informal and Formal Organization in New Institutional Economics [J]. Advances in Strategic Management, 2002 (19): 277 -306.

[301] Zeuli K. A. New Risk -management Strategies for Agricultural Cooperatives [J]. American Journal of Agricultural Economics, 1999, 81 (5): 1234 -1239.

[302] Zhangy, Zhengqz, Yangl. Supply Chain Reengineering for Industrial transfer [C]. EE Computer Society, 2010.

[303] Zucker L. G. Production of Trust: Intuitional Sources of Economic Structures [J]. Research in Organizational Behavior, 1986 (8): 53 -111.